U0534403

# 俄罗斯远东史

（第一卷）

刘爽 钟建平 等著

HISTORY OF THE RUSSIAN FAR EAST

中国社会科学出版社

图书在版编目（CIP）数据

俄罗斯远东史：全3册/刘爽等著．—北京：中国社会科学出版社，2024.4
ISBN 978 – 7 – 5227 – 3387 – 6

Ⅰ.①俄…　Ⅱ.①刘…　Ⅲ.①俄罗斯—历史—研究　Ⅳ.①K512.07

中国国家版本馆 CIP 数据核字（2024）第 065734 号

| | |
|---|---|
| 出 版 人 | 赵剑英 |
| 责任编辑 | 孔继萍 |
| 责任校对 | 李　莉 |
| 责任印制 | 郝美娜 |

| | |
|---|---|
| 出　　版 | 中国社会科学出版社 |
| 社　　址 | 北京鼓楼西大街甲 158 号 |
| 邮　　编 | 100720 |
| 网　　址 | http://www.csspw.cn |
| 发 行 部 | 010 – 84083685 |
| 门 市 部 | 010 – 84029450 |
| 经　　销 | 新华书店及其他书店 |

| | |
|---|---|
| 印刷装订 | 北京君升印刷有限公司 |
| 版　　次 | 2024 年 4 月第 1 版 |
| 印　　次 | 2024 年 4 月第 1 次印刷 |

| | |
|---|---|
| 开　　本 | 710×1000　1/16 |
| 印　　张 | 60.75 |
| 字　　数 | 965 千字 |
| 定　　价 | 328.00 元（全 3 册） |

凡购买中国社会科学出版社图书，如有质量问题请与本社营销中心联系调换
电话：010 – 84083683
版权所有　侵权必究

# 序

刘爽研究员领衔完成了《俄罗斯远东史》这部学术著作,为我国俄罗斯学界增添了新的原创性成果,可喜可贺。这部著作由三卷组成,第一卷记述远古到十月革命前的远东,第二卷记述苏联时期的远东,第三卷记述苏联解体至今的远东。全书以历史为线索和主轴,对俄罗斯远东地区的历史变迁、经济发展、社会形态等问题进行了比较客观完整的阐释和评价。这部著作的出版可谓好事多磨,写作和出版的大致历程我是知道的,一句话,很不易。前几年刘先生就希望我给此书写个序,我推辞了。现在刘先生又提出了这个建议,我改变了主意,恭敬不如从命。作序本质上就是一件学术展示,更何况我此前有幸阅读了书稿。一方面,俄罗斯研究是我的老本行,即便到中国边疆研究所工作我也不敢丢掉这个"饭碗";另一方面,中国边疆问题研究离不开周边国际环境,俄罗斯就是我国最大的邻居,而俄罗斯远东又与我国东北地区相毗邻,这些因素促使我不能不借助这部著作的出版表达一下我的观点和看法。

一、因俄罗斯远东地区的历史涉我性比较强,需要从客观历史和我国国家利益两个维度进行总体把握。该著作在这两个维度的尺寸上拿捏得比较到位。该书翻译和引用了大量俄文历史档案和统计资料,是第一部由中国学者撰写的俄罗斯远东史。

撰写俄罗斯远东史不可能不涉及中俄关系的历史问题。事实上,中俄历史上遗留下来的边界问题的彻底解决,是中俄关系能够得到持续发展的重要保障性因素,也是俄远东地区和中国东北地区合作的前提。1989年邓小平与戈尔巴乔夫的讲话非常重要,奠定了中苏关系正常化的基础,并为苏联解体后中俄关系的稳步持续和递进式发展奠定了坚实的基础。邓小平同志为了准备这次谈话花费了很大的精力。谈话的要点主要包括：第一，结束过去，开辟未来，"重点放在开辟未来的事情上"，这是邓小平同志谈话的核心和主要目的。但要"开辟未来"对"过去的事"总得有个"交代"。所以，邓小平同志当着戈尔巴乔夫的面讲中国人、中国党的"一些看法"："一是讲讲历史上中国在列强的压迫下遭受损害的情况，二是讲讲近几十年，确切地说是近三十年，中国人感到对中国的威胁从何而来。"① 第二，集中谈了两个历史问题：关于第一个问题，"从鸦片战争起，中国由于清王朝的腐败，受列强侵略奴役，变成了一个半殖民地半封建国家。欺负中国的列强，总共大概是十几个，第一名是英国，比英国更早，强租中国领土澳门的，是葡萄牙。从中国得利最大的，则是两个国家，一个是日本，一个是沙俄，在一定时期一定问题上也包括苏联"②。关于沙俄和苏联，邓小平说："沙俄通过不平等条约侵占的中国土地，超过一百五十万平方公里。十月革命后也还有侵害中国的事情，例如黑瞎子岛就是一九二九年苏联从中国占去的。主要的是第二次世界大战接近胜利时，美、英、苏三国在雅尔塔签订秘密协定，划分势力范围，极大地损害了中国的利益。那是斯大林时期。当时中国的国民党政府同苏联签订条约，承认了雅尔塔的安排。"③ 第二个问题，对中国的威胁从何而来。"六十年代，在整个中苏、中蒙边界上苏联加强军事设施，导弹不断增加，相当于苏联全部导弹的三分之一，军队不断增加，包括派军队到蒙古，总数达到了一百万人。对中国的威胁从何而来？很自然地，中国得出了结论。一九六三年我率代表团去莫斯科，会谈破裂。应该说，从六十年代中期起，我们的关系恶化了，基本上隔断了。"第三，中俄、中苏关系的"真正的实质问题是不平等，中国人感到受屈辱。"第四，"中国从来没有忘记在中国第一个五年计划时期苏联帮我们搞了一个工业基础。"邓小平同志强调，"结束过去"，"目的是使苏联同志们理解我们是怎样认识这个'过去'的，脑子里装的是什么东西。历史帐讲了，这些问题一风吹，这

---

① 邓小平：《邓小平文选》第三卷，人民出版社1993年版，第292页。
② 邓小平：《邓小平文选》第三卷，人民出版社1993年版，第292—293页。
③ 邓小平：《邓小平文选》第三卷，人民出版社1993年版，第293页。

也是这次会晤取得的一个成果"①。

邓小平同志的这次谈话极其深刻地阐述了中国对沙俄和苏联的基本认识和立场,体现了中华文明的突出的和平性。邓小平同志说:"后来中苏进行边界谈判,我们总是要求苏联承认沙俄同清王朝签订的是不平等条约,承认沙俄通过不平等条约侵害中国的历史事实。尽管如此,鉴于清代被沙俄侵占的一百五十多万平方公里是通过条约规定的,同时考虑到历史的和现实的情况,我们仍然愿意以这些条约为基础,合理解决边界问题。"② 这是中国后来解决复杂边界问题的最重要的原则,奠定了中俄关系的基础。从这个视角看,中国对解决中俄关系遗留问题展现出极大的和平善意和历史大格局。

二、中俄边界问题的彻底解决极大地释放了两国政治、外交、安全和文化等方面的正面效应,两国关系的水平也大大提升了。但如果从中国东北地区和俄远东地区的合作成效来看,则并不太明显。从苏联解体中俄关系新起点到现在中俄关系的新时代的历史趋势上看,俄远东地区与中国东北地区有合作进展,有经济贸易合作的不断深入,但并没有像人们所期待的那样,有突破性的进展和融合性合作。这是由中俄两个毗邻地区的一系列综合性因素所决定的。俄罗斯的经济发展重心在其欧洲部分,远东地区属于俄欠发达或落后地区。俄远东地区虽然空间广阔,发展潜力比较大,但始终处于半开发状态。这里最大的问题是人口很少,不足以形成容量巨大的市场,人力资源的缺乏无法支撑远东地区的发展。与人口状况相匹配的是俄开发远东地区的资金匮乏。更重要的是俄长期以来将远东地区视为自身的战略储备仓库,将安全视为第一要务,忧患意识极强,这又进一步导致了俄远东地区发展缺乏外部助力。中国东北地区一直对与俄远东地区合作抱着积极的态度,有段时期甚至抱着十分积极的态度。中俄两国政府也希望毗邻地区有更深入的合作,甚至通过了不切合实际的合作纲要,但以愿望代替实际情况也是不可取的。事实就是事实。俄远东地区和中国东北地区的合作依然在既有的轨道上行进。而且,从中国区域发展态势上看,多年来中国经济重心不断

---

① 邓小平:《邓小平文选》第三卷,人民出版社1993年版,第294—295页。
② 邓小平:《邓小平文选》第三卷,人民出版社1993年版,第294页。

南移，而东北地区和西北地区的发展则相对滞后，这是中国的经济区域发展状况。中国东北与俄远东地区在各自的国家发展中都属于相对落后地区，这种态势决定了两个毗邻地区深度合作的难度。

三、关于俄罗斯向"东"转。2022年乌克兰危机爆发后，俄罗斯受到西方的全面制裁，俄美关系、俄欧关系处于历史最恶化的时期之一。面对西方的集体围堵，俄罗斯提出了向"东"转战略。这里包含国内外两个大局，其国内大局就是进一步大规模地开发远东地区，二是与非西方国家进行深入合作。俄罗斯的向"东"转战略不仅是向"中"转，也包括印度、伊朗等发展中国家在内，中国只是其中一员。从这个视角看，俄罗斯新一轮向东转有被迫之意，其中最主要的推动力就是与西方国家关系的恶化。那么，马上就出现了需要回答的问题，从长远来看，俄与西方国家的关系不可能长期处于敌对状态，一旦乌克兰危机有所缓和，俄与西方关系好转，俄罗斯会继续向东转吗？是不是还会本能地、内在地向"西"转呢？支撑俄罗斯向东转的战略要素、基础性因素和可持续条件有哪些？进一步开发俄罗斯远东所需要的基础性因素是否会得到实质性的解决？所有这些问题俄罗斯的精英们还没有给出清晰的和细致的答案来。

最后还是回到这部著作上。该书作者队伍比较整齐，都是专门从事俄罗斯问题研究的专家。主编刘爽研究员长期研究俄罗斯历史和现实问题，对俄罗斯远东地区的情况非常熟悉，是我国著名的俄罗斯问题专家。期待刘爽研究员继续带领学术团队深入研究俄罗斯的历史与现实问题，对我国俄罗斯学的发展和繁荣增添新的动力。

邢广程，中国社会科学院学部委员、中国边疆研究所所长、一级研究员

2024年2月24日元宵节

# 前　言

"俄罗斯远东历史研究"是由黑龙江省社会科学院刘爽研究员主持、黑龙江省社会科学院俄罗斯研究所和犹太研究所等单位科研人员共同完成的国家社会科学基金重点项目（项目批准号13AZD043），结项成果鉴定为优秀等级。项目完成后，根据鉴定专家的评审意见，经过几年的修改、充实和加工，形成了三卷本专著《俄罗斯远东史》。

本书作为区域国别史专著，以历史时期为断限分为三卷，即第一卷：远古至俄国十月革命前的远东；第二卷：苏联时期的远东；第三卷：苏联解体至21世纪初的远东。

第一卷回顾了从远古到20世纪初的远东。以中国古代历史文献为依据，并参考俄罗斯远东考古研究成果，记述了远东地区石器时代的重要遗存和考古资料所反映的古人类的生产和生活。阐释了远东早期人类文明与黄河流域文明的密切联系和相互影响，强调商周至唐代远东南部先民已经与中原王朝建立了朝贡关系。此后不同时代黑龙江流域各民族虽历经变迁，但国家一直十分重视对这一地区的管理。16世纪下半叶起，俄国开始向东扩张，在掠取毛皮的同时，进行了早期的殖民开发。1689年的《尼布楚条约》是中俄政府签订的第一个东部界约，初步确定了中俄作为邻国的大体分界。在此后的一个半世纪，中俄关系基本稳定。这一时期，俄国加紧对西伯利亚与远东的地理考察和经济开发，建立行政机构，加强地方管理。19世纪是俄国向远东南部地区进行殖民扩张的重要时期。沙俄趁西方列强侵略中国、清政府无力抵抗之机，通过《瑷珲条约》和《北京条约》割占黑龙江以北乌苏里江以东100多万平方千米的中国领土，由此确定了中俄在东北亚地区的基本版图。此后，俄国通过修筑西伯利亚大铁路和中国东北铁路，进一步巩固其在远东的地缘政治势力，并以各种方式向远东大量移民，通过农业垦殖和兴办工业，推进了这一地区的经济社会发展。同时，远东的工人运动也为十月革命前后该地区的革命斗争创造了条件。

第二卷记述了苏联社会主义改造和建设时期的远东。主要阐述了苏维埃政权在远东的建立，以及两次世界大战期间，苏联远东在政治、经济、文化、军事和外交等领域的发展变化，这些变化为远东在第二次世界大战中发挥大后方作用提供了重要保障。政治上，各级苏维埃政权得到巩固；经济上，远东基本实现了工业化和农业集体化，交通基础设施建设快速发展；文化上，民众的教育水平普遍提高，各少数民族群众的经济文化生活得到改善；军事和外交上的成就为苏联恢复时期的经济社会发展创造了相对稳定的国际环境。苏联卫国战争前，远东国际关系错综复杂，苏联不仅加强了在外蒙古和新疆的军事存在，还与日本签订了《苏日中立条约》。太平洋战争爆发后，苏日关系急转直下，苏联对日作战和苏军出兵中国东北，加速了世界反法西斯战争的胜利。第二次世界大战后，远东经济逐渐恢复与发展。通过垦荒运动，远东的耕种面积大幅度增加。同时，远东的科学和教育事业取得明显进步。20世纪60年代以后，远东开发进入新阶段，地区人口数量迅速增长，经济指标全面向好，对外开放成效显著。贝阿铁路的修筑为促进西伯利亚大铁路以北边远地区的经济开发，扩大苏联同亚太国家的对外经济联系创造了条件。随着远东开发的逐步推进，该地区与东欧经互会成员国以及资本主义国家的合作有所加强。日本与苏联围绕渔业问题开展谈判与合作，并加大了对远东的投资。通过系统分析苏联解体前的远东经济社会发展状况指出，在戈尔巴乔夫改革时期，远东经济不仅没有增长，反而由于改革的失败，造成了社会秩序的混乱和经济指标的下滑。

第三卷记述了苏联解体至21世纪初的远东。20世纪90年代以后，远东地区"休克疗法"式的激进改革，不仅没有达到短期内建立市场经济的目的，反而造成了经济萎靡、生态破坏和贫富分化。政治上的多党制并未给远东经济社会带来希望，而生活水平下降，又使工人罢工、犯罪激增等社会问题愈加突出。随着中俄关系的逐步改善，俄远东地区与中国的边境经济合作蓬勃兴起，以易货贸易为主要形式的边境贸易出现大幅度增长。但是由于管理缺失和商品质量等问题，这种边境易货贸易不久后便开始衰落。此后，中俄边境贸易通过加强监管和提高商品质量，进入了较为平稳的、以一般贸易为主的过渡时期。21世纪初，远东经济逐渐恢复与发展。俄罗斯政府制定了一系列远东发展规划，确立了远东发展方向，并对国际合作需求、经济发展重点、中小企业发展、科技领域创新等进行了总体部署。同时，交通基础设施的改造和建设被提上日程，文化教育事业也有所发展。但是，由于远东与欧俄中心地区距离遥远，特殊的气候和地理条件导致的投资不足、人口外流等因素，仍在严重地制约着地区经济社会发展。在国际形势急剧变化、西方对俄制裁不断升级的情况下，俄罗斯进一步确定了"向东看"战略，通过建立远东超前经济社会发展区进一步扩大开放；建设符拉迪沃斯托克自由港，将滨海一、二号国际运输走廊与中国的"一带一路"建设相对接；加强与中、日、韩在能源开发、农业种植、产品加工等领域的合作。目前，新一轮远东大开发方兴未艾，俄政府将外贝加尔边疆区和布里亚特共和国并入远东联邦区，这一历史性的区域版图调整，将进一步加强远东国际运输和能源项目的协调能力，表明发展远东已经成为21世纪俄罗斯的战略优先事项。

当今世界，中俄两国互为最大邻国，接壤部分主要是在中国东北和俄罗斯远东联邦区。远东地域广袤，物产丰饶，自古以来诸多大小民族在那里生息繁衍，在不断的冲突与融合中，形成了独具特色的东北亚民族文化圈。俄国对西伯利亚与远东历史地理的探查和研究，早在18世纪的北方大考察时期即已开始。历代军役和实业人员、探险家和学者所撰写的考察报告和研究成果，为科学系统地研究这一地区的自然状况、历史沿革、民族构成、文化形态、语言结构、资源分布等提供了丰富的资料。苏联时期由奥克拉德尼科夫和顺科夫院士主编的多卷本《西伯利亚史》，即是汇集了大量前人研究成果、运用了丰富的考古资料、全方位研究西伯利亚与远东历史的权威之作，奠定了西伯利亚学的坚实基础。苏联（俄罗斯）科学院远东分院历史、考古与民族学研究所于20世纪七八十年代起，陆续出版了多卷本的《苏联远东史》，被视为俄罗斯国内远东历史研究的代表性成果。此外，围绕远东历史各时期、各领域的专著和论文也非常丰富，表明苏联（俄罗斯）政府和学界高度重视远东历史研究。

我国对于远东历史的考察与记述从遥远的古代就已见诸于文字记载，而真正科学意义上的远东历史研究则始于19世纪末至20世纪初。中华人民共和国成立后，苏联的地区历史研究正式起步。但是，由于某些时期中苏关系的跌宕起伏，相关的研究工作难免受到政治和意识形态因素的干扰。黑龙江省社会科学院俄罗斯研究所（原西伯利亚研究所），是20世纪60年代国家设立的第一批区域国别研究机构之一，研究的重点就是俄（苏）东部地区的历史与现实问题。20世纪80年代末，由时任西伯利亚所所长徐景学研究员主持完成的《西伯利亚史》，是我国研究俄东部地区历史的拓荒之作，其中涵盖了俄远东历史的部分内容。但是，由于该书的参考文献和引用资料全部来自苏联解体前的研究成果，苏联史学中的教条主义和僵化概念在书中时有体现，其时代的局限性显而易见。

苏联解体以后，随着史学禁区的破除和封存档案的解密，以及西方新史学理论与方法的引进，俄罗斯历史研究的领域和范围不断扩大，远东历史研究也不断取得新进展。例如，对西伯利亚与远东开发过程中，各社会阶层力量作用以及国际资本影响的研究、对少数民族在地区经济社会发展中作用的综合考察、对移民与人口流动的计量分析和交叉学科研究，等等。这一系列新进展，引起中国学者的高度重视与密切关注。面对中俄关系的新变化、俄罗斯史学的新变化和俄远东地区的新变化，由中国学者撰写一部具有时代特色的俄罗斯远东史已经势在必行。

多年以来，黑龙江省社会科学院俄罗斯研究所同俄罗斯科学院中国与现代亚洲研究所、西伯利亚分院、远东分院等研究部门保持着友好合作关系，学术交流频繁，积累了大量相关历史文献、档案资料、学术期刊、统计数据等；所办《西伯利亚研究》杂志近50年来发表了大量国内外有关俄东部地区的研究成果，具备撰写俄罗斯远东史的独特优势和有利条件。在世界格局复杂多变、国际形势充满挑战的背景下，以唯物史观为指导，参考和借鉴国内外最新研究成果，运用区域国别学理论，采用跨学科和交叉学科方法，撰写一部新的俄罗斯远东史，以期为全面了解外部世界和周边国家提供学术指引，应是我们这项工作的使命和初衷。

当前，世界百年变局加速演进，国际力量对比发生重大变化。新时代中俄关系已超出双边范畴，对世界格局重构和人类前途命运产生深刻影响。在复杂多变和风险挑战并存的严峻形势下，客观认识中俄关系的风雨历程，阐述中国学者的立场观点并建立相应的历史话语体系，既要考虑到俄罗斯远东历史作为国别史的普遍性特征，也要认识到该地区历史作为周边邻国区域史的特殊性意义。在全球化时代，基于区域国别视角，围绕俄罗斯远东地区的历史进程、文明形态、民族宗教、经济社会的全面系统研究，对于促进中俄政府和民间的相互了解，推进中俄毗邻地区的务实合作，提升新时代中俄战略协作伙伴关系的质量与水平，都具有重要的学术价值和实践意义。

具体分工如下：

**第一卷：**

刘　爽（前言、导语、第一章、第二章）

钟建平（第三章）

陈秋杰（第四章、第五章）

黄秋迪、李志庆、白晓光（第六章）

**第二卷：**

孙连庆（第七章）

李志庆（第八章）

王超（第九章）

封安全（第十章、第十一章）

钟建平（第十二章）

王超、程红泽（第十三章）

**第三卷：**

马友君、程红泽（第十四章）

陈鸿鹏（第十五章）

马友君（第十六章）

邹秀婷（第十七章）

程红泽(第十八章)

白晓光(第十九章)

马友君、梁雪秋、程红泽(第二十章)

安兆桢:俄汉地名对照表、俄汉人名对照表

# 总目录

## 俄罗斯远东史·第一卷

导　语 …………………………………………………………… (1)

**第一章　从远古到 17 世纪的远东** ………………………… (6)

　第一节　亚洲东北部的石器时代 ……………………………… (6)

　　一　俄罗斯远东考古的学术回顾 …………………………… (6)

　　二　古代远东地区的自然环境 ……………………………… (8)

　　三　远东的旧石器时代 ……………………………………… (10)

　第二节　远东的原始社会 ……………………………………… (13)

　　一　远东的新石器时代 ……………………………………… (13)

　　二　远东原始人类的生产与生活 …………………………… (15)

　　三　远东的铁器时代与原始社会的解体 …………………… (17)

　第三节　古代远东各部族与中原王朝的关系 ………………… (20)

　　一　商周至唐代黑龙江流域先民与中原王朝的关系 ……… (20)

　　二　唐代至明代黑龙江流域各民族的变迁 ………………… (22)

　　三　明清王朝对黑龙江流域的管理 ………………………… (24)

**第二章　俄国对西伯利亚的征服及早期开发** ……………… (27)

　第一节　俄国东征与占领西伯利亚 …………………………… (27)

　　一　叶尔马克东征与西伯利亚汗国的灭亡 ………………… (27)

　　二　俄国在西伯利亚的殖民扩张 …………………………… (30)

三　早期俄国殖民机构的建立 …………………………………… (33)
　第二节　俄国对西伯利亚的早期开发 ……………………………… (35)
　　　一　西伯利亚渔猎业与俄国人早期经济活动 ………………… (35)
　　　二　西伯利亚早期的工商业 …………………………………… (38)
　　　三　西伯利亚与远东的土著民族 ……………………………… (41)
　第三节　早期的俄中关系 …………………………………………… (45)
　　　一　中俄《尼布楚条约》的签订 ………………………………… (45)
　　　二　中俄恰克图贸易 …………………………………………… (48)
　　　三　18世纪的远东俄中关系 …………………………………… (50)

第三章　18—19世纪上半叶远东的经济与社会 ……………………… (53)
　第一节　北方大考察与远东开发 …………………………………… (53)
　　　一　北方地理大考察 …………………………………………… (53)
　　　二　俄国人在北太平洋的开发 ………………………………… (60)
　　　三　俄美公司的建立及其活动 ………………………………… (64)
　第二节　18—19世纪上半叶的远东经济 …………………………… (70)
　　　一　早期的远东工业 …………………………………………… (70)
　　　二　农业垦殖与手工业 ………………………………………… (76)
　　　三　商业与贸易活动 …………………………………………… (79)
　第三节　远东行政机构及其管理方式 ……………………………… (84)
　　　一　行政制度改革 ……………………………………………… (84)
　　　二　土著居民的税收制度 ……………………………………… (89)
　　　三　当地居民的反剥削反压迫斗争 …………………………… (92)
　第四节　远东诸民族的社会及文化生活 …………………………… (94)
　　　一　远东的社会关系 …………………………………………… (94)
　　　二　西伯利亚与远东小民族风俗 ……………………………… (98)
　　　三　西伯利亚与远东民族的宗教信仰 ………………………… (101)

第四章　19世纪俄国在黑龙江流域的扩张与远东开发 …………… (105)
　第一节　俄国在黑龙江流域的扩张 ………………………………… (105)
　　　一　俄国染指黑龙江流域 ……………………………………… (106)

二　中俄《瑷珲条约》的签订 …………………………………… (108)
　　三　中俄《北京条约》的签订 …………………………………… (110)
　　四　俄国在远东的机构设置 ……………………………………… (111)
第二节　《中俄密约》与中东铁路的修建 …………………………… (114)
　　一　中日《马关条约》的签订 …………………………………… (115)
　　二　《中俄密约》的签订 ………………………………………… (117)
　　三　中东铁路的修建 ……………………………………………… (122)
第三节　俄国的远东移民 ……………………………………………… (128)
　　一　移民运动的历史阶段 ………………………………………… (128)
　　二　远东开发中的外国移民 ……………………………………… (135)
　　三　外国移民在远东的经济活动 ………………………………… (142)
第四节　远东的经济开发 ……………………………………………… (151)
　　一　远东的农业开发 ……………………………………………… (151)
　　二　远东的畜牧业及渔猎业 ……………………………………… (156)
　　三　远东的工业开发 ……………………………………………… (159)
　　四　远东的交通运输业 …………………………………………… (166)
　　五　商业贸易的发展 ……………………………………………… (170)
第五节　远东的文化教育 ……………………………………………… (174)
　　一　文化事业的发展 ……………………………………………… (174)
　　二　科学考察和研究活动 ………………………………………… (176)
　　三　活跃的文学和戏剧 …………………………………………… (178)
　　四　教育事业的兴起 ……………………………………………… (179)

第五章　20世纪初期的远东 ……………………………………………… (183)
　第一节　20世纪初的东北亚国际关系 ……………………………… (183)
　　一　日俄战争的爆发 ……………………………………………… (183)
　　二　《朴茨茅斯条约》的签订 …………………………………… (186)
　　三　俄国东北亚政策的调整 ……………………………………… (187)
　第二节　20世纪初远东的社会经济发展 …………………………… (190)
　　一　远东地区的社会变迁 ………………………………………… (190)
　　二　远东经济的快速发展 ………………………………………… (201)

三　远东地区的文化事业 …………………………………… (220)

第三节　阿穆尔铁路的修建 ………………………………………… (224)
　　一　阿穆尔铁路方案的制订 ……………………………… (224)
　　二　阿穆尔铁路修建的过程 ……………………………… (227)
　　三　修建阿穆尔铁路的意义 ……………………………… (230)

第四节　远东无产阶级的革命准备 ………………………………… (232)
　　一　远东社会民主运动的产生 …………………………… (232)
　　二　1905 年革命在远东 …………………………………… (236)
　　三　远东革命运动的继续 ………………………………… (240)
　　四　十月革命前夕远东的斗争运动 ……………………… (243)

## 第六章　十月革命时期的远东 ……………………………………… (250)

第一节　二月革命时期的远东 ……………………………………… (250)
　　一　革命前夕远东的经济社会形势 ……………………… (250)
　　二　二月革命在远东 ……………………………………… (255)
　　三　临时政府在远东的经济政策 ………………………… (260)
　　四　二月革命到十月革命期间远东的政治生活 ………… (262)

第二节　远东的十月革命 …………………………………………… (265)
　　一　对彼得格勒武装起义的响应 ………………………… (265)
　　二　远东苏维埃政权的建立 ……………………………… (270)
　　三　远东苏维埃政权的革命措施 ………………………… (275)

第三节　国内战争与帝国主义武装干涉远东 ……………………… (288)
　　一　协约国联合干涉与国内战争的爆发 ………………… (288)
　　二　远东反革命叛乱 ……………………………………… (291)
　　三　反布尔什维克政权在远东的统治 …………………… (294)
　　四　远东苏维埃政权的重建 ……………………………… (298)

第四节　远东共和国 ………………………………………………… (301)
　　一　远东共和国的建立 …………………………………… (301)
　　二　远东共和国的经济政策 ……………………………… (303)
　　三　远东共和国的外交政策 ……………………………… (308)
　　四　远东共和国的历史地位 ……………………………… (313)

主要参考文献 …………………………………………………… (315)

# 俄罗斯远东史·第二卷

## 第七章　社会主义改造和建设初期的远东 ………………… (327)
### 第一节　苏维埃政权在远东的建立 …………………………… (327)
　　一　远东革命委员会的建立与实践 ………………………… (327)
　　二　苏维埃政府对远东社会的整治 ………………………… (329)
　　三　远东民众情绪与苏共党组织的工作 …………………… (331)
### 第二节　远东经济的恢复与发展 ……………………………… (334)
　　一　新经济政策时期的远东经济 …………………………… (334)
　　二　远东地区的工业化 ……………………………………… (338)
　　三　远东地区的农业集体化 ………………………………… (343)
　　四　远东交通运输业的发展 ………………………………… (348)
### 第三节　远东社会事业的发展 ………………………………… (349)
　　一　远东少数民族的社会发展 ……………………………… (349)
　　二　远东文化事业的发展 …………………………………… (355)
　　三　远东国防教育的开展 …………………………………… (357)
### 第四节　苏联在远东地区的军事外交活动 …………………… (360)
　　一　二三十年代的苏联远东对外政策 ……………………… (360)
　　二　苏联远东海军建设 ……………………………………… (362)
　　三　中东路事件 ……………………………………………… (365)
　　四　苏日在中苏边界上的军事冲突 ………………………… (366)

## 第八章　卫国战争时期的远东 ……………………………… (370)
### 第一节　战前远东国际关系 …………………………………… (370)
　　一　苏中关系的改善 ………………………………………… (370)
　　二　苏联驻兵外蒙古和新疆 ………………………………… (377)
　　三　《苏日中立条约》的签订 ………………………………… (383)
### 第二节　战时远东经济 ………………………………………… (387)
　　一　战时工业 ………………………………………………… (387)

二　农牧渔业 …………………………………………………… (395)
　　三　交通运输业 ………………………………………………… (400)
　　四　苏日渔业问题 ……………………………………………… (405)
第三节　战时远东社会生活 ………………………………………… (408)
　　一　战时的社会恐慌 …………………………………………… (408)
　　二　人口状况 …………………………………………………… (411)
　　三　犯罪问题 …………………………………………………… (413)
　　四　宗教解冻 …………………………………………………… (416)
　　五　支前运动 …………………………………………………… (418)
　　六　文化教育活动 ……………………………………………… (421)
第四节　苏联对日作战 ……………………………………………… (427)
　　一　太平洋战争爆发与苏日关系的变化 ……………………… (427)
　　二　战前远东军事部署 ………………………………………… (430)
　　三　苏联出兵中国东北与反法西斯战争的胜利 ……………… (435)

## 第九章　第二次世界大战后远东经济的恢复与发展 …………… (440)

第一节　战后远东国际关系的变化 ………………………………… (440)
　　一　第二次世界大战后的苏美关系 …………………………… (440)
　　二　苏日关系的变化 …………………………………………… (442)
　　三　第二次世界大战后的苏中关系 …………………………… (443)
　　四　第二次世界大战后的朝鲜半岛局势 ……………………… (444)
第二节　战后远东经济的恢复 ……………………………………… (445)
　　一　战后远东行政区划的改变 ………………………………… (445)
　　二　"四五"计划实施与远东工业的恢复 …………………… (446)
　　三　战后远东农业的恢复 ……………………………………… (451)
　　四　远东交通运输业和建筑业的恢复 ………………………… (455)
第三节　远东经济发展与垦荒运动 ………………………………… (458)
　　一　远东各主要经济部门的发展 ……………………………… (458)
　　二　远东垦荒运动政策及实施 ………………………………… (463)
　　三　远东垦荒的成效及教训 …………………………………… (468)
第四节　远东科学教育事业的发展 ………………………………… (470)

一　远东主要科研机构的发展与科技进步 …………………… (470)
　　二　战后远东中高等教育的发展 ………………………………… (473)
第五节　远东社会事业的发展 ……………………………………… (478)
　　一　战后远东人口形势 ………………………………………… (478)
　　二　远东的宗教与社会 ………………………………………… (481)
　　三　战后远东文化生活 ………………………………………… (485)

**第十章　远东开发的新阶段** ……………………………………… (492)
第一节　20世纪60年代远东国民经济发展 ……………………… (492)
　　一　远东人口的快速增长 ……………………………………… (492)
　　二　苏联时期的远东移民政策 ………………………………… (493)
　　三　远东经济发展进入新时期 ………………………………… (498)
　　四　远东开发的特点和经验 …………………………………… (502)
第二节　远东开发方针的确立 ……………………………………… (504)
　　一　远东经济开发战略与措施 ………………………………… (504)
　　二　远东开发进程 ……………………………………………… (508)
　　三　远东开发路径 ……………………………………………… (511)
　　四　远东开发的作用与影响 …………………………………… (512)
　　五　远东的对外开放 …………………………………………… (513)

**第十一章　远东的对外经贸合作** ………………………………… (517)
第一节　远东对外经贸合作的重点 ………………………………… (517)
　　一　与东欧经互会成员国的合作 ……………………………… (517)
　　二　与资本主义国家的合作 …………………………………… (518)
　　三　远东与中国的边境贸易 …………………………………… (521)
第二节　日本与苏联远东开发 ……………………………………… (523)
　　一　苏日沿海贸易 ……………………………………………… (523)
　　二　日本对远东的投资 ………………………………………… (526)
第三节　苏日渔业问题 ……………………………………………… (531)
　　一　苏日渔业问题的起因 ……………………………………… (531)
　　二　苏日渔业问题与北方四岛争端 …………………………… (535)

## 第十二章　贝阿铁路建设 ……………………………………… (538)

### 第一节　贝阿铁路的修筑 ……………………………………… (538)
一　伟大卫国战争前的贝阿铁路建设 ……………………… (538)
二　20世纪70年代贝阿铁路复工 ………………………… (541)
三　20世纪七八十年代的铁路建设 ……………………… (545)

### 第二节　贝阿铁路的建设者 …………………………………… (551)
一　铁道兵部队 …………………………………………… (551)
二　大学生突击队 ………………………………………… (554)
三　贝阿铁路建设工程中的女性 ………………………… (558)

## 第十三章　苏联解体前的远东经济与社会 …………………… (562)

### 第一节　苏联远东地区开发战略 ……………………………… (562)
一　远东地区产业规划与开发政策 ……………………… (562)
二　远东地区的对外经贸活动 …………………………… (567)
三　远东主要产业部门在苏联经济体系中的地位 ……… (571)

### 第二节　苏联解体前远东地区的社会文化事业 ……………… (580)
一　远东地区人口的新变化 ……………………………… (580)
二　远东地区文化事业的发展 …………………………… (583)

### 第三节　苏联解体前远东地区的教育事业 …………………… (586)
一　中等教育的发展 ……………………………………… (586)
二　高等教育增量提质 …………………………………… (591)

### 第四节　远东科研网络的形成及科研工作的开展 …………… (593)
一　远东地区科研机构的改组与壮大 …………………… (593)
二　远东地区科学研究工作成效显著 …………………… (595)

**主要参考文献** ……………………………………………………… (598)

# 俄罗斯远东史·第三卷

## 第十四章　苏联解体后的远东 ………………………………… (611)

### 第一节　苏联解体后远东地区政治经济形势 ………………… (611)

一　远东地区多党制的建立与发展 …………………………… (611)
　　二　远东地区的经济形势 …………………………………… (615)
　第二节　远东地区的社会问题 ………………………………… (618)
　　一　远东地区的工人罢工 …………………………………… (618)
　　二　远东地区的犯罪问题 …………………………………… (619)
　　三　远东地区的生态环境问题 ……………………………… (622)
　第三节　"休克疗法"对远东的影响 …………………………… (625)
　　一　远东"休克疗法"的推行 ……………………………… (625)
　　二　"休克疗法"对远东经济社会的影响 ………………… (626)

第十五章　俄远东地区与中国的边境贸易 ……………………… (629)
　第一节　中俄边贸发展的历史回顾 …………………………… (629)
　　一　苏联解体后远东与中国的边境贸易 …………………… (629)
　　二　21世纪初中俄边境贸易的蓬勃发展 …………………… (631)
　　三　中俄边贸繁荣发展的原因 ……………………………… (632)
　第二节　中俄边境贸易的特点与商品结构 …………………… (634)
　　一　中俄边境贸易的特点 …………………………………… (634)
　　二　黑龙江省与俄边境贸易商品结构 ……………………… (635)
　　三　中俄贸易与地方产业结构的优化调整 ………………… (639)
　第三节　边境贸易与口岸的发展 ……………………………… (640)
　　一　铁路口岸 ………………………………………………… (640)
　　二　公路口岸 ………………………………………………… (642)
　　三　水运口岸 ………………………………………………… (645)
　　四　航空口岸 ………………………………………………… (654)

第十六章　远东经济的恢复与发展 ……………………………… (658)
　第一节　远东开发新战略的制定 ……………………………… (658)
　　一　远东发展战略要点 ……………………………………… (658)
　　二　新一轮俄远东开发政策分析 …………………………… (660)
　　三　远东未来发展方向及合作需求 ………………………… (663)
　第二节　远东经济的主要领域 ………………………………… (665)

一　远东地区经济主要领域的发展 …………………… (666)
　　二　远东地区的中小企业 ………………………………… (671)
　　三　远东的对外经济关系 ………………………………… (672)
　第三节　远东地区的创新经济 ……………………………… (674)
　　一　远东的科技与创新 …………………………………… (674)
　　二　远东创新经济存在的主要问题 ……………………… (678)
　　三　远东创新经济发展的趋势 …………………………… (680)

## 第十七章　远东的交通运输业及规划 …………………… (683)
　第一节　陆路运输 …………………………………………… (685)
　　一　西伯利亚大铁路的运营状况 ………………………… (685)
　　二　贝阿铁路运营及问题 ………………………………… (686)
　　三　远东铁路网建设方案 ………………………………… (688)
　　四　远东公路网建设 ……………………………………… (692)
　第二节　航空运输 …………………………………………… (698)
　　一　远东地区的航空运输 ………………………………… (698)
　　二　远东航空业发展计划 ………………………………… (701)
　第三节　内河及海洋运输 …………………………………… (704)
　　一　河运及海运发展状况 ………………………………… (704)
　　二　远东航运的国际合作 ………………………………… (711)
　　三　远东航运发展的战略意义 …………………………… (716)
　第四节　管道运输 …………………………………………… (718)
　　一　管道基础设施的建设 ………………………………… (718)
　　二　管道基础设施的未来发展方向 ……………………… (721)

## 第十八章　21世纪初的远东社会 ………………………… (723)
　第一节　远东地区人口结构状况 …………………………… (723)
　　一　远东地区人口自然结构变化 ………………………… (723)
　　二　远东地区人口地理结构 ……………………………… (732)
　　三　远东地区主要民族人口构成 ………………………… (735)
　第二节　远东地区的主要社会问题 ………………………… (739)

一　高发疾病与高死亡疾病 …………………………………………（739）
　　二　远东人口老龄化问题 ……………………………………………（743）
　　三　远东地区的贫富分化 ……………………………………………（746）
　第三节　远东地区劳动力与就业问题 ……………………………………（752）
　　一　远东劳动力就业结构及分布 ……………………………………（752）
　　二　远东地区失业问题 ………………………………………………（757）
　　三　远东地区劳动力收入 ……………………………………………（762）
　第四节　远东地区的犯罪问题 ……………………………………………（764）
　　一　远东地区的有组织犯罪 …………………………………………（764）
　　二　远东地区的"影子经济" ………………………………………（768）
　第五节　远东地区的外来移民 ……………………………………………（775）
　　一　远东地区外来人口结构与数量 …………………………………（776）
　　二　远东移民政策与人口安全 ………………………………………（784）

第十九章　远东的科教文卫事业 …………………………………………（789）
　第一节　远东的科研机构 …………………………………………………（789）
　　一　俄罗斯科学院远东分院的机构设置 ……………………………（789）
　　二　俄罗斯科学院远东分院的重要成果 ……………………………（796）
　　三　俄罗斯农业科学院远东分院的发展历程 ………………………（799）
　第二节　远东的教育事业 …………………………………………………（802）
　　一　远东地区普通教育不断进步 ……………………………………（803）
　　二　远东地区职业教育发展的新时期 ………………………………（807）
　　三　远东高等教育蓬勃发展 …………………………………………（810）
　第三节　远东的医疗卫生事业 ……………………………………………（815）
　　一　苏联解体后远东地区的基本卫生状况 …………………………（816）
　　二　远东地区医疗保障体制改革 ……………………………………（822）
　　三　远东地区公共卫生事业的发展 …………………………………（828）
　第四节　远东公共文化事业的发展 ………………………………………（833）
　　一　远东的公共文化设施建设 ………………………………………（834）
　　二　远东的公共文化服务水平 ………………………………………（839）
　　三　远东地区与中国的文化交流与合作 ……………………………（843）

## 第二十章　远东开发的新阶段 ……………………………………（847）
### 第一节　2025 远东发展纲要的实施 …………………………（847）
　　一　2025 远东战略出台的历史背景 ……………………（847）
　　二　2025 远东战略的主要内容 …………………………（848）
　　三　2025 远东战略对俄亚太政策的影响 ………………（853）
### 第二节　新时期的远东能源开发 ………………………………（856）
　　一　远东能源经济发展状况 ……………………………（856）
　　二　远东能源开发区域分布 ……………………………（861）
　　三　远东能源开发与国际合作 …………………………（865）
### 第三节　蓬勃发展的远东旅游业 ………………………………（868）
　　一　远东地区的主要旅游资源 …………………………（868）
　　二　远东旅游业的发展及问题 …………………………（872）
　　三　远东旅游业的目标和发展路径 ……………………（875）
### 第四节　远东超前社会经济发展区的建立 ……………………（877）
　　一　《俄罗斯社会经济超前发展区联邦法》的颁布 ……（877）
　　二　远东超前发展区的内涵与特点 ……………………（881）
　　三　远东超前发展区与国际合作 ………………………（883）
　　四　新时期远东开发开放及其展望 ……………………（886）

## 主要参考文献 …………………………………………………………（894）

## 俄汉地名对照表 ………………………………………………………（897）

## 俄汉人名对照表 ………………………………………………………（913）

## 后　记 …………………………………………………………………（928）

# 第一卷目录

导　语 …………………………………………………………………（1）

**第一章　从远古到 17 世纪的远东** ………………………………（6）
　第一节　亚洲东北部的石器时代 ………………………………（6）
　　一　俄罗斯远东考古的学术回顾 ……………………………（6）
　　二　古代远东地区的自然环境 ………………………………（8）
　　三　远东的旧石器时代 ………………………………………（10）
　第二节　远东的原始社会 ………………………………………（13）
　　一　远东的新石器时代 ………………………………………（13）
　　二　远东原始人类的生产与生活 ……………………………（15）
　　三　远东的铁器时代与原始社会的解体 ……………………（17）
　第三节　古代远东各部族与中原王朝的关系 …………………（20）
　　一　商周至唐代黑龙江流域先民与中原王朝的关系 ………（20）
　　二　唐代至明代黑龙江流域各民族的变迁 …………………（22）
　　三　明清王朝对黑龙江流域的管理 …………………………（24）

**第二章　俄国对西伯利亚的征服及早期开发** ……………………（27）
　第一节　俄国东征与占领西伯利亚 ……………………………（27）
　　一　叶尔马克东征与西伯利亚汗国的灭亡 …………………（27）
　　二　俄国在西伯利亚的殖民扩张 ……………………………（30）
　　三　早期俄国殖民机构的建立 ………………………………（33）
　第二节　俄国对西伯利亚的早期开发 …………………………（35）
　　一　西伯利亚渔猎业与俄国人早期经济活动 ………………（35）

二　西伯利亚早期的工商业 …………………………………………（38）
　　三　西伯利亚与远东的土著民族 …………………………………（41）
　第三节　早期的俄中关系 ……………………………………………（45）
　　一　中俄《尼布楚条约》的签订 …………………………………（45）
　　二　中俄恰克图贸易 ………………………………………………（48）
　　三　18世纪的远东俄中关系 ………………………………………（50）

第三章　18—19世纪上半叶远东的经济与社会 ………………………（53）
　第一节　北方大考察与远东开发 ……………………………………（53）
　　一　北方地理大考察 ………………………………………………（53）
　　二　俄国人在北太平洋的开发 ……………………………………（60）
　　三　俄美公司的建立及其活动 ……………………………………（64）
　第二节　18—19世纪上半叶的远东经济 ……………………………（70）
　　一　早期的远东工业 ………………………………………………（70）
　　二　农业垦殖与手工业 ……………………………………………（76）
　　三　商业与贸易活动 ………………………………………………（79）
　第三节　远东行政机构及其管理方式 ………………………………（84）
　　一　行政制度改革 …………………………………………………（84）
　　二　土著居民的税收制度 …………………………………………（89）
　　三　当地居民的反剥削反压迫斗争 ………………………………（92）
　第四节　远东诸民族的社会及文化生活 ……………………………（94）
　　一　远东的社会关系 ………………………………………………（94）
　　二　西伯利亚与远东小民族风俗 …………………………………（98）
　　三　西伯利亚与远东民族的宗教信仰 ……………………………（101）

第四章　19世纪俄国在黑龙江流域的扩张与远东开发 ………………（105）
　第一节　俄国在黑龙江流域的扩张 …………………………………（105）
　　一　俄国染指黑龙江流域 …………………………………………（106）
　　二　中俄《瑷珲条约》的签订 ……………………………………（108）
　　三　中俄《北京条约》的签订 ……………………………………（110）
　　四　俄国在远东的机构设置 ………………………………………（111）

## 第二节 《中俄密约》与中东铁路的修建 …………………… (114)
- 一 中日《马关条约》的签订 …………………………… (115)
- 二 《中俄密约》的签订 ………………………………… (117)
- 三 中东铁路的修建 ……………………………………… (122)

## 第三节 俄国的远东移民 ………………………………………… (128)
- 一 移民运动的历史阶段 ………………………………… (128)
- 二 远东开发中的外国移民 ……………………………… (135)
- 三 外国移民在远东的经济活动 ………………………… (142)

## 第四节 远东的经济开发 ………………………………………… (151)
- 一 远东的农业开发 ……………………………………… (151)
- 二 远东的畜牧业及渔猎业 ……………………………… (156)
- 三 远东的工业开发 ……………………………………… (159)
- 四 远东的交通运输业 …………………………………… (166)
- 五 商业贸易的发展 ……………………………………… (170)

## 第五节 远东的文化教育 ………………………………………… (174)
- 一 文化事业的发展 ……………………………………… (174)
- 二 科学考察和研究活动 ………………………………… (176)
- 三 活跃的文学和戏剧 …………………………………… (178)
- 四 教育事业的兴起 ……………………………………… (179)

# 第五章 20世纪初期的远东 ……………………………………… (183)

## 第一节 20世纪初的东北亚国际关系 …………………………… (183)
- 一 日俄战争的爆发 ……………………………………… (183)
- 二 《朴茨茅斯条约》的签订 …………………………… (186)
- 三 俄国东北亚政策的调整 ……………………………… (187)

## 第二节 20世纪初远东的社会经济发展 ………………………… (190)
- 一 远东地区的社会变迁 ………………………………… (190)
- 二 远东经济的快速发展 ………………………………… (201)
- 三 远东地区的文化事业 ………………………………… (220)

## 第三节 阿穆尔铁路的修建 ……………………………………… (224)
- 一 阿穆尔铁路方案的制订 ……………………………… (224)

二　阿穆尔铁路修建的过程 ……………………………… (227)
　　三　修建阿穆尔铁路的意义 ……………………………… (230)
第四节　远东无产阶级的革命准备 ……………………………… (232)
　　一　远东社会民主运动的产生 …………………………… (232)
　　二　1905年革命在远东 …………………………………… (236)
　　三　远东革命运动的继续 ………………………………… (240)
　　四　十月革命前夕远东的斗争运动 ……………………… (243)

## 第六章　十月革命时期的远东 …………………………………… (250)
第一节　二月革命时期的远东 …………………………………… (250)
　　一　革命前夕远东的经济社会形势 ……………………… (250)
　　二　二月革命在远东 ……………………………………… (255)
　　三　临时政府在远东的经济政策 ………………………… (260)
　　四　二月革命到十月革命期间远东的政治生活 ………… (262)
第二节　远东的十月革命 ………………………………………… (265)
　　一　对彼得格勒武装起义的响应 ………………………… (265)
　　二　远东苏维埃政权的建立 ……………………………… (270)
　　三　远东苏维埃政权的革命措施 ………………………… (275)
第三节　国内战争与帝国主义武装干涉远东 …………………… (288)
　　一　协约国联合干涉与国内战争的爆发 ………………… (288)
　　二　远东反革命叛乱 ……………………………………… (291)
　　三　反布尔什维克政权在远东的统治 …………………… (294)
　　四　远东苏维埃政权的重建 ……………………………… (298)
第四节　远东共和国 ……………………………………………… (301)
　　一　远东共和国的建立 …………………………………… (301)
　　二　远东共和国的经济政策 ……………………………… (303)
　　三　远东共和国的外交政策 ……………………………… (308)
　　四　远东共和国的历史地位 ……………………………… (313)

**主要参考文献** ……………………………………………………… (315)

# 导　　语

今天的俄罗斯远东地区①位于欧亚大陆的东北部，西与俄罗斯东西伯利亚行政区交界，东临太平洋，东北以白令海峡与美国阿拉斯加相隔，东南隔海与日本相望，北濒北冰洋，南与中国、朝鲜接壤。从地域面积看，今俄罗斯远东联邦区总面积为695.26万平方千米，占俄罗斯联邦领土面积的40.60%。远东海岸线约1.77万千米（包括岛屿海岸线），占全俄海岸线总长的29%。历史上，远东的概念和地域是不断变化的。俄国作为一个传统的欧洲国家，在15世纪以前与地处东北亚的远东联系不多，只是起源于这一地区的蒙古人曾经对俄国进行了长达两个世纪的统治，使俄国人模糊地知道在遥远的东方存在着一个强大的文明古国。16世纪，在这片广大的地域上，生息繁衍着部分已经进入封建时代的南部民族和数十个处于原始社会末期的小民族。黑龙江和乌苏里江流域至海的大片地域归明清王朝管辖，属中国领土。

16—17世纪，俄国在向东部的扩张中，用了不到100年的时间，就到达了太平洋北部沿岸，并开始向远东南部及黑龙江口进发。1689年，清朝政府与俄国签订的《尼布楚条约》，被认为是两国第一个平等边界条约，其中明确：外兴安岭以南、格尔必齐河和额尔古纳河以东至海的整个黑龙江和乌苏里江流域属于中国领土，此后中俄东段边境地区

---

① 远东的地理概念是随着历史的发展而变化的。从地理范畴来看，现代意义的远东形成于19世纪五六十年代《中俄瑷珲条约》和《中俄北京条约》签订之后。2018年11月俄总统普京签署命令，将后贝加尔边疆区和布里亚特共和国划入远东联邦区。现俄远东地区共有阿穆尔州、犹太自治州、马加丹州、萨哈林州、哈巴罗夫斯克边疆区、滨海边疆区、堪察加边疆区、后贝加尔边疆区、楚科奇自治区、萨哈共和国（雅库特）和布里亚特共和国等11个联邦主体。

相对稳定。在一个半世纪里，中俄两国人民和平往来，贸易得到较快发展。19世纪中叶，俄国利用西方列强侵华之机，通过《瑷珲条约》《天津条约》和《北京条约》，将外兴安岭以南、黑龙江以北、乌苏里江以东约100万平方千米土地据为己有，至此，今俄罗斯远东版图基本形成。我们所研究的远东即是今俄罗斯远东的地域范围。

从地理地貌看，远东地区多山而平原较少，山地占整个远东地区3/4左右，群山起伏，绵延千里。山地平均高1000—2000米，个别高山分布在萨哈东北部和科里亚克民族自治区，高度可达2250—3000米。远东是俄罗斯唯一有火山的地区，火山数量多达20座，高度大都在3300—3600米，其中克留切夫火山高达4750米。堪察加半岛上火山众多，火山周围分布着大量温泉，地热资源和矿泉水资源极为丰富。

远东地区平原占全区面积的近1/4，主要分布在南部阿穆尔河（黑龙江，下同）流域和兴凯湖沿岸，以及萨哈雅库特中部和勒拿河及其支流维柳伊河西岸。广袤的平原是远东生活和生产条件最好的地带，那里气候较为温和，土壤十分肥沃，雨量均衡适中，有利于农业耕种，因此在历史上各个时期都是人口较为集中的地区。

远东的水资源极其丰富，江河纵横、湖泊遍布，共有大小河流17000条。其中，超过1000千米长的有13条。阿穆尔河是俄罗斯第一大河，也是现在的中俄界河，起源于石勒喀河和额尔古纳河，蜿蜒东流沿途接纳结雅河、布列亚河、松花江、乌苏里江等大支流，最后注入鄂霍次克海，全长4400千米，流域面积达184.3万平方千米。勒拿河为俄罗斯第二大河流，全长也是4400千米，向北注入北冰洋。其他较长的河流主要是科雷马河（2600千米）、阿尔丹河（2242千米）、阿尔贡河（1520千米）、奥廖克马河（1436千米）、结雅河（1210千米）、阿纳德尔河（1170千米）等。远东的全部河流冬季都要结冰，北部河流冰期较长，一般为7—8个月，南部河流冰期平均是5个月左右。远东的湖泊众多，其中，中俄界湖兴凯湖面积最大，为4380平方千米。此外，还有奥列利湖、奇利亚湖、博格尼湖、基济湖、克季湖等大型湖泊。远东湖泊沿岸由于地势低而平坦，分布着大片的沼泽地或湿地，适于鸟类生存繁衍，但不利于农业生产和耕作。

远东地区气候变化万千，各具特色。由于地区幅员极其辽阔，因此各地气候差别鲜明。位于北冰洋沿岸的亚洲大陆已经深入北极圈,呈寒带气候特点。那里冬季漫长,寒冷而干燥,1月的气温达到-38℃——-50℃,萨哈共和国维尔霍扬斯克的奥伊米亚康有-70℃的历史纪录,被称为"寒极"。远东北部夏季凉爽而短暂,7月的最高气温只有11—15℃,平均气温在0—4℃。全年降水量140—290毫米,植物生长期仅为50—100天,依偎地面的植物匆匆开花结果,自然界呈现一派荒芜苍凉的景象。而远东南部气候温和,雨量充沛,冬季气温在-10℃——-21℃,夏季为15℃—21℃,降水量530—1050毫米,植物生长期125—200天。北部的楚科奇半岛全年降水量只有150—290毫米,而南部的堪察加半岛和千岛群岛可达到1000毫米。

远东气候由南向北而逐步变冷,最北部为永久冻土带,最厚的冻土层甚至达到400—600米。在这片寒冷的冰原大地上,人迹罕至,寂静荒芜。北部和南部之间是宽达数千千米的过渡地带,随着气温的逐步增加,动植物也越来越多。

远东地区主要受太平洋季风影响,北部和中西部地区风力较大,且寒冷而干燥。东部太平洋沿岸受海洋季风影响,春夏时节温湿多雨,西南部地区则渐趋干燥。远东由于南北跨度较大,北部地区已进入北极,因此自然地带呈多样性。主要有北极荒原带、冻原带、森林冻土带、森林草原带等。随着气温的变化,在各个自然带生长着不同的植被,以及种类繁多的动物。

远东地区自然资源极为丰富,已探明的许多资源储量居于世界前列。

远东的森林覆盖率为45%,森林总面积达2.806亿公顷,占全俄森林面积的31.1%,森林面积居各经济区之首。木材蓄积量达204亿立方米,仅次于东西伯利亚经济区而居第二位,占全俄木材蓄积量的26%,占世界木材总蓄积量的10%。就树种而言,远东地区的针叶树种占89.2%,其中落叶松为53.4%,云杉和冷杉占25.9%,硬阔叶树种占6.1%,轻阔叶树种占11.9%。远东的落叶松面积达1.667亿公顷;其次是桦树,面积达2070万公顷;再次是云杉和冷杉,面积为1500万公顷。

在远东大片的森林中和广袤的土地上还生长着种类繁多的动物和植

物。其中有1000多种药用植物、350多种山野菜、400多种食用菌，可提供花粉和养蜂的蜜源植物400多种。每年可采松子、榛子130万吨、浆果120万吨、蘑菇25万吨、药材25万吨、山野菜30万吨。此外，这里还生活着40多种珍贵的毛皮兽、10种有蹄类野兽和100多种鸟类。

远东地区能源动力资源丰富。已探明的煤田近100处，煤储量298亿吨，占全俄储量的40%。预测储量可达5.5万亿吨。萨哈共和国是远东最大的产煤区，拥有远东47%的煤炭储量。远东的石油天然气资源丰富，已探明的石油储量为96亿吨，天然气储量为14万亿立方米。远东的油气资源主要分布在萨哈和萨哈林两大油气盆地。在堪察加边疆区、马加丹州、哈巴罗夫斯克边疆区，以及鄂霍次克海、日本海、白令海的大陆架也蕴藏着丰富的油气资源。远东地区大量的江河资源，可以进行水力发电。

远东地下矿产资源也极为丰富，已发现和探明储量的矿物资源达70多种。分为有色金属、稀有金属、金刚石、黑色冶金原料、化工原料和建材工业原料等。这里蕴藏着全俄88%的锑、95%的锡、90%的硼、41%的萤石、63%的汞。其他如黄金、白银、钨、铅、锌、钛的储量和开采量均居全俄前列。

远东地区的土地资源也十分丰富，约6.169亿公顷，其中森林占45.5%，牧场占30.3%、灌木林等难以利用的土地占21.1%。农业耕地仅占0.5%，人均占有耕地0.4公顷。主要耕地分布在阿穆尔州南部、哈巴罗夫斯克边疆区南部、滨海边疆区南部的平原上。远东中部和北部地区适于发展畜牧业和养殖业，那里有世界上最大的牧鹿场。

远东地区濒临太平洋和北冰洋，域内江河众多，水产资源极为丰富。远东的水域里生长着300多种海水和淡水鱼类。其中，最主要的鱼类是鲑科的大马哈鱼、细鳞大马哈鱼、红大马哈鱼、王大马哈鱼等。堪察加海里生长着鳕鱼、鲱鱼等。雅库特的江河湖泊里生长着鲑科、鲟科鱼类。在鄂霍次克海和白令海生长着各种类型的海蟹。其他沿海地区生长着沙丁鱼、鲸、鳕鱼、海带、纳瓦格鱼、磷虾、海参等。楚科奇半岛生长着各种海豹和海象等动物。

由于俄罗斯远东1/4地区已深入北极，因此大部分地区冬季漫长，气候寒冷，并不适于人类生活和生产，致使整个远东地区人口稀少，经济社会发展缓慢。但是，这恰恰对富饶的自然资源形成了很好的保护。远东丰富的林木和矿藏资源，大量的动植物资源，其储量许多至今并没有真正探明，所以，对于未来人类社会的生存与发展，远东资源储备的重大意义，无论怎样估价都不过分。因此，当代俄罗斯远东地区的战略地位、经济价值和地缘政治意义，正在不断得以展现，并逐步引起世界的关注。

# 第一章

# 从远古到 17 世纪的远东

大量考古资料证实,在漫长的进化和发展过程中,受气候和生态环境变化的影响,远东地区原始人类的活动范围一直在不断变化并逐渐扩大。自古以来,中华民族先民就在这里的部分地区繁衍生息,一些部族与中原文化保持着较密切的交流与交往关系。唐朝及至明清王朝都对黑龙江和乌苏里江流域各民族实施过有效的管辖和治理。

## 第一节 亚洲东北部的石器时代

### 一 俄罗斯远东考古的学术回顾

对今俄罗斯远东地区史前文化科学系统的考察,是在现代考古学诞生之后才开始的,因而在 18 世纪以前,对这一广大地区并未开展基于科学意义上的考察活动。16—17 世纪,沙俄开始了向西伯利亚地区的殖民扩张,并于 18 世纪对西伯利亚和远东中部和北部地区进行了科学大考察,为后来的考古学家对整个远东地区的探查奠定了基础。19 世纪中叶以后,随着沙俄割占远东南部地区中国的大片领土,俄国学者才开始在这一地区进行初步的考古学研究。十月革命以后,苏联学者对远东各个历史时期遗址遗迹的考古研究逐步深入,经过几代学者具有开拓性的考察与研究,远东考古学取得了令人瞩目的成就。

20 世纪中叶,苏联科学院以 А. П. 奥克拉德尼科夫、Р. С. 瓦西里耶夫斯基、А. П. 杰列维扬科、А. И. 克鲁沙诺夫等为代表的一批著名考古学家,就亚洲东北部旧石器时代晚期的年代问题、遗址遗迹的鉴定问题、早期人类活动的方式和特点问题等,同地质学家、古动物学家、古植物学家、冻土学家、放射性碳素测定年代法的专家们合作研究，取得了突破性进展，创立了可靠的考古文化分期法，并确定了考古文化的绝对编年。[1] 他们根据一个多世纪的考古发掘资料证明：今俄罗斯远东的南部是独具特色的古代文化中心，在阿穆尔河（黑龙江）的上中下游，是旧石器时代早期人类生活的重要地区。而"弄清楚旧石器时代晚期文化中的两种石器加工传统工艺——砾石技术和石片技术传统，具有重要的科学价值。因为研究阿穆尔河流域和滨海地区的旧石器时代晚期的遗迹，同解决自大陆迁居太平洋诸岛屿问题、古代居民向亚洲东北部地区迁移的路线问题有着密切的关系"[2]。

应该说，采用现代科学技术，对亚洲东北部全方位的科学考察和深入研究，是以往任何历史时期所不曾有的，具有科学上的开拓意义。因为，19世纪之前的中国还没有现代科学意义的考古学，而中俄疆域的基本界线最终划定后，当时的中国学者已经没有机会对那片广大地域进行实地考古研究了，若了解那段久远的历史只能通过中国古代史籍所传递的零星信息资料。

苏联学者在现代考古学基础上，利用科学的工具和方法对远东的考古研究，赋予了远东考古以重要的学术价值和科学意义，即"在亚洲东北部发现旧石器时代晚期的遗迹并对其进行研究，可以解决与人类开始占据和开发亚洲大陆东北部有关的问题，并为解决人类由亚洲向美洲大陆迁居的问题，奠定了客观的基础"[3]。这一开创性的科学研究成果，对于认识东北亚及北美大陆古代人口流动具有积极作用，也反映了相关国家研究这一问题的现实需要。苏联学者在远东考古研究方面的成果处于国际前沿地位，因此我们对今俄远东石器时代和原始社会的研究与考

---

[1] А. И. Крушанов（Ответственный редактор）: История Дальнего Востока СССР с древнейших времен до XVII века. М., Издательство Наука, 1989. С. 6.

[2] Окладников А. П., Ганешин Г. С. О некоторых археологических памятниках Приморья и их геологическом значении // Материалы по геологии и полезным ископаемым Восточной Сибири и Дальнего Востока. М.: Госгеолтехиздат, 1956. С. 50 – 57. （Материалы ВСЕГЕИ; Геология и полезные ископаемые. Вып. 1.）

[3] А. И. Крушанов（Ответственный редактор）: История Дальнего Востока СССР с древнейших времен до XVII века. М., Издательство Наука, 1989. С. 6.

察，在很大程度上要依据俄苏学者的研究成果来进行。① 同时，当代中国学者在黑龙江南岸的考古发掘，对于了解黑龙江流域的史前文明也具有重要的参考价值。② 近年来，随着中俄文化交流的不断扩大，中俄学者开始了共同对黑龙江流域史前遗址遗迹进行考古调查，推出了一系列合作研究成果，正在引起学界的重视。③ 目前，中国学者所占有的大量史籍资料，以及先进的考古技术，已经在两国的合作考察研究中发挥积极作用。

### 二　古代远东地区的自然环境

人类早期的历史与当时的气候地理等自然环境密切相关，地理环境是影响和改变早期人类活动重要的、有时是决定性的因素。旧石器时代的早期人类大约生活在地质学意义上的早更新世时期和更新世时期。在大约70万年前至1万年前的更新世时期，又分为下、中、上更新世三个阶段。在漫长的更新世时期，全球大部分地区气候寒冷，但也存在着冷暖变化的周期。到了上更新世时期，今远东地区的气候开始逐渐转暖，一些地质考古发现表明，有的地区气候甚至比现代还要温暖许多。苏联地质学家在堪察加半岛该时期的地层里找到了核桃果实和近于孢子松的伊尔缅松果，以及在阿穆尔河流域发现了常绿的喜温植物花粉。④ 与此同时，中国学者也在黑龙江流域的嘉荫县等地，发现了同一时期大型喜温动物恐龙和猛犸象的化石。这些发现表明，今远东南部的黑龙江和乌苏里江地区在古代某些时期气候相当温暖湿润，曾经生长着丰富的温带植物和大型动物。

到了上更新世末期，今远东地区逐渐变冷，大部分山区形成了古代冰川，陆地上升，气候变得干燥而寒冷，季风气候愈加明显。随着气候的变冷，几乎所有的动植物都开始出现变化，常绿喜温的阔叶植物被藓

---

① 见"黑龙江左岸及滨海地区旧石器时代的人群分布"，引自孙进己、冯永谦总纂《东北历史地理》（上），黑龙江人民出版社2013年版，第38—42页。
② 见魏正一、干志耿《呼玛十八站新发现的旧石器》，《求是学刊》1981年第1期；杨大山《漠河出土的打制石器》，《黑龙江文物丛刊》1982年第1期。
③ 见《中俄考古队在黑龙江流域发现三处遗迹》，《新晚报》2017年8月2日。
④ А. И. Крушанов（Ответственный редактор）: История Дальнего Востока СССР с древнейших времен до XVII века. М., Издательство Наука, 1989. С. 17.

苔和稀疏低矮的林木所取代。在南部地区生长出桦树和赤杨，由于其极耐风寒的特性，它们中的一部分在冰河期之后幸存下来，甚至延续至今。而猛犸象、北美野牛等动物的化石则代表了这一时期远东动物的主要种类和形态。在今滨海边疆区一些洞穴里发现的犀牛、虎、鬣狗的化石也大多属于上更新世晚期，它们与今天远东的许多动物有着近亲关系。这些中小型动物顽强的适应性，使它们跨越了漫长的气候和地质年代，将古生物的许多基因和特征保留至今。

远东地区气候的巨大变化，也对这一广大地区的地形地貌产生了重要影响，并且对后来人类活动地点和范围的选择也具有重要意义。大约在7万年以前，由于气候变冷和海洋退化，环绕楚科奇海和堪察加海的大陆架完全或部分地干涸了。结果，由白令海峡封冻后所形成的陆桥，可以将亚洲与美洲连接起来，这为植物和动物群在北亚和北美两个大陆板块之间的交流与渗透提供了条件。在此后的气候转暖时期，白令海峡可能重又复原，这种冷暖变化的周期应该是发生过多次，而现在的白令海峡至少也应该有数千年以上的历史了。这种气候变化导致的海上陆桥的周期性存在，也表现在萨哈林岛与亚洲大陆以及今天日本北海道的陆桥周期性的存在。一般认为，"在现代鞑靼海峡和拉佩鲁兹海峡地带的陆桥使旧石器时代的猎人得以在大陆、萨哈林和北海道之间通行"[1]。在旧石器时代向新石器时代的过渡时期，整个地球气候再一次逐渐变暖。

在新石器时代到来之时，远东地区的自然环境也发生了许多变化，在南部地区，江河湖泊体系与现代的状态已经基本相同；在远离海洋的偏西部地区形成了明显的大陆性气候，受气温变化的影响，季风强劲，冬天寒冷多雪，夏天炎热干燥；在近海地区则是温暖湿润，气温冷暖差别较小。在最佳气候时期，远东的森林构成发生了明显变化，针叶树种开始减少，阔叶植物迅速增加。在第四纪冰河期之后，一些适应气候改变的第三纪植物群的代表性植物留存下来，而这一时期的动物群则构成了全新世动物世界的基础，今远东地区主要的食肉动物、奇蹄动物和偶

---

[1] [苏]克鲁沙诺夫主编：《苏联远东史——从远古到17世纪》，成于众译，哈尔滨出版社1993年版，第17页。

蹄动物在那时已经大量出现了。

受气候改变的影响，远东北部的自然界也发生了很大变化。冰川的融化，使白令海和鄂霍次克海基本形成了今天的面貌，亚洲同美洲通过白令陆桥的联系中断了，形成了今天的白令海峡。气候变暖也使干涸的冻土带变成潮湿的沼泽地。经过冰河时代，大型的食草动物基本灭绝了，只有类似野生驯鹿的中小型食草动物适应新的条件存活下来，并成为北方先民陆上猎捕的主要对象。冰川消退之后，在广阔的沿海地区形成了适合海洋哺乳类动物生存的环境，出现了大量海豹、海狗、海象等今天常见的北半球海洋动物。

在全新世时期，气候变暖导致的海平面上升终于使萨哈林岛与大陆，以及今日本诸岛的陆桥逐渐消失，形成了拉佩鲁兹大海峡和今天的鞑靼海峡。自然地理和气候环境的巨大变化对远东地区古代先民生活的各个方面都产生了重要影响：一方面，决定了早期人类在北太平洋沿岸的迁徙路线；另一方面，对原始人类的生产生活产生了重要作用，形成了远东各个地区不同族群的、丰富多彩的物质文化特征。

### 三　远东的旧石器时代

根据苏联和中国学者对远东地区原始人类遗址遗迹的考察，证明人类早在旧石器时代就已经来到了这一广大地区。远东南部的阿穆尔河（黑龙江）沿岸，是远古遗址遗迹留存较多的地方。在结雅河（精奇里江）谷的乌斯奇图镇、菲利莫什卡村附近，以及在阿穆尔河上游的库玛拉镇附近，均发现了埋藏原始人石制工具的遗址，并且其地层条件大体相同。在这几个地点出土的石器一般具有古代砾石加工粗糙和形式简陋的特点。工具主要是用石英石质砾石经过打砸制造的，主要是较大石片做成的工具，如具有砍杀功能的石凿、石刮刀等。经研究人员测定，在阿穆尔河流域发现的砾石制品的年代为旧石器时代早期。[①] 苏联学者认为：在苏联远东和南西伯利亚发现的古代人类遗迹，与东亚、中亚以及周围地区人类初始阶段的考古学文献相关。并且苏联学者认为，其可

---

① ［苏］克鲁沙诺夫主编：《苏联远东史——从远古到 17 世纪》，成于众译，哈尔滨出版社 1993 年版，第 19 页。

靠的资料也来自中国北方黄河流域旧石器时代早期的遗迹，如周口店北京猿人遗址，因为这里不仅发现了大致相同的砾石工具，还发现了猿人的化石。此外，在朝鲜半岛、日本群岛、蒙古等亚洲东北部的广大地区也发现了原始人的早期遗址、遗迹，这些遗迹的时代一般是在七八万年以前。

经过长期的进化和发展，生活在这一地区的远古人类和古人的数量和密度逐步增加，为了捕获足够的猎物，他们不得不向新的地区不断扩展。当然，如果旧石器时代早期的遗迹仅限于砾石工具，还不能成为早期人类在这里曾经长期生活的直接证据，这方面还需要大量其他考古资料的印证。

在阿穆尔河沿岸的遗迹中，出现了被称为"勒瓦娄哇"的石器，这是一种有了明显进步的打制石器。这种石器要求预先加工石核的末端，使之接近较规整的样式，以便于进一步加工。据苏联研究人员推测，在阿穆尔河上游的库玛拉遗址中出现的这类石器基本代表了距今2.5万—3万年前的石器制造水平。一些苏联专家认为，被称为勒瓦娄哇的石器制品与中亚地区的古代石器有很多相似之处，具有旧石器时代晚期石制品的共有特征，由此表明阿穆尔河流域与中亚古代先民有着文化上的联系。

但是，刘爽研究员在2017年考察黑龙江（阿穆尔河）上游右岸大兴安岭东段呼玛县十八站历史文化遗存时，也看到数量众多的旧石器标本。十八站遗址的碑文上写道："十八站遗址于1975年发现，1976年发掘。在更新世晚期地层中出土文物标本1000余件。石器的类型和加工技术同华北地区的旧石器有许多相似之处。证明十八站旧石器文化继承了华北旧石器文化传统，对研究远古文化的起源和发展有重要意义。"[①] 中国学者魏正一、干志耿也认为"这批石器文化传统与周口店、峙峪、下川、虎头梁等地的旧石器文化相近似"[②]。由此可见，苏联学者关于阿穆尔河流域石器制品与中亚地区的古代石器有很多相似之处的

---

① 参见黑龙江省塔河县十八站旧石器时代遗址碑文。
② 孙进己、冯永谦总纂：《东北历史地理》（上），黑龙江人民出版社2013年版，第36页。

说法确实存在偏颇。我们认为,黑龙江流域不同地区发现的大量旧石器时代遗存,与华北及黄河流域的旧石器遗存比中亚地区的古代石器有着更多的传承关系,不仅在地域上比中亚更为接近,就是在石器的形制上也大体表现了古代东亚地区人类共同的生产和生活特征,同时也反映了古代人类跨地区流动的大致走向。

苏联考古人员在滨海地区的奥西莫夫卡和乌斯季诺夫卡找到了旧石器时代晚期的石制品,它们出自古代居民加工石器的工场。通过测定构成这个文化层的土壤,推算出这些石器产生的年代可能是在距今2.5万—3万年前冰期即将结束的时代。整个远东南部地区的旧石器时代晚期的石器具有较大的一致性,即叶状和扁桃状等片状石器的两面修琢方法相当普遍,同时也反映了这一地区的古代先民在上更新世末期,由亚洲大陆的内陆地区向太平洋沿岸及北部海域地区迁移的过程。在滨海地区今符拉迪沃斯托克(海参崴,下同)附近的帕尔基赞河右岸的岩洞遗址(也被称为地理学会岩洞),发现了大量与原始人生存活动有关的更新世时期的动物化石,包括猛犸象、披毛犀、野牛、狍、驼鹿、熊等。而这些动物的遗骸充分证明,在上更新世末期,狩猎已经成为这一广大地区古代先民重要的生活方式,他们已经掌握了用石头制造捕猎工具的基本技能。游牧和半游牧的生活方式是从事狩猎的基本前提,因为狩猎时必须跟在一群野生动物后面奔跑或行走几十或上百千米。此外,这一时期远东地区的古代先民还要采集漫长冬季所需要的各种植物的果实,所以采集业在远东先民的经济生活中也占据重要地位。

在更新世晚期,人类已经来到了北太平洋沿岸大部分地区。距今1万—3万年以前,现在的白令海峡曾经成为陆地,这里就成了从亚洲到美洲阿拉斯加的必经之路。一般认为,在东北亚南部地区居住的先民,之所以要迁至寒冷的北部地区,主要是因为他们原来居住的地区人口增长和猎物减少,导致原有群体不断地自然分离,以及不断地向新狩猎场迁徙。在北太平洋沿岸的堪察加、楚科奇、科雷马河流域,找到了旧石器时代的遗址和遗迹。在这一地区的乌什基1号村落遗址中,保留了旧石器时代的宿营地和墓葬。处于同一时期堪察加的乌什科夫文化表明,人们已经开始从事捕鱼、狩猎和采集等多种经济活动。另外,考古材料也证明,堪察加的古老文化甚至曾传播到美洲大陆,从古代印第安人佩带的贝壳串珠看,与堪察加的类似串珠有许多共同点,并且两地所使用石器的制造和功能也有许多相似之处。当然,这些推测还需要更多的其他证据证明。

在乌什科夫村落遗址中,还发现了一些具有艺术象征的石器制品。例如,在砂岩板上刻画的窝棚和树木等原始艺术图案,还有类似人和动物的图案。这一时期的石器制品,为新石器时代的制品奠定了基础,并且具有逐步向北、向东扩散的特征。

到更新世末期和全新世早期,阿穆尔河流域和滨海地区的文化,明显地承袭了旧石器时代的传统和特征,在石器的精细加工和功能的发挥上有了较大的改进,出现了更具操作功能的猎人用的刀、矛头、猎枪头等,反映了这一时期早期人类的采集和狩猎生活在形式上的新变化。在阿穆尔河流域的奥西波夫卡遗址中发现的石器制品比原来的制品用途更多,经过精细打制的石斧可以广泛地用于砍伐树木,也可用于狩猎和捕鱼等劳动。

在晚更新世至全新世初期的历史文化遗存中,考古学家在萨哈林岛发现的一批石器具有典型意义。其中最具代表性的是索科尔、塔科耶2号、特罗伊斯科耶等地发现的石器。在这些地区发现的大量棱角规整的长石片、腰型石片、船型石片、半圆形石片等,与滨海地区村落遗址的器物以及与日本北海道地区的前陶器时代遗留下来的石器有着密切关系,同时也证明萨哈林岛在遥远的古代就已经有早期人类居住。由此可见,萨哈林岛和千岛群岛的早期文化类型是太平洋地区古代文化发展中的重要链条,他们与大陆的居民有着长期的接触和交往,因此其文化也有诸多的相通之处。

## 第二节 远东的原始社会

### 一 远东的新石器时代

一般认为,远东的新石器时代始于公元前7000—前6000年。接续了中石器时代的物质文化传承,这一时期的古代居民已经学会了磨制石器和制作生活用陶器。滨海地区、阿穆河流域的居民生活方式,同西部的外贝加尔和北部的雅库特的狩猎和捕鱼生活方式的差别日趋明显,主要表现为这一地区的居民已经开始了向定居生活方式的过渡。滨海东北部的一些遗址状况说明了这种差别的存在。

这些遗址主要是由一些大型群落构成的,典型的有鲁德纳亚海湾居址、"鬼门"洞穴居址和莫里亚克—雷博洛夫遗址等。在"鬼门"洞穴居址中,发现了毁于火灾的住房遗迹,并且出土了大量石器、骨器和陶器,经测定这些器物的使用时间为公元前5000年前后。在洞内还发现了大量磨制石器和纹饰器型都很简单的陶器,这些陶器上部直到口沿一般分布着模压的纹饰。在这一地区的考古发掘中,还出现了一些石料、贝壳和骨料制作的串珠等饰品。"鬼门"洞穴居址的考古发掘证明,生活在这一地区的原始人类,不仅从事狩猎、捕鱼和采集业,还从事各种手工业,学会了制作劳动工具和陶器,能够加工木材制品和猎物的毛皮。[①]

新石器时代晚期,远东地区具有代表意义的文化遗存是瓦连京地峡居址,反映了距今3000多年的各种磨制石器,作为猎捕各类陆地与水生动物的工具,已经有了很大的发展。同时也表明加工木材、加工兽皮、制作陶器等,已经成为当时村落居民的日常工作。在发掘中,还出现了开采赤铁矿石和褐铁矿石的工具。据分析,开采褐铁矿石主要是用来当作染料使用,并且由于一些矿物染料并非在褐铁矿石产地发现的,说明这种染料可能已经用于交换了。在鲁德纳亚居址,也发现了类似瓦连京地峡的石器和陶器,在一些陶器的口沿处饰有绳纹图案。从滨海地区发现的大量细石器和陶器制品看,新石器时代人们较多地移居滨海地区,这里丰富的动物和渔猎资源,以及较为温暖的气候环境,吸引了更多古代居民来到这里生活。

从考古发掘的遗址及器物来看,阿穆尔河上中下游的广大地区,在新石器时代古人类生活的能力和水平也有了较快的发展。

苏联学者在对公元前二千纪的考古挖掘中,发现了远东南部地区使用青铜器的痕迹。由此还产生了关于这一地区是否存在一个青铜时代的争论。在滨海地区和阿穆尔州的博物馆保存着模仿青铜器的石器,这些

---

① 参见《黑龙江左岸及滨海地区新石器时代的人群分布》,引自孙进己、冯永谦总纂《东北历史地理》(上),黑龙江人民出版社2013年版,第78页。

仿青铜石器与新石器时代晚期的磨制石器、陶器相混合，反映了公元前二千纪原始人类生产与生活的基本形态。苏联学者对锡霍特—阿林山支脉、兴凯湖周边地区、青树林村附近地区进行了考古挖掘，并把该地区的文化类型命名为"青树林文化"。在这一文化层中，发现了丰富的、主要用于捕鱼和狩猎的骨角器制品。这一地区所有发掘表明，这一时期当地居民的经济是由农业、畜牧业、狩猎业和捕鱼业构成的。在这一文化层中，首次发现了21件青铜制品，大致被确认为公元前13世纪至公元前8世纪的器物。

苏联学者认为："远东南部公元前二千纪遗存中的青铜器及其仿造品，在类型学上接近于外贝加尔、南西伯利亚、中央亚细亚的青铜制品。具有丰富的青铜冶炼技术和大量青铜器的南西伯利亚、外贝加尔和中央亚细亚的青铜时代文化给周边以及更遥远的地区带来了影响。在中国商代的青铜器中，细心观察能看到受安德罗诺夫文化影响的因素。晚些时候的卡拉苏克青铜器亦给中国商代的青铜器带来了影响。"① 实际上，在中国的夏末和整个商代，青铜器甚为发达，从实用和艺术的角度看，都已经达到了世界青铜器制作的高峰。今外贝加尔和南部西伯利亚的文化，与古代中国的夏商文化的联系，仅从空间距离上也肯定比与其他文化圈的联系更为紧密，中原文化对其北部及西北部毗邻地区的影响是毋庸置疑的。因此说中国商代的青铜器受到安德罗诺夫文化和卡拉苏克文化的影响，不免过于牵强。

可以确认的是，古代中国的中原文化在与今外贝加尔和南西伯利亚地区以及朝鲜半岛的广泛交流和影响中，形成了具有东亚特色的文化体系，而南西伯利亚、外贝加尔和中央亚细亚的青铜文化，应该是这一大的文化体系中处于边缘的组成部分。

## 二 远东原始人类的生产与生活

进入新石器时代，定居已经成为滨海和阿穆尔河沿岸地区大部分居

---

① С. В. Киселёв. Неолит и бронзовый век Китая. (По материалам научной командировки в КНР) // Советская археология. 1960. №4；Э. А. Новгородова. Центральная Азия и карасукская проблема. М.：ГРВЛ. 1970. С. 176.

民的基本生活方式，考古发掘的永久性的半地穴住房就是证明。当时的居民一般是在距离河流不远处建造这种半地穴住房，在数千年中各种外力的破坏和侵蚀下，这种住房的上部分是无法保留下来的。从发掘遗址的现场看，一般可以根据现存的房屋的柱洞和灶坑来判断房屋的结构和特征，这与游牧民族的毡房和帐篷是不同的。而这些特征与18世纪时这一地区的那乃人和科里亚克人的住房亦有许多相同之处。在沿海沿江的广大地区，捕鱼业是原始居民基本的经济活动，在这些地区发现了大量磨制石器的网坠证实了这一推断。

除了捕鱼，在远离沿海的原始森林地区，居民则以狩猎为主，他们捕猎的主要是驼鹿、马鹿、山羊，以及熊、猞猁、狼等动物。狩猎工具主要是夹子、矛、活套和弓箭等。采集业也是这一广大地区居民的重要辅助性经济活动。在春夏秋季，这里有丰富的坚果、浆果、野葱、蘑菇和各类山野菜等，可供人们食用。苏联考古学家根据远东南部地区出土的石锄、磨棒、杵槌等石器，认为在公元前三千纪，这里已经出现了早期农业的雏形。这一地区优越的气候地理条件，以及与南部居民长期而广泛的联系，把野生的黍类植物培育成农作物是有条件的。值得重视的是，苏联学者对发掘石器使用了微痕分析方法，在一定程度上复原了古代的经济活动。通过他们制造的石器和加工的工具来看，原始居民除了获取食物，还开始加工木料、鞣制皮革、烧制陶器，这些涉及先民生产与生活的综合经济形态，在远东瓦连京地峡遗址中有充分的体现。并且，古代人类在更大的地域内进行交换生产产品和运输产品的经济形态已经出现。

根据奥克拉德尼科夫院士的研究，远东南部地区在新石器时代已经达到了较高的发展水平，与气候寒冷的北部地区形成极大的反差。他们认为："合理地组织起来的捕鱼业、狩猎业和采集业对于新石器时代居民相对稳定的经济、定居的生活方式、复杂而发达的艺术、从事专门化生产活动的聚落的出现以及高水平和多样化的家庭副业，都起到了保证作用。"[①]

---

[①] ［苏］克鲁沙诺夫主编：《苏联远东史——从远古到17世纪》，成于众译，哈尔滨出版社1993年版，第91页。

苏联学者认为,"远东地区新石器时代文化深刻的地方根源和独特性绝不意味着它们同邻近地区的居民相互隔绝,孤立存在。考古研究表明,滨海—阿穆尔河沿岸地区同东西伯利亚、萨哈林、中国东北和朝鲜半岛东北部居民之间存在着文化联系"[①]。同时,在千岛群岛南部、鄂霍次克海沿岸、堪察加半岛,都有新石器时代遗留的石器、陶器,说明整个东北亚区域的新石器时代的生产力水平和文化程度是大体相当的。而楚科奇文化与雅库特文化也有许多相通之处。通过对楚科奇文化的考证,包括苏联学者在内的大部分学者认为,楚科奇人使用的青铜器是从其南部传入的,而绝不可能是从北部阿拉斯加传入的,因为直到欧洲人进入前,北美的土著居民还不会冶炼铜。[②]

总之,这是一个承前启后的时代,为后来的铁器时代奠定了深厚的基础。

到公元前1000年前后,远东南部滨海地区古代先民的文化有了快速发展。这一时期的文化遗存被苏联学者命名为"扬科夫斯基文化",是与 М. И. 扬科夫斯基教授对发掘这一文化作出的贡献联系在一起的。这一文化遗存主要分布在海边高地或河谷丘岗的突出部位、面积在1000—3000平方米的大村落遗址中。这里主要的工具仍是各种磨制石器,以及各种陶器,而铜器则相对较少。从考古发掘来看,这里的先民主要从事农业、畜牧业、捕鱼业、狩猎业和采集业等综合性的经济活动。其中,一些日常工具也反映出当时家庭手工业是较为发达的。从苏联学者的考古发掘来看,扬科夫斯基文化大体存在于中国的夏商时期,与中国黄河流域文化有着比较紧密的联系。但是,苏联学者常常否认这种联系的相关性,而过多地强调其独特的地域性特征。此后出现的克罗乌诺夫卡文化则开始较多地使用铁器了,并且主要遗存是出土于今兴凯湖附近的广大地区。

### 三 远东的铁器时代与原始社会的解体

至公元元年前后,远东南部特别是滨海地区和阿穆尔河沿岸地区,

---

① [苏]克鲁沙诺夫主编:《苏联远东史——从远古到17世纪》,成于众译,哈尔滨出版社1993年版,第91页。

② [苏]克鲁沙诺夫主编:《苏联远东史——从远古到17世纪》,成于众译,哈尔滨出版社1993年版,第124页。

已经进入了发达的铁器时代。与此同时,原始社会制度逐步解体,在南部经济发展较快地区开始出现了阶级。关于这一时期的考古学研究,被奥克拉德尼科夫等学者称作"奥利金考古文化"。"在奥利金文化早期阶段的小波杜舍奇卡遗址上层,在许多房子里都发现了用以取暖的炕。这种用不规整石板在地面上垒砌的炕,顺墙砌筑,呈'Γ'形。"① 遗址内所保存的生活和生产的迹象,说明当时的古代人类已经开始冶炼铁器。从所发现的人口聚落的大小,也可以看到当时社会等级已经开始出现。如果从地域来考察,这一时期远东南部的文化实际上就是古代的肃慎族文化。

奥利金文化是丰富多彩的,有各种铜器,如该地民族男子腰带、衣服上的佩饰、装饰品等;与此同时铁制品也大量出现,其中主要的是各种工具,如铁锹、铁镰等。在各种铁器中,武器也是常见的,主要有铁镞和护身的铠甲等,广泛出现于5—8世纪的高句丽及渤海文化中。在这一时期的考古发现中,石器和陶器仍占重要位置,表明游牧文化的生产方式还是比较原始的,发展也是相对较慢的。

根据苏联考古学家的研究,"奥利金文化居址和村落遗址的性质证明稳定的定居生活的存在。已经不止一次发现农业及其作用日益增长的某些证据:翻地和收割用的工具,炭化的粟类和大麦种子"②。与此同时,在考古发现中,亦有大量马、牛、羊类骨骸,说明当时畜牧业也有了长足的发展,家养大型动物为农业的耕种提供了条件,也可以作为肉食的主要来源。

根据奥克拉德尼科夫、杰列维扬科等学者的研究,到公元第一千纪时,波尔采文化被靺鞨文化所取代。他们客观地指出:"靺鞨遗存的分布范围是从石勒喀河流域的斯列坚斯克直到阿穆尔河畔的共青城。在中国古代编年史中,靺鞨部落的分布范围包括阿穆尔河支流——嫩江和松

---

① [苏]克鲁沙诺夫主编:《苏联远东史——从远古到17世纪》,成于众译,哈尔滨出版社1993年版,第152页。
② [苏]克鲁沙诺夫主编:《苏联远东史——从远古到17世纪》,成于众译,哈尔滨出版社1993年版,第157页。

花江，直到阿穆尔河。"① 在远东考古中，苏联学者对靺鞨遗址遗迹的发掘具有非常重要的意义，在许多方面填补了中国古代靺鞨文化研究的空白。他们发现，靺鞨遗存大部分坐落在河流交汇处附近的高台地上，村落遗址周围一般有2—3道围墙与壕沟作为防御设施。在村落内一般有几座面积为12—25平方米的正方形居址，居址通常向下挖0.6米，室内有炉灶和存放物品的地窖等。苏联学者考察的奈费尔德墓葬，反映了4—5世纪靺鞨人丧葬的基本形式，以及随葬的祭祀品等。公元6—9世纪的渤海文化在远东的墓葬中也有充分的表现，主要有玉制的耳环、青铜和银制的铃铛，以及带图案的饰条和靴鞋的串环等。

远东农业和畜牧业的发展，加快了原始社会的解体。与此同时，靺鞨与中国古代中原王朝的臣服关系亦有所发展。关于这一点，苏联学者是非常清楚的。他们在书中指出："有关靺鞨经济的考古材料同古代中国编年史的记载相一致：'用两匹马耕地，田里多黍和小麦'，古代编年史也证明了养马业的巨大作用：'总是把优秀的靺鞨骑兵排在前列'。公元477年，靺鞨人的外交使者把500匹马送给了中国。"② 在原始森林和沿江沿海的广大地区，靺鞨人的经济活动始终与狩猎、采集、捕鱼等游牧民族的特点相联系，而在南部平原地带则是以农业和畜牧业为主。

苏联学者通常把靺鞨遗存分为三个发展阶段。即公元4—5世纪的库尔库尼哈谷地遗址，属于早期阶段；第二阶段的特罗伊茨基墓地和新彼得罗夫卡墓地，其年代在公元6—8世纪；奥西诺遗址为晚期阶段。苏联学者认为，靺鞨物质文化的晚期与迁移到阿穆尔河流域的突厥人有关。同时，靺鞨文化的起源也与通古斯—满族相联系。而贝加尔湖沿岸和外贝加尔地区则被认为是通古斯语族形成的地区。后来，原始靺鞨部落东迁来到阿穆尔河流域，并与当地民族逐渐融合。

从苏联考古成果看，靺鞨人可能信仰万物有灵论和萨满教，在出土文物中可见各种避邪物品，包括青铜和银制的人像面具、与太阳崇拜相

---

① ［苏］克鲁沙诺夫主编：《苏联远东史——从远古到17世纪》，成于众译，哈尔滨出版社1993年版，第160页。

② ［苏］克鲁沙诺夫主编：《苏联远东史——从远古到17世纪》，成于众译，哈尔滨出版社1993年版，第164—165页。

关的圆形饰物、与马崇拜相关的饰物等。考古发掘的遗存也证明，公元6—7世纪，阿穆尔河沿岸的靺鞨人处于父权制时代和原始社会逐步瓦解的时期，农业和畜牧业较为发达，并出现了剩余产品和一般的社会分工，尽管阶级逐步形成，但是氏族社会的某些特征还十分明显。

到了公元1000年前后，远东南部地区的封建社会开始发展，金属制品广泛用于生产和生活。养马养牛业进一步扩大，畜力在农业生产中发挥了重要作用，从而使整个经济生活发生了巨大变化。手工业有了较快发展。整个远东南部地区生产力的发展，促进了这一广大地区各民族之间的相互联系，加快了阶级的分化和阶级的形成。按照苏联学者的说法，"公元7世纪末，在松花江流域，由于靺鞨部落的联合，建立了震国，后来成为著名的渤海国。由于居住在滨海地区和阿穆尔河流域北部地区的部落历史发展的不平衡性，一直到很晚的时期，阶级形成的过程还在继续。考古调查表明，如果说文化的早期阶段（如奥利金文化）形成于原始社会时期，那么，晚期阶段已经进入国家出现的时期：奥利金文化在圆山古城址类型的渤海遗存中得到继续发展。滨海边区马里亚诺夫古城址类型的其他渤海遗存在陶器方面继承了靺鞨文化的传统"[①]。在这里，苏联学者比较客观地指出，他们在考古发掘中命名的奥利金文化等，实际上就是古代的靺鞨、渤海文化，同时也指出了该文化体系从早期的原始社会到晚期的国家出现的长期性特征。因此，在此后的远东史研究中，必然要大量使用中国的历史文献资料，由此充分反映了这一地区历史上与中国中原王朝长期保持的紧密联系或臣服关系。

## 第三节　古代远东各部族与中原王朝的关系

### 一　商周至唐代黑龙江流域先民与中原王朝的关系

今俄罗斯远东的南部地区与中国山水相连，是亚洲东北部地理概念上完整的地域板块。自古以来，中华民族的祖先就在这片广袤的土地上生息繁衍，创造了灿烂的中华北方民族历史与文化。由于古代先民生活

---

[①]　［苏］克鲁沙诺夫主编：《苏联远东史——从远古到17世纪》，成于众译，哈尔滨出版社1993年版，第168—169页。

在中华大地上的不同地域，也就形成了不同民族以及不同的语言系统、生活方式和文化习俗。许多考古资料证实，古代黄河流域的先民，曾长途跋涉，流动迁徙到黑龙江流域及北太平洋沿岸，甚至也有人认为来自古代中原地区的先民曾渡过白令海峡到达了美洲，并参与创造了古代印第安文化。

生活在黑龙江流域广大地区的先民一般是被称作满—通古斯语族的各民族。大量考古资料证明，远东南部的满—通古斯语族各部族，与古代中原经济与文化的联系是相当密切的；而北部特别是北极地区，由于气候寒冷，那里的部族与南方的中原文明联系就相对少些。但是，中华文明作为古代亚洲乃至世界文明的重要代表，其巨大的辐射力和感召力对古代远东各民族产生的直接和重要的影响则是其他文化无可比拟的。

一些中外学者根据语言结构、词汇构成和形态变化等因素，将生活在远东中南部地区的部族划入满—通古斯语族。中外学者比较一致的观点是，今天生活在中国的满、鄂温克、鄂伦春、赫哲等族；生活在俄罗斯的埃文基、那乃、涅基达尔、奥罗克、奥罗奇、乌德盖、乌尔奇等族，都可划入满—通古斯语族。[①] 由于满—通古斯语族各民族主要生活在以黑龙江和乌苏里江为中心的广大地区，他们不仅在语言和种族等方面具有一致性，"而且从历史文献、考古资料和民俗学资料来看，他们在经济生活和精神生活方面也有一致性。经济生活的一致性主要取决于东北亚地区的自然地理环境。这里地处中国400毫米降水线以东适宜农业的湿润带地区，不仅有山地、平原、草甸，而且江河、湖泊密布，因此，从石器时代以来，这里的先民就因地制宜地形成了定居式的渔猎、采集、畜牧和与原始农业兼而有之的综合经济类型。它既不同于中原地区汉人的农耕经济，也不同于北方蒙古草原地区匈奴、柔然、突厥、蒙古等的游牧经济"[②]。中外学者研究所达成的共识十分重要："也许正是这种独特的经济类型以及农业经济在高纬度寒冷地区积累的缓慢性，决定了通古斯族系长时段、周期性兴起的渐进过程，决定了他们在同中原

---

① 参见干志耿、孙秀仁《黑龙江古代民族史纲》，黑龙江人民出版社1987年版，第60—62页。

② 高凯军：《通古斯族系的兴起》，中华书局2012年版，第6—7页。

汉族农耕经济和蒙古草原游牧经济发生接触和碰撞时,能够有较强的兼容并蓄的适应能力,这一点在清代的满族中表现得最为充分。"①

远东满—通古斯语族各民族长期生活在气候地理基本相同的地域范围内,使他们的精神生活方面也具有较大的一致性,主要表现为自然崇拜,并信奉以原始多神教为特征的萨满教。一些学者在研究了商周时期肃慎活动的考古资料后,认为"这一时期萨满教已经基本形成,其动物崇拜、自然崇拜和祖先崇拜已初具规模"②。到渤海、辽金时期,满—通古斯语族的萨满教得到进一步发展。根据中俄民族学家的调查,直到20世纪初,黑龙江、松花江、嫩江、乌苏里江流域的满、鄂温克、赫哲、鄂伦春、达斡尔,以及俄罗斯境内的埃文基(鄂温克)、那乃(赫哲)、奥罗奇(鄂伦春)等民族主要信奉的还是萨满教。

黑龙江流域广大地区的各部族,从古代时就因地域和语言的紧密联系而产生了经济和社会生活等方面的趋同性,并且这种趋同性在与中原文化的长期融合中,逐步形成了更广泛意义上的相互认同。特别是当金、元、满清政权入主中原后,这种民族认同感在不断扩大的联系与交往中得到了进一步强化。例如,作为满族的祖先,生活在黑龙江和乌苏里江流域的古代肃慎人,从公元前11世纪,就逐步与中原王朝建立了联系。据史料记载,古代肃慎人曾向西周"贡楛矢石砮"③,以表示臣服于周。而在后来的汉代、北魏和隋朝时,肃慎各部先后被称为挹娄、勿吉、靺鞨。④ 他们不仅继续向中原朝廷纳贡,保持多种形式的臣属关系,还与中原地区建立了更为紧密的经济和文化联系。中华民族的多元一体文化,正是在这种文明的碰撞、交融与日益加深的联系中,得到了丰富和发展。

## 二 唐代至明代黑龙江流域各民族的变迁

中国唐朝时期,在延续前朝与黑龙江和乌苏里江流域诸民族关系的同时,又进一步加强了对这一广大地区的管辖,正式建立了行政机构。

---

① 高凯军:《通古斯族系的兴起》,中华书局2012年版,第7页。
② 富育光、孟慧英:《满族萨满教研究》,北京大学出版社1991年版,第15页。
③ 《国语·鲁语下》。
④ 见《后汉书·挹娄传》《魏书·勿吉传》《隋书·靺鞨传》。

在原来的靺鞨七部当中，较强大的黑水靺鞨和粟末靺鞨逐渐兼并了其他各部，并向唐朝先后归附，称臣纳贡。黑水靺鞨主要分布于黑龙江中下游地区，唐玄宗封黑水靺鞨酋长为勃利（伯力，今俄罗斯哈巴罗夫斯克边疆区）州刺史。公元726年，唐在黑水靺鞨设置黑水州都督府，命当地酋长为都督，赐李姓，黑水州都督府先后归幽州都督府和平卢节度使管辖。① 粟末靺鞨位于黑水靺鞨的南部，主要居住于松花江流域和乌苏里江以东至海地区。公元713年，唐朝任命粟末靺鞨首领大祚荣为忽汗州都督，并加封为渤海郡王。此后，粟末靺鞨改称渤海。公元762年，唐朝中央政府又晋封大钦茂为渤海国王，加授检校太尉，使渤海成了以唐朝藩属国形式存在的少数民族地方政权。渤海国设有五京、十五府、六十二州，领有肃慎故地、高丽故地、扶余故地、秽貊故地、沃沮故地、挹娄故地、拂涅故地、铁利故地、越喜故地等广大地区。至渤海全盛时期，其疆域北至黑龙江中下游到鞑靼海峡沿岸，东至日本海。在两个多世纪中，渤海"积极引进唐朝制度，学习中原汉族文化，加强同朝鲜、日本等国的经济、文化交流，创造了在当时乃至后世都发生过重要影响的渤海文明"②。

在黑龙江中上游的北部和额尔古纳河流域，分布着室韦各部，他们在被唐朝招抚后，也开始向朝廷称臣纳贡，唐朝随即在他们的辖区建立了都督府，封各部首领为都督和将军等职。③ 在此后的辽、金、元各个时期，在唐朝原有管辖的基础上，对黑龙江和乌苏里江流域的统治进一步加强。

公元10世纪初期，分布于室韦南部的契丹族日渐强盛，先后吞并了周边部族和渤海、室韦、黑水靺鞨各部，并将他们管辖地区纳入契丹辽朝统治之下。公元926年，渤海国被辽所灭，其遗民分成三部分，绝大部分被迁往了辽东地区。辽圣宗时，在黑龙江中上游设置室韦节度使，在黑龙江下游的亨滚河口附近的特林，建立了奴尔干城。

12世纪初，生女真节度使阿骨打夺取辽政权，建立了金朝，第一

---

① 《旧唐书·靺鞨传》《新唐书·黑水靺鞨传》。
② 高凯军：《通古斯族系的兴起》，中华书局2012年版，第182页。
③ 《旧唐书·地理志》。

个都城就是阿什河畔的金上京。金朝承袭辽的疆域，北达外兴安岭一带，东北至黑龙江下游和库页岛，东南达今俄乌苏里斯克至海一带。金代统治者在黑龙江以北和乌苏里江以东的地区，分别设立了路、猛安和谋克等军政机构。

公元12世纪末，居住在鄂嫩河一带的蒙古族开始强盛起来。至成吉思汗（铁木真）时期，势力逐渐强大并出兵东北，其子窝阔台先后将黑龙江和乌苏里江流域统一，成为元朝的一部分。元朝时期，在黑龙江中游以北至外兴安岭一带设置了开元路，在黑龙江下游和乌苏里江以东地区设置了水达达路，在南乌苏里地区设置恤品（绥芬）路宣抚司。[①] 当时的黑龙江上游、额尔古纳河流域，向西直至贝加尔湖一带，则属于元朝岭北行省管辖。其中，黑龙江上游和额尔古纳河一带则成为成吉思汗弟弟哈萨尔家族的世袭封地。元代在远东南部广大地区的有效统治与经营管理，使这一地区的经济生活出现了快速发展，并且作为蒙古人对欧洲征战的重要后方，成为蒙古人在亚洲与欧洲统治的中间地带，发挥了军事通道、民族交往、商品交换与信息传播的节点作用。因此，通过蒙古人对欧洲的征战与统治，这一地区的各民族对俄国乃至欧洲应该是多少有些了解的。

### 三　明清王朝对黑龙江流域的管理

明朝建立后，进一步加强了对东北边疆的统一、管辖与治理。在东北内地的元朝官吏归降明后，明王朝便对黑龙江和乌苏里江流域各族部落进行了征服和安抚。至明永乐初年，居住在两江流域的吉列迷（费雅喀人）和女真各部酋长"悉境来附""咸属统内"，至此明朝完成了东北各部族的统一。明朝时期，对黑龙江以北和乌苏里江以东广大地区的管辖较以前更加缜密。永乐年间，明中央政府在西起鄂嫩河、东至库页岛，北起外兴安岭和乌第河、南抵海参崴的辽阔地域建立了多处卫所。如在鄂嫩河一带建立了斡难河卫，在库页岛建立了囊哈儿卫，在外兴安岭南麓的古里河流域设立了古里河卫，在海参崴东部失里河（锡璘河）流域设立了失里卫等。在黑龙江流域以北和以东的广大地区，

---

① 《元史·世祖纪三》第6卷。

总共设立了300多个卫所。为了加强对这些卫所的管理，1411年，明朝政府派遣太监亦失哈等在特林建立了管辖两江流域的最高一级地方政权机构，即奴尔干都指挥司（简称奴尔干都司），并派兵驻守。明朝政府还先后在特林建立了两座记事石碑——著名的永宁寺碑和重建永宁寺碑。这两座石碑直到19世纪80年代，虽历经风雨，还依然耸立在黑龙江特林江岸的悬崖上。后来被俄国人移至海参崴（符拉迪沃斯托克）历史博物馆，至今仍在该博物馆存放。

从以上论述中可见，今俄罗斯远东的黑龙江以北（左岸）和乌苏里江以东的广大地区，自古以来就是中国的领土，当地各民族千百年来与历代中原王朝有着密切的联系。历代王朝不断加强对这一地区的管辖和治理，划界立碑，巡边驻守，而世代居住在那里的各族人民，也为东北边疆的开发和经济发展作出了贡献。

15世纪上半期，明朝政府先后在东北设置建州卫、建州左卫和建州右卫。1589年，女真人努尔哈赤被明政府封为都督佥事，继而逐渐统一女真各部。当时的女真人共分为三大部，即建州女真、海西女真和"野人"女真，其中的野人女真就居住在黑龙江、乌苏里江和松花江下游的三江流域。努尔哈赤在统一了东北境内的建州女真和海西女真后，即开始统一黑龙江流域和乌苏里江以东各部的野人女真。

1609年，努尔哈赤征服了东海窝集部瑚叶路，并先后用了20多年的时间，招抚和征服了黑龙江下游的使犬部、使鹿部等；黑龙江中游的萨哈连部和萨哈尔察等部，黑龙江中上游的索伦部；乌苏里江以东的尼满部等。与此同时，贝加尔湖以东的蒙古族茂明安部和使鹿部至1636年也归附清朝管辖。至此，明朝奴尔干都司所辖地域全部归清朝管理。

1636年，皇太极称帝，改国号为清。有清以来，承袭明制，接管了黑龙江和乌苏里江流域，以及外兴安岭以南明奴尔干都司管辖的广大地区，继而实行了有效的管辖和治理。黑龙江流域多个民族向朝廷纳贡，表示情愿归附清朝统治。

黑龙江和乌苏里江流域各部的统一，进一步促进了民族的融合。1635年，皇太极将以女真为主体的各族统称为满洲，从此废止了女真族名。据统计，当时在625个满族姓氏中，有139个分布在黑龙江流域,① 是黑龙江流域居民的重要组成部分。

清朝在接管黑龙江和乌苏里江流域后,继续加强了对这一地区的管理,"将原来明朝的卫、所制改变为八旗制或姓长、乡长制。清政府规定,当地各族人民要继续缴纳貂皮等贡品,并规定了纳贡地点"②。为加强对当地民族的统治,清初期的统治者把宁古塔作为统治两江流域的政治中心,在此设官镇守,1636年巴海被任命为第一任镇守宁古塔副都统。

上述史实证明,黑龙江以北和乌苏里江以东广大地区,经过明清两代的招抚和治理,在俄国人第一次进入黑龙江流域以前,就已经完成了统一,并形成了有效的管辖和初期的治理。因此,俄国学者关于这一地区是"无主土地"的说法是没有根据的。

---

① 《八旗通志·八旗满洲谱系》,参见佟冬主编《沙俄与东北》,吉林文史出版社1985年版,第6页。

② 佟冬主编:《沙俄与东北》,吉林文史出版社1985年版,第6页。

# 第二章

# 俄国对西伯利亚的征服及早期开发

俄国中央集权制国家形成后,沙皇政府就把领土扩张作为自己的国策,开始大规模对外扩张活动。16世纪末俄国政府为攫取西伯利亚毛皮以填补国库,开始了向东方的扩张。从征服西伯利亚汗国开始,俄国仅用一个多世纪的时间就把其势力推进到太平洋沿岸。为巩固新占领土,俄国政府着手建立殖民行政机构,并大力发展远东的工商业。

## 第一节 俄国东征与占领西伯利亚

### 一 叶尔马克东征与西伯利亚汗国的灭亡

到16世纪之前,生活在西伯利亚广大地区的30多个民族,族群规模大小不等,经济社会发展程度参差不齐,大体上是处于原始社会末期向奴隶制过渡时期。不同地区的气候地理条件决定了各民族从事渔猎或游牧等不同的经济活动,但生产力普遍十分低下,只有南部西伯利亚部分从事农业和畜牧业的民族已开始步入封建社会。这些民族基本上分别属于乌果尔—芬语族、突厥语族、满—通古斯语族和古亚细亚语族,其宗教信仰主要是古代多神教的图腾崇拜和原始萨满教。在西伯利亚和远东的南部,由于毗邻中华文明与中亚文明较发达地区,并且更接近古代"丝绸之路"等东西方贸易大通道,部分土著民族则有条件和机会逐渐接受外来的佛教、伊斯兰教和东正教。

16世纪初,俄国中央集权国家刚刚形成时,其领土面积仅为280万平方千米,地处东欧北部一隅,与西伯利亚特别是远东距离遥远。

1547年，莫斯科公国大公伊凡四世加冕为俄国沙皇，经过多年的征战，以莫斯科公国为核心的俄罗斯各公国实现了统一。此后，伊凡四世开始了大规模的对外扩张，于1552年吞并了喀山汗国，1556年吞并了阿斯特拉罕汗国，并发动了立沃尼亚战争，意欲夺取北欧粮仓和波罗的海出海口。在扫除了向东扩张的障碍后，俄国将矛头直指西伯利亚，开始谋划更大规模向东方的扩张与征服。

俄国将势力向东扩张到卡马河流域后，便与长期在此扎根的西伯利亚汗国成了近邻。形成于15世纪前后的西伯利亚汗国的前身是金帐汗国，其主体是蒙古人的后裔鞑靼人。到16世纪后期，西伯利亚汗国的疆界西起乌拉尔山，东至鄂毕河，北起图拉河上游到额尔齐斯河下游，南至托博尔河上游和巴拉巴草原，有纳税居民3万多人。[①] 此外，还有世代居住于鄂毕河中游广大地区的汉特人、曼西人、巴什基尔人和部分涅涅次人，首府设在卡什雷克城。面对咄咄逼人的俄国武装势力，西伯利亚汗国的叶吉格尔汗曾迫于压力向俄国称臣，岁贡貂皮1000张，沙皇伊凡四世遂向西伯利亚汗国派遣了全权使臣。[②] 但是，喀山汗国和阿斯特拉罕汗国相继被俄国吞并的消息，使西伯利亚汗国深感忧虑。当库楚姆汗夺得西伯利亚汗国王位后，即终止了与俄国的藩属关系，停止向俄国纳税，并开始组织力量反击俄国的入侵。库楚姆汗的抗击行动，不仅使俄国向东方的扩张受到遏制，也给俄国自身带来威胁，因为两百年蒙古统治的厄运还留有巨大的阴影。为打开通往西伯利亚的大门，彻底消除鞑靼人的隐患，俄国加紧了吞并西伯利亚的准备。但当时的俄国正在同北部的瑞典交战，经济和军事实力十分有限，人力和资金都明显不足。

1556年，沙皇召见了斯特罗甘诺夫家族的代表亚科夫和格利高里，由于他们的领地与西伯利亚汗国毗邻，因此对西伯利亚汗国的情况十分熟悉。沙皇向他们征询了西伯利亚汗国的情况，并研究对付西伯利亚汗国的计策，决定通过赏赐土地和减免税收的办法，壮大斯特罗甘诺夫家

---

[①] В. И. Огородников: Очерк истории Сибири до начала XIX стол. Ч. 1. Введение. История дорусской Сибири. Иркутск. 1920. 232с.

[②] 徐景学主编：《西伯利亚史》，黑龙江教育出版社1991年版，第96页。

族的势力，并命令他们招兵买马，购置武器，加紧出兵准备，伺机攻占西伯利亚汗国，强迫他们纳贡。①

1564年，沙皇特许斯特罗甘诺夫家族在临近西伯利亚汗国的地方修建克尔戈丹城，并准许在此进行免税贸易。此后他们在这一地区又修建了数座城堡，并装备了火枪和火炮。1574年5月，沙皇为抵御西伯利亚汗国鞑靼人的袭扰，命斯特罗甘诺夫家族在乌拉尔山以东鄂毕河流域加紧建城并招募兵员，准备向西伯利亚汗国发起进攻。

为彻底征服西伯利亚汗国，沙皇特许斯特罗甘诺夫家族扩充军力，建城筑堡，并网罗各类哥萨克武装充当东侵的主力。这时，一名常居于斯特罗甘诺夫家族领地的哥萨克首领叶尔马克成为武力东扩的最佳人选。叶尔马克曾经在顿河、伏尔加河一带行凶抢劫，是当地哥萨克土匪武装的头目，后来受到沙皇政府的多次追捕而四处流窜。斯特罗甘诺夫家族认为，叶尔马克一伙凶猛好战，可以利用其充当征服西伯利亚的武装力量。1579年，斯特罗甘诺夫家族派人联络叶尔马克，鼓动他加入征服西伯利亚汗国的行动，并许诺提供武器弹药，事后会得到丰厚的奖赏。受斯特罗甘诺夫家族的招募，叶尔马克率500多哥萨克成为出征西伯利亚汗国的主力军。1581年9月10日（俄历九月一日），叶尔马克率领800多人的哥萨克军队，出征讨伐西伯利亚汗国。②

时值秋季，哥萨克军队沿水路经楚索瓦亚河，翻越乌拉尔山，又跨越谢列布良卡河、塔吉尔河、图拉河、塔夫达河和托博尔河，最后进入额尔齐斯河。进入冬季后，河水封冻，冰雪阻隔，哥萨克们只能在途中安营扎寨，等待来年继续出征。

1582年春，叶尔马克率军继续东征，在图拉河畔与西伯利亚汗国军民首次发生大规模武装冲突，并大获全胜。库楚姆汗紧急调动力量抗击俄军。整个夏秋季西伯利亚汗国军民在图拉河口、托博尔河等地同俄军多次激战。但是，鞑靼人的弓箭和长矛等冷兵器根本无法抵御俄国人的火枪火炮，叶尔马克在连攻数城后到达西伯利亚汗国都城下。1582

---

① Г. Ф. Миллер. История Сибири. Т. 1. М. Л.：Издательство Академии наук СССР. 1937. 401 с.
② 徐景学主编：《西伯利亚史》，黑龙江教育出版社1991年版，第98页。

年11月1日（俄历十月二十三日），叶尔马克军与库楚姆汗在楚瓦什岬会战。到11月3日，在汗国军民遭受重大损失后，库楚姆汗被迫率余部撤回都城，然后弃城南撤。11月4日，叶尔马克开进西伯利亚城卡什雷克，并俘获了马麦特库尔王子。西伯利亚都城的陷落，标志着西伯利亚汗国的灭亡。

叶尔马克攻占西伯利亚汗国的消息传到莫斯科，沙皇伊凡四世兴奋不已，"下令在莫斯科大教堂作感恩祈祷，并向贫民大量施舍"①。沙皇下令奖赏远征的组织者斯特罗甘诺夫家族成员，赦免了叶尔马克等哥萨克以往的罪行，并赏赐给大量财物。"1583年11月，沙皇派出的首批援军500人在鲍尔霍夫斯基伯爵和基列耶夫的率领下抵达西伯利亚城"②，接收西伯利亚汗国的土地。

西伯利亚汗国灭亡后，叶尔马克又率哥萨克军队扩大战果，四处出击，1585年8月6日（俄历）溺死于河中。此后，库楚姆汗带领西伯利亚汗国军民，在巴拉宾斯克草原又坚持了长达17年的抵御活动，直到去世。叶尔马克为俄国向东方的扩张打开了大门，成为俄国历史上开疆扩土的功臣人物。此后俄国军人在向东方的扩张中长驱直入，用了不到100年的时间就到达了亚洲大陆最东端的太平洋沿岸。

### 二　俄国在西伯利亚的殖民扩张

西伯利亚汗国被征服后，伊凡四世进一步向东方扩张的意图更加明显。叶尔马克灭亡西伯利亚汗国所得到的丰厚回报，不仅激起了俄国贵族和军役人员的冒险心理，也更燃起了商人们对西伯利亚毛皮的贪婪欲望。他们购置武器，整理装备，拉帮结伙，分工协作，成群结队地越过乌拉尔山，进入西伯利亚，攻城略地，劫取财物，追逐毛皮，向广袤的西伯利亚及更远的东方长驱直入。

由于西伯利亚以及遥远的东方已经远离了欧俄，经常往返极不方便，因此俄国军役人员在长途跋涉中，必须在适当的地方建立据点，囤积战利品，储藏粮弹给养，并以此为依托，不断前行。这样的据点又必

---

① 徐景学主编：《西伯利亚史》，黑龙江教育出版社1991年版，第99页。
② В. К. Андриевич: История Сибири, 1. ч. СПб. 1889. 10с.

须具有防御功能，因此据点大多设在临近江河的高地上，周围建有城墙，以防当地居民的袭扰。这是俄国军役人员在东征过程中，采取的一项非常有效的措施。1586年，在图拉河口建立的第一座俄国城堡秋明城，就是这样据点的典型，标志着俄国向西伯利亚扩张进入了一个新的阶段。此后，俄国人在交通要冲或战略要地构筑的城堡体系，以点控面，步步为营，边征服边开发，在俄国向西伯利亚扩张的过程中发挥了重要作用。

1587年，俄军在西伯利亚城附近的托博尔河口，修建了托博尔斯克城。由于该城地处鄂毕河水路的交通枢纽，不久便发展成西伯利亚的行政、军事、经济和宗教中心，在俄国征服西伯利亚和开发西伯利亚过程中，发挥了巨大作用。接着，他们又相继建立了别列佐夫（1592年）、苏尔古特（1594年）、纳雷姆（1596年）等城堡，到17世纪初，完成了对鄂毕河中、下游土地的占领。与此同时，俄军还向鄂毕河上游的汉特、鞑靼族地区推进。1604年建立了托木斯克、1618年建立了库兹涅茨克。到17世纪初，整个鄂毕河流域全部并入俄国版图。[①]

与此同时，俄军还向南方草原推进，但是遇到了吉尔吉斯、卡尔梅克等草原民族的顽强抵抗，于是他们转身向东，兵分两路向叶尼塞河进军。北路由曼加结亚出发，很快征服了当地的萨莫耶德人，并建立了图鲁汉斯克。俄军以此为据点，南下向通古斯卡河和中通古斯卡河渗透。1619年建立了叶尼塞斯克。此后又大举向河上游进发，于1628年建立了克拉斯诺亚尔斯克。此后，这里成为俄国在西伯利亚南方的前哨。从17世纪中叶起，俄国人用了不到30年的时间，就占据了叶尼塞河中、下、上游的大部分地区。可见，这种由南向北，再由北向南的迂回战略，先易后难，在俄国人向东方的扩张中极为奏效。

此后，南北两路俄军分别从叶尼塞斯克和曼加结亚出发，先后到达勒拿河中游的雅库特民族居住区。沿途建立了一些城堡，其中雅库茨克的地位最为突出，很快成为俄国东下太平洋，南侵黑龙江流域，北进北亚的大本营。1633年，首批哥萨克部队由勒拿河进入北冰洋，再由北冰洋进入东北亚其他河流。1638年，进入雅纳河的俄军建立了维尔霍

---

[①] 徐景学主编：《西伯利亚史》，黑龙江教育出版社1991年版，第101页。

扬斯克。1639 年，以莫斯克维金为首的哥萨克东征到达鄂霍次克海沿岸，1642 年建立尼日涅扬斯克，1643 年建立中科雷姆斯克，1644 年建立下科雷姆斯克，1647 年建立上科雷姆斯克。1649 年鄂霍次克堡的建立标志着俄国已经将其势力推进到了北太平洋沿岸，当地的尤卡吉尔人和楚科奇人被征服。

1648 年，杰日涅夫从科雷马河出发，远征阿纳德尔河。他绕过了欧亚大陆的最东端（今天的杰日涅夫角），首次完成由北冰洋进入太平洋的航行，证明了亚洲和美洲之间隔着一条海峡。他于 1649 年在被征服的土地上建立了阿纳德尔斯克，这是离俄国本土最远的据点，在俄国征服楚科奇半岛和堪察加的过程中发挥了重要作用。[1]

到 17 世纪中叶，俄国军役人员已经占领了亚洲东北部的大部分土地，并开始向东南方向及堪察加半岛扩张。

俄国自 1581 年越过乌拉尔山向东征战，仅仅用了不到一个世纪的时间，就占领了西伯利亚的绝大部分土地，征服了当地众多民族，其扩张速度在世界历史上也极为罕见。其主要原因有以下几个方面：

第一，西伯利亚大部分地区气候寒冷，地广人稀，各民族居住极其分散，许多民族人口较少、经济文化十分落后，甚至有的尚处于原始社会末期。全部 30 多个小民族，人口仅 23.6 万。这些民族相互联系较少，内部缺乏团结，不可能形成统一的抗俄力量。而当时俄国已经形成了中央集权制国家，生产力水平比西伯利亚要高得多。在殖民者的枪炮面前，各小民族的武器不堪一击。许多民族居民十分害怕枪弹火器，大多望风而逃。由于力量对比极其悬殊，决定了俄国能够迅速征服西伯利亚。

第二，西伯利亚的地理状况对俄国东进较为有利。鄂毕河、叶尼塞河、勒拿河南北流向的三大水系水量充沛，在冬季过后的无冰期有利于航行。特别是许多长川巨流的河流源头彼此接近，俄国人就利用这些东西走向的源流，从一个水系翻过连水陆路航行到另一个水系。水上航行不仅躲避了陆地野兽的袭击，也可以各种鱼类补充食品，并减少了与当地民族接触可能产生的麻烦和冲突，由此加快了东进的速度。

---

[1] 徐景学主编：《西伯利亚史》，黑龙江教育出版社 1991 年版，第 103 页。

第三，俄国政府在向南、西、北三个方向扩张空间极为有限的情况下，为实现原始资本积累，加快了对东进扩张的总体部署；同时加大鼓励扩张有功人员的力度，给他们丰厚的奖赏。这种国家主导、政府支持的扩张行动实效明显。加之早期毛皮贸易的高额利润，代替了西方殖民者海外扩张所得到的巨大利益，从而极大地刺激了军役、商贸人员去东部地区淘金的欲望。

第四，16—17 世纪，文艺复兴之后的西方迎来了近代科学文化的兴起，在冲破中世纪的宗教束缚之后，数学、物理学、地理学、测量学、气象学、海洋学等先进的科学技术，开始在地理大发现中得到应用。地处欧洲的俄国自然能够更便利地学习和掌握这些科学技术，因而在向东方的扩张中，逐步使用科学的方法与工具是不足为奇的。

### 三 早期俄国殖民机构的建立

俄国在向西伯利亚扩张的同时，很快着手建立了区域治理的殖民行政机构，使新占领土得以进一步巩固，以促进当地的经济社会发展。在俄国人进入西伯利亚以前，这里并没有俄国进行地区管理的事务机构。1549 年，俄国政府设立了外交衙门，与西伯利亚地区的交往等事务通过该部门进行。1599 年，沙皇命喀山事务府兼管西伯利亚，并在该府中设立西伯利亚事务局。西伯利亚被俄国占领后，需要处理的事务日益增多，于是沙皇在 1637 年组建了西伯利亚衙门。这一行政机构的建立，对于俄国掌控西伯利亚，在西伯利亚开展各种经济及军事活动具有重要意义。

西伯利亚衙门是直属于沙皇的中央机关，负责处理西伯利亚的军事、行政、司法、税收等各方面事务，并有一定的外交权，经常代表政府与中国及蒙古地区、卡尔梅克地区进行外交谈判，指挥和控制俄国对华贸易。该衙门的长官由沙皇任免，衙门下设若干办事机构，由书吏官负责。在衙门内有地区的司，也有负责专项业务的局，如商务局、税务局等，此外，还设有貂皮总库，负责接收和储运西伯利亚毛皮。西伯利亚衙门的权力比俄国其他的衙门权力更大，直到 1763 年撤销为止，一直是俄国向西伯利亚扩张和经济开发的决策机关和总指挥部。17 世纪中叶，沙皇每周要安排一天专门讨论西伯利亚衙门呈送的各类报告。

17世纪，西伯利亚与俄国欧洲地区一样置县制，直接听命于西伯利亚衙门。县的政权机关是县衙门，由正副督军和若干书吏官及录事组成。县以下的行政单位一般分为两类：第一类是俄罗斯人的居民点，包括城堡、镇和村。行政长官称总管，负责执行县督军的命令，向管内居民征收赋税，维持地方治安。在城堡里，俄罗斯工商民一般按照俄国欧洲部分城市的传统组织了米尔和行会。这一组织的首领须经督军批准，负责督促米尔或行会成员按时完成督军下达的任务，履行各种义务。在农村也按欧俄模式建立了村社，经选举产生的村长负责维持地方治安，处理村内的公共事务。俄国式的米尔、行会和村社，在西伯利亚地区发挥了国家基础政权的部分职能，在协助国家行政机关进行管理上发挥了积极作用，使亚洲俄罗斯逐步融入整个俄国的治理体系。第二类基层行政单位是少数民族的实物税乡，这种行政单位基本是以当地少数民族的部落或氏族为单位，一般由酋长或头人治理。

为了对不断扩大的被征服地区和各民族加强管理，沙皇政府在西伯利亚衙门和县之间设立了一级行政机构——督军辖区。托博尔斯克辖区是17世纪建立的第一个督军辖区，由于该辖区地位重要，因而成为西伯利亚唯一的行政中心。1670年，俄国政府任命托博尔斯克辖区督军为全西伯利亚首席长官，该督军一般由沙皇宠信的近臣贵族担任。托博尔斯克辖区下辖14个县，此后又相继建立了托木斯克、雅库茨克、叶尼塞斯克3个辖区。到17世纪末，西伯利亚共有4个辖区，辖19个县。辖区督军主要负责本辖区的防务和治安，有权调集各县的军事力量，组织军事远征，并在新占领的地区建立国家行政机构，有权查处失职的县督军。西伯利亚由于地广人稀，那里的督军有着比俄国其他地区同级督军更大的权力。

17世纪初，俄国政府在维尔霍图里耶、托博尔斯克、别列佐夫、曼加结亚等地设立了税关，向过往的俄罗斯、布哈拉商人征收过境税，税额为商品总值的1/10，税率普遍超过欧俄地区。由于西伯利亚的税收事务开始是由督军负责，督军常凭借所把持的地方权力插手税收，给国库带来损失，虽然后来几经改革，但也未能根除税收中的弊端。1646年，俄国颁布了《税收条例》，规定除托博尔斯克外，其他城堡对商人货物的征税工作由国家任命的税务官负责，这一条例使税收获得了一定程度上的自主权，对抑制弊端起到一定作用。

由于西伯利亚距离首都路途遥远，交通不便，天高皇帝远，致使有令不行、有禁不止的现象时有发生，各地督军贪赃枉法现象较为普遍。因此，俄国政府于1623年建立了督察制度，在督军衙门内设立监察官。开始监察官由莫斯科派出，向沙皇禀报督军的不法行为。后来，监察官改由当地居民选举产生，其权力明显减小。为加强对督军的监督，沙皇政府常常派出要员去西伯利亚巡视私访，查处案件。西伯利亚早期以县为基本行政单位，以督军为代表的管理体制一直延续到18世纪20年代，最后为彼得大帝所淘汰，代之以省制。到18世纪下半叶，完全取消了督军，西伯利亚的行政管理体系逐步完善。

## 第二节　俄国对西伯利亚的早期开发

### 一　西伯利亚渔猎业与俄国人早期经济活动

西伯利亚物产极为丰富，但在人们对大量地下资源和矿藏一无所知的时代，那里盛产的毛皮兽则是当地人渔猎活动的主要对象，因而掠取毛皮兽也成了俄国向西伯利亚扩张的主要动因之一。俄国人进入西伯利亚后，即开始大规模地捕猎毛皮兽和各种海兽，渔猎业成为俄国人早期在西伯利亚最主要的经济活动。

17世纪中叶之前，西伯利亚的农业和手工业刚刚起步，渔猎业乃是西伯利亚主要的经济活动，毛皮是唯一的地产商品，可以用来交换各类外来产品。从事渔猎业活动的俄国人大部分来自北方沿海地区，他们有着丰富的狩猎和捕鱼的经验。到17世纪末叶，渔猎人（也译作实业人员）的数量，大约有6000人，虽然这些人与各种行业人群相比不占多数，但他们是各类经济活动中最活跃的部分。

渔猎人分为两类，少数人有自己的工具和资金，基本上是单独行动，靠个人的冒险与努力收入丰厚。大部分人则是既无资金也无装备的"流浪人"，由于他们无单独活动的能力，只能合伙或受雇用从事渔猎活动。在这种"流浪人"构成的渔猎团伙中，又分为两种形式，一种是劳动组合形式，由3—6人组成，自愿结合，共同狩猎，猎物平分。另一种是商人组织的渔猎远征队。由商人出资筹办粮食、武器、船只，雇用贫穷的渔猎人生产。由于渔猎人对雇主有着人身依附关系，因而必须把猎物的2/3交给雇主。这类团伙一般为15—40人，多数有较雄厚的资金和较好的设备，在进行长途的渔猎远征中具有优势。俄国政府支持这类远征，既可以利用他们拓殖疆土，还可以弥补军役人员的不足。例如，1647年，莫斯科富商乌索夫的代理人波波夫组织了一支渔猎远征队，就得到中科雷姆斯克地方官的支持，并为他们派了首领。这支远征队航行了数千千米，到达阿纳德尔河，在那里掠得了大量海象牙和毛皮，并把这一地区并入俄国版图，也就是前边提到的著名的杰日涅夫远征。

在俄国向西伯利亚扩张时期，渔猎业达到高峰，当时俄国人猎得的毛皮远远超过当地居民猎获的毛皮数量。据统计，1640—1641年，仅曼加结亚俄国渔猎人员交税关验证的貂皮就达1028袋（每袋40张）。这一期间，从这里运往俄国的毛皮有90%是由俄罗斯猎人捕获的。到17世纪下半叶，由于大量的捕杀，致使毛皮兽迅速减少，俄罗斯人获得的毛皮也开始减少。据巴赫鲁申估计，17世纪时，西伯利亚每年上缴国库的毛皮按时价算，每年达到10万—15万卢布。俄国在欧洲市场上销售的毛皮，收入达到40万—50万卢布，约占当时国家财政收入的1/3。西伯利亚毛皮也是俄国对华贸易的主要货物。从《尼布楚条约》签订到1697年的不到10年时间，输华毛皮货物总值达24万卢布，超过了俄国同期对中亚地区的贸易总额。当时，1000卢布的毛皮即可从北京换回6000卢布的货物。因此，毛皮在俄国的资本原始积累中起到了非常重要的作用。

俄国政府在西伯利亚征收实物税，主要是以缴纳毛皮为主，其中以貂皮为最多，在不产毛皮的地方，则以牲畜、海产品，以及粮食等农作物交税，一般分为定额和非定额两种形式。渔猎业还促进了西伯利亚的商业发展。17世纪，西伯利亚形成了多处毛皮交易市场，参加交易的有来自欧俄地区、西伯利亚、中亚和远东各地的商人。

17世纪30年代之前，渔猎人主要活动在西伯利亚北部的苔原冻土带和鄂毕河、叶尼塞河下游地区，从30年代起开始向勒拿河中下游进发。其中，部分人在勒拿河南下后，继续猎捕毛皮兽，还有一部分人在河两岸安家落户，开始垦荒种地，过着半农半猎的生活，最后成为农民。

17世纪俄国渔猎人和军役人员的疯狂捕猎，使西伯利亚的毛皮资源自西向东相继枯竭。这种情况迫使政府不得不采取措施，保护日益减少的动物资源。规定只有"西伯利亚税民可以用网、弓箭和火枪等传统方法猎捕毛皮兽。除了税民，任何人不得捕捉和射杀毛皮兽"[①]。俄国实业人员的无度猎捕使西伯利亚各民族深受其害，使得他们缴纳毛皮实物税越加困难。为了不减少实物税征收，俄政府采取措施明令禁止俄罗斯人侵占少数民族的猎场。

西伯利亚地区江河纵横，鱼类资源十分丰富，鱼是渔猎人员、军役人员和农牧民的主要食品之一。捕鱼业是沿海沿江广大地区各民族的传统经济活动。北方沿海地区的人们使用大拉网捕鱼，在托博尔河和叶尼塞河中下游地区经常有大规模的捕鱼活动。17世纪西伯利亚的经济和商业活动是以猎捕毛皮兽为主，捕鱼业由于受不具备冷藏加工条件的限制，鱼类只能制成咸鱼和鱼干运往欧俄，因价值不高但运费不少，所以未能形成较大的产业，也不可能成为较独立的经济部门。

在16世纪以前，西伯利亚只有个别民族从事农耕。但播种面积极小。除少数鞑靼人会使用犁外，其他居民一般还是刀耕火种，生产的粮食满足不了需要，还需渔猎和采集补充食物。因此，俄国占领西伯利亚的过程中，粮食问题日益突出。最初，俄国政府是从北方沿海地区向西伯利亚调运粮食，由于路途遥远耗资巨大，很费时间，导致粮食价格成倍增长。17世纪初，在全俄出现大饥荒时，西伯利亚的粮食问题更加突出，这就促使俄政府采取措施，建立和发展西伯利亚的农业。1593年，俄国政府即命彼雷姆督军在建城后让居民种地，以解决军役人员和商人的粮食问题。此后，政府多次在给西伯利亚督军的指令中，要求将城堡周围的土地分给所有人，让他们为君主种地。于是，以城堡为中心，大片土地被开垦出来，经过农业用地的不断扩大，逐渐形成农业区。

但是，西伯利亚地广人稀，劳动力极其匮乏，劳动力不足是阻碍农

---

① П. П. Епифанов. К истории освоения Сибири и Дальнего Востока в XVII в. // История СССР. 1981. №4.

业发展的主要问题。为了有效解决这一困难，在早期的农业开发中，俄国政府不得不采用强制措施向西伯利亚输送移民，强制移民和流放犯构成早期西伯利亚地区农业开发的主力军。后来，自由移民亦在西伯利亚的农业开发中发挥了主导作用，他们中的绝大部分是自愿来西伯利亚谋生的逃亡农民，历史上也称"流浪人"。自由移民的到来，极大地推进了西伯利亚的农业开发，当然农奴逃亡也危及了欧俄地区农奴主的利益，致使政府不得不经常采取措施，堵截逃亡农奴。由于通过不同渠道和不同方式来到西伯利亚的移民日益增多，到17世纪时，西伯利亚的俄罗斯居民人口达到了30万。

西伯利亚农业开发的条件十分艰苦，来自各地的移民克服了重重困难，经过长期的摸索和试验，逐步了解了西伯利亚地区的气候和水土情况，掌握了适于当地条件的耕作技术，培育出了适应西伯利亚地区气候地理条件的特有的农作物品种。西伯利亚主要的农作物有燕麦、大麦、黑麦、荞麦，经济作物有大麻、亚麻等，蔬菜主要有白菜、萝卜、胡萝卜、黄瓜、洋葱等。经过一个多世纪的努力，西伯利亚的农业初具规模，逐渐成为西伯利亚经济的主导产业。由于粮食产量不断增加，从1655年起，俄政府即停止从欧俄地区向西伯利亚调运粮食，这标志着西伯利亚的农业已经基本上保证了地区粮食自给。

## 二　西伯利亚早期的工商业

到16世纪，西伯利亚的绝大部分地区仍处于原始社会向封建社会过渡时期，生产力水平低下，日用品和生产工具极其缺乏。散居于各地的少数民族所生产的少量日用品只能满足自身需要，大批外来的军役和实业人员所需要的生产工具、武器和日用品主要是随身携带，或者由商人从欧俄地区运来。按苏联学者的说法，16世纪末至17世纪初，"西伯利亚在经济上完全不可分割地依附于殖民地宗主国"[1]。随着西伯利亚向近代社会转型，该地区的商业资本几乎都来自欧俄地区，俄罗斯商人差不多垄断了西伯利亚与欧俄之间的全部商业活动。

---

[1] О. Н. Вилков. Тобольск в системе складывающегося всероссийского рынка в XVII веке. Новосиб. гос. ун - т. Новосибирск: 1965. С. 132.

由于俄罗斯的移民及各类人员的持续增加,对各种工业制成品的需要也不断增长,由此促进了西伯利亚的手工业发展。当时,欧俄各主要地区都有最具代表性的手工工匠迁居西伯利亚,包括铁匠、木匠、皮匠、石匠等。他们到了西伯利亚后一般居住在城里或郊区,也被称为厢民或工商民。手工业者最初来到西伯利亚时,迫于资金拮据,许多人开始只能从事渔猎业和农耕业,以解决眼前的衣食住行问题。"随着渔猎业和农业的发展,为手工业生产提供了生产资料。手工业者们便重操旧业,开始了家庭手工业生产,并逐渐与农业脱离,成为个体手工业者。"[①] 在这一时期,俄国许多大商人都派代理人到西伯利亚经商,开始他们把大量资本投放到渔猎业,在积累了足够的资金后,又把部分资金投放到西伯利亚的手工业生产,这对俄国的原始资本积累起到积极作用。商人资本进入手工业生产,从资金上保证了手工业的不断扩大和手工业者的增加。

17世纪时,西伯利亚的手工行业主要是建筑业、造船业、日用品加工业、采掘业和冶炼业等。由于此时的西伯利亚手工业尚处于与农业和渔猎业相分离的阶段,规模有限,且比较分散,作为手工业中心的城市也刚刚起步。但是,随着农牧渔业经济规模和效益的提升,西伯利亚手工业进入了加快发展的新时期。

在俄国人到来之前,西伯利亚地区的商业极为薄弱,分散于广袤地域的各民族之间,经常性的商贸联系几乎没有。只是在南部农牧经济出现较早的地区,经过长期的发展,才逐步形成了草原之路的贸易通道。俄国占领初期,西伯利亚的日用品生产极其匮乏,商贸活动规模很小。大量军役和实业人员的到来以及对各类商品的急迫需求,引发俄国商人牟取暴利的强烈愿望。为了尽快缓和商品供应的紧张状况,俄政府采取了鼓励商业活动的政策,允许俄国、中亚、布哈拉的商人到西伯利亚进行免税贸易。政府规定各地督军禁止只携带金钱而不带货物的毛皮商进入西伯利亚,也就是说,去西伯利亚的毛皮商必须用俄国货换取毛皮。根据这一规定,此后进入西伯利亚的商人一般都携带大量货物,这在一定程度上缓解了商品供应不足的状况。

---

① 徐景学主编:《西伯利亚史》,黑龙江教育出版社1991年版,第136页。

总体来说，西伯利亚的商业活动与欧俄地区联系密切。因为，西伯利亚的商业资本几乎全部来自欧俄地区。俄国大商人垄断了西伯利亚与俄国之间最重要的商业活动，他们把大量资金投入毛皮加工业和其他手工行业，赚取巨额利润，并把大量财富运回俄国。另外，在西伯利亚与俄国的商业交往中，输入西伯利亚的几乎全是商品而无原料，而西伯利亚输往欧俄地区的则主要是毛皮。由于西伯利亚冬季漫长、气候寒冷，对纺织品的需求量极大，因此在输入西伯利亚的商品中，最主要的是纺织品，包括呢子、布匹和成衣等。直到 17 世纪末，西伯利亚所使用的纺织品，仍然主要是从欧俄和中国等地输入。除纺织品外，输入西伯利亚的主要商品还有皮革和皮革制品，以及金属制品、裘皮服装、生产工具、日用品和各种农具等。

17 世纪以后，俄国开始通过西伯利亚与中国和中亚地区进行商队贸易。在《尼布楚条约》签订之前，主要是从西伯利亚启程，输入中国的商品主要是毛皮。《尼布楚条约》签订后，商队可以从尼布楚（涅尔琴斯克）来华，其运输途径便利多了，成本也有所下降。1697 年彼得一世发出谕令，禁止西伯利亚各地督军阻挠商队去华贸易，并允许俄商赴北京贸易不必远道去莫斯科办理贸易证书，以免浪费时间和遭受损失。在政府的鼓励和支持下，俄商人以尼布楚为重镇，以北京为双方贸易中心，向中国输出毛皮，从中国输入纺织品等，贸易发展十分活跃。1697 年，俄国对华输出的毛皮已经超过 24 万卢布，比当时俄国对中亚的贸易总额还要大。[①]

在俄国的对华贸易中，私人商队贸易几乎全部被东西伯利亚的大客商菲拉季耶夫、鲁辛、乌沙科夫、尼基京四大家族所垄断。这种商队贸易对形成规模和保证安全具有重要作用，经济效益也十分明显。几十年的对华贸易给俄国国库带来巨大收入，据统计，当时 1000 卢布的毛皮可以换回 6000 卢布的中国货物。对华贸易的扩大不仅在一定程度上加速了俄国资本积累的过程，也促进了西伯利亚地区的对外经济联系和商业贸易的发展。

---

[①] Mark Mancall. Russia and China: Their Diplomatic Relations to 1728. Cambridge: Harvard University Press, 1971. p. 186.

对华贸易和手工业的发展，极大地促进了西伯利亚地区的商业活动。农产品的增多，加快了粮食的加工和交易，缓解了西伯利亚粮食紧张状况。同时，西伯利亚各地市场上的其他大宗商品，如牲畜、皮革、肉类、乳品等的交易也十分活跃，促进了区域市场的发育。

17世纪中叶，全俄市场逐步形成。政府为建立统一的市场规则，消除各种限制性的贸易壁垒，决定对商业税进行改革，取消商品过境税，统一税率。但是，这一改革并未在西伯利亚马上实行，因为俄国政府还想从西伯利亚继续得到巨额的关税收入。于是，西伯利亚关卡众多，商品每过一地都要缴纳过境税，由此导致商品价格不断上涨，严重阻碍了西伯利亚的商业发展。面对西伯利亚商业经济的停滞不前，俄国政府从17世纪60年代起开始对西伯利亚的税收制度进行改革：1687年取消了商品在西伯利亚地区的过境税；1689年，规定了应缴纳什一税的商品种类，并统一了税率。此后，西伯利亚的商业税同欧俄地区完全一致。在商品进出西伯利亚时，要缴纳一次关税，在西伯利亚地区则不用再缴纳过境税了。1693年，俄政府颁布了西伯利亚第一个贸易法，1698年，又颁布了西伯利亚税收条例，这些改革对西伯利亚地区的商业活动起到了积极的促进作用。

西伯利亚商业的发展促进了城乡联系，以城市为中心的经济区逐渐形成，各地区之间的经贸关系也得到了加强。到17世纪末，西伯利亚地区的贸易市场基本形成，出现了最初的商业资本。随着农业、手工业和商业的发展，城市的性质和作用发生了变化，多数城市都由单纯的军事据点和行政中心发展成手工业和商业中心。在这一过程中，西伯利亚与欧俄的经济联系日趋紧密，在全俄的经济政治地位也不断加强。

### 三 西伯利亚与远东的土著民族

在西伯利亚辽阔的地域上，自古以来繁衍生息着近百个大小民族。由于活动区域分散和相互隔绝，这些民族多以不同的居住地区为标志，形成了不同的语言、风俗习惯和生产生活方式，创造了各具特色的物质和精神文明。在西伯利亚西部的托博尔河、额尔齐斯河流域的广大地区，居住着西伯利亚鞑靼人；在额尔齐斯河下游、鄂毕河及其支流流域居住着汉特人；在鄂毕河的左侧支流、塔夫达河上游等地居住着汉特人的近族曼西人；在鄂毕河下游和亚马尔半岛的冻土带生活着游牧民族涅涅次人；在叶尼塞河下游、泰梅尔河流域，游牧着艾涅茨人和恩加纳善人的祖先；在汉特人居住地带以北居住着谢尔库普人；在阿尔泰地区和叶尼塞河上游居住着突厥语系各民族，他们是现代哈卡斯人、凯特人和阿尔泰人的祖先，俄罗斯人常常称他们为托木斯克鞑靼人；在图巴河下游居住着叶尼塞吉尔吉斯人；在图瓦盆地居住着图瓦人；等等。在俄国人到来之前，这些民族多的有数万人，少的只有几千人。

在叶尼塞河右侧沿岸及通古斯卡河流域、勒拿河流域，亚纳河、科累马河上游，阿姆贡河、布列亚河、结雅河沿岸，直到鄂霍次克海沿岸的广大地区，居住着总人口在3万左右的通古斯人。在勒拿河以东直至阿姆加河、维柳伊河口，以及亚纳河中游的广大地区居住着总人口近3万的雅库特人。在通古斯人和雅库特人居住区的北部，居住着约5000人的尤卡吉尔人。

从鄂霍次克海至白令海沿岸居住着约1万人的科里亚克人。在楚科奇半岛内陆居住着约2500人的楚科奇人。在堪察加半岛居住着人口1万多的伊捷尔缅人。在千岛群岛和堪察加半岛南端居住着阿伊努人。在萨哈林岛北部和阿穆尔河河口居住着5000人左右的尼夫赫人。沿阿穆尔河口上溯，是乌尔奇人和那乃人的住地。在乌苏里江和日本海岸之间的地区居住着乌德盖人的祖先。沿阿穆尔河上溯至结雅河口，是久切尔人（满人）的居住地，再沿阿穆尔河上溯到石勒喀河和额尔古纳河交汇处是达斡尔人的居住地。在贝加尔湖附近则居住着总人口近2.5万的布里亚特—蒙古人。

按照苏联时期的统计，在16世纪俄国人到来之前，西伯利亚与远东的土著民族总人数在20万—22万人。[1] 当然，因有些极小族群统计困难，实际数字可能会更多一些。

尽管西伯利亚地区民族众多、语言复杂，但是居住在同一地区的各民族，基本上是属于同一语族的，从语言学的角度看还是有规律可循的。西伯利亚地区占58%的土著居民属突厥语族，主要包括鞑靼语、阿尔泰语、哈卡斯语、图瓦语、雅库特语等；占27%的土著居民属蒙

---

[1] Перцев В. Н. Очерки истории СССР. Т. 5. М.：АН СССР, 1955. С. 685.

古语族，主要是布里亚特语；排第三位的是满—通古斯语族，他们占土著居民总数的6%，其中又分为通古斯语支（北方语）和满语支（南方语），属通古斯语支的有埃文基语、埃文语、涅基达尔语；属满语支的有那乃语、乌尔奇语、奥罗克语、奥罗奇语、乌德盖语。

西伯利亚西北土著居民的语言一般属于萨莫耶德语族和芬—乌果尔语族。西伯利亚东北部的楚科奇语、科里亚克语、伊捷尔缅语、尼夫赫语等一般不能归入上述语系，有学者认为这是一种古亚细亚语。

在西伯利亚广大地区世代生活的土著居民，根据其所从事的生产活动，可以大体分为以下类型：一是原始森林和森林冻土带步行的猎人和渔民；二是定居江河湖泊沿岸的渔民；三是定居在北冰洋沿岸以捕猎海兽为生的猎人；四是在原始森林游牧的养鹿猎人和渔民；五是在冻土带和森林冻土带游牧的养鹿人；六是草原和森林草原的养畜人。[①] 西伯利亚各民族的生活方式，与他们所从事的生产活动密切相关。一般来说，农业、捕鱼业、捕猎海兽业，决定了从事这些行业的居民必须定居；而狩猎业、养鹿等畜牧业则根据猎物的多少和草场的储量需要采取游牧的生活方式。

在俄国人到来之前，西伯利亚各地区居民的经济生活日趋活跃，商品交换已经发挥重要作用，在一些民族区域内存在的原始交换形式开始步入常态化。渔猎民族经常要用鱼类产品与养鹿的民族换取鹿皮和鹿肉，从事农业的民族要用粮食和肉类换取鱼产品和兽皮。生活在西伯利亚南部的狩猎民族和农耕民族还可以用自己的产品换取中国和中亚国家生产的铁器、工具和纺织品。

从经济制度来看，西伯利亚的许多民族在俄国人到来之前，已经进入阶级社会。一些占有大量土地和畜群的部落首领已经变成了统治者，有的民族已经出现了早期国家的组织形式，如西伯利亚鞑靼人建立的西伯利亚汗国。东西伯利亚南部的一些民族，如达斡尔人、久切尔人、布里亚特人、图瓦人等，都归中国管辖。一些西伯利亚小民族从属于较高发展阶段的其他西伯利亚民族，如汉特人和曼西人从属于西伯利亚鞑靼

---

[①] Народы Сибири / под ред. М. Г. Левина, Л. П. Потапова. Москва ; Ленинград : Изд - во Акад. наук СССР, 1956. C. 13.

汗国,叶尼塞吉尔吉斯人统治着周围的其他小民族,布里亚特人统治着邻族通古斯人,达斡尔人统治着结雅河沿岸的通古斯人。这些复杂的从属关系,不可避免地带来了统治者与被统治者之间的利益冲突和各统治集团之间的冲突。

从社会形态看,在16世纪之前,西伯利亚大多数民族仍处于氏族制的不同发展阶段。即使已经进入阶级社会的布里亚特人、雅库特人、图瓦人、达斡尔人等,也还明显地保存着氏族制的某些残余。涅涅次人、乌尔奇人、乌德盖人等虽然已经处于父系氏族制的较高发展阶段,但是他们仍然保存着大量的氏族社会残余。一些北部和沿海地区的小民族,如伊杰里门人、楚科奇人、科里亚克人和爱斯基摩人是发展最落后的民族,他们的族群中甚至还保留着某些母系氏族制的特点。

西伯利亚各民族的宗教信仰相当原始,以萨满教为主体的万物有灵的宗教观念颇为流行。这种世界观认为,整个无生命和有生命的自然界都是神安排的,神可以与人往来,并影响他们的所作所为。于是在各族群中就出现了在人和神之间传达信息的人,即萨满。萨满还能支配某种神,在神的帮助下,同敌对的神做斗争。萨满教在通古斯人、尤卡吉尔人、恩加纳善人、谢尔库普人、布里亚特人和阿尔泰人中特别流行。萨满的特殊职业也使他们居于社会的显要地位,他们与神灵交往的特殊能力给他们带来很高威望。他们可以不必参加劳动,而享有社会供养的各种待遇和利益。有的萨满还掌握了部落的政治权力,成为部落和氏族的首领。在其他一些较小的民族中,还存在自然崇拜,如对山神、林神、河神、海神的崇拜等。图腾崇拜在西伯利亚各民族中也很常见,而对熊的崇拜则更为普遍。

到16世纪以前,伊斯兰教已经从南部传入西伯利亚鞑靼人中。当然,尽管库楚姆汗强令推行伊斯兰教,但当时的大多数民族仍然信仰萨满教。17世纪以后,佛教及其变种喇嘛教也已经在西伯利亚南部的布里亚特人中传播。

到17世纪末期,西伯利亚各少数民族经济活动范围不断扩大,新的经济部门出现,商品经济比重增加。日趋明显的财产分化和阶级分化使氏族制度解体。当地民族的上层与殖民者勾结,加强了对劳动人民的剥削,导致少数民族的社会矛盾加剧。这在南部地区的布里亚特及雅库特表现比较明显。俄国人带来的生活方式、饮食、住房、生产技术和生产工具，都使当地民族的经济社会生活出现了飞跃。一个显著特点是，俄国殖民者没有像西方殖民者那样使用强迫手段进行原始积累。当时的俄国人并没有打破西伯利亚少数民族的社会内部结构，也没有剥夺他们的生产资料，而是让他们按照自己的习俗发展传统的民族经济。这主要是为了更多地和有效地获取毛皮，因为外来人在技术和捕猎手段上不如当地民族。而且俄国人可以用较少的生活用品换取少数民族的毛皮，特别是在语言不通、习俗迥异的情况下，通过少数民族上层人物来实现殖民统治和经济剥削，显然更为奏效，这是俄国在西伯利亚进行统治和原始积累的重要特点之一。

## 第三节　早期的俄中关系

### 一　中俄《尼布楚条约》的签订

从16世纪下半叶起，经过不到半个世纪的向东扩张，俄国殖民者即已占领了大部分东西伯利亚与远东的北部地区。此后，俄国人开始伺机南下，向中国伸展扩张势力。17世纪三四十年代，俄国军役人员以叶尼塞斯克和雅库茨克为中心，分别从西部和北部两个方向进入中国的贝加尔湖和蒙古地区。1625年，驻扎在叶尼塞斯克的赫里布诺夫督军派兵首次远征"布里亚特土地"。此后，他们以叶尼塞斯克为大本营，向布里亚特—蒙古人居住的贝加尔湖沿岸地区进军。

与此同时，雅库茨克的俄军也派出兵力，向南方的贝加尔湖和黑龙江地区扩张。1640年，雅库茨克督军派出一队军役人员沿勒拿河右岸支流南下，抵达贝加尔湖北端。1641年，一队俄军在库达河口建立了维尔霍连斯克，该城堡成为哥萨克从北面向贝加尔湖扩张的据点。此后，俄国从西面和北面两个方向蚕食贝加尔湖沿岸地区，最终于17世纪60年代完成了对贝加尔湖地区的占领。其间建立的城堡主要有上安加尔斯克（1647年）、巴尔古津（1648年）、伊尔库茨克（1652年）、巴拉甘斯克（1654年）等。这时俄国殖民者打探到了有关黑龙江的消息，并萌发了进一步向那里扩张的想法。

1638年，哥萨克头目科培洛夫率队溯阿尔丹河前往中国的精奇里江，收集到了许多有关黑龙江的消息。1639年，莫斯克维金率哥萨克远征到鄂霍次克海岸，然后从海路进入中国的乌第河口，成为首批进入黑龙江的殖民者。不久，别尔菲里耶夫进入贝加尔湖以东地区，刺探有关黑龙江和达斡尔人的消息。他返回雅库茨克后，向督军戈洛文报告了黑龙江可能盛产黄金的消息，引起那里哥萨克的极大兴趣，并作出远征黑龙江的计划。

1643年，雅库茨克督军戈洛文派遣他的文书官波雅尔科夫再次远征黑龙江。波雅尔科夫远征队由132人组成。他们沿水路南下，到达黑龙江北岸的达斡尔人地区，从那里得知，达斡尔人向中国交贡，于是劫掠了他们。达斡尔人奋起抗击入侵者，俄国殖民者只能躲藏在冬营地。面临漫长冬季的严重饥荒，一些哥萨克被饿死或冻死。波雅尔科夫竟命令哥萨克吃被打死的达斡尔人和饿死的俄军役人员的尸体，因此后来有人把他称为吃人的"罗刹"。

1644年春季，波雅尔科夫远征队再度进入黑龙江流域，沿途烧杀抢掠，受到当地各民族的抵抗。波雅尔科夫一伙在黑龙江口度过一冬之后，从海路北上，于1646年返回雅库茨克。他把抢掠的毛皮和绘制的地图献给督军，并建议俄国出兵占领黑龙江地区。雅库茨克督军随即把这一信息和建议上报俄政府，并加紧做侵占黑龙江地区的准备。

1649年3月，俄冒险家哈巴罗夫得到新任督军弗兰茨别科夫的批准和资助，率70人首次远征黑龙江。第二年初春抵达黑龙江。哈巴罗夫率兵闯入达斡人领地，得知他们是向清王朝进贡，自知兵力不足，于是留下50人驻守，自己回到雅库茨克组织援兵。

1650年7月，哈巴罗夫得到沙皇的旨意，率领138人第二次远征黑龙江。他们四处攻城略地，发动大规模进攻，杀害数千中国居民。黑龙江沿岸居民在抗击俄军的同时，向清政府报告，请求政府派兵击退"罗刹"。1652年，清驻宁古塔章京海色奉命率部与哈巴罗夫激战于乌扎拉村，清军由于准备欠缺而失利，但也使俄军遭到重创。俄国由此也认识到入侵黑龙江地区与征服其他远东小民族不同，若取得成功必须进一步加强军事力量。

沙皇政府接到哈巴罗夫的报告后，决定派援军去黑龙江，并派季诺维耶夫去黑龙江犒赏俄军。1653年，季诺维耶夫到达结雅河口，向哈巴罗夫颁发了勋章和奖品。后因二人发生矛盾，哈巴罗夫被解除职务回到莫斯科。哈巴罗夫走后，斯捷潘诺夫成了俄军首领，但随之陷入食物断绝的困境。[①] 1654 年春，清政府派明安达礼率部进剿俄入侵者，虽几次重创俄军，但并未能全部歼灭入侵俄军。

1657 年，清政府派沙尔瑚达讨伐入侵者。1658 年，他在松花江口与斯捷潘诺夫一伙俄军相遇，将俄军大部分消灭。次年，清军收复雅克萨。黑龙江中下游的俄军被肃清。此后，俄军退守涅尔琴斯克（尼布楚），并把这里作为向黑龙江上、中游地区扩张的大本营。

1665 年，伊利姆斯克城发生了一起俄人内讧事件，这给俄军入侵黑龙江地区带来了借口和机遇。一个叫切尔尼果夫的俄籍波兰人纠集同伙杀死总管后，逃到黑龙江，重建了阿尔巴津堡。他们还策动嫩江流域的索伦部头人根忒木尔背叛中国，投靠沙俄。清政府提出抗议，但俄方拒绝引渡，进而引起争端。切尔尼果夫的活动得到沙皇的赏识，被正式收编，并任命为阿尔巴津的总管。此后，俄政府继续向黑龙江增加兵力，在黑龙江沿岸地区拓展殖民，建立了一些新的城堡，步步蚕食中国北方领土。面对俄军的入侵，清政府多次呼吁和平，要求俄军退出中国领土。自 1648 年起，清政府接待了多批俄国使团，并派遣使者赴俄，希望通过外交途径解决两国的争端，并提出划定疆界的建议。但俄军无视中国政府的诚意，继续在黑龙江地区实行扩张。

1683 年夏，盘踞在雅克萨的俄军出动，被清军打散。清军一举攻克了新结雅斯克堡，并平定了德隆斯克和普林宾斯克堡，"击杀罗刹甚众"[②]。到年底，黑龙江中下游地区已经基本没有了俄军的踪影。

1685 年 2 月，清康熙皇帝下令进军雅克萨。6 月 25 日清军攻城，次日托尔布津率残部投降，清军准其返回尼布楚。然而清军撤回瑷珲后，俄军于 9 月再次侵占雅克萨。1686 年 7 月，清军再次兵临雅克萨，第二次雅克萨之战爆发。经过两年围攻，俄军损失惨重，陷入绝境。俄军的惨败迫使俄政府接受了中国通过谈判解决争端的建议，遂派戈洛文

---

① ГонсовичE. B. История Амурского края：( Как рус. завладели Амуром и как на нем утвердились ). Благовещенск：Т－во Шалонин и К°，1914. 48 c.

② 《清圣祖实录》第 113 卷，第 9 页。

率使团前来谈判。

1689年8月22日,中俄两国使臣索额图和戈洛文开始在尼布楚谈判。经过16天的反复交涉,于9月17日签订了中俄《尼布楚条约》,正式划定了中俄两国东段边界,即以外兴安岭至海、格尔必齐河和额尔古纳河为界。由此,在法律上肯定了黑龙江和乌苏里江流域是中国的领土。从历史上看,尽管中俄双方都有人提出该条约的不当之处,但《尼布楚条约》毕竟是中俄两国之间缔结的第一个基本上平等的条约,它遏止了沙俄向黑龙江地区的侵略和扩张,使中国东北边疆获得了一个半世纪的安宁环境。

### 二 中俄恰克图贸易

1689年中俄《尼布楚条约》的签订,为原本相距遥远的中俄两国作为邻邦第一次以条约的形式明确了边界划分,使俄国商队来华贸易有了法律条文依据,为此后两国的贸易合作创造了条件。恰克图位于色楞格河东岸,南距库伦400千米,属喀尔喀蒙古土谢图汗辖境,是俄国来华商队贸易和边境贸易的重要通道。

1728年,中俄签订《恰克图条约》,汉文称中俄《喀尔喀会议通商定约》,共11款。主要内容包括边界、贸易、宗教、越境人犯处理四个方面。其中,贸易方面最为重要,规定"除两国通商外,两国边境地区之零星贸易,应于尼布楚、色楞格两处,选择妥地,建盖房屋,以准自愿前往贸易者贸易"[①]。该条约签订后,中俄双方根据条约在边境着手开辟贸易点,因旧市街归入俄境,中方在境内又另建新市街,仍称"恰克图",中国商人称其为"买卖城"。由于恰克图与俄西伯利亚各主要城市距离较近,交通方便,遂以其优越的地理条件,成为中俄贸易往来的唯一法定渠道,俄国也由此实现了多年来扩大对华贸易的愿望。

中俄恰克图贸易历时近两百年,经历了发展、繁荣、衰落三个阶段。

从1728年恰克图贸易开始到18世纪末,是恰克图贸易的发展时

---

① 中国第一历史档案馆:《清代中俄关系档案史料选编》(第一编),中华书局1981年版,第518页。

期。中俄《恰克图条约》签订后，中俄贸易形成了商队贸易和边境贸易两种形式并存的格局。从1756年起，俄国政府不再派商队来北京，到1762年在北京的商队贸易完全停止，边境贸易则成了中俄贸易的主要形式。在这一阶段，受俄国政府对华贸易垄断政策和清政府"以商制夷"政策的影响，贸易发展并不顺利。进入40年代，恰克图贸易出现上升势头。俄国政府采取了批准向恰克图移民、准许商人用支票缴纳关税、取消国家对毛皮交易的垄断等政策，此后，恰克图贸易自由化程度逐步提升，贸易规模开始迅速扩大。

然而，即便在这一时期，恰克图贸易也是一波三折。由于未能及时妥善处理双方贸易中的摩擦和纠纷，结果导致了三次较长时间的贸易中断：第一次（1762—1768年）中断6年；第二次（1778—1780年）中断2年；第三次（1785—1792年）中断7年。恰克图贸易三次闭关总计15年。闭关直接影响了中俄的经贸往来，也使双方商人蒙受了经济损失。

从18世纪末到19世纪上半叶，是恰克图贸易的繁荣时期。中俄两国吸取前一个时期的经验教训，于1792年2月签订了中俄《恰克图市约》，开始致力于对恰克图贸易的经营、管理，双方贸易稳步发展，使恰克图贸易进入了繁荣时期。此时的恰克图市政管理和社会生活井然有序，加之拿破仑战争期间，从欧洲到中国的海路受阻，许多欧洲客商只能通过俄国商人在恰克图同中国做生意，这使买卖城一时间声名鹊起，作为漠北的商业重镇，驰名于西伯利亚乃至欧洲。清人何秋涛称其是"百货云集、市肆喧阗的朔漠之间一都会"[①]。恰克图贸易最重要的货物是毛皮和茶叶。由于北美的毛皮已经占领欧洲市场，使俄国毛皮销量减少，这样，通过恰克图运往中国的毛皮贸易就显得更为重要。茶叶是中国通过恰克图运往俄国和欧洲的另一重要商品。交易方式约定俗成，在交易过程中双方直接见面，一般不需要中介或翻译。恰克图贸易全年运营，但冬季最为繁忙，大宗商品的交易主要是在冬季进行。此时的恰克图成为中俄贸易最重要的集散地，是连接欧俄、西伯利亚、北京以至于中国南方沿海地区的经贸通道的枢纽，而茶叶贸易也造就了晋商的崛

---

① 何秋涛：《朔方备乘》卷三十七。

起。这一时期恰克图贸易的年交易额都在 1000 万美元以上，占中国进出口总值的 15%—20%，俄国成为仅次于英国的中国第二大贸易伙伴。①

从 19 世纪中叶到 20 世纪初是恰克图贸易的衰落时期。19 世纪中叶后的几年，恰克图贸易仍在正常运行。但是，1851 年《伊犁塔尔巴哈台通商章程》的签订，使大批俄国商人的注意力转向了西部。1858 年以后，由于沙俄诱逼清政府签订了一系列不平等条约，并获得诸多贸易特权，使俄商能够深入中国内地，直接采购、制造、贩运茶叶；加之海上交通的恢复，致使恰克图作为中俄之间唯一通商口岸的重要地位急剧衰落。到 19 世纪 80 年代，恰克图的贸易额比 50 年代减少了 3/4，恰克图昔日的辉煌已不复存在。1903 年中东铁路建成通车，中俄贸易重心由恰克图和新疆转移到中国东北地区，持续了 200 年的恰克图贸易就此终结。

恰克图互市贸易是中俄关系史上的重要一页，对中俄两国及两国人民乃至对整个世界都产生了重要影响。恰克图边境贸易的衰落是历史的必然，但它在中俄经贸史上的地位是值得肯定的。恰克图贸易促进了中俄两国特别是边境地区的经济发展；增加了中俄两国人民的相互了解和文化交流，促进了两国边民的友好合作；同时，恰克图互市贸易也有助于中俄边境地区的相对稳定，频繁来华的俄国商队，双方交易的巨额利润，都需要有一个安稳平和的环境，这对于沙俄在远东的扩张产生了制衡作用。

### 三 18 世纪的远东俄中关系

《尼布楚条约》签订以后，尽管中俄两国维持了一个半世纪的安宁环境，但是俄国在远东地区进一步扩张的意图并未改变。俄国在积蓄力量，收集情报，为实现扩张目标做着各方面的准备。同时，《尼布楚条约》的签订也使清政府对加强北部边疆的防控和治理有了新的认识。清政府派出官吏查勘中俄东段边界，并在额尔古纳河口和格尔必齐河口竖立了界碑，上面用满、汉、蒙、俄和拉丁 5 种文字刻写了《尼布楚

---

① 孟宪章：《中苏经济贸易史》，黑龙江人民出版社 1992 年版，第 143 页。

条约》全文。为了保卫东北边疆,清政府开始实行较严格的巡边制度,并在巡查地垒立石堆,称为"封堆"或"鄂博",以标示每年巡查必须到达的地点。在外兴安岭山梁和发源于外兴安岭南坡的各河源,每隔三年,由黑龙江副都统和布特哈总管派遣官兵巡查。如"遇有越境之俄罗斯,即行捕送将军,请旨办理"[①]。在黑龙江下游一带,则是由三姓副都统派遣官兵巡查。在乌苏里江流域、绥芬河流域和珲春沿海等地,同样是年年巡查。这种定期巡边制度,始终贯彻执行。

清政府还在黑龙江以北和乌苏里江以东地区设立了许多卡伦,派遣官兵驻守。这种满语称为"卡伦"的哨所,北部是为了防御俄罗斯人,东部则是为了防止满人和汉人盗挖人参。这些卡伦分别由黑龙江副都统、三姓副都统、宁古塔副都统和珲春协领管辖。生活在黑龙江以北、乌苏里江以东的当地居民分属于黑龙江将军和吉林将军管辖。按照清政府的规定,黑龙江布特哈衙门所属的索伦、达斡尔、鄂伦春等族人民,每丁岁纳貂皮1张,每年5月到齐齐哈尔缴纳。有的部族与齐齐哈尔距离遥远,则由清政府另外指定较近的纳税地点,派出官吏前往征收。黑龙江下游、乌苏里江以东和库页岛的各族居民,也按照清政府的规定,要定期缴纳赋税。各族居民定期缴纳赋税,证明清政府在黑龙江和乌苏里江以东广大地区一直在行使主权。

《尼布楚条约》签订后,沙俄对黑龙江流域至海广大地区的觊觎之心并未改变,并一直为侵占这一地区做各种准备。1692年,彼得一世命出使中国的义杰斯,要密切关注中国军队在黑龙江流域的动向。1725年,沙皇政府命令出使中国的萨瓦,要尽可能地打探中华帝国的自然资源和军事实力,并了解取道黑龙江开展对远东贸易的可能性。萨瓦回国后,向政府呈送了从中国收集的情报,提出了武装侵占黑龙江的方案。与此同时,沙俄政府还加紧了对东北亚和北太平洋地区的勘察和探险活动。1732年,俄国枢密院在关于派遣第二次堪察加探险队的命令中,明确将调查黑龙江特别是黑龙江口作为该队的主要任务之一。1740年,沙皇安娜命令勘察队成员、俄国科学院院士米勒起草了关于黑龙江的备忘录。在该备忘录中,米勒极力主张修改《尼布楚条约》,重新划分中

---

① 《盛京通志》,乾隆四十九年版,第52卷。

俄东段边界。

1763年，刚上台不久的叶卡捷琳娜二世命令米勒起草关于黑龙江的第二份备忘录，在这份题为《关于对华战争的意见》的文件中，米勒无视史实，否认中国人对黑龙江流域的主权。1799年，保罗皇帝在登基之初，就下令成立俄美公司，以巩固其在北太平洋的权益与地位，这为俄国侵占黑龙江地区做了更进一步的准备。沙皇亚历山大一世即位后，继续积极准备在黑龙江地区的扩张，他"特别重视收集关于中国边境上的兵力和黑龙江航行条件的情报，并企图请求中国政府允准俄国在黑龙江口设置商务代理人"[①]。沙皇尼古拉一世上台后，进一步加速了侵华步伐，违约入侵的事件频繁发生。在沙俄几任政府的精心策划和极力鼓动下，到19世纪30年代，武力吞并黑龙江的计划，在东西伯利亚乃至整个俄国都已经不是什么秘密了。由此可见，沙皇俄国侵占黑龙江流域广大地区的意图是由来已久的，准备是相当充分的。在《尼布楚条约》签订后不久，这一战略目标即已确立，只是到了鸦片战争爆发后，由于晚清政府的腐败和西方列强逼签一系列不平等条约，他们的扩张计划才终于找到了付诸行动的机会。

---

① ГонсовичЕ. В. История Амурского края :（Как рус. завладели Амуром и как на нем утвердились）. Благовещенск: Т‐во Шалонин и К°, 1914. C. 97–98.

# 第 三 章

# 18—19 世纪上半叶远东的经济与社会

18 世纪初,随着俄国资本主义因素的增长和全俄统一市场的逐步形成,寻找新的原料产地和商品销售市场的要求日益强烈,俄国政府遂有组织地对西伯利亚开展了一系列科学考察。远东的工农业和商业逐渐繁荣,居民的文化和社会生活也不断丰富起来。同时,俄国政府基于当地经济发展水平、社会需求以及远东全俄地位的考量,对远东行政制度和社会管理政策做出了调整。

## 第一节 北方大考察与远东开发

### 一 北方地理大考察

到 18 世纪,俄国已经成为欧亚大陆最强大的国家之一。夺取波罗的海和黑海的出海口之后,俄国事实上完成了俄罗斯、乌克兰和白俄罗斯三个东斯拉夫民族的统一。早在彼得一世之前,俄国人就已经积极地在西伯利亚地区搜寻毛皮、海象牙和矿产等珍贵的物质资源。俄国人开辟了经北冰洋到达中国、日本和印度的航路之后,越来越重视东部地区的经济开发。彼得一世着手加强对太平洋沿岸地区的考察,同时提高开辟到达美洲航线的重视程度。海军的创建不仅大幅提升了俄国的军事实力,而且为俄国进一步探索之前从未到达的遥远地区创造了条件。

17 世纪,俄国殖民开拓者和航海家们到达太平洋沿岸。到 18 世纪,俄国的探险家开始探寻堪察加以及西北太平洋上的岛屿。1701 年 2 月 B. B. 阿特拉索夫说,他曾"亲自站在库里尔斯卡亚河入海口,看见对面似乎有岛屿存在,而且外国人也常说那里有岛屿……"① 据阿特拉索夫介绍,堪察加的"千岛群岛农夫"(虾夷人)把许多器具和布匹从千岛群岛带到堪察加。俄国政府对整个千岛群岛和萨哈林岛表现出极大兴趣,责成托雅库茨克地方当局收集有关千岛群岛的消息。

1702 年,堪察加衙门官员 B. 科列索夫派哥萨克 M. 纳谢德金前往堪察加半岛南端的洛帕特卡进行实地考察。纳谢德金证实,通过"狭窄处"(海峡)以后继续向南,可以看见陆地。"据说没有任何交通工具能够到达那里,没有轮船,没有木材,无法获得航船装备,也没有地方可以弄到绳索和铁锚。"② 1710 年,雅库茨克地方政府命令新上任的堪察加衙门官吏 B. 萨沃斯季亚诺夫"建造能够绕过海峡进入大海的轮船,想尽一切办法探访海外的陆地和居民",要让岛上的居民归顺俄国,并绘制"专门的岛屿地图"。

1711 年,Д. 安齐费罗夫和 И. 科济列夫斯基再次尝试出海。这次他们到达了海外的几个岛屿——千岛群岛最北部的占守岛和中部的幌筵岛。堪察加衙门官吏 B. 科列索夫认为,1711 年 Д. 安齐费罗夫和 И. 科济列夫斯基确实到过千岛群岛的两个岛屿,因为这一年他们曾把这两个岛屿绘制到自己的地图上。后来,俄国政府从雅库茨克陆续派官吏前往堪察加。此前人们已经知道一部分伊捷尔缅人和堪察加虾夷人,包括大库里尔斯克要塞居民从南堪察加到达了千岛群岛。堪察加哥萨克迫切希望能登上千岛群岛。

俄国人对萨哈林岛也表现出极大兴趣。Ф. С. 萨尔特科夫熟知 Н. 维岑绘制的标注有阿穆尔岛(萨哈林岛)的鞑靼地图。1713—1714 年,萨尔特科夫提出了许多建议,其中包括在阿穆尔岛修建要塞的设想。

1713 年夏,И. 科济列夫斯基挑选出 66 人,在俄国政府的帮助下开始第三次出海航行。他们登上幌筵岛,并在岛上结识了从南千岛群岛来的虾夷人沙塔诺伊。翻译伊捷尔缅精通千岛虾夷语,在其帮助下,科济列夫斯基收集到整个千岛群岛一直到马特迈岛(北海道岛)最为详

---

① Оглобин Н. Н. Две《скаски》Владимира Атласова об открытии Камчатки //Чтения в ОИДР. М. , 1891. Кн. 3. С. 16.

② Памятники Сибирской истории XVIII в. СПб. , 1885. Кн. 2. С. 502 – 503.

尽的地理信息。此外，科济列夫斯基还从日本人岸润和浅沼那里了解到日本的有关情况。1710年4月，他们因遭遇台风来到堪察加。这是俄国历史上首次对整个千岛群岛一直到日本列岛进行的真实记录。从前人们一直用虾夷语为千岛群岛命名，从科济列夫斯基来到这里之后，便开始用数字序号给千岛群岛命名。科济列夫斯基还重新绘制了堪察加和千岛群岛地形图。后来，И. П. 科济列夫斯基被任命为堪察加临时长官。1715年，他派哥萨克 Ф. 巴尔达科夫前往千岛群岛征收毛皮税。[1]

与此同时，俄国人继续自17世纪初开始的对远东北部地区的考察活动。1709年，雅库茨克的哥萨克 Д. 布索尔玛诺夫、И. 泽尔卡利尼科夫、А. 特洛伊茨基和 К. 茹拉夫廖夫分别沿亚纳河、因迪吉尔卡河、科雷马河向北出发，去探寻岛屿。1712年，上扬斯克的梅尔库里·瓦金和雅科夫·佩尔米亚科夫带领11名哥萨克从下科雷姆斯克出发，向楚科奇半岛方向航行。哥萨克瓦西里·斯塔杜欣也从这里出发，目的同样是探寻亚洲北部的未知岛屿。经历千辛万苦之后，М. 瓦金和 Я. 佩尔米亚科夫终于到达楚科奇半岛。接着，他们从楚科奇半岛出发驶向大海。顺利到达半岛北面的第一座岛屿后，又发现了利亚霍夫群岛。由于补给不足和疾病等原因，这些哥萨克未能安全返回。斯塔杜欣航行的预期目的落空。1714年，从亚纳河出发的阿列克谢·马尔科夫船队和从科雷马河出发的格里戈里·库贾科夫船队也无功而返。[2] 考察活动失败的主要原因是航行前疏于筹划，补给不足和航海能手短缺。虽然几次航行都遭遇挫折，但俄国人探寻海岛的活动并没有停止。

俄国政府认为，必须组织大型探险队考察遥远的地区，开发那些地区必将为俄国带来巨大利益。1716年，在雅库茨克督军 Я. А. 叶尔钦的领导下，俄国政府组建大堪察加考察队，对鄂霍茨克海域进行考察。鄂霍茨克几乎所有的航海家都加入了此次行动。在舵手 Ф. 塔塔里诺夫的协助下，考察队朝乌梯要塞方向航行，并于1720—1721年对鄂霍茨克

---

[1] Полонский А. С. Курилы//Записка РГО по отделению этнографии СПб., 1871. Т. 4. С. 390－392；Огрызко И. И. Открытие Курильских островов: Приложение//Учен. зап. ЛГУ. 1953. No. 157, вып. 2. С. 204－207.

[2] Памятники Сибирской истории XVIII века. Кн. 2. С. 1－21, 69－70, 504－506, 527－528.

海西部群岛中最大的岛屿大尚塔尔岛进行了考察。由于大堪察加考察队无力将大量货物运回鄂霍茨克等一系列原因，他们未能完成组织者的既定任务。这表明当时俄国政府还不能够为地方机关提供足够的财政支持，也不具备组织大型活动的能力。

自阿特拉索夫之后，俄国人去堪察加已是平常之事。不过，他们走的是陆路，即沿鄂霍茨克海岸，绕过品仁纳湾后到达堪察加。这不仅耗时长，而且路途艰难。1703—1716 年，近 200 人丧命于由阿纳德尔到堪察加的路上。① 开辟海路势在必行。根据彼得一世的指示，1714 年，考察队队长、雅库茨克哥萨克科济马·索科洛夫带领航海家孔德拉季·莫什科夫、尼基福尔·特列斯卡、伊凡·布津、雅克夫·涅韦伊岑，船匠基里尔·普洛斯基、瓦尔福洛梅·费多罗夫、伊凡·卡尔戈波尔以及荷兰水手安德烈·布施等人乘坐东方号前往鄂霍茨克考察。1716 年，他们成功地开辟了从鄂霍茨克到达堪察加西岸的航线。

1716 年俄国人第一次穿越鄂霍茨克海之后（此前他们只是在远东的近海航行），俄国政府决定派人从堪察加出发探索美洲海岸。1719 年初，彼得一世命令毕业于海洋科学院的大地测量专家 И. М. 叶夫列伊诺夫和 Ф. Ф. 卢任向东方航行。1721 年，他们沿着千岛群岛到达第十六岛（北海道岛）。在那里他们遇到风暴，船锚丢失，船体受损严重。叶夫列伊诺夫和卢任被迫返回堪察加。考察美洲海岸的任务失败。不过此次活动仍取得重要收获——绘制出带有坐标和距离的千岛群岛 14 岛地形图。② "叶夫列伊诺夫的地形图第一次真实地呈现出堪察加半岛的轮廓，准确地描绘出千岛群岛岛链的走向和各岛屿的相对位置分布。当然，地图的精确程度尚有待提高。地形图西起托博尔斯克，东至堪察加半岛太平洋海岸以东，亚洲部分仅包括北纬 49°—63°地区，未描绘出北部沿岸。"③ 1722 年，叶夫列伊诺夫亲自把地图呈递给彼得一世。

---

① Алексеев А. И. Охотск – колыбель русского Тихоокеанского флота. Хабаровск, 1958. С. 30.

② Сгибнев А. Попытки русских к заведению торговых отношений с Японией в XVIII и начале XIX столетия//Мор. сб. СПб., 1869. Т. 1. С. 40 – 48.

③ Греков В. И. Очерки из истории русских географических исследований в 1725 – 1765 гг. М., 1960. С. 13.

## 第三章 18—19 世纪上半叶远东的经济与社会　57

1724 年 12 月，彼得一世决定再次派遣考察队寻找通往美洲的航线，并任命丹麦航海家 B. 白令为考察队领航员。彼得一世亲自写下手谕，指导堪察加考察活动：" (一) 在堪察加或其他滨海地区建造一两艘甲板船；(二) 乘此船沿着向北延伸的海岸航行 (海岸的终点尚不清楚)，希望这片陆地是美洲的一部分；(三) 要找到这片陆地在何处与美洲接壤，可以驶往哪个欧洲领地。如果遇到欧洲船只，便打听他们来自哪片土地并把名称记录下来，设法亲自到达那里，再获取真实信息，绘制地图，然后返回。"①

白令的第一次堪察加考察活动 (1725—1730 年) 收获不大。但是，白令记录了堪察加半岛从堪察加河口至楚科奇海沿岸的情况，测绘了 3500 多千米的海岸线，这片海域后来被称为白令海。② 其间，白令与 А. И. 奇里科夫、П. А. 恰普林共同绘制了一张航海总图。Ж. Н. 德利尔 (1731 年、1733 年、1750 年和 1752 年)、И. К. 基里洛夫 (1733—1734 年)、Ж. 久加利德 (1735 年)、Ж. Б. 德安维利 (1737 年和 1753 年)、И. 加济乌斯 (1743 年)、科学院地图集绘制者 (1745 年)、А. И. 奇里科夫 (1746 年) 以及 Г. Ф. 米勒 (1754—1758 年) 等人多次引用和借鉴白令的地图。③ 白令虽然没有到达欧洲人在美洲的领地，但他却弄清了一个事实：亚洲北部与美洲并不相连。

1727 年，俄国枢密院派 А. Ф. 舍斯塔科夫和 Д. И. 帕夫卢茨基的军事探险队考察新土地，旨在使科里亚克人和楚科奇人归顺俄国。探险队于 1729 年到达鄂霍茨克要塞，途经 1000 多千米未被考察过的区域。1730 年 5 月 14 日，舍斯塔科夫去世，帕夫卢茨基继任探险队队长。1731—1746 年，帕夫卢茨基带领探险队在楚科奇高原、北冰洋沿岸和太平洋沿岸完成了 3 次探险，对楚科奇半岛沿岸、楚科奇地区和东西伯利亚海域长达 1500 多千米的地区进行了测绘。④

---

① 转引自 Берг Л. С. Открытие Камчатки и экспедиции Беринга. М.；Л.，1946. С. 83.
② Магидович И. П.，*Магидович В И* Очерки по истории географических открытий. М.，1984. Т. 3. С. 94.
③ Сопоцко А. А. История плавания В. Беринга на боте "Св. Гавриил" в Северный Ледовитый океан. М.，1983. С. 20.
④ Магидович И. П.，Магидович В. И. Очерки по истории географических открытий. Т. 3. С. 95，96，98.

1732年1月11日，Д. И. 帕夫卢茨基派副航海长 И. 费多罗夫、大地测量专家 M. 格沃兹杰夫驾驶圣加夫里尔号去寻找美洲大陆。① 此外，圣加夫里尔号的乘员还包括航海家 K. 莫什科夫、大地测量专家 M. C. 格沃兹杰夫、4名水手、32名士兵和翻译叶戈尔·布斯拉耶夫。他们穿越白令海峡，于1732年4月21日到达美洲大陆，成为第一批到达北美洲西北海岸的欧洲人。②

1741年，由白令和奇里科夫带领的堪察加考察队最终绘制出从堪察加沿阿留申群岛到达美洲的航线。这次考察队乘坐圣彼得号和圣保罗号邮船，先后到达阿拉斯加并对其沿岸进行了考察。

此后，白令担任了第二次堪察加考察队的队长，助手是奇里科夫。1741年6月4日，船队从阿瓦恰湾出发。6月20日，凌晨船队遭遇大雾后走散。白令向南航行，希望可以找到传说中的达·伽马到达的陆地，6月25日他的船队转向东北航行。7月16日船员们发现陆地（北纬58°14′）。7月20日轮船驶近卡亚克岛。自然学家 Г. 斯泰勒及其哥萨克随从 Ф. 列皮欣、航海长 С. 希特罗沃以及15名队员登上小岛。后来，卡亚克岛被船员们命名为圣伊莱亚斯岛。

白令带领的圣彼得号在海上风暴和大雾中艰难航行，粮食和淡水储备消耗殆尽，船上还暴发了坏血病。在这种情况下，白令决定直接驶回堪察加。8月29日，船员 H. 舒马金病死。他被安葬在阿拉斯加西南角一座新发现的小岛上（后来这座岛被命名为舒马金岛）。俄国人在岛上停留了一周时间，他们在那里第一次见到当地的土著居民阿留申人。圣彼得号由此一直向西航行，进入广阔的海域。1741年11月5日，航船被狂风吹到一座岛上。12月8日，白令船长在岛上去世（后来该岛被命名为白令岛）。1742年8月26日，圣彼得号46名船员返回堪察加彼得罗巴甫洛夫斯克。

另一支考察队在奇里科夫带领下乘坐圣保罗号邮船向东航行，后来转向东北方向。1741年7月15日夜，探险队到达美洲大陆北纬55°11′

---

① Л. А. 戈利坚贝格认为，费多罗夫因为生病没能完成航海任务（返回途中去世），实际上到1732年船长应该是格沃兹杰夫。

② Гольденберг Л. А. Михаил Спиридонович Гвоздев（начало XVIII в. – после 1759 г.）. М.，1985. С. 71.

的地区。8月1日，奇里科夫决定返回堪察加。在返航途中，他们又发现了乌姆纳克岛、埃达克岛、阿加图岛、阿图岛等阿留申群岛岛屿。1741年10月10日，圣保罗号驶入彼得罗巴甫洛夫斯克湾。12月7日，奇里科夫向海军院递交了航行报告。这是历史上首次对美洲西北海岸的记载。1742年5—6月，奇里科夫再次乘坐圣保罗号从堪察加向东出发，但因浓雾，船队到达阿图岛后便决定返航。

1738年6月18日，在俄国政府的帮助下，马特维·什潘贝格率领由3艘船组成的航海队从鄂霍茨克海出发，沿千岛群岛航行，到达得抚岛（北纬46°），并于8月17日返航。次年5月21日，什潘贝格再次率队出航。船队到达占守岛后，从当地携带一名虾夷翻译继续航行，16天后到达日本沿岸。

这次航行期间，俄国航海家们开始在千岛群岛上寻找矿产资源。1739年7月4日，试金师Ф.加尔德博尔乘坐小艇前往菲古勒内岛（色丹岛）寻找金属和矿石。两天后，什潘贝格再次带领船队登上菲古勒内岛，随后又前往绿岛。随行的大地测量专家测定该岛位于北纬43°15′。7月8日，考察队在怒茨克岛停锚。俄国人登上该岛，并邀请虾夷人参观自己的海船。7月25日，什潘贝格朝国后岛方向返航，然后沿千岛群岛回到鄂霍茨克。

东北考察队和太平洋考察队共同绘制出太平洋沿岸地图，确定了堪察加的位置，并且在阿瓦恰湾建造了彼得罗巴甫洛夫斯克港。这座海港在后来考察楚科奇、鄂霍茨克海沿岸、美洲大陆、太平洋东北海域过程中发挥了巨大作用，而且为鄂霍茨克到彼得罗巴甫洛夫斯克港的海上运输创造了必要条件。

西伯利亚商人尼基塔·沙劳罗夫和伊凡·巴霍从勒拿河口出发绕过楚科奇半岛到达堪察加。他们第一次从天文学角度绘制出从巴拉诺夫角到舍拉格斯基角的海岸地图，在图上标出所发现的岛屿位置，并计算出下堪察加茨克的纬度。[①]

第二次堪察加考察反馈回来的信息使俄国人考察美洲大陆和太平洋

---

① Азатья А. А., Белов М. И., Гвоздецкий Н. А. и др. История открытия и исследования Советской Азии. М., 1969. С. 417, 419.

岛屿的兴趣大涨。工业界积极支持考察活动，捐款建造考察船只。俄国政府同样持赞成立场，因为"考察活动会扩大国家的控制范围，增加纳税人数量和毛皮税收入"①。

## 二 俄国人在北太平洋的开发

开发阿留申群岛和阿拉斯加的消息令许多航海家、实业人士和流浪者兴奋不已，他们从中看到新的发展机遇，迫切希望到新地区去。于是，新一轮的探险活动开始。据 Р. В. 马卡罗夫记载，1743—1797 年，到阿留申群岛和阿拉斯加的俄国探险队达 89 个。②

俄国著名航海家、商人、国务活动家 Г. И. 舍利霍夫为开发阿留申群岛和阿拉斯加作出了巨大贡献。1748 年 8 月 3 日，舍利霍夫率领 3 艘载有 192 名实业者的考察船到达科迪亚克岛的巴甫洛夫斯克湾。其时岛上约有 1000 名土著居民。初期土著居民对俄国考察队并不友好，但后来其态度逐渐发生转变。为取得土著居民的信任，舍利霍夫开展了一系列活动：发展渔猎业；建造房屋，改善居住条件；发展教育事业，为当地孩子开办学校；吸收当地居民加入俄国国籍，鼓励他们信仰基督教；增加就业，招募当地居民到自己的公司工作。这些举措显著改善了俄国考察队与土著居民的关系，后者甚至开始事先告知俄国人邻近部落可能攻击他们的消息。为加强控制和管理，舍利霍夫在巴甫洛夫湾修建了要塞和村庄，在阿福格纳克岛和克奈斯科湾构筑了堡垒。两年后，舍利霍夫返回俄国。他在阿留申群岛和阿拉斯加留下了两艘轮船和 163 名俄国人（包括船长），当地的阿留申人和印第安人为他们提供各种服务。后来，舍利霍夫命令继任者——叶尼塞斯克商人 К. 萨莫伊洛夫向美洲移民，占领北纬 40°以北的美洲地区。这是第一份确立俄国在北美洲边界的命令。

回到彼得堡后，舍利霍夫开始寻求政府支持向俄属美洲移民和修筑要塞，强化俄国在美洲的存在。但叶卡捷琳娜二世对此未置可否。作为

---

① Греков В. И. Очерки из истории русских географических исследований в 1725 – 1765 гг. М. , 1960. С. 172.

② Макарова Р. В. Экспедиции русских промышленных людей в Тихом океане в XVIII в. //Вопросы географии. 1950. № 17.

东北工业公司最有实力的股东之一，舍利霍夫认识到联合是手工业获得利润的关键，因此一直尝试把分散的公司团结到一起，并为此付出巨大努力。

商业利益是促使俄国人考察远东及太平洋沿岸地区的重要因素之一。鄂霍茨克港的叶梅利扬·巴索夫开启了阿留申群岛毛皮业的发展历程。巴索夫个人资产有限，因此加入由莫斯科商人 A. 谢列布连尼科夫，军人 E. 桑尼科夫，工商业者潘申、Д. 索斯宁，农民波波夫、霍尔谢夫尼科夫等人成立的公司。1743—1744 年，出于发展手工业的考虑，巴索夫和伊尔库茨克商人尼基福尔·特拉佩兹尼科夫联合出海考察。

18 世纪 40 年代末至 50 年代初，出现十余家以开发太平洋新岛屿、猎取毛皮为目的的公司。1745 年 9 月，米哈伊尔·涅沃奇科夫乘坐叶夫多基姆号木船到达阿图岛、阿加图岛和谢米奇岛等距离堪察加较近的阿留申岛屿，并绘制了这些岛屿的地图。1746 年巴索夫探险队发现了一座岛屿，次年他们在岛上发现了铜，并将这座岛称为铜岛。1743—1755 年，商业公司在科曼多尔群岛和近阿留申群岛的毛皮业发展顺利。这一时期商业企业共组织了 22 次商业考察。1743 年和 1786 年探险队运回俄国的毛皮和海兽皮价值分别为 29732 卢布 67 戈比和 164065 卢布 23 戈比，总价值达 193797 卢布 90 戈比。沙皇政府收取的毛皮税高达 42392 卢布 10 戈比。[①]

19 世纪 60 年代初，色楞金斯克商人安德烈诺夫·托尔斯泰开发了阿留申中部群岛。他对阿尔赫岛（埃达克岛）、卡纳加岛（塔纳加岛）、切特希纳岛、季加拉赫岛、阿特卡岛和阿姆利亚岛征收了 3 年毛皮税。后来这些岛被称为安德烈亚诺夫群岛。1756—1780 年，俄国人为寻找毛皮进行了 48 次考察活动，开发了克斯卡岛（航海家 C. 克热夫尼科夫，1757—1761 年）、乌姆纳克岛、乌纳拉斯夫岛，以及利斯伊群岛（C. 格洛托夫，1758—1762 年）、乌尼马克岛（Д. 潘科夫，1758—1763 年）、安德烈亚诺夫群岛（A. 托尔斯泰，1760—1764 年）、阿拉斯加半岛（加夫里尔·普什卡廖夫，1760—1762 年）、科迪亚克岛

---

① Алексеев А. И. Освоение русскими людьми Дальнего Востока и Русской Америки. М., 1982. С. 38.

（С. 格洛托夫，1762—1766 年）。1756—1780 年，俄国实业人员的开发活动几乎遍及整个阿留申群岛和阿拉斯加。

这一时期，俄国政府也多次组织考察活动，旨在专业测绘新开发的土地，强化政府对这些土地的所有权。其中很多活动与西伯利亚总督费奥多尔·伊万诺维奇·索伊莫诺夫和阿纳德尔地区长官费奥多尔·赫里斯季安诺维奇·普莱尼斯纳有关。1761 年，索伊莫诺夫上书枢密院，请求取消对千岛群岛的考察限制。同时，他命令普莱尼斯纳负责调查有关南千岛群岛包括小千岛群岛的详细信息，想办法"让当地所有居民都归顺俄国"。1765 年，著名航海家、商人安德烈诺夫·托尔斯泰到达了国后岛，他是第一位到达该岛的俄国人。

按照索伊莫诺夫的指示，中尉 И. Б. 辛特于 1762 年和 1766 年两次出航，考察和测绘亚洲东北海岸和北美洲西北海岸。他是继格沃兹杰夫和费多罗夫之后第三个到达苏厄德半岛的人。辛特准确地测绘了亚洲东北海岸的许多地区，并在返航途中发现了圣·马特维岛。

1763 年，Ф. Х. 普莱尼斯纳派遣一支由哥萨克和商人组成的考察队前往阿拉斯加。斯捷潘·安德烈耶夫担任考察队队长，随行者还包括百人长 Ф. 塔塔里诺夫和尤卡吉尔人叶菲姆·科诺瓦洛夫。安德烈耶夫探险队乘狗拉雪橇从下堪察加茨克出发，经克列斯托夫卡河进入因迪吉尔卡河，然后回到克列斯托夫卡河，沿着冰面向东北前进。4 月 22 日，考察队到达熊岛群岛的第一个岛屿，随后考察了其他 4 个熊岛群岛岛屿。考察队绘制了 5 座岛屿的海岸线，记录下每座岛屿的特点。1769 年、1770 年和 1771 年，普莱尼斯纳派大地测量专家、陆军准尉 И. 列昂季耶夫、И. 雷索夫、А. 普什卡廖夫继续对这些地区进行考察。熊岛群岛的 3 座主要岛屿分别以普什卡廖夫、列昂季耶夫、雷索夫命名。

1763—1764 年，受普莱尼斯纳指派，尼古拉·伊万诺维奇·道尔金考察了楚科奇半岛的东北地区，并绘制了地图，收集到当地土著民族的大量信息。道尔金是楚科奇人，为楚科奇人与俄国人建立联系作出巨大努力。

1766—1769 年，俄国政府组建以海军中校 П. К. 克列尼岑和海军大尉 М. Д. 列尼绍夫为首的东北秘密考察团。俄国学者 М. В. 莱蒙诺索夫和水文地理学家、地图测绘专家 А. И. 纳加耶夫也积极参与这次考察的筹备。考察队首先对阿留申群岛进行了系统的测绘和记录，然后考察了阿拉斯加半岛的14个地区并绘制出路线图。此次考察不仅具有重大的科学价值，而且具有一定的政治意义。从19世纪60年代起，西欧国家对北太平洋的关注度不断提高，导致东北亚的局势越来越复杂。因此，俄国必须加强楚科奇和阿拉斯加的防御。

阿留申群岛和北美洲的俄国居民数量不断增加。1788年只有500人，6年后达到800人，18世纪末该地区居民总数（包括土著居民）已经超过8000人。美洲的俄国移民主要从事海兽捕猎业、捕鱼业、农业和造船业，同时修建新村落。到18世纪末，在俄属美洲的阿特卡岛、科迪亚克岛已形成若干大型居民点以及格奥尔吉耶夫斯克堡、亚历山德罗夫斯克堡、尼古拉耶夫斯克堡、康斯坦丁堡和叶列娜堡等要塞。1793年，俄属美洲行政中心新阿尔汉格尔斯克在锡特卡岛落成。

1743—1798年，俄国实业公司在阿拉斯加和阿留申群岛猎取了价值800万卢布的毛皮，舍利霍夫和 A. A. 巴拉诺夫为开发俄属美洲所付出的巨大努力得到回报。巴拉诺夫后来成为俄属美洲最高执政官。

19世纪头25年，俄国工匠在新阿尔汉格尔斯克、亚库塔特、罗斯等村庄建造了21艘轮船和大量兽皮艇。1840—1860年，俄美公司出资在美洲建造了穆尔号、尼古拉一世号、巴拉诺夫号等航海蒸汽船，并对俄国和外国船只进行维修作业。

俄属美洲的畜牧业得到发展。1833年，俄美公司在阿留申群岛拥有218头母牛，俄国居民个人拥有20头牲畜。罗斯移民村是加利福尼亚的大型俄国居民点，于1812年获得西班牙政府许可后建立。1841年村里有3540头牲畜，其中羊300只、马和骡子940匹、公牛355头、母牛1345头。居民点不仅可以满足自己的肉类需求，而且能为在太平洋长期航行的俄国船只提供肉类食品。[①]

从19世纪初起，英国和美国的商船越来越多地进入俄属美洲。1810年俄国驻华盛顿总领事达什科夫向美国政府提出质询，但后者以当初俄国应该在阿拉斯加准确地划分边界为由，回避解释。此后，由于

---

① Федорова С. Г. Русское население Аляски и Калифорнии: Конец XVIII в. – 1867 г. М., 1971. C. 218.

国内形势的发展，俄国在美洲领土问题上开始作出让步。1824年4月17日的《俄美协定》和次年2月28日的《俄英协定》规定俄国在美洲发展居民点和手工业的界线为北纬54°40′。俄国从此逐渐退出美洲。

在据有美洲属地的时间里，俄国共建立了近60个俄国村庄。科迪亚克岛、乌内拉斯卡岛、锡特卡、罗斯移民村的俄国居民最为稠密。截至1863年1月1日，俄属美洲的男性俄罗斯人为582人，女性90人；俄罗斯人与阿留申人的男性混血人为944人，女性1045人，共计2661人。[1]

### 三　俄美公司的建立及其活动

18世纪上半叶，由于维图斯·白令和德米特里·帕夫卢茨基的考察活动，堪察加东部存在土地的消息传到欧俄内地，俄国开始向阿留申群岛和阿拉斯加扩张。在俄国政府的支持下，大量贸易公司涌向阿留申群岛和阿拉斯加，开展捕猎和商业活动，致使"从堪察加到美洲的这条道路，变成了热闹一时的海上通道"[2]。到18世纪80年代，只有舍利霍夫—戈利科夫贸易公司和列别杰夫—拉斯托奇金贸易公司得以在阿拉斯加站稳脚跟。这两家企业长期处于竞争状态，一直到1798年，列别杰夫—拉斯托奇金贸易公司被迫离开美洲。1799年俄美公司成立时，舍利霍夫（舍利霍夫1795年在伊尔库茨克去世）及其合作伙伴戈利科夫的继承人属下的联合公司实际上几乎完全垄断了俄属美洲的贸易和狩猎业。

Г. И. 舍利霍夫对于俄美公司的创建发挥了重要作用。舍利霍夫1747年出生于库尔斯克省雷利斯克市一个富裕的商人家庭，28岁时移居西伯利亚，主要经营毛皮狩猎业。1784年，舍利霍夫在科迪亚克岛建立第一座固定居民点。返回俄国后，他要求伊尔库茨克总督保护自己的公司，建议政府向美洲居民点派遣军队、各类专家和传教士，向堪察加和千岛群岛移民，允许同太平洋沿岸国家以及印度开展贸易。为实施

---

[1] Алексеев А. И. Освоение русскими людьми Дальнего Востока и Русской Америки. М., 1982. С. 135.

[2] [苏] 谢·宾·奥孔：《俄美公司》，俞启骧等译，商务印书馆1982年版，第4页。

这些庞大的计划，舍利霍夫请求政府每年提供50万卢布的财政支持，同时禁止外国人在俄属美洲从事商业活动。由于当时的国内外形势需要，叶卡捷琳娜二世否决了舍利霍夫的建议和要求。18世纪末，英国等外国商人加紧对北太平洋地区的渗透和捕猎活动。为维护俄国在这一地区的利益，垄断毛皮兽狩猎和贸易，沙皇政府重新考虑了当年舍利霍夫的建议和要求。1799年7月8日，保罗一世批准在"美洲联合公司"基础上成立新公司，命名为"受沙皇庇护的俄国美洲公司"，简称俄美公司，授权该公司垄断北太平洋地区和阿拉斯加的捕猎、贸易、移民和与其他国家进行贸易等一切活动。

俄国政府先后颁布《法令》和《特权令》，强化俄美公司在手工业、商业、居民点管理以及同其他国家贸易等方面的垄断权。根据规定，俄美公司管理处有权聘请海军军官，他们在公司工作的时间计入军龄。俄美公司有权在20年内开发北美洲的毛皮业，到访美洲西北海岸和从北纬55°向北到白令海峡、向南到阿留申群岛和千岛群岛之间的地区，占领"未被其他民族占领"的岛屿。俄国政府甚至禁止其他私人公司出现在这些太平洋地区。

根据公司章程，俄美公司在形式上是一家私人股份制企业，但实际上它属于半官方的殖民贸易机构，集贸易职能与政府管理职能于一身。国家临时赋予俄美公司诸多权利，公司有权代表俄国政府管理北太平洋各岛和阿拉斯加的俄国殖民点，有权聘用海军军官组建自己的船队。公司管理处"应将有关公司事务的一切事宜，如计划安排，收益情况等直接上奏皇帝陛下"①。公司可派信使直接向沙皇呈送奏折，请示机宜，保罗一世直接过问公司事务。为了领导和监督管理处的工作，设置了公司监护人的职位。1799年被委任为公司监护人的列扎诺夫，不仅是参政院第一司司长，还是公司经理布达尔科夫的近亲和大量股票的持有者。开办之初，公司隶属俄国政府商务委员会，后转归内务部。公司经理由政府高级官员担任。1804年，成立了一个权力极大的由3个股东组成的临时委员会，可以代表全体会议处理那些要求保密的政治问题。委员会成员包括海军大臣莫尔德维诺夫、内务部副大臣斯特罗甘诺夫伯

---

① [苏]谢·宾·奥孔：《俄美公司》，俞启骧等译，商务印书馆1982年版，第85页。

爵和三等文官、外交部官员维伊杰伊耶尔伯爵。内务部指示临时委员会中的一个席位无须经选举产生，而由沙皇直接任命，以便政府直接控制。数年后，临时委员会改称俄美公司特别董事会，成为政府监督和领导公司政治活动的常设机构。1813年，大臣委员会批准成立俄美公司常设董事会。①

俄美公司是俄国开发和拓荒新大陆的工具，是商人和沙皇官僚机构利益相结合的产物。创建初期，俄美公司是一家以西伯利亚商人为主的垄断型企业，伊尔库茨克一等商人尼古拉·普罗科菲耶维奇·梅利尼科夫和他的儿子德米特里、雅科夫，舍利霍夫的遗孀纳塔利娅·阿列克谢耶夫娜，戈利科夫及其女婿——富商米哈伊尔·马特维耶维奇·布尔达科夫，参政院首席秘书、四等文官尼古拉·彼得洛维奇·列扎诺夫在公司中担任主要角色。由于列扎诺夫与宫廷关系密切，他很快成为俄美公司与政府沟通的关键人物。正是在列扎诺夫的坚持下，1800年10月19日，俄美公司管理处从伊尔库茨克迁往首都彼得堡。沙皇、皇室成员和众多政府高官纷纷入股俄美公司，后者开始具有半国家垄断的特征。

得益于俄国政府的大力帮助，俄美公司很快就高效运营起来。1802年和1803年，国家银行两次为俄美公司提供巨额贷款，扶持其发展。到19世纪初，俄美公司已经组建起一支强大的船队，拥有大战略家米哈伊尔号、苦难圣徒叶卡捷琳娜号、海豚号、北方之鹰号、圣者西蒙和先知安娜号、三主教号、奥列格号、佩加斯号、菲尼克斯号等大型船只。1797—1818年，公司共捕获8万张堪察加海龙皮，150万张海豹皮，总值1640万卢布。一部分毛皮就地卖给了外国商人，被他们销售到夏威夷群岛和坎顿。剩下的大部分毛皮被运往恰克图销往中国。1797—1820年仅销售毛皮一项就收入760万卢布。②

随着俄美公司商业活动的开展，俄国地理大发现进入一个新的历史阶段。1804—1840年，在俄国政府的协助下，俄美公司共组织了25次考察活动，其中15次为环球航行。

在俄国历史上，俄美公司最早开始尝试与日本建立经贸关系。19

---

① 徐景学：《西伯利亚史》，黑龙江教育出版社1991年版，第254页。
② 殷剑平：《早期的西伯利亚对外经济联系》，黑龙江人民出版社1998年版，第68页。

世纪初，日本幕府奉行"闭关锁国"政策，禁止荷兰人以外的外国人在日本经商。为了开拓新的工业品销售市场，俄美公司决定访问日本。1802年7月29日，俄美公司上书亚历山大一世，请其允许公司从喀琅施塔得出发，组织俄国首次环球航行。俄美公司请求政府为自己配备经验丰富的军官并提供25万卢布的资助。这次航行的主要目的是"考察对日本和亚洲其他地区贸易的可能性"[1]。亚历山大一世当天便批准了俄美公司的建议。1803年2月20日，亚历山大一世审查批准了《关于对日贸易备忘录》。接着，任命列扎诺夫担任俄国访问日本代表团团长、俄美公司殖民地全权代表和俄国首次环球航行考察队队长。[2] 考察队出发的时候，亚历山大一世亲自为参加远航的"涅瓦号"和"希望号"送行，足见其对此次考察寄予厚望。考察队于1804年9月26日到达长崎。但是，日本幕府拒绝同俄国建交和通商，考察队被迫于1805年4月6日离开日本长崎港。虽然没有达到预期目的，但考察也取得了一些成果，如考察队为俄国科学院收集了整套的动植物群样本、手工艺品、各类服饰和器具，有力地推动了俄国对日本的科学研究。此外，俄国考察队这次到访日本也为1856年日俄签署开启两国贸易的《下田条约》奠定了基础。

俄美公司尽管名义上是一家商业机构，但领土扩张在成立之初便成为公司的中心任务。俄国政府交给公司的任务及制订的计划便证明了这一点：进一步控制和占领北太平洋沿岸地区，使俄国努力在"包括加利福尼亚的北美洲西部沿岸地区，以及在夏威夷群岛、萨哈林岛南部和阿穆尔河口等地进一步巩固下来。这些移民区，连同已经属于俄国的堪察加、阿拉斯加和阿留申群岛一起将使俄国成为整个太平洋北部流域的拥有无限权力的主人。加利福尼亚除其战略意义外还应成为俄属美洲居民占有的农业基地"。政府预计，"此计划实现以后，太平洋北部就将变为俄罗斯帝国的'内海'"[3]。俄国政府将北纬55°以北到白令海峡，以及阿留申群岛和其他岛屿上的一切渔猎资源和矿产交给俄美公司垄断

---

[1] Внешняя политика России XIX и начала XX века. Сборник статей. Т. 1. М., 1960. C. 405.

[2] 王钺：《俄美公司与日本》，《学习与探索》1988年第8期。

[3] [苏] 谢·宾·奥孔：《俄美公司》，俞启骧等译，商务印书馆1982年版，第44页。

专用。授权俄美公司"发现新土地,不限于北纬55°以北,而且可以远往南方,并按照以前规定的章程,将其发现土地作为俄国占领地加以占领"①。

俄美公司成立以前,在阿留申群岛、科迪亚克岛、基奈海峡和丘加奇湾沿岸一带,以及雅库茨克已经有俄国猎人的居民点。19世纪初,俄国联合欧洲反动势力打败拿破仑,成为欧洲的霸主后,决心扩大在北美的活动范围。②1811年年末,俄属美洲最高长官亚历山大·巴拉诺夫决定开始在加利福尼亚修建罗斯要塞。此前巴拉诺夫曾两次派遣考察队寻找修建居民点的合适地点。这支考察队由俄美公司商务职员伊万·库斯科夫带领,并最终选择了旧金山附近一处的海湾。1812年8月30日,伊万·库斯科夫及其随员(25名俄国人和80名印第安人)在北纬38°33′、西经123°15′坐标点升起俄美公司旗帜,标志着俄国人在加州海岸的第一个定居点正式开建。罗斯要塞是俄美公司在北美西海岸的贸易中枢,也是向南部扩张的据点和向北部俄属殖民地供应粮食的基地。

鸦片战争以后,西方列强的坚船利炮打开了中国的门户,俄国也趁机把触角伸展到黑龙江口。1844年,外交部通知俄美公司管理处,奉沙皇谕令,授命俄美公司考察阿穆尔河(黑龙江)。两年后,公司船只"康士坦丁号"在加夫里洛夫指挥下开始对阿穆尔河河口进行考察。1847年,俄美公司总经理处批准派人"前往居住在涅尔坎和土古尔之间的通古斯人驻地进行贸易"。俄国人在那里还"碰上了居住在鄂霍茨克海西南岸,阿穆尔河口湾北部的基里亚克人,并与之发生了贸易关系"③。1849年夏,公司贸易考察队连续数月和基里亚克人进行贸易。1850年,公司贸易考察队与海军大尉涅维尔斯科伊的考察队一起再次考察穆尔河沿岸地区。6月,海军大尉涅维尔斯科伊和俄美公司贸易考察队队长奥尔洛夫在阿穆尔河建立了第一个俄国居民点,命名为彼得冬宫。奥尔洛夫被留下管理该居民点,并和土著居民开展贸易。必须指

---

① [苏]谢·宾·奥孔:《俄美公司》,俞启骧等译,商务印书馆1982年版,第38页。
② 李义芳:《论沙俄在北美殖民的失败及影响》,《长江大学学报》(社会科学版)2008年第1期。
③ [苏]涅维尔斯科伊:《俄国海军军官在俄国远东的功勋》,郝建恒、高文风译,商务印书馆1978年版,第77—78页。

出，俄美公司在黑龙江口一带同中国居民进行的贸易是完全背着中国政府偷偷进行的，"目的是在该地区建立俄国居民点，而且通过与当地土著居民——基里亚克人开展有利于他们的贸易活动，把他们争取到俄国方面来"①。俄美公司以贸易为掩护，大量收集情报，测绘地图，为俄国日后向中国黑龙江下游地区的扩张做好了准备。1853年4月，尼古拉一世批准俄美公司占据库页岛，并批准扩大阿穆尔考察队编制。到1853年10月，俄国通过对阔沃屯（马林斯克）、庙街（尼古拉耶夫斯克）、克默尔湾（迭卡斯特里湾）、哈吉湾（皇帝港）等战略要地和海港的侵占，已把黑龙江下游地区大片中国领土置于自己的军事控制之下，从而为鲸吞整个黑龙江以北和乌苏里江以东中国广大地区奠定了基础。作为俄国"政府在一切不便于以它自己名义出面的特殊情况下所不可或缺的、最忠实、最可靠、最认真的政府代理机构"，俄美公司在俄国领土扩张过程中起到了十分恶劣的作用。它不仅掩护和支持了涅维尔斯科伊，而且打着"开展贸易"的幌子直接进行了侵略活动。

克里米亚战争的失败不仅导致俄国爆发了封建农奴制危机，而且进一步削弱了俄国在美洲领地的影响。俄国已经无力再保护这些土地，以前签订的条约未能阻止美国和英国渔猎者在俄属美洲海域及岛屿的渔猎活动。这种情况下，俄国政府于1867年3月30日与美国签订条约，将俄属美洲以720万美元的价格出售给美国。

俄美公司本质上是俄国在北太平洋地区进行领土扩张的工具。沙俄政府之所以能在如此遥远的地区进行扩张，而未引起国际关系的复杂化，正是因为它利用了俄美公司这个形式上是私人企业，而实质上是官办机构做掩护。然而，评价俄美公司的活动时也应看到，俄美公司使阿留申人沦为奴隶后，在一定程度上使他们有所进步。在公司的监督下，一部分土著居民获得了专业知识。由于公司开展贸易活动，使这个地区同世界先进国家建立了联系。俄美公司组织的环球旅行在地理发现史上是有意义的。这些旅行丰富了制图学、海洋地理学以及其他相近的知识领域，考察成果成为世界科学的财富。②

---

① ［苏］谢·宾·奥孔：《俄美公司》，俞启骧等译，商务印书馆1982年版，第212页。
② 徐景学：《西伯利亚史》，黑龙江教育出版社1991年版，第260页。

## 第二节　18—19 世纪上半叶的远东经济

### 一　早期的远东工业

18 世纪至 19 世纪上半期，远东的经济开发基本以移民为主。在政府的积极干预下，远东建立起大型采矿企业、冶金企业和造船企业，劳动力需求得到保障，农业和手工业逐步发展起来。尽管到 19 世纪中期远东仍然是俄国最落后的地区之一，但 18 世纪至 19 世纪上半期远东经济业已发生根本性转变，以自由劳动力为基础的私人工业产生并得到发展，农业商品率提高，货币贸易关系加强，资本主义制度逐步形成。

俄国把采矿业和造船业作为主导产业，这对 18—19 世纪上半期远东的工业发展产生重要影响。政府为依靠国家资金建立的企业提供了包括劳动力在内的一切必要的支持，强制移民，强令农民、工匠和军职人员等到工厂工作。

1704 年，根据彼得一世的命令，远东第一家冶金厂——阿尔贡炼银厂改建。督军穆辛·普希金监督工厂的运营，希腊技师亚历山大·列万季安及其学徒阿法纳西·波波夫负责工厂的技术工作。同年秋季，工厂引进了石质熔炉、锻造车间和辅助车间。新熔炉第一次试炼便从 60 普特矿石中提炼出 13.5 普特生铅和 1 俄磅 24 佐洛特尼克白银。

1705 年，工厂生产规模扩大，工人数量超过 50 名。生产由涅尔琴斯克（尼布楚）督军和阿尔贡要塞长官负责。当年炼造出 666 普特生铅和 1 普特 22 俄磅 36 佐洛特尼克白银。1708—1712 年工厂扩建 8 个熔炉，工人数量增加了 1.5 倍，白银年产量增至 11 普特。[①]

1721 年，彼得一世把涅尔琴斯克银厂划归矿务总局管理，从而将其纳入政府监管体系。矿务总局认识到涅尔琴斯克工厂对国家意义重大，因此投资 1 万卢布扩大工厂规模。

1723 年，季莫费·布尔佐夫出任涅尔琴斯克工厂特派员，彼得·达梅斯担任工厂技术指导。新领导层的主要任务是提高工厂技术水平，

---

① Очерки истории СССР: Период феодализма. Россия в первой четверти XVIII века. М., 1954. С. 94.

修建水坝，建立全年无间断生产线，安置从托木斯克和伊利姆斯克迁移来的农民。1720—1726年，工厂投入2.5万卢布扩建工厂和修建技术人员住宅，生产7477普特生铅，价值8972卢布；生产金银混合矿石30普特38俄磅94 1/4左洛特尼克，价值25274卢布74戈比。莫斯科和彼得堡试金师发现涅尔琴斯克的银矿石含有金。他们从30普特38俄磅94 1/4佐洛特尼克银矿石中提取出18俄磅28佐洛特尼克黄金，价值4241卢布74.5戈比。①

到19世纪40年代，涅尔琴斯克矿区成为全俄唯一的产银区，产值远远高于该区毛皮的价值。②40年代阿尔泰采银区建成后，涅尔琴斯克矿区的采银量退居全国第二位。

为把开采金银的收益纳入国库，1747年政府颁布法令，禁止开办私人采矿企业。该法令一直沿用至19世纪中叶，虽然限制了西伯利亚私人工业的发展，但却使国家企业和皇室企业免受竞争之扰。③

18世纪下半期，涅尔琴斯克矿区形成完整的银铅工厂群。这些工厂都建在矿山、河流附近，夏季利用水运，冬季则使用畜力运输。1763年，杜切尔斯基工厂在库卢克奇河边落成。次年，在博尔贾河支流库托马尔河沿岸建造的库托马尔工厂投产。1767年，加济穆尔河支流库连谢尔姆河岸边的石勒喀工厂和库连谢尔姆工厂建设完毕。1776年，库托马尔工厂附近建起8座带有水力鼓风设备的炼炉。库托马尔工厂的建造者是阿尔泰水电站设计师费奥多尔·萨维利耶维奇·瓦加诺夫，他曾师从发明家К.Д.费罗洛夫和建筑师Д.Ф.戈洛温。1776年，西伯利亚商人开办沃兹维任斯基工厂。1778年加济穆尔工厂成立，1792年亚历山大罗夫工厂竣工。涅尔琴斯克矿区最后一家工厂位于塔尔曼河与加济穆尔河交汇处，便于降低矿石运输费用。

18世纪末，远东冶金企业第一次使用蒸汽机为矿山和矿井抽水。

---

① Кашик О. И. Основание первого в России сереброплавильного завода//Ученые записки Иркутского государственного педагогического института. 1955. Вып. 11. С. 80 – 83.

② Карпенко З. Г. Горная и металлургическая промышленность Западной Сибири в 1700 – 1860 годах. Новосибирск，1963. С. 194.

③ Агапова Т. И. Первые страницы истории цветной металлургии России//Ученые записки Кабардино – Балкарского университета. Нальчик，1960. Сер. ист. – филол. Вып. 7. С. 225.

1787年，杜切尔斯基工厂引进了蒸汽机。1792年，涅尔琴斯克矿藏考察队派专家组帮助彼得罗夫斯基工厂引进蒸汽抽水泵，并解决了一些工厂亟待解决的难题。1803年，蒸汽抽水泵顺利安装完毕。

1704年至1804年的100年间，涅尔琴斯克矿区生产白银22405普特，铝的年产量达到1万—3万普特。到18世纪末，涅尔琴斯克的银产量明显下降，俄国采矿工业中心转移到乌拉尔地区。涅尔琴斯克采矿工业的衰落有多方面原因，其中包括矿产资源逐渐枯竭、技术落后、当地缺少采矿辅助材料、道路不畅、强制矿工劳动等。

19世纪上半期，涅尔琴斯克的工厂持续衰落。俄国工场手工业向工厂制造业的过渡未触及远东地区。远东矿场仍以人力劳动为主，机械设备的比重极低。工厂亟须更换老旧设备，引进更高效的生产工艺。但工厂管理者对此视若不见，依旧大规模使用强制劳役。工厂开始出现严重亏损，1820—1843年，该地区冶金产量下降了43.4%，1859年仅生产白银10普特18俄磅。[①]

1811年，采矿工程师Ф.И.巴利道夫首次在鄂嫩河锡矿采掘出7普特锡。19世纪20年代，锡矿年产量从9普特增至45普特；1831—1839年，年产量从90普特增至313普特。

17世纪末至18世纪初，外贝加尔地区已经出现采金业。19世纪三四十年代，经过勘探，人们在外贝加尔的卡拉河、库恩加河、希尔卡河和温达河等地区发现大量金矿。1832—1842年，外贝加尔地区的库恩加金矿、卡扎科夫斯克金矿、库尔图林斯克金矿、伊尔季坎斯克金矿、索尔科科希克金矿、卢然金斯克金矿、卡勒斯克金矿等得到开发。1845年这个地区的黄金开采量为21普特，1849年开采量达到25普特。19世纪50年代，远东地区贵金属采掘业迅速发展起来，涅尔琴斯克矿区的黄金开采量居全俄首位。1860年，乌拉尔、阿尔泰和外贝加尔的黄金产量超过220普特。

19世纪40年代中期，俄国政府允许私人企业在外贝加尔地区勘探矿产和采掘黄金。此项政策吸引了大量的私人资本，促进了该地区的经

---

[①] Агапова Т. И. Нерчинская горная промышленность в период кризиса феодальной системы // Труды ДВФ СО АН СССР. Владивосток, 1968. Т. 6. С. 72.

济发展。这一时期，巴尔古津公司、维季姆公司、上乌丁斯克公司等采金企业陆续成立。私人矿场主要使用自由雇佣劳动力。1849—1860年，上乌丁斯克矿区的黄金采量为235普特30俄磅，1854—1860年，巴尔古津矿区的黄金采量达150普特22俄磅。

19世纪中期，俄国人达到阿穆尔河（黑龙江）北岸后，开始勘探结雅河、布列亚河等地的金矿。受矿业公司委托，工程师Н. П. 阿诺索夫、科万尼科和技术员布林尼科夫等进行了勘探作业。1857年，勘探队在莫多洛坎河和乌利季基特河附近发现两个金矿。

钢铁和有色金属冶金业对远东生产力的发展产生重大影响。冶金业可以满足当地居民和俄国其他地区居民对生铁、铁器、钢、铜的需求，为制造生产工具和日常生活工具提供必要的原材料。随着涅尔琴斯克地区银铝工业的发展，外贝加尔东部地区农业人口和哥萨克人口的增加，铁制品的需求量不断提高。18世纪上半期，远东地区开始出现制铁厂和生铁冶炼厂。

1732年，俄国枢密院命令T. 布尔佐夫开办制铁厂为堪察加考察做准备。该厂当年投产，生产的铁用于造船和制作斧头、短把镰刀、刀具、铁铲等。1733年，塔姆加制铁厂在勒拿河支流塔姆加河边建成。该厂拥有数口炼炉，可以炼制熟铁块。工厂同时配有利用水力动力工作的锻造大锤，能够把熟铁块锻造成铁料；锻造车间可以加工各种铁制品。初期工厂有熔炼工、船锚技师、锅炉制造工、淬铁工、木匠等20名工人，年产300普特优质铁。1745年，由于堪察加考察活动的中止，该厂停产。到50年代，鄂霍茨克港和阿纳德尔港需要建造轮船，该铁厂重新开始生产。1753年，工厂有工人75名，熔炉配料师卡拉洛夫负责管理工厂生产，产品通过设在阿尔丹—图林斯克、上扬斯克、雅库茨克的3个商店销售。

18世纪中期，伊尔库茨克铁厂成立，为采矿企业提供斧头、丁字镐、锹、手推车车轮等生产工具。但由于缺少有经验的技师和工人，铁厂经常停产，采矿企业对铁制品的需求不能得到满足。为增加生产，梅克尔特河与巴利亚加河交汇处的梅克尔特镇成立新铁厂，距巴利亚加铁矿25俄里。该厂1788年动工兴建，1790年竣工，1791年投产。为纪念彼得一世，工厂被命名为彼得罗夫斯基厂。工厂有300名工人，分工严格，年产量约 1 万普特，生产的铁制品供应整个远东地区。厂里储备大量矿石、煤炭、富集矿石，可以炼造成各种品级的熟铁，如铆铁、扁铁、生产手推车用铁、铁板、暗销铁等。自 1792 年 7 月起，该厂的所有产品开始标注"ПЗ"（彼得罗夫斯基工厂的缩写）、"ПЗМЗ"（彼得罗夫斯基金属制品厂的缩写）的字样。

19 世纪上半期，远东和外贝加尔的经济发展需要大幅提高铁矿的开采量和钢铁的冶炼量。彼得罗夫斯基工厂是当时最大的钢铁企业。1803—1822 年，经过技术改造，工厂装配了高炉、鼓风机等新设备。19 世纪三四十年代，工厂继续完善生产流程。到 19 世纪中期，工厂已经能够为第一批内河轮船额尔古纳号和石勒喀号生产发动机。

18 世纪至 19 世纪上半期，造船业在远东经济结构中占据重要地位，为远东河运和海运的发展提供了物质技术保障。18 世纪，远东主要的造船中心有涅尔琴斯克、鄂霍茨克和彼得罗巴甫洛夫斯克。鄂霍茨克的造船业始于彼得一世的倡议。按照他的命令，造船匠基里尔·普洛斯基、瓦尔福洛梅·费多罗夫、伊凡·卡尔戈波尔和荷兰水手安德列·布什被派到鄂霍茨克，为前往堪察加的考察队建造船只。同时他们还带去了造船所需的一切材料：3 只铁锚、600 俄尺帆布、绳索、木工工具、其他材料以及弹药和武器等。

1716 年 5 月，长 8.5 俄丈、宽 3 俄丈的东方号轮船下水。这是俄国造船师在远东建造的第一艘航船。船上配备了指南针，它的首航路线是从鄂霍茨克到堪察加。堪察加考察活动极大地促进了鄂霍茨克海沿岸造船业的发展。1742—1745 年，鄂霍茨克港共建造了 7 艘船，包括阿克兰斯克号、约安号、尼古拉号、圣扎哈里号、圣保罗号等。18 世纪下半叶，由于船木价格和运费因素，远东造船中心转移到堪察加。

内河航船造船厂主要位于涅尔琴斯克和雅库茨克。18 世纪初，涅尔琴斯克集中了一批河船制造工匠。1753 年，涅尔琴斯克造船厂开办，生产划桨艇和帆船，以便从西伯利亚向北方、从雅库茨克向堪察加运输货物，促进对太平洋的考察活动。

19 世纪上半期，造船业在远东的经济结构中占据重要位置。造船小作坊分布在额尔古纳河、石勒喀河、阿扬河附近和彼得罗夫斯克，大型造船厂则集中于鄂霍茨克、彼得罗巴甫洛夫斯克和尼古拉耶夫斯克。

船舶生产为远东地区提供了交通工具，保障了向堪察加、太平洋岛屿以及俄属美洲的货物运输。

18世纪初，远东制盐业取得较大发展。1719年，官办色楞金斯克盐厂成立。这家工厂生产的盐大部分来自博尔贾盐湖。鄂霍茨克盐厂是远东地区颇有影响力的盐厂。到18世纪中期，当地盐场基本可以满足本地区居民的需求。19世纪上半期，彼得罗巴甫洛夫斯克和吉日加地区出现海盐厂。色楞金斯克盐厂继续经营，使用苦役流放犯进行生产。1850年，该盐厂有工人118名，年产量逾12000普特。

18世纪至19世纪上半期，远东的加工业呈现多样化特点，例如，小作坊加工、简单合作加工、手工工场等。远东地区人口稀少，导致以家庭生产为基础的加工业发展极其缓慢，地方小作坊生产占绝大多数。这些小工厂主要集中在规模不大的城市。18世纪上半期，远东加工业由单纯加工向订购—加工—出售一体化缓慢过渡，手工工场发展薄弱。木材加工、皮革制作、肥皂、蜡烛、器皿、爬犁、马车、渔具生产等普遍以小作坊手工业为主。18世纪中期，随着远东考察活动日益活跃和小型行政中心的形成，小作坊手工业向简单合作加工和工场手工业的过渡加快。酿酒业表现尤为突出。1700年远东第一家小型酒厂在涅尔琴斯克建立。到50年代，陆续建成彼得罗夫斯克酒厂和亚历山大酒厂。1754—1755年，俄国开始实行酒垄断政策。私人酒厂逐步被官家收购，流放犯和苦役犯成为酒厂的主要劳动力，原来的雇佣劳动力则转而从事采伐、木柴运输、木桶加工等副业。外贝加尔地区的皮革业发展良好。恰克图的哈姆纳耶夫厂不仅生产皮革和呢子，而且制作鞋和衣服。18世纪中期，砖厂在涅尔琴斯克、恰克图、雅库茨克、鄂霍茨克等地发展起来，19世纪上半期进一步扩展到远东其他地区。砖厂以小型家庭手工作坊为主，只有极少数发展成手工工场。外贝加尔、远东和俄属美洲地区的许多居民点建有风磨坊和水磨坊。18世纪至19世纪上半期，远东地区的家庭手工业继续发展，农民在家里便可以制作麻布、鞋、衣服和工具。[①]

---

① Кожухов Ю. В. Русские крестьяне Восточной Сибири в первой половине XIX в. (1800 – 1861). Л., 1967. С. 314.

总的来看，19世纪中期远东的工业发展水平仍然很低。皇室垄断、人口稀少、交通基础设施落后等因素造成官办矿业和私人手工业企业资本积累缓慢，雇佣劳动力市场发展滞后，从而阻碍了小作坊手工业向资本主义工场手工业的转变。

## 二 农业垦殖与手工业

18世纪至19世纪上半期，俄国远东的耕地面积显著扩大。通过《尼布楚条约》，俄国扩大了在远东的存在。外贝加尔成为俄国东部的主要农耕区。那里条件优越，人口增长较快（到19世纪中期共有6个城市、278个乡镇、231个村庄、325个哥萨克聚居点和15个边界哨卡[①]）。政府鼓励远东地区发展农业。此前政府不得不从叶尼塞斯克和西伯利亚其他省份向这里输送粮食。18世纪至19世纪上半期政府一直尝试发展这一地区的农业，以保障当地居民的粮食需求。

这一时期调整远东土地规划和土地使用的法律主要有1727年西伯利亚行省办公厅的土地法令和1765年的土地划界公告。1727年法令废除了份地制，实行人头税（每个税丁交税40戈比）。1765年公告则恢复份地制，规定每名税丁耕种15俄亩份地。[②]

由于远东远离欧俄地区，长途运输粮食成本非常高，因此俄国政府开始重视远东农业的发展。1701年1月5日，彼得一世命令"鼓励想要得到耕地粮饷的军人放弃自己的土地，迁到涅尔琴斯克耕种新土地，并派给每户1名流放犯为他们从事农耕劳动"。彼得一世要求地方长官"吸引流浪者和自愿耕种的人来此种田，让流放犯到那里从事农业生产"。按照规定，远东长官应向莫斯科汇报耕地面积的增长数据和新农民的定居情况。彼得一世责成地方官员多关心农业生产，最好既能使国库盈利，又不让农民感到负担过重。自愿耕种的人都分到土地，一些军职人员也开始种植粮食。1705年，外贝加尔地区的伊尔库茨克县964

---

[①] Лебедева А. А. К истории формирования русского населения в Забайкалье, его хозяйственного и семейного быта (XIX – начало XX в.) //Этнография русского населения Сибири и Средней Азии. М., 1969. Т. 118.

[②] Сафронов Ф. Г. Русские на Северо-Востоке Азии в XVII – середине XIX в. М., 1978. С. 146.

名军职人员中有 210 人从事种植业；1717 年，1013 名军职人员中有 281 人从事种植业。涅尔琴斯克县从事农业生产的军职人员比重很高。1694 年，437 名军职人员中有 110 人从事种植业；1708 年，488 名军人中有 227 人从事种植业；1714 年，515 人中有 303 人从事种植业。18 世纪 70—80 年代，外贝加尔地区从事种植业的军人数量超过农民。

远东主要种植冬黑麦、春黑麦和大麦，同时少量种植豌豆、荞麦、燕麦、大麻和小麦。这一地区拥有大量的自由耕地，实行休耕制。色楞格地区最先开始发展果木栽培、葡萄种植和瓜类栽培。

寺院是远东地区最大的土地所有者，尤其是色楞金斯克的圣三一修道院。18 世纪二三十年代，修道院 60% 的土地由自由雇工耕种，其余土地由农奴和修道院捐献者耕种。布里亚特人捐赠的马对耕种帮助甚大。修道院土地主要种植收成稳定的黑麦，收获的粮食基本上用来出售。1736—1737 年，修道院收获粮食 41667 普特，其中 66.3% 产自修道院的土地。[①]

随着鄂霍茨克海沿岸、堪察加和远东部分岛屿的发现，当地军职人员的粮食供应开始吃紧。1727 年 3 月 13 日，秘密委员会决定在堪察加气候适宜的地区发展种植业，并把俄国农民迁往那里。[②] 1731 年 7 月，西伯利亚衙门命令鄂霍茨克长官 Г. 斯科尔尼亚科夫和皮萨列夫在鄂霍茨克海沿岸及堪察加半岛发展种植业和畜牧业。1735 年，一些农民迁往乌第要塞（后来发展成波德帕申纳亚村）和鄂霍茨克以北 100 俄里的伊尼亚河岸边（后来发展成伊尼亚村）。政府为每十户提供一头耕牛以及若干种子和农具。

1741 年，第一批国有农民被迁往堪察加从事农业生产。其中 5 户定居在贝斯特罗伊河口附近，逐渐发展成特拉佩兹尼科夫村；卡雷马耶夫斯基堡定居 2 户；希加琴斯卡娅河附近定居 2 户；米利科夫河口定居 3 户；下堪察加茨克堡以北 82 俄里和距柳切夫斯基山冈 35 俄里处定居

---

① Машанова Л. В. Хозяйсто Селенгинского Троицкого монастыря в первой половине XVIII в. //Вопросы истории Сибири досоветского периода. Новосибирск, 1973. С. 159. (Бахрушинские чтения, 1969).

② Записи гидрографическог департамента Морского ведомства. СПб., 1851. Ч. IX. С. 429.

10户。到19世纪20年代，堪察加半岛共有国有农民407人，其中半数居住在克柳切夫斯村和米利科沃村，从事农耕生产，种植黑麦、大麦、马铃薯和蔬菜。芜菁、卷心菜、萝卜、洋白菜、甜菜、葱、胡萝卜的收成较好，但谷物收成欠佳，经常处于亏损状态。

俄国人到来之前，远东土著居民已经掌握了牲畜饲养技术。贝加尔和外贝加尔的布里亚特人和埃文基人（鄂温克人）长期从事粗放式游牧养殖。远东的森林地区和苔原带分布大量养鹿场。19世纪前30年，雅库茨克地区的牛、马、鹿、狗数量超过4.2万只。其中35.78%的牛和马归雅库特人所有，85.71%的鹿属于通古斯人、尤卡吉尔人和其他北方小民族。

1775年之前，牲畜的交易额不大，仅在边境地区存在羊皮贸易。1775年至19世纪中期，牲畜的贸易额显著增长，远东地区出现货币经济。从19世纪20年代起，外贝加尔的草原马因适合作炮兵和骑兵的战马而颇负盛名。牛也开始成为交易商品。色楞金斯克圣三一修道院饲养的牲畜数量最多。1721年，修道院拥有55头牛和125匹马，1740年则分别增加到830头和449匹。修道院储备了1.8万垛越冬干草饲料。鄂霍茨克海沿岸地区、堪察加半岛的畜牧业和种植业发展较为缓慢。

在远东地区，捕鱼、狩猎、木材加工、金属加工、制革、羊皮等在农业人口的经济中占据重要地位。捕鱼是外贝加尔地区最重要的副业，不仅可以满足当地居民的食物需要，而且能够向市场供应。鄂霍茨克和堪察加居民主要从事捕鱼业。但由于人口稀少，市场贸易关系发展薄弱，因此捕鱼业的商业价值有限。据 И. И. 奥格雷兹科统计，1715年堪察加捕鱼量达21.7万公担，1763年为12.7万公担。色楞金斯克1733—1740年出售66桶咸白鱼和茴鱼，价值145卢布；1728—1740年出售干鱼194普特，价值111卢布90戈比。[①]

由于大量开垦荒地、砍伐森林，远东地区的野兽数量不断减少，狩猎业发展不尽如人意，特别是在外贝加尔地区。18世纪，为了给当地居民的狩猎业创造良好的条件以便能定期收取毛皮税，俄国政府多次下

---

[①] Огрызко И. И. Открытие Курильских островов // Ученые записки ЛГУ. 1953. No. 157, Выпуск 2. С. 95.

令禁止俄罗斯人捕猎毛皮兽。

18世纪至19世纪上半期，随着远东的开发，畜力运输业的重要性日益凸显。外贝加尔运输业从业者主要是农民和城镇工商居民（为矿山运输货物，为冶金厂运出产品），哥萨克和雅库特人则主导了远东北部地区的运输业。1720—1740年的白令考察使大家认识到大宗货物运输的重要价值。从雅库特到鄂霍茨克的畜力运输小道逐渐发展成货运公路，命名为鄂霍茨克公路。

18世纪头30年，俄国政府数次尝试迁移雅库特人到货运公路沿线建立固定居民点，但都以失败告终。1830—1840年，鄂霍茨克公路共设立24座驿站。驿站通常由2—3个毡帐或帐篷组成，投宿者多是为雅库茨克货运承包商运输的季节性车夫。19世纪中期，俄美公司对从雅库茨克到鄂霍茨克海沿岸的短途运输非常重视。他们以鄂霍茨克海沿岸的阿扬港为起点，开辟了阿扬港到雅库茨克的道路，为大型运输队提供便利的交通基础设施条件。

远东地区的焦油蒸馏技术有所发展，树脂应用于造船业及其他生产部门。

农业开发对提高远东的生产力水平具有决定性意义，巩固了俄国对远东的控制。18世纪至19世纪上半期，远东的农业发展取得巨大进步，农业结构进一步完善。耕地范围不断向北部地区和鄂霍茨克、堪察加地区扩展。市民和工人的农产品需求量不断上升，农业商品率显著提高，农业与市场的联系逐步加强。这些条件促进了远东地区资本主义生产关系的产生。

### 三　商业与贸易活动

1772年，堪察加新任长官 K. M. 贝姆少校接到任务——组建考察队，"调查千岛群岛民俗、岛屿、河流、森林情况，了解当地狩猎业和渔业发展水平，绘制岛屿地图"[①]。1774年，经贝姆同意，雅库茨克商人 П. С. 列别杰夫、拉斯托奇金和伊尔库茨克商人格里戈里·舍利霍夫

---

[①] Полонский А. С. Курилы // Записки РГО по отделению этнографии. СПб., 1871. С. 441–442.

乘坐圣尼古拉号前往千岛群岛考察。И. М. 安季平任船长，Ф. 普京采夫任航海长。为方便与日本人开展贸易，特地聘请 И. 奥切列金担任日语翻译。按照贝姆的指示，航海队以得抚岛为据点，1775 年 6 月开始对择捉岛到日本列岛之间的广大区域进行考察。

1775 年，安季平在得抚岛建立了一个俄国小村庄，开始发展手工业。德米特里·沙巴林则着手把择捉岛和国后岛的虾夷人"纳入俄国的统治"。1779 年，俄国停止征收南千岛群岛的毛皮税。1782 年，伊尔库茨克省长 Ф. Н. 克里奇卡把安季平和奥切列金绘制并由塔塔里诺夫补充的千岛群岛地图交给俄国科学院。经科学院校对以后，地图公开发行。

到 18 世纪末，日本人在南千岛群岛的活动越来越频繁，这令俄国人十分不安。同时，法国政府打算派拉彼鲁兹探险队考察北太平洋地区，英国和西班牙也有类似计划。这种情况下，俄国决定派海军司令 Г. И. 穆洛夫斯基率领两艘舰船前往北太平洋岛屿，竖立带有国徽和"俄属土地"字样的金属标志。1787 年 2 月 20 日，科学院院士 П. С. 帕拉斯建议海军院院长 И. Г. 切尔内绍夫派穆洛夫斯基考察萨哈林岛。但由于俄土战争（1787—1791 年）爆发，航海考察计划被迫推迟。

И. И. 比林格斯的海路探险和 Г. А. 萨雷切夫的陆路探险对研究西北太平洋海域具有重大意义。俄国东北大考察的任务，一是确定绘制地图所需的经纬度坐标，二是与楚科奇人建立起良好的关系。俄国航海探险队对一系列岛屿（阿留申群岛、科曼多尔群岛、普里贝洛沃群岛）和白令海峡进行了考察，陆路探险队在楚科奇半岛的考察路线长达 1500 多千米。翻译道尔金和百人长科别列夫甚至先期到达楚科奇与当地部落酋长沟通，为即将进行的考察活动做准备。

18 世纪八九十年代，伊尔库茨克总督 И. В. 雅科比希望尽快把尼夫赫人纳入俄国统治，并且支持在远东南部包括萨哈林修建俄国要塞。1786 年，雅科比责成雅库茨克长官马尔克洛夫斯基寻找有关 И. Ю. 莫斯科维京在堪察加南部海域航行的资料。他担心这些岛屿会被欧洲人或日本人占领，而这些资料则可以证明俄国是最早开发南千岛群岛的国家。持相同观点者非其一人。1794 年，舍利霍夫提出将南千岛群岛逐渐并入俄国的想法。1795 年，在舍利霍夫的鼓励下，以商人瓦西里·

兹韦兹多乔托夫为首的一批人移民得抚岛，商人们开始到千岛群岛从事狩猎业。后来瓦西里·兹韦兹多乔托夫到达择捉岛，并于1805年在岛上去世。

到18世纪上半期，来自俄国中部省份的俄国人继续主导远东的贸易活动。远东的商品输入量明显低于输出量（主要是毛皮）。雅库茨克是商人能够到达的最远地区。随着18世纪50年代太平洋岛屿海洋捕猎业的发展和连接雅库茨克与鄂霍茨克的鄂霍茨克公路的开通，鄂霍茨克成为东部地区最大的港口，尤其是西伯利亚与俄国的社会经济得到同步发展，结果，18世纪下半期远东的贸易总体上发生了显著变化。第一，贸易范围向更远的东部地区发展，"到达了楚科奇地区"①；第二，当地居民同外来商人一样开始从事贸易；第三，出现了工商业公司，俄美公司是18世纪上半期最大的贸易公司，1800年1月1日拥有资产2634365卢布②；第四，出现恰克图、雅库茨克集市和鄂霍茨克集市等商业中心。

1743年，俄国政府决定，"除逃亡的农奴和士兵外，愿意迁入恰克图的远东居民可以免除人头税"，若干年内他们可以免交赋税和服兵役。一年后，来自莫斯科省、喀山省、阿尔汉格尔斯克省和西伯利亚的商人、手工业者和农民也获得了类似权利。1754年，欧俄商人在恰克图海关可以用票据代替货币纳税，西伯利亚地区的商人则于1769年获得这项权利。1769年，俄国政府出台决议，"取缔私人垄断和官办商队贸易，废除禁止私人与中国人用毛皮交换中国商品的禁令"③。该决议极大地促进了恰克图的对外贸易。恰克图贸易占全俄贸易的比重由1760年的7.3%升至1775年的8.3%。在对亚洲国家的贸易中，1758—1760年恰克图贸易额占全俄的67.6%。④ 1772年，恰克图的木材市场达60家，还开办了石材场。由于工商业人口的快速增长，1774年恰克

---

① Сафронов Ф. Г. Русские промыслы и торги на Северо‐Востоке Азии в XVIII‐середине XIX в. М., 1980. С. 96.

② Алексеев А. И. Освоение русскими людьми Дальнего Востока и Русской Америки. М., 1982. С. 114.

③ История Сибири. Т. 2. С. 277.

④ История Сибири. Т. 2. С. 278‐279.

图成立市政公署，26名海关官员协助进行对外贸易。恰克图成为俄国同亚洲开展对外贸易活动的主要中心。

1792年2月8日《恰克图市约》签订后，从1785年开始中断的中俄恰克图贸易恢复起来。1792—1800年，恰克图贸易额增长了近70%，1799年的贸易额达8383846卢布。恰克图的主要出口商品有毛皮、呢子、铁制品、皮革、牲畜，进口商品则包括布匹、茶叶等中国传统商品。19世纪上半期，俄国的毛皮出口量下降，皮革、染料、镜子和铁、铜等金属及其制品的数量则呈上升趋势；布匹进口量减少，但茶叶和粮食的进口量增加。19世纪50—60年代，恰克图的年贸易额达1600多万卢布。[①]

雅库茨克集市对远东的经济社会发展具有重要意义。集市一年开放两次：6月1日至8月1日和12月10日至次年1月1日。夏季集市期间，沿勒拿河到雅库茨克的商船达数十只，有时甚至达到上百只（1776年为136只）。商船运来上千吨的货物进行贸易，主要是俄国商品，也有一些西欧和中国的商品。冬季集市的规模不大，其原因在于陆路运输费用昂贵。

集市商品丰富，主要有布匹（丝绸、丝棉混纺、亚麻织品、棉布、呢子）、皮革制品、铁铜制品、瓷器、各种器皿（粗瓷器皿、铜器皿、锡制器皿和木制器皿）、狩猎工具（枪支等）、食品（糖、茶叶、面粉、谷物、盐、伏特加酒）、烟草，以及毛皮、海象牙和猛犸象牙等。

集市的贸易额持续增长。开市初期贸易额只有50万卢布左右，18世纪末至19世纪上半期，年贸易额已达到200万—250万卢布[②]，每年仅毛皮的销售额就超过100万卢布。

雅库茨克集市商贾云集。这里既有欧俄商人，也有西伯利亚商人、远东商人和雅库特商人。本地居民开始涉足商业领域，这是18世纪至19世纪上半期远东贸易发展的新现象。富有的雅库特人为埃文基人、埃文人、尤卡吉尔人提供生活必需品，并从他们那里换得毛皮和其他手工业商品。此外，雅库特人还从土著居民手中收购毛皮和食品，然后转

---

[①] История Сибири. Т. 2. С. 412.

[②] История Сибири. Т. 2. С. 280.

卖给城里的俄国商人，从而获取丰厚的利润。

每年 7 月 15 日至 9 月 17 日开市的鄂霍茨克集市同样很重要。光顾鄂霍茨克集市的既有本地商人，也有来自俄国中部地区和西伯利亚的商人。集市商品的种类与雅库茨克集市相差无几。每年集市商品成交额在 15 万—33 万卢布。鄂霍茨克集市的影响力不断扩大。19 世纪 30 年代，平均每年有 30—50 名商人和伙计来参加集市。1844 年，鄂霍茨克总人口为 876 人，而前来参加集市的人多达 1000 人。堪察加、吉日加、楚科奇的城市居民、商人和手工业者来集市采购一年的必需品。千岛群岛、科曼多尔群岛、阿留申群岛的手工业者在这里出售毛皮。鄂霍茨克集市同雅库茨克集市一样，在远东地区发挥了重要作用。

1781 年开市的楚科奇集市和 1788 年开市的阿纳德尔集市的影响相对较小。楚科奇集市位于距卡缅内村 100—250 俄里的地方，主要是楚科奇人聚集的地方。通常每次赶集的人有 300—400 人，包括本地人、俄国商人、市民和哥萨克。阿纳德尔集市距离阿纳德尔岛以南约 35 俄里，每年 2 月开市。1788 年，为了同楚科奇人开展贸易，雷利斯克商人克列切夫采夫在阿纳德尔河岸边建立了一个小村庄，并用大木桩把村庄围了起来。后来俄美公司成为这两个集市的组织者，每年两个集市的贸易额达 1.5 万卢布。不过，阿纳德尔集市和楚科奇集市都属于易货贸易市场，没有货币交易。

19 世纪上半期远东的集市贸易发展迅速。1852 年，东西伯利亚共开设 93 个集市（其中 41 个集市没有营业）。雅库茨克州有 9 个集市（贸易额 11.6 万卢布），外贝加尔有 10 个集市（贸易额 64.6 万卢布）。这两个地区的集市贸易额占东西伯利亚集市贸易额的 57.3%。

18 世纪至 19 世纪上半期，远东地区的商铺（固定商铺和流动商铺）贸易活跃。17 世纪时远东地区开始出现小商铺，但是发展缓慢。18 世纪初远东的小商铺寥寥无几，通常一座城市只有一两家。到 19 世纪中期，小商铺的数量迅速增加，仅东西伯利亚城市里的商铺就超过 1500 家。此外，乡村地区也出现了小商铺。远东的流动商铺主要从事季节性贸易：夏天在远东南部地区沿河贸易，冬季则在北部地区用狗拉爬犁兜售商品。流动贸易期间，雅库茨克、吉日加、塔吉尔斯克、彼得罗巴甫洛夫斯克的商人分别组成小型商队（2—3 个商人和 5—7 名伙计），到土著居民居住地流动售货。19世纪之前远东地区发展落后，土著居民甚至没有见过货币，只接受直接的物物交换，因此流动贸易实际上是不等价交换，商人获利颇丰。

简言之，18世纪至19世纪上半期，市场联系已扩大到整个远东地区。远东的贸易额不断增长，贸易形式更加多样化，贸易活动本身也开始对远东的经济产生巨大影响。恰克图对外贸易中心的形成表明远东不仅融入了全俄市场，而且成为国际市场的组成部分。

## 第三节 远东行政机构及其管理方式

### 一 行政制度改革

18世纪前后，俄国的中央集权和官僚体制日益强化，而远东地区由于人口稀少，开发尚未完成，且俄国并没有完全控制该地区，致使远东的行政管理政策处于不断调整之中。1708—1715年，俄国政府改革地方行政制度，将全国划分为8个省，最高行政长官为省长，总揽行政、财政、军事、警察、司法等权力。整个西伯利亚包括彼尔姆、维亚特卡一直到太平洋沿岸的广大地区设立为西伯利亚省，管辖托博尔斯克、叶尼塞斯克、伊尔库茨克、维亚特卡和索利卡姆5个行政区。远东隶属于伊尔库茨克行政区。1719年5月，各省又划分成若干行政区，省长的权力局限于省会所在地，其他地区设立督军，管理本地区事务。

1727年，俄国进行新一轮地方管理体制改革，将全俄分为14个省、47个行政区和250多个县。远东继续隶属于伊尔库茨克行政区，同时把伊尔库茨克县、上连斯克县、色楞金斯克县、乌金斯克县、伊利姆斯克县、涅尔琴斯克县、雅库茨克县纳入伊尔库茨克行政区。1728年9月12日，政府出台行省制度，规定一省的全部权力归省长，而行政区和县的权力属于督军。县级督军受行政区督军领导，行政区督军受省长管辖，省长接受中央和上级机关领导。省长和各级督军通过办公厅（省办公厅、行政区办公厅、县办公厅）行使权力。1727—1728年的行政改革使国家（包括远东）的行政区划（三级分化）更加统一，利于强化中央集权和封建制度。

1730—1763年，西伯利亚衙门对西伯利亚各地区实行统一管理。

土著居民的封建领主和氏族部落酋长受省长和督军管理。1731 年 4 月 29 日，伊尔库茨克行政区雅库茨克县划分出一个独立的行政单位——鄂霍茨克滨海自治县，直接隶属于伊尔库茨克行政区办公厅，专门管理鄂霍茨克海沿岸、堪察加、千岛群岛和阿留申群岛。从 1739 年起，乌第斯克堡及其附属地区纳入该县。与其他县或行政区的管理体系不同，鄂霍茨克滨海自治县直接设立总指挥官，其下设有"协同指挥官"（副指挥官）、1 名秘书、若干名文书和录事员。[①]

1773—1775 年爆发的普加乔夫起义，不仅是当时俄国社会矛盾激化的反映，也暴露出俄国管理体制的诸多问题和缺陷，国家行政体制改革由此进入一个新阶段。为了更加有效地推行税收政策和有序地管理社会，叶卡捷琳娜二世于 1775 年 11 月 7 日颁布《全俄帝国行省管理制度》，规定将 23 个行省划分成 50 个行省，取消行政区制。按照规定，每个省应有 30 万—40 万人，每个县应有 2 万—3 万人。这种行政区划忽视了不同民族的分布特点和地区经济发展需要，客观上并不利于俄国的经济社会发展。

1779—1784 年颁布的补充法令改变了西伯利亚和远东的行政管理状况，总督辖区成为更大的行政区划单位。西伯利亚设 3 个总督辖区，分别为托博尔斯克总督辖区、伊尔库茨克总督辖区和科雷万斯克总督辖区。各总督辖区设有省府衙门，负责协调新成立的省级机构（省税务局、金库、刑事民事法院、初级和高级客籍法院、省检察官、社会救济衙门、市政厅、军队等）的运行。省长是省府衙门的最高长官，受总督管辖（总督拥有辖区的管理权，是统辖数省的最高长官）。总督辖区下设州。远东地区设有涅尔琴斯克州、伊尔库茨克州和鄂霍茨克州 3 个州。州下设县，县级机关和市级机关直接负责地方管理。各县设有初级地方法院、初级农民特别法院、金库，配有土地丈量员、司法稽查官、医生（配有助手）和军队。城市设立市长，1782 年开始设立市警察局。

1796—1798 年，俄国政府再次改革行政制度：取消总督辖区，西

---

[①] Сафронов Ф. Г. Тихоокеанские окна России: Из истории освоения русскими людьми Охотского и Берингова морей, Сахалина и Курил. Хабаровск, 1988. С. 61.

伯利亚被分为托博尔斯克省和伊尔库茨克省2个省,远东归入伊尔库茨克省。废除总督辖区的实践在行政管理改革过程中并不多见。西伯利亚和远东远离俄国中部地区,地广人稀,发展缓慢,居民的民族结构和生活习惯差异很大,导致该地区难于管理。19世纪初,俄国政府内部大部分人认为边远地区的管理结构可以有别于国家既有的行政管理体制。1797年俄国已经废除总督制度,但为加强中央集权,1803年西伯利亚和远东恢复了这一职位。同年,堪察加边疆区成立。

俄国政府希望把政治制度和法律制度改造成适合在农奴制社会发展新型资本主义的上层建筑,因此,行政制度改革势在必行。19世纪初,俄国陆续成立内阁委员会和国家咨询委员会。同时,枢密院成为审判机关。完善上层政权组织,委员会管理制逐步向内阁管理制过渡,官僚中央集权得到进一步加强。

随着俄国居民数量不断增加,发展经济的需求日益强烈,西伯利亚作为流放地的意义日益提升,需要在西伯利亚和远东实行更为灵活的管理制度。另外,西伯利亚管理者滥用职权也是实施行政改革的动因之一。1819年3月22日,亚历山大一世解除 И. Б. 佩斯捷利的西伯利亚总督职务,并由 М. М. 斯佩兰斯基接任。经过调查,斯佩兰斯基发现,约700名官员涉嫌滥用职权(只有48人被送交法庭)。因此,他决定改革西伯利亚的整个行政管理机构。1822年1月,西伯利亚划分成两个总督辖区:西西伯利亚辖区和东西伯利亚辖区。伊尔库茨克省、叶尼塞斯克省、雅库茨克州,鄂霍茨克管理局、堪察加管理局(原来的堪察加边疆区被撤销)、特罗伊斯科萨夫斯克边疆管理局归入东西伯利亚辖区。辖区总督则集行政、经济、财政和司法权力于一身。

1822年7月22日,亚历山大一世颁布《西伯利亚行省管理制度》,后来又补充了涉及异族人和流放者管理、羁押站、陆路交通、军屯哥萨克、地方捐税等内容的《管理条例》,对西伯利亚和远东的行政管理体系做出系统改革。省长负责各省的行政管理,设立专门的省长咨议会。省级管理机构包括省府衙门、财政厅、省法院。省由若干区组成,设立区长,通过区议会行使管理权。区警察局和地方法院是两个重要的区行政部门,由区警察局长管理。其部门职员由区警察局长任命,市警察局受市长领导。市等级杜马负责管理经济发展,等级杜马由市长和2—3

名代表组成。许多小城市由市长和经选举产生的领主管理。俄国政府在远东设置乡公所和村公所。乡长、村长负责监督农民的生活，乡民大会和村民大会负责规定赋税标准和服役期，划分耕地、割草用地和林业用地。

由于俄国大部分苦役犯和流放犯都发配到东西伯利亚总督辖区，1822年的行政改革对西伯利亚流放犯的押送及安置办法做出调整，修建了羁押站监狱，囚犯在押送途中可以到羁押站监狱休息或过夜。

《异族人管理条例》由异族人法律、异族人管理机构、异族人管理法令与异族人赋税和徭役征收办法四部分组成，旨在通过立法形式加强俄国政府对西伯利亚和远东少数民族的管理。条例将异族人分为三类：流浪民族、游牧民族和定居居民。北部捕猎和养鹿民族（统称流浪民族）聚居区保留原来的沙皇和部落酋长共管体制，定居区则实行乡管理制度。

游牧民族（雅库特人、布里亚特人等）的管理制度尤其值得关注，其中包括氏族管理处、异族人管理处和等级杜马。非俄罗斯的游牧民族同农民享受同等待遇，拥有自己的经济用地。他们可以保留自己的族规，免服兵役，缴纳人头税。在游牧村落、兀鲁斯村或不少于15户的氏族部落设立氏族管理处，由从有声望的族人中选出来的领主及其助手组成。异族人管理处把几个兀鲁斯村和游牧村落联合起来，行使统一的警察职能、经济—财政职能和司法职能，例如，统一执行上级命令、审理小型案件，执行法庭判决、摊派毛皮税和其他贡税，催缴欠税等。异族人管理处设有一名主任和几名陪审员，任期3年。不过，管理者的选举大多属于走形式，主任通常是当地封建主的代表，陪审员为当地贵族的代表。等级杜马（首先在布里亚特人和哈卡斯人聚居区设立，然后在南部的雅库特人聚居区设立）是介于异族人管理处与地区领主之间的行政管理组织，由当地贵族代表组成。《异族人管理条例》调节了俄国政府对西伯利亚和远东土著居民事务的管理，氏族贵族的特权得以保留并得到加强。

作为远东地区的行政中心和俄国封建国家的支撑点，城市在行政管理体系中占据重要地位。一个城市的经济发展水平是其能否被确立为行政中心的主要标准。通过1755年改革，上乌丁斯克、涅尔琴斯克、多罗宁斯克、巴尔古津、斯列坚斯克、吉日加、下堪察加茨克等 38 个西伯利亚城市获得行政中心地位，色楞金斯克、恰克图、大列茨基港等则成为非行政中心的县辖市。但城市的地位不是一成不变的，而是处于动态调整之中。例如，1798 年斯列坚斯克和多罗宁斯克的行政中心地位被取消，1803 年下堪察加茨克失去行政中心地位，1805 年巴尔古津和吉日加不再具有行政中心地位。1812 年以前，上堪察加茨克是堪察加边疆区的行政中心，从 1812 年起被彼得罗巴甫洛夫斯克所取代。1856 年尼古拉耶夫斯克（庙街，下同）和乌茨克被赋予城市地位。1858 年索菲斯克被确立为城市，同年阿穆尔州成立，布拉戈维申斯克（海兰泡，下同）成为阿穆尔州首府。

鄂霍茨克是 18 世纪远东地区最发达的城市，其发展与第二次堪察加考察活动密切相关。1741 年以前，鄂霍茨克已经建成港口、办公厅、皇家庭院、5 座粮仓、3 家手工作坊、5 家商铺和 1 座教堂。鄂霍茨克近郊因考察活动而发展起来的村庄有 14 户人家、5 所考察队营房、6 家商店、1 家铁匠铺和 1 个盐场。鄂霍茨克附近的一个造船台专门为太平洋船队打造船只。成立于 18 世纪 60 年代的鄂霍茨克航海学校培养了大批航海家。不过随着第二次堪察加考察活动的结束，鄂霍茨克的重要性明显下降。涅尔琴斯克是矿区中心，各矿厂的行政中心都集中在那里。19 世纪上半期，恰克图、彼得罗巴甫洛夫斯克发展成为远东的中等城市。1863 年，远东人口最多的城市依次为：雅库茨克（5665 人）、特罗伊茨科萨夫斯克（5431 人）、上乌丁斯克（4032 人）、涅尔琴斯克（3774 人）、阿钦斯克（3177 人）、赤塔（3019 人）[1]、布拉戈维申斯克（2049 人）[2]、坎斯克（2231 人）、堪察加彼得罗巴甫洛夫斯克（1593 人）和基廉斯克（1561 人）。人口不足 1000 人的城市有：色楞金斯克（999 人）、巴尔古津（981 人）、巴拉甘斯克（799 人）、中科雷姆斯克

---

[1] История Сибири. Л., 1968. Т. 2. С. 415；Сафронов Ф. Г. Русские на Северо - Востоке Азии в XVIII - первой половине XIX в. М., 1978. С. 198.

[2] Кабузан В. М. Дальневостоный край в XVII - начале XX вв. (1640 - 1917). М.：Наука, 1985.

（458 人）和鄂霍茨克（236 人）。①

随着采矿业和冶金业的发展，远东地区出现了新型居民点——工业村。涅尔琴斯克工厂、彼得罗夫斯克工厂、塔姆金斯克工厂等附近都出现了这样的工业村。处理重要的公共事务时，远东地方行政部门拥有广泛的自主权，远东地区的行政管理机关几乎不受监督，官员盗用公款、行贿受贿现象十分普遍。之所以如此，主要原因在于远东与俄国中部地区距离遥远，中央政府鞭长莫及。后来，某些远东行政长官的恶行传到首都。例如，19 世纪初，鄂霍茨克港长官布哈林任职期间贪赃枉法，欺压百姓，肆意索取贿赂。总督佩斯捷利不得不请求海军大臣奇恰戈夫紧急撤销他的职务。② 涅尔琴斯克矿场主任 В. В. 纳雷什金、伊尔库茨克省长 А. 普列谢耶夫、鄂霍茨克官员科赫、鄂霍茨克滨海地区长官 Г. 斯科尔尼亚科夫·乌格列宁等都因违法乱纪受到处罚。

**二 土著居民的税收制度**

俄国政府不断调整远东土著居民的税收政策。17 世纪下半叶，远东地区濒临灭绝的黑貂和狐狸遭到肆意滥捕，各地督军和征税官横征暴敛，导致当地居民生活日益贫困，经济破产，毛皮产量大幅下降，促使沙皇政府出台新规。1697 年 3 月 22 日，沙皇下令对西伯利亚珍贵毛皮实行国家垄断。这项法令奠定了 18 世纪前 25 年远东税收政策的基础。18 世纪初，俄国政府多次命令，数次督促远东地方督军解决税收问题。关于涅尔琴斯克的民事和军事事务管理，彼得一世敕令当地督军派遣"最善良的军职人员收取毛皮税，不要欺瞒纳税百姓，亦勿令其破产"。居民开始纳税年龄为 18 岁，对遭遇不幸的民众可以给予一定优惠。同时，他要求官员尽力增加税收。管理远东北部大部分土地的雅库茨克督军收到类似命令。但当地行政管理人员和督军滥用职权的现象并未得到遏制。

国家垄断毛皮贸易的举措收效甚微。尽管政府设置了海关关卡进行

---

① История Сибири. Л., 1968. Т. 2. С. 415；Сафронов Ф. Г. Русские на Северо - Востоке Азии в XVIII - первой половине XIX в. М., 1978. С. 198.

② Сафронов Ф. Г. Тихоокеанские окна России: Из истории освоения русскими людьми Охотского и Берингова морей, Сахалина и Курил. Хабаровск, 1988. С. 90.

搜查和拦截，但商人仍能混入游牧村落，采取各种手段，以很低的价格收购毛皮。结果，欠缴毛皮税的人越来越多。为了扭转这种局面，政府推出一系列灵活措施：1708 年免除雅库特 36 个乡的欠税，1710—1712 年允许土著居民用其他毛皮代替貂皮纳税（1 张黑貂皮可以抵 2 张狐狸皮或 200 只松鼠皮，或 40 张白鼬皮）。贝加尔湖沿岸地区的毛皮税收情况更差，兽皮数量锐减。1705 年，官府从布里亚特人、埃文基人和蒙加尔人①手中收取一定数量的实物税（271 张黑貂皮、305 张狐狸皮、100 张狼獾皮、15 张水獭皮和 19 张狼皮）和 2100 多卢布的货币税。②

显然，制定和完善西伯利亚的毛皮政策十分必要。1727 年 6 月，政府公布沙皇谕旨，取消国家对毛皮贸易的垄断，允许买卖西伯利亚的毛皮和其他被禁商品。同时，毛皮交易税提高 1 倍。按照规定，允许外国商人用兽皮或中国蓝绸缴纳毛皮税，税额不变；如果外国商人没有兽皮或中国蓝绸，那么他们可以缴纳货币。此外，如果百姓不认可政府规定的兽皮价，则可以自行把兽皮卖给其他收购者，然后缴纳货币税。

立法者的初衷是促进毛皮贸易的发展，增加政府收入，但实际收效甚微。由于征税官的毛皮抵税价格明显低于商人的收购价格，居民大多把毛皮卖给商人。毛皮外流，导致国库毛皮征收量大幅减少。为了改善这种情况，1731 年 10 月 6 日和 1732 年 1 月 21 日，伊尔库茨克省办公厅两次对毛皮自由贸易采取限制措施。1734 年 5 月 10 日，西伯利亚辖区办公厅命令雅库茨克督军采取措施，督促税民向国库上交黑狐皮、玄狐皮、棕狐皮、黑色北极狐皮和青狐皮，同时禁止买卖和交换狐皮。1739 年政府重申 1734 年法令内容，同时将法令适用范围扩大到全俄。1740 年 2 月，枢密院事实上恢复了 1727 年以前禁止毛皮自由贸易的法令。③ 从 1752 年开始，国家全面垄断毛皮贸易，时间长达 10 年。不过，同以往一样，收购商继续到兀鲁斯村和西伯利亚游牧部落收购毛皮，征

---

① 蒙古的一个部族。

② История Бурят - Монгольской АССР. Улан - Удэ, 1951. Т. 1. С. 227.

③ Сафронов Ф. Г. Русские промыслы и торги на Северо - Востоке Азии в XVII - середине XIX в. М., 1980. С. 67.

税官照旧收索贿赂。因此，这次垄断对毛皮业并没有产生实质性影响。虽然政府更加严厉地惩处不法之举，但滥用职权的行为有增无减。

1763年2月，政府责成毛皮委员会前往西伯利亚处理毛皮税收事务。毛皮委员会在西伯利亚重新登记人口，制定新的毛皮收税额和税收条例，一直工作到1769年。委员会实行差别税收制度：雅库茨克州、伊尔库茨克省和叶尼塞斯克省税额最高，人均为1卢布34戈比；堪察加边疆区和鄂霍茨克海沿岸地区次之，人均为1卢布26戈比；吉日加边疆区人均为74戈比。兀鲁斯村和游牧部落则以村为单位征税。毛皮税的征收内容包括黑貂皮、狐狸皮、白鼬皮、松鼠皮、钱币和手工业品等，数额视捕猎量和贸易发展情况而定。氏族贵族负责监督委员会向国库上缴毛皮税的过程，委员会则赋予氏族酋长极大的权力管理本族人，同时提高了他们分得毛皮税的比重。按照1764年5月17日枢密院发布的命令，毛皮税2%的税额奖励给氏族酋长和征税官。

调整税收方式和扩大酋长权力表明沙皇政府改变了边疆区的税收政策，从当地贵族中挑选可以信赖的君主专制制度的支持者。当地贵族代表入选西伯利亚法典编纂委员会，1782年西伯利亚地区设立兀鲁斯族长的职务，政府治理边疆地区的政策发生显著变化。

1822年的《异族人管理条例》取消了对毛皮自由贸易的限制，允许自由买卖食品和手工产品。同时，再次强调禁止国家公职人员与毛皮纳税人从事毛皮交易。这些措施一定程度上使税民免受征税官的欺压，减少了官员盗用公款的行为。但当地少数民族承受国家毛皮税和地方苛捐杂税双重负担的情况没有显著改观。

1835年，尼古拉一世实施新的异族人税收政策：采取长期征税制，提高征税额。堪察加地区的人均纳税额达到3卢布87戈比，鄂霍茨克海沿岸人均为2卢布98戈比，吉日加边疆区人均为1卢布82戈比。氏族部落也要按时交纳毛皮税。缙绅有权根据个人收入情况重新分配村民纳税额。1822年和1835年的税收改革加快了货币贸易的发展，加剧了当地居民的贫富差距和社会—阶级分化。

国家利益是俄国政府制定税收政策的出发点。为了维护国家的财政职能，政府不断调整税收制度，从实物税向货币税过渡，完善征税方式和监管方法，从而极大地推动了远东地区经济社会的发展。

### 三　当地居民的反剥削反压迫斗争

俄国政府的压迫和剥削激化了远东的社会矛盾，当地民众奋起抗争。

这一时期斗争的主要表现是农民、哥萨克和市民状告地方政府滥用职权、非法征税和对未按时纳税者施以鞭刑。鄂霍茨克和恰克图官员贪腐严重，海关滥用职权现象普遍。虽然民众的许多上诉都石沉大海，但俄国政府有时不得不做出一定回应，甚至责成专门的调查委员会处理。恰克图官员 C. 斯温因滥用职权案轰动一时。他以他人名义进行非法贸易，偷逃税款。调查委员会最终确认，斯温因"肆意妄为，使用欺骗恐吓手段，民众无人敢言"[1]。控告涅尔琴斯克银厂的案件最后则不了了之。1767 年 5 月 16 日，枢密院责成专门委员会调查工厂入册农奴工作环境极其艰苦的原因。调查期间，委员会不断接到针对工厂管理部门新的控诉。调查历时 5 年，但却毫无结果。最后，审查工作交给伊尔库茨克省长。1790 年，根据入册农奴的控诉，政府重新启动调查，部分官员被送上法庭。

18 世纪末，工人和手艺人之间秘密的书信往来已十分普遍。他们在信中指责涅尔琴斯克工厂管理部门，同时号召工人反抗压迫，进行公开的斗争。

逃亡是远东地区反奴役斗争最普遍的方式，官员和企业主甚至到农民聚居点追缉逃亡者。虽然从 1725 年起，政府开始对工人和手艺人实行连环保制度，但逃亡工人数量仍不断增加。当时西伯利亚和堪察加的工厂总管理处采取剃光前额或半个头的特殊方式，通过人体特征辨识各类人员，以减少外逃现象。然而逃亡仍时有发生，19 世纪逃亡已成为社会反抗的普遍方式。1855 年，涅尔琴斯克矿场逃亡 766 人，盐厂逃亡 184 人，彼得罗夫斯克工厂逃亡 46 人。

18 世纪，起义成为远东地区反剥削反压迫斗争的最高形式。1712

---

[1] Рафиценко Л. С. Следственные комиссии в Сибири в 30 – 60 – х годах XVIII в. // Материалы по истории Сибири: Сибирь периода феодализма. Вып. 3. Освоение Сибири в эпоху феодализма（XVII – XIX вв.）. Новосибирск, 1968. C. 149.

年，上堪察加茨克堡军职人员起义，反抗工厂管理者 И. П. 科济列夫。起义者抢夺了科济列夫的财产。西伯利亚总督 М. П. 加加林派托博尔斯克龙骑兵团团长彼得·塔塔里诺夫镇压民众起义。加加林命令塔塔里诺夫严厉处置参与起义的贵族子女和军职人员子女。后来，由于起义者内部出现分歧，起义很快遭到镇压。

俄国征服西伯利亚以后，一些较为先进的科学技术、文化和生产工具、生产技术传到西伯利亚，对当地经济发展起了一定的推动作用。① 但同时，高昂的毛皮税、滥用职权的行政管理者、俄国商人的盘剥和本氏族酋长的奴役也随之而来，由此引发当地民众的反抗。

18世纪初，堪察加、鄂霍茨克海沿岸和楚科奇等地出现了公开的反抗活动。1705 年，阿留托尔人消灭了大贵族普罗托波波夫儿子的部队，科里亚克人攻击了舍尔科夫尼克的部队，并把他们围困在阿克兰斯克城堡。1707—1711 年，伊捷尔缅人发动起义，起义中心位于堪察加河附近。起义者烧毁大列茨基冬营地，打死那里的军职人员，并多次袭击附近的军职人员，抢走大炮、火药、子弹和钱币等物品。

1731 年，在费奥多尔·哈尔钦和戈尔戈奇的领导下，伊捷尔缅人再次发动起义。经过激烈的炮击后，起义者成功占领了下堪察加茨克城堡。迫于压力，沙皇政府下调毛皮税，允许以货币税代替实物税，并且成立专门委员会调查起义原因，缓和与少数民族的矛盾。

18 世纪 40 年代末至 50 年代，科里亚克人成为起义的核心力量。第一轮起义发生在 1707—1712 年，科里亚克人开始攻击毛皮征税队。1714 年，科里亚克人和尤卡吉尔人围攻阿克兰斯克堡和阿留托尔堡，切断了堪察加城堡和阿纳德尔城堡的联系。1745—1749 年，科里亚克人为拒缴毛皮税发动起义，遭到镇压后被迫同意缴纳毛皮税。1752 年修筑的吉日加要塞对镇压科里亚克人发挥了重要作用。

М. А. 别尼奥夫斯基起义是堪察加社会运动史上的重要事件。1771年4月27日夜，别尼奥夫斯基带领20名流放者攻击了当地哥萨克士兵，迫使他们缴械投降。起义者攻占大列茨基要塞，击毙要塞司令尼洛夫。后来数十名起义者在别尼奥夫斯基带领下，夺取载有大量武器、粮

---

① 徐景学：《西伯利亚史》，黑龙江教育出版社 1991 年版，第 7 页。

食、金钱和毛皮的圣彼得号货船,彻底离开堪察加,远渡重洋,于1772年6月到达法国。

19世纪上半期阶级斗争的发展与十二月党人的活动密不可分。十二月党人开启了俄国的革命进程。19世纪20年代后半期,大量十二月党人被流放到远东。1826年10月,涅尔琴斯克矿区的布拉戈达特内矿出现了第一批流放犯,其中包括С. П. 特鲁别茨科伊和С. Г. 沃尔孔斯基。1827年初,俄国政府命令把所有十二月党人集中到赤塔要塞。1830年8—9月,十二月党人被发配到更远的彼得罗夫斯克要塞制铁厂服苦役。

十二月党人一直保持着自制、英勇和坚毅的品格。1827年2月10—12日,被拘禁的流放人员绝食,以示拒绝服从警长里克的命令,这在涅尔琴斯克政治流放犯历史上尚属首次。十二月党人的绝食抗议获得成功,政府满足了他们的要求,专横霸道的里克被调到其他地区。1828年5月,十二月党人И. И. 苏希诺夫尝试组织泽连图伊斯克矿工起义。起义筹划者计划抢夺武器,释放关押犯,然后去解救赤塔要塞的十二月党人。但是流放犯卡扎科夫出卖起义计划,5名起义者被处决,13人被处以鞭刑。М. С. 卢宁深入民间,撰文揭露俄国社会黑暗的政治问题,号召人民团结起来反对君主专制制度,他因此被发配到条件极其恶劣的阿卡图伊地区。从1828年起,十二月党人和他们的妻子每年都会庆祝12月14日起义日,这成为一种独特的反抗形式。

## 第四节　远东诸民族的社会及文化生活

### 一　远东的社会关系

18世纪至19世纪上半叶,俄国整体历史进程的改变、农奴制的形成、货币贸易广泛而深刻的发展,以及以这一切为基础的资本主义萌芽的产生……①这些全俄性因素使远东居民的社会结构发生深刻改变。

来自莫斯科的贵族和当地"贵族"构成远东社会的上流阶层,从

---

① Буганов В. И., Преображенский А. А., Тихонов Ю. А. Эволюция феодализма в России: Соц. -экон. пробл. М., 1980. С. 242.

贵族中又产生了地方权力机关和军事集团。神职人员也属于特权阶层。在远东社会生活中，统治阶级占极少数，绝大多数属于纳税阶层，主要是小市民和农民。

商人阶层在远东地区城市人口结构中占绝大多数，尤其是 18 世纪下半期。当时远东地区形成了恰克图、雅库茨克、鄂霍茨克三个颇有影响力的商业中心和阿纳德尔集市、楚科奇集市、色楞金斯克集市等小型贸易中心。1768 年，恰克图本地商人的数量为 380 人，1774 年增长到 486 人。① 远东南部城市的商人每年参加两次集市贸易。远东北部地区由于经济发展薄弱，商人阶层的形成速度明显慢得多。1835 年，雅库茨克的二、三级商人（包括其家人）共有 43 人，奥廖克明斯克有 4 家商户，中科雷姆斯克只有 2 家商户。

18 世纪至 19 世纪上半期，远东手工业发展极其缓慢，手工业者的数量很少。1775 年，外贝加尔地区共有手工业者（包括工匠、帮手和学徒工）1087 人（恰克图 943 人、色楞金斯克 101 人、卡班斯克堡 37 人、上乌丁斯克 6 人）。②

远东远离俄国中部地区，人口稀少，导致军职人员在城市人口中占相当大比重。军职人员在俄国征服和开发远东过程中发挥了决定性作用。他们负责移民、造船、航海、捕猎海兽、考察等事务。1761 年，涅尔琴斯克辖区的军职人员及其家属数量占当地人口的 25%，色楞金斯克军职人员比例超过 38%，外贝加尔地区的比例为 12%。

军屯哥萨克组织出现于 18 世纪初。到 19 世纪初，俄国东部地区已经形成涅尔琴斯克哥萨克兵团、鄂霍茨克哥萨克兵团、下堪察加茨克哥萨克兵团、大列茨基哥萨克兵团、季吉利哥萨克兵团等 9 个独立军屯哥萨克组织。

1822 年，军屯哥萨克发生了明显变化。在西伯利亚形成了七大军屯哥萨克兵团，东部地区有叶尼塞斯克哥萨克兵团、伊尔库茨克哥萨克兵团、外贝加尔哥萨克兵团和雅库特哥萨克兵团。军屯哥萨克可获得份地、薪金、军粮和草料供应。

---

① История Сибири. Т. 2. С. 277.
② История Бурят‑Монгольской АССР. Т. 1. С. 228 – 229.

军屯哥萨克的主要职责是警卫。此外，他们负责收取毛皮税，为官家护送税收和货物。某些军屯哥萨克还承担砍伐和运送木材、建房、修筑防御工事、装船、维修船只、盐场劳作、海上引航等官府事务。1822年政府颁布法令，允许哥萨克从事手工业和商业，但只有军官和富裕的上层哥萨克才享有此项特权。

18世纪至19世纪上半期，非军屯哥萨克主要负责戍守边疆。1727年《布连斯奇条约》和《恰克图条约》签订后，俄国迫切需要建立边境防线。政府组建了专门的军队，吸收哥萨克和当地居民（布里亚特人和埃文基人）参加。边境上修建了要塞、警戒哨和哨灯等巡防设施，要塞驻军由常备军和哥萨克组成。

远东人口绝大部分是农民和土著民。欧俄地区主要是依附地主的地主农民，西伯利亚和远东则是国有农民占大多数。此外，还有一定数量的经济农（修道院农民）和修道院捐役农。

18世纪，远东开始出现工人。1743年，政府允许商人和船主雇用持逾期居民证的流浪者、入册农奴、苦役流放犯和普通士兵。采矿业和造船业逐渐成为远东地区主要的工业部门。工厂劳动力短缺是远东发展的难题之一。18世纪初，长期雇工数量很少。1706—1714年，每年有50—60人在涅尔琴斯克矿区工作，他们大多数从事采矿、炼煤和烘炉等简单工作。到18世纪20年代中期雇用工人数量仍不足200人，无法满足工业发展的需要。行政当局认为必须招募附近的农民，增加工人数量。1721年4月11日，彼得一世命令将300户托木斯克州和伊利姆斯克州的国有农民迁到工厂附近，迁入农户既要种田，也要到工厂务工。18世纪五六十年代初，政府非常关注远东地区工厂的发展，许多工匠和工人被派往涅尔琴斯克。1750年，涅尔琴斯克矿区的入册农奴数量超过2000人。

远东地区居民社会结构的多样化程度不断提高。1759年10月13日，伊丽莎白一世下令从库兹涅茨克、托木斯克等地向涅尔琴斯克迁移农民近4000人。1763年，政府允许向涅尔琴斯克流放妇女。次年，政府向涅尔琴斯克流放一批分裂教徒。1799年10月法令允许退役士兵和因服兵役而迁居的人到外贝加尔定居。政府每年为迁来的士兵提供25天的假期，以便其发展个人副业，但这些人要入册到工厂并终身在工厂工作。

从18世纪90年代起，彼得罗夫斯克的炼铁厂和制铁厂开始采用蒸汽设备，劳动力需求增加，工人成分随之发生变化。苦役犯是彼得罗夫斯克工厂的主要劳动力，曾有700多名苦役流放犯在这里工作。[1] 彼得罗夫斯克工厂的苦役犯数量在东西伯利亚冶金企业中居首位。19世纪上半期，在采矿企业工作的既有自由雇用矿工，也有入册农奴和流放犯。1833年，在涅尔琴斯克矿区工作的25700人中，农民数量为17709人，矿工及其子女——4254人，苦役流放犯——3737人。[2] 18世纪至19世纪上半期，造船工业的工人由三部分组成：自由雇用工匠、流浪者和专门派往鄂霍次克、彼得罗巴甫洛夫斯克、堪察加、俄属美洲造船的掌握一定技能的士兵。毛皮业也使用雇用工人，受雇用人员包括农民、工商居民和土著居民。1767—1770年，商人Г. 帕诺夫的公司雇用了35名工人乘坐彼得—保罗号轮船前往阿留申群岛捕猎毛皮兽，其中26人是农民和工商居民（占总雇用人数的74%）。[3]

远东地区居民承担着各种赋税（人头税、土地税、海洋税、粮食交易税等）和徭役（建房、修路、修桥、制造交通工具等）。两次堪察加考察和18世纪最后一次科学考察期间，农民要为考察队建造平底船和小艇，提供驿马和雪橇，运送考察队员，为考察队员提供警卫服务以及粮食和考察装备，为考察队供应必需的大麻、树脂、面包、谷物、盐等。[4]

采矿工人的工资取决于性别、年龄、劳动熟练度、体力和劳动量，境况艰难。入册农奴的工钱非常低，他们不仅要在工厂、矿山、砂厂工作，还要从事农耕生产。劳动熟练度高的工匠们的工钱要高一些。苦役流放犯的工资极低。

---

[1] Комогорцев И. И. Из истории черной металлургии Восточной Сибири в XVII – XVIII вв. //Материалы по истории Сибири: Сибирь периода феодализма. Новосибирск, 1965. Вып. 2. С. 18.

[2] Рабочий класс Сибири в дооктябрьский период. Новосибирск, 1982. С. 57.

[3] Макарова Р. В. Русские на Тихом океане во второй половине XVIII в. М., 1968. С. 105.

[4] Крестьянство Сибири в эпоху феодализма. Новосибирск, 1982. С. 256.

## 二 西伯利亚与远东小民族风俗

风俗是指一地区社会文化中长期形成的风尚、礼节、习惯以及禁忌等的总和。西伯利亚自古以来就生息繁衍着许多民族。在漫长的物质财富和精神财富创造过程中，这些民族逐渐形成了自己独特的风俗习惯。

鞑靼人的家庭一般有5—7口人，父亲是一家之长，全家人在各方面都要服从他。富有的鞑靼人，按穆斯林风俗可以娶4房妻子。妻子应当绝对服从丈夫，她不仅受法律的限制，而且要遵守许多宗教禁忌。如不准女人送葬。女人外出要蒙面，以免其他男人看见面容。庆祝节日时，男女分开活动。女人只能在清真寺学校上初级小学，由教士的妻子上课。[①] 女孩13岁时就出嫁。婚前，未婚夫妻不能见面。彩礼一般在结婚前付清，只有巴拉宾鞑靼人在婚后交彩礼。许多贫穷的鞑靼人无力交彩礼（多达300—500卢布），只好不娶妻，终身鳏居。

鞑靼男人穿过膝长袍，脖领直而长。除长袍外，夏季穿较短的坎肩，冬季穿羊皮袍，无领，外层是呢子、粗布或大布。女人穿肥大的长袍，脖领短而软。鞑靼人的食物主要有粮食、鱼、肉和奶。肉汤或水煮的面条是鞑靼人最爱吃的民族食品。其他面食还包括烙饼、油炸饼、包子、饺子。但一般贫困家庭的食品则比较单一。鞑靼人吃煮熟的鱼，偶尔生吃鲟鱼。羊肉是他们最喜爱的肉，一般在节日或有宾客时才吃。按宗教教义，鞑靼人禁吃猪肉。

鞑靼人的居民点按地域原则修建，包括数十个邻近的、共同使用的渔猎地和牧场的家庭。住宅用木板或原木建成，有门和窗。门上有铁制或铜制的挂环。室内陈设简单，有炕、长凳、木箱，还有铁制或铜制的器皿及陶器。木箱放在炕上，箱中放置财物，箱子上面是被褥和枕头。使用铁锅煮饭做菜。鞑靼人的交通工具，夏季坐大车，冬季乘雪橇，用马或牛牵拉。水上交通工具有独木船和木板船。独木船用杨树干凿制而成，木板船则用雪松板做成。

图瓦人的衣服用兽皮或中国布缝制，官员、贵族、大喇嘛也穿绫罗

---

① Народы Сибири / под ред. М. Г. Левина, Л. П. Потапова. Москва ; Ленинград : Изд - во Акад. наук СССР, 1956. С. 484.

绸缎。衣服的款式比较单一，儿童衣服同成人衣服没有差别，礼服和普通服装几乎一样。图瓦人的主要食物是奶和肉。他们喜欢喝酸奶，或单吃酸奶，或在酸奶中掺入炒熟的大麦粉和黍粉。他们还用酸奶酿酒，用奶渣做奶酥。羊肉和马肉是图瓦人的重要食品。大麦和黍一般磨成米或面粉食用。可拆卸和移动的圆形帐幕是图瓦各地（林区除外）普遍流行的住宅。里面是轻便的木制构架，外面盖以毛毡。木制构架为6排（或更多）可折叠式栅栏，垂直立置于周围，构成墙。用细长的木杆扎成圆顶形的帐幕盖，木杆的一端固定在栅栏上，另一端则固定在做烟道用的木圈上。门设在两排栅栏中间，有两扇的，也有单扇的。地上铺着毡子或毛皮。炉灶设在帐幕中间的地上，用三条腿的支架支撑。林区流行用长木杆搭成的圆锥形窝棚。东北部用缝连成大块的桦树皮作窝棚盖，西部用松树皮作盖。图瓦人最常见的运输工具是以牛驮载，以马驮载的情况也时有所见。图瓦民族狩猎为生，擅长骑射、滑雪。

布里亚特人，即布里亚特—蒙古人，也叫布拉特人，历史上是中国蒙古族的一部分。成吉思汗帝国衰落以后，一些蒙古语群体开始独立发展，到17世纪，形成一个新的民族——布里亚特族。布里亚特男人冬季穿的民族服装是长皮袍，左襟盖在右襟上，用扣子扣上，右襟上缝有装东西的口袋。衣领竖直，袖口呈喇叭状。皮袍腰部扎以长布带或皮带，带子的两端饰有银牌或铜牌。夏季的民族服装在款式上与冬季相同，采用布料做成，镶有呢料边。女人的民族服装也是长袍，左襟盖在右襟上。衣袖用各种颜色的布料拼成，衣领略低于男式民族服装。布里亚特人的主要食物是畜牧业和狩猎业产品，他们也吃鱼、黍、荞麦和各类野果。他们除了用牛奶制作奶油外，还制作酸牛奶、奶皮、奶酒。有了面粉以后，布里亚特人开始用面粉制作"萨拉马塔"，这是一种用酸牛奶和面做成的稀粥。"阿尔萨"是布里亚特人最喜爱的一种食品，原料是牛奶，味美可口，营养价值高。

16—17世纪，布里亚特人最流行的住宅是适合游牧生活的毡帐幕。这种帐幕易于拆卸搬迁。帐幕骨架用轻便的木杆搭成，上面覆盖一层毛毡。后来，他们逐渐盖起固定的木房。木房通常有八面墙，用原木堆成，直径达10米左右。木房中心立有带横梁的木桩，支撑起天棚。天棚中部辟有烟道。天棚上边是木板，盖以树皮和草土。屋内铺有木地板，但中心部分采用砖石或黏土，因为炉灶设在那里。布里亚特人同族禁婚。布里亚特男人不能和同族的女人结婚。氏族只按父系计算，母系对结婚没有影响。按照布里亚特人的风俗，寡妇应当嫁给丈夫的弟弟。

鄂温克人，以前称通古斯人。为适应狩猎生活，鄂温克人一般穿适于穿越原始森林的温塔靴。长袍用鹿皮缝制，前襟用窄皮带扎在腰部，围裙用窄皮带系在颈后。毛皮镶边的风帽式帽子是鄂温克人传统的帽饰。肉和鱼是鄂温克人的主要食品。肉类食品主要有驼鹿肉、野鹿肉和熊肉，东部地区则主要食用狍子肉和山羊肉。使马的鄂温克人食用马肉。为了储备食物，鄂温克人把驼鹿肉和野鹿肉切成块，放在阳光下晒干，储存起来。在黑龙江下游和鄂霍茨克海沿岸，鄂温克人晾晒鱼干，以备冬季食用。他们一般饭前喝茶，有时调以鹿奶。

窝棚是鄂温克人的主要住宅。窝棚的基架由三根木杆组成，上端固定在一起。其余木杆（21—35根）都搭在这个支架上。窝棚呈圆锥状，上面蒙上鹿皮做的苫垫或桦树皮。为了防止被风刮掉，外面再用木杆压住苫垫。迁徙时，鄂温克人把苫垫带走，支架则留在原地。

鄂温克人严格遵守同族禁婚制度。不同的氏族可以通婚，氏族内部则严格禁止通婚。鄂温克人中存在寡妇内嫁制，即兄弟死后，弟可娶寡嫂为妻，但弟死以后，兄却不能娶弟媳为妻。与此同时，也存在姐妹同嫁习俗，即妻死后可续娶妻妹，但却不能续娶妻姐。

那乃人是一个跨国民族，在中国称为赫哲人，主要依以捕鱼和狩猎为生。鱼皮服装是那乃人的特色民族服饰，分外衣、内衣、裤子和护腿。外衣和内衣的样式相近，非常简单和方便。没有特做的衣领，袖子瘦而短。衣襟宽大，一面盖在另一面上。外衣和内衣的区别仅在于，外衣稍长，带有各种装饰。男女服装的款式基本相同，不过女人服装较长，装饰较多。裤子瘦而短。除夏天外，裤子外面还穿护腿。护腿对捕鱼和狩猎很有用，可以保护腿部不受潮、不受寒。那乃人的冬鞋用鱼皮制作，里面垫上乌拉草，非常保暖。夏鞋用驼鹿皮或野猪皮制作。

鱼是那乃人的主要食物。他们既吃鲜鱼，也吃干鱼。鲜鱼一般生吃。先用小刀把鱼切成小块，放到碗里，加上盐和葱，然后用筷子夹着吃。干鱼是那乃人的主食。主妇通常前一天晚上把干鱼从仓库中取回，用水泡上。起床后，把浸软的干鱼切成小块，放在铁锅中煮熟后食用。如果外出狩猎，往往浸软后便吃。

那乃人的住房分为冬舍和夏舍。冬舍分房架立在坑内的地窨子、房架一半在地面上的半地窨子和房架建在地面上的中式房子。冬舍内都有炕和炉灶。炉灶上面是一口半圆形的中国式铁锅。烟道从炉灶经过炕下直通烟囱，便于取暖。夏舍有的建在冬舍附近，有的建在离冬舍较远的地方。夏舍结构简单，样式多。苫着草或桦树皮的圆锥形窝棚，是黑龙江各支流那乃人的典型夏舍。球形窝棚是黑龙江河谷那乃人的传统夏舍。夏舍的室内结构与冬舍相似，只是为了适应夏季生活，以草席取代了火炕。

船和雪橇是那乃人的主要交通工具。那乃人的船有桦皮船、多桨船和载重船三种。桦皮船，由一根原木凿成或用薄木板钉成，长3俄尺，宽10—12俄寸，一个人可以轻而易举地扛走，非常方便。那乃人都有自己的桦皮船。多桨船用于载货或全家外出。一般由老年人掌舵，年轻人和妇女划桨。载重船很少见，只有富人才有这种船。那乃人冬季的交通工具则主要依靠滑雪板和雪橇。

那乃人严格禁止同族男女结婚。根据氏族的法规，死者的妻子必须再嫁给死者的弟弟。如果死者没有弟弟，则其妻须嫁给堂弟。任何人不得拒绝接受寡嫂为妻。

### 三　西伯利亚与远东民族的宗教信仰

西伯利亚各民族的信仰非常原始。他们的宗教观念属于所谓万物有灵世界观。这种世界观认为，整个无生命和有生命的自然界都是神安排的，神能与人来往并影响他们的所作所为。社会上出现专门传教的人，叫萨满。他们似乎能支配某种神，在神的帮助下，他们同敌对的神作斗争。萨满教是在原始信仰基础上发展起来的民间信仰活动，起源于对精灵的原始崇拜，对自然界和动物的崇拜，对祖先和巫术的崇拜。通古斯人、尤卡吉尔人、恩加那善人、爱涅茨人、开特人、谢尔库普人、阿尔泰人和布里亚特人尤其信奉萨满教。

除萨满教外，在西伯利亚民族中还存在对一些自然现象的主人——

神的崇拜，如山神、林神、河神、海神等。许多西伯利亚民族存在图腾崇拜。

俄国入侵以前，伊斯兰教已经传入西伯利亚鞑靼人中。库楚姆汗曾强令推行伊斯兰教，但未被广大鞑靼人所接受，他们实际上仍然信仰萨满教。17世纪中期，佛教以其变种喇嘛教的形式传入布里亚特人的某些群体。①

鞑靼人信仰伊斯兰教，主教称阿訇。但许多鞑靼人仍保留以前的信仰，即多神教，如家神、水神、林神。每逢干旱，全村男女老幼齐出动，杀牛宰羊作祭品，向神灵祈雨。仪式结束后，大家面向太阳，煮熟所杀牲畜，饱餐一顿，把骨头抛入水中。在悼念逝者时，用雄鸡作祭品。为了防止雷电袭击和恶神作祟，鞑靼人通常在脖颈上戴护身符——熊牙或熊爪。儿童摇篮旁也挂护身符。18世纪，东正教开始在鞑靼人中传播。

图瓦人自古以来就信仰萨满教，认为人的周围有各种各样的神灵。这些神灵有恶有善，善神帮助人，恶神给人带来灾难。人的祸福和命运都由神来决定。如果人有了灾难或疾病，要通过萨满祈求神灵消灾祛病。萨满在图瓦人中享有崇高的威望，是人和神之间的中介。萨满向神灵祈祷时，要穿萨满衣，戴萨满帽，击萨满鼓。萨满衣是用鹿皮或狍皮缝制的短上衣。下摆缀有大量用各种颜色的布做成的穗子。背上、肩上、袖上有许多表示神灵的装饰。萨满帽是用布做的尖顶帽，缀满各种带子、牌子、玻璃球和羽毛。萨满鼓是萨满行巫术时用的工具，呈圆形，单面包皮，直径60—70厘米。

喇嘛教是图瓦人的官方宗教，由中国西藏和蒙古传入，是佛教的一支。图瓦有许多喇嘛庙，都设在各旗总管公署附近。喇嘛一般是本旗的人，各有自己的家业——毡包和牲畜。除了旗的喇嘛庙，还有佐的喇嘛庙。佐的喇嘛庙只有大殿，没有喇嘛居住的僧房。只是在节日拜佛诵经时，喇嘛才到这里来。

古代布里亚特人信仰萨满教。布里亚特人崇拜天上的日月星辰，认

---

① 侯育成：《西伯利亚民族简史》，黑龙江省社会科学院西伯利亚研究所，1987年，第9页。

为太阳和月亮是善神，是生命的赐予者。布里亚特人非常崇拜火。火被视为纯洁的象征和神的化身，是家庭的保护者。火能驱逐灾魔，给人治病，在萨满教的一切仪式中都具有极为重要的作用。河流、森林、山脉、湖泊和土丘都有主神，路过这些地方时必须洒酒或丢点其他物品来表示敬意，以免引起主神的不满。17世纪，喇嘛教开始传入外贝加尔布里亚特人居住区。18世纪，喇嘛教成为东部布里亚特人占统治地位的宗教。俄国政府一方面较强在西部布里亚特人之中推行东正教，另一方面承认东部布里亚特人的喇嘛教，此意拉拢上层贵族的支持。在这种情况下，喇嘛教得到迅速发展，并在外贝加尔地区形成了喇嘛教的中心。[①]

鄂温克人长期处于原始社会发展阶段，由于生产力的发展水平低下，在自然力量面前软弱无能，因而产生恐怖心理，这是相信超自然力量、相信鬼神的宗教观念产生的基础。鄂温克人信仰萨满教，他们认为萨满是人和神之间的中介。萨满会法术，可以为病人驱鬼，为猎人祈福。每个鄂温克人的氏族都有一个萨满。萨满在鄂温克人中享有很高的威望。萨满的宗教活动主要是给病人驱鬼，举行招魂仪式。此外，萨满也参加氏族内各家族的丧葬活动。猎人长时间打不到野兽也请萨满代为祈求丰收。俄国东侵后，迫使鄂温克人信仰东正教，强迫他们到教堂做礼拜，给初生婴儿起俄式名字，否则不给注册户籍。但鄂温克人接受的只是东正教的某些仪式，实际上他们还是信奉萨满教。

那乃人信仰萨满教。那乃人认为神分为善神和恶神。恶神到处都有，给人带来灾难。萨满能借助善神的帮助，同恶神作斗争。萨满能预卜未来，呼风唤雨，医治百病，寻觅失物。萨满的职位一般是世袭的。

那乃萨满的行头很复杂。其服装有裙子、上衣、帽子、腰带、手套。此外，还有铃鼓、手杖、九块石子和一些偶像。那乃萨满行巫术时，身穿萨满衣，手持铃鼓，坐着一动不动，沉默不语。然后轻轻击鼓，小声唱歌，鼓声越来越大，歌声越来越高。最后进入昏迷状态，两眼发直，全身抽搐，说出各种言不由己的话。这似乎已不是萨满本人在

---

① 徐景学：《西伯利亚史》，黑龙江教育出版社1991年版，第196页。

说话，而是附体的神在说话。

那乃萨满的经常活动是给人治病。那乃人认为，一个人生病是恶神在作祟。在久病不愈的情况下，那乃人就求救于萨满。萨满一般在夜间治病。病人治愈后，要给善神贡献祭品。嗣后，这些祭品都归萨满所有。

# 第四章

# 19世纪俄国在黑龙江流域的扩张与远东开发

俄国农奴制废除以后，资本主义经济得到快速发展，但是在地域辽阔的俄国各地区发展程度存在巨大差异。特别是刚刚并入俄国的远东南部地区，建设投资短缺、军事力量薄弱、缺少连接欧俄的铁路等问题，严重制约了该地区资本主义经济的发展。19世纪下半叶，沙皇政府将其远东政策确定为继续维持与邻国之间原有的外交关系，即进一步侵略中国、控制朝鲜、以和平方式解决与日本的争端。资本主义列强在亚洲掀起瓜分狂潮后，沙俄的远东政策随之进行了重大调整。自19世纪80年代起，俄国资产阶级为开辟新市场，将目光转向包括远东在内的广大边疆地区，更将触角深入邻近国家的市场，加快了俄国走上对外殖民扩张的道路。[①]

## 第一节 俄国在黑龙江流域的扩张

19世纪中叶，以英国为首的资本主义列强在20年间对中国连续发动了两次鸦片战争。第一次鸦片战争中，英国主要的侵略目标是中国东南和华东沿海一带。尽管对辽东半岛南部也进行了骚扰，但程度远不及中南沿海各地，因而给东北地区造成的损失并未像其他地方那样严重。然而到第二次鸦片战争前后就大不相同了，它使东北地区的人民遭受蹂躏，将东北卷入世界资本主义市场中，逐步成为资本主义国家倾销商品和掠夺原料的半殖民地。

---

① Международные отношения на Дальнем Востоке. Кн. 1. М. 1973. С. 162.

长期觊觎远东的沙皇俄国借第二次鸦片战争后清王朝元气大伤、无暇顾及偏居一隅的东北地区这一时机，对清政府实行文武夹击，极大拓展了其远东疆域。亚历山大二世改革后，俄国的农奴制逐渐解体，资本主义迅速发展。虽然俄国也想效法英、法等国在中国大肆倾销商品和掠夺原料，攫取各种特权，但无奈底气不足，加之路途遥远和海上实力不足，无力与老牌资本主义国家在东南沿海地区角逐，只能暂时利用地缘优势，攫取垂涎已久的中国北方黑龙江流域大片土地。

### 一　俄国染指黑龙江流域

1689 年中俄《尼布楚条约》签订以后，两国边民在 170 余年间过着相对平和安定的生活，也曾出现过恰克图贸易这样大规模的互市贸易活动。但是，几代沙俄政府妄图侵吞中国黑龙江流域、夺取远东南部通往太平洋出海口的图谋一直存在。

19 世纪 20 年代起，沙皇就陆续派出各种名目的考察队潜入黑龙江流域收集情报，占领据点。尽管这些考察队并没有带回太多有价值的关于黑龙江流域的信息情报，但却为后来大规模的侵略扩张埋下了伏笔。为实现侵吞中国东北土地的夙愿，沙皇尼古拉一世选定了时任图拉省省长穆拉维约夫完成这一任务。穆拉维约夫出身贵族世家，其父曾任御前大臣、枢密官等职。穆拉维约夫从小就被送到皇家贵族军事学校学习。1823 年当上宫廷少年侍从，1827 年开始从军，并参与了 1828—1829 年的第八次俄土战争的瓦尔纳之围。1831 年又前往波兰镇压十一月起义，还曾于 1838 年赴高加索参加征服当地山民的军事行动。连年的征战使他"成为沙皇远征政策的积极推动者"。1841 年，时年 32 岁的穆拉维约夫被提升为少将；1846 年，被内政部任命为图拉省省长，同时管辖东西伯利亚驻军。1847 年 12 月，沙皇任命他为东西伯利亚总督。尼古拉一世曾就中俄关系、恰克图贸易和东西伯利亚采金等问题向他面授机宜，最后还意味深长地说："至于俄国的阿穆尔河，等将来再谈吧！"随后又补充说："会听话的人，用不着多说。"[①] 穆拉维约夫对于尼古

---

[①] ［俄］巴尔苏科夫：《穆拉维约夫——阿穆尔斯基伯爵》第 1 卷，商务印书馆 1973 年版，第 180—181 页。

拉一世把当时属于中国的河流说成是俄国的用意心领神会。于是在任职期间，穆拉维约夫遵循沙皇的授意，不顾俄国外交部的反对，冒着与中国决裂的风险，在黑龙江流域展开了一系列军事探险活动。

经过周密筹划与部署，穆拉维约夫在黑龙江流域开始扩充军队，并起草了《外贝加尔哥萨克军条例》，上报陆军大臣批准。1851年，这一条例获尼古拉一世批准。随后在不到一年的时间里，外贝加尔哥萨克军迅速壮大。其中仅现役部队就有4个俄罗斯团、4个布里亚特团、12个步兵营，共计17716人。[①] 此外，穆拉维约夫还奏请沙皇，将鄂霍次克和堪察加的全部船只组建为由他统辖的西伯利亚区舰队，并从欧洲的港口调遣巡洋战舰至彼得罗巴甫洛夫斯克港，以加强西伯利亚区舰队的实力。这些举动表明，穆拉维约夫已经为进入中国水域做了充分的准备。

1854年6月，穆拉维约夫率兵乘船沿石勒喀河而下，抵达精奇里江[②]口，在与清政府副都统胡逊布交涉未果后，强行率队驶过瑷珲[③]，直奔下游出海口而去，25日抵达阔吞屯。然而，疲于应付太平天国起义的清政府根本无力抗击突如其来的大批俄军。为避免南北两线作战，清政府只好下令瑷珲守军"不可肇衅，致生事端"[④]。以致蓄谋已久的俄军不费吹灰之力大举入侵黑龙江流域。俄军在第一次强行闯入黑龙江地区得逞后，第二年得寸进尺，又发动了第二次入侵行动。这一次，俄军不仅向黑龙江地区运送哥萨克部队和军火，还运送了481名移民到马林斯克和庙街（尼古拉耶夫斯克）一带安家落户。[⑤] 甚至还在阔吞屯到庙街长达300多千米的地带建立了5个第一批哥萨克移民村，其中4个位于黑龙江左岸，1个位于右岸。于是黑龙江沿岸，"在还被认为是中国的土地上，出现了一个个的俄国村庄、粮食和国家物资仓库"[⑥]。到

---

[①] ［俄］巴尔苏科夫：《穆拉维约夫——阿穆尔斯基伯爵》第1卷，商务印书馆1973年版，第296页。

[②] 今俄罗斯结雅河。

[③] 咸丰朝《筹办夷务始末》第8卷，第4页。

[④] 咸丰朝《筹办夷务始末》第8卷，第6页。

[⑤] ［俄］卡巴诺夫：《黑龙江问题》，赵延祚译，黑龙江人民出版社1983年版，第217页。

[⑥] ［俄］巴尔苏科夫：《穆拉维约夫——阿穆尔斯基伯爵》第1卷，商务印书馆1973年版，第436页。

1855年夏，黑龙江下游大部分地区实际上已经被俄国控制。9月，清政府派富尼扬阿为代表在阔吞屯与穆拉维约夫进行交涉。然而，穆拉维约夫公然提出，要以中国的内河黑龙江作为两国界河，不但要把他们实际控制的黑龙江左岸广大地区据为己有，还进一步提出了对沿海地区的领土要求。这次严重背离《尼布楚条约》的谈判无果而终。

1856年3月，俄国在克里米亚战争中失败。向西进军的受挫使新任沙皇亚历山大二世下决心将侵略目光转向东方，下令继续推进阿穆尔河武装航行。于是在这一年的整个航期内，俄国船只在东西伯利亚总督穆拉维约夫的指挥下，频繁往来于黑龙江上，犹如出入本国内河一样，根本不理睬中国方面的抗议，还相继在黑龙江以北的战略要地建立了5个军事哨所。此时，穆拉维约夫实际上已经做好了最终占领黑龙江左岸土地的各项准备。

## 二 中俄《瑷珲条约》的签订

1856年10月，第二次鸦片战争爆发。俄国认为向清政府最终摊牌的时机已到，遂派海军上将普提雅廷为专使赴北京"办理两国交涉一切事件"①。但穆拉维约夫认为，普提雅廷之行不会取得有利于俄方的谈判结果，即向沙皇提议：一旦普提雅廷在北京与中方的谈判破裂，就应"立即诉诸武力"，兵分三路进攻中国，夺取库伦、瑷珲和海拉尔、齐齐哈尔。② 1857年4月，普提雅廷在赴中国途中与穆拉维约夫在伊尔库茨克会面，并多次研究对策。穆拉维约夫强调："如果中国不同意我们划出的分界线，依然坚持阿穆尔河是中国的，我们必须以武力强迫他们承认中国的权利。"③ 在请求清政府官员接见遭拒后，普提雅廷辗转天津、香港、上海等地，多次向清政府提交咨文，并强调俄中"不能以兴安岭为两国边界，当以黑龙江为界"④。对这一无理要求，清廷估

---

① 咸丰朝《筹办夷务始末》，第15卷，第8页。
② ［俄］巴尔苏科夫：《穆拉维约夫——阿穆尔斯基伯爵》第1卷，商务印书馆1973年版，第501、502页。
③ ［俄］巴尔苏科夫：《穆拉维约夫——阿穆尔斯基伯爵》第1卷，商务印书馆1973年版，第505页。
④ 咸丰朝《筹办夷务始末》第18卷，第33页。

计到普提雅廷见书面请求不成，肯定会借穆拉维约夫以武力相要挟，所以命令黑龙江将军奕山"向穆拉维约夫详细晓喻，务期驾驭得宜，勿使该夷肆意侵占"①。

1857年12月29日，英法联军攻占广州。沙俄政府感到攫取中国领土的大好时机已到，于是成立了黑龙江问题特别委员会，加紧进行侵略黑龙江的活动。1858年1月5日，沙俄政府召开了有穆拉维约夫参加的特别委员会会议，专门讨论了"阿穆尔问题"。穆拉维约夫在会上提出，应以武力为后盾，继续向黑龙江移民，同时还要与清政府展开外交谈判。他的提议得到采纳。会后沙俄政府即通知清政府，穆拉维约夫已受命谈判中俄边界问题，如果中国希望了结"黑龙江问题"，可以与他会商。此时，第二次鸦片战争的形势对清政府极为不利。穆拉维约夫便乘机率领俄国哥萨克军队直逼瑷珲城下。5月20日，英法联军攻占大沽，天津告急，清政府朝野上下一片哗然。22日，穆拉维约夫在两艘炮舰护送下来到瑷珲城内与奕山会晤并进行谈判。穆拉维约夫说他此来是为了"助华防英"，也是为了"保卫自己的领土"，"中俄必须沿黑龙江、乌苏里江划界，因为这是两国之间最方便的天然疆界"，还强调这是"为了双方的利益"②。奕山指出，"两国边界"已根据《尼布楚条约》"即以格尔毕齐河、（外）兴安岭为限，议定遵行，从无更改。今若照伊等所议，断难迁就允准"③。这次谈判争论激烈。谈判结束前，穆拉维约夫抛出事先拟定的"条约草案"交给奕山，限次日答复。这个草案的实质就是要改变中俄《尼布楚条约》划定的中俄边界线，强占黑龙江以北、乌苏里江以东地区。中方派出爱绅泰参加第二次谈判，他断然拒绝了俄方提出的无理要求，并将"条约草案"退给俄方代表彼罗夫斯基。由于俄方的要求强势而无理，谈判不欢而散。穆拉维约夫急不可耐，再次亲自出马，提出条约的最后文本，还发出了最后通牒，强迫奕山签字。当夜，俄国兵船鸣枪放炮，以示恐吓。在沙俄的武力威胁之下，奕山不得不屈服，被迫于28日与穆拉维约夫签订了《瑷珲城

---

① 咸丰朝《筹办夷务始末》第20卷，第2页。
② ［俄］瓦西里耶夫：《外贝加尔的哥萨克（史纲）》第3卷，徐滨等译，商务印书馆1979年版，第123页。
③ 咸丰朝《筹办夷务始末》，第25卷，第11、12页。

和约》，又称《瑷珲条约》。由此可见，《瑷珲条约》是沙皇俄国在满清帝国面临内外交困之机，迫使清政府签订的第一个不平等条约。

《瑷珲条约》共3条。主要内容为：1. 黑龙江以北、外兴安岭以南60多万平方千米的中国领土划归俄国，瑷珲对岸精奇里江上游东南的一小块地区（江东六十四屯）保留中国方面的永久居住权和管辖权；2. 乌苏里江以东的中国领土划为中俄共管；3. 原属中国内河的黑龙江和乌苏里江只准中国和俄国船只航行。

《瑷珲条约》使中国的领土、主权蒙受重大损害，而俄国从中获得了巨大领土利益和黑龙江、乌苏里江的航行权，以及通往太平洋的出海口。正如恩格斯所说，俄国不费一枪一弹"从中国夺取了一块大小等于法德两国面积的领土和一条同多瑙河一样长的河流"[①]。沙皇俄国将穆拉维约夫割占中国黑龙江地区的行动方式概括为一个侵略公式："必须以实际占领方式来支持俄国外交上的要求。"《瑷珲条约》的签订，为沙俄进一步掠夺中国领土打开了方便之门。

### 三 中俄《北京条约》的签订

中俄《北京条约》是沙皇俄国与清政府于1860年11月14日在北京签订的不平等条约。沙俄从《瑷珲条约》中占尽了便宜，但仍不满足于所获得的特权和利益。当英、法向中国进行更大勒索的时候，沙俄竭力怂恿英法联军北上进攻天津、北京，试图利用英、法的军事侵略来讹诈中国。同时又拉拢美国，伪装中立，以"调停人"的身份出现，试图最大限度地获取侵略利益。

1860年10月，英法联军攻占北京，将举世闻名的圆明园洗劫一空并焚毁，还扬言要炮轰北京城，捣毁清皇宫。奉命谈判的恭亲王奕䜣求和心切，卑躬屈膝地请求沙俄驻华公使伊格纳季耶夫出面调停。伊格纳季耶夫乘机要挟，要求清政府必须在与英、法谈判时事先就谈判的全部内容征求他的意见，并同意他在此前就领土问题所提出的要求。胆小怕事的奕䜣未提出任何异议，即表示全盘接受。清政府在同英、法分别签订《北京条约》几天后，伊格纳季耶夫就坚持中俄谈判要对英、法保

---

[①] 《马克思恩格斯全集》第12卷，人民出版社1995年版，第662页。

密，以"调停有功"为名，向奕䜣提交了一份《中俄条约草案》作为谈判的基础，逼迫清政府接受沙俄的苛刻条件。中方代表在谈判中受尽屈辱，任人宰割，对俄方的要求不敢提出异议。11月8日，咸丰皇帝下谕准许奕䜣签字。14日，奕䜣被迫与伊格纳季耶夫签订了中俄《北京条约》。

中俄《北京条约》共15条，主要内容有：1. 中俄东段边界以黑龙江、乌苏里江为界，黑龙江以北、乌苏里江以东划归俄国。原住这一地区的中国人，仍准留住。2. 中俄两国未经划定之西部疆界，今后应顺山岭的走向、大河的流向以及中国现有常驻卡伦路线而行，即从沙宾达巴哈界牌起，经斋桑湖、特穆尔图淖尔至浩罕一线为界。3. 俄国在伊犁、塔尔巴哈台、喀什噶尔设领事官，"遇有大小案件，领事官与地方官各办各国之人，不可彼此妄拿、存留、查治"。4. 东北新定边界地区准许两国之人随便贸易，并不纳税；新疆贸易除伊犁和塔尔巴哈台外，增辟喀什噶尔一口；恰克图贸易，俄国商人可由恰克图照旧到京。

中俄《北京条约》确认了中俄《瑷珲条约》的效力，再次确认了沙俄对中国黑龙江以北领土的侵占，并把《瑷珲条约》规定为中俄"共管"的乌苏里江以东40多万平方千米的中国领土强行割占，使中国彻底失去了东北地区进入日本海的出海口。这两个不平等条约的签订极大地破坏了中国的领土完整。它是沙俄推行远东政策的必然结果，为之后进一步蚕食中国做好了准备。

**四 俄国在远东的机构设置**

中俄《瑷珲条约》和《北京条约》签订后，大量中国领土并入俄国，俄远东地区的版图最终形成。如何在新占领土地站稳脚跟，加强对新土地的管辖和治理，是摆在沙皇面前亟待解决的问题。于是，俄国政府着手在远东地区设置新的行政机构。这一时期，远东地区的机构设置受沙俄的移民政策、经济社会发展、国家对外政策等因素影响几次发生变化。

19世纪中叶，远东地区隶属于东西伯利亚总督辖区，该辖区还包括叶尼塞斯克省、伊尔库茨克省、雅库茨克省、鄂霍次克省和堪察加省。1849年，由于俄国太平洋主要海港从鄂霍次克变为彼得罗巴甫洛夫斯克，原来独立的鄂霍次克管理局撤销，鄂霍次克省划归雅库茨克省。1851年，行政区划改革触及外贝加尔地区，原来由伊尔库茨克省管辖的上乌丁斯克和涅尔琴斯克两区独立出来，组成外贝加尔省。1851年10月22日举行了外贝加尔省成立仪式，同时指定赤塔作为该省的行政中心。1851年1月10日，堪察加边疆管理局升格为省。50年代初，堪察加总督辖区管辖毗邻阿穆尔河口的广大地域。

为使外贝加尔省与俄国新占领的土地（包括阿穆尔河下游）建立起联系，1856年，东西伯利亚总督穆拉维约夫建立了一个所谓的"阿穆尔阵线"，把位于阿穆尔河左岸、乌斯季—斯特列罗奇内哨所与马林港之间的外贝加尔哥萨克军居住地划入这一阵线。为便于管理"阿穆尔阵线"和指挥军队，任命了一个特殊的阵线领导，直接听命于外贝加尔省总督。

为牢牢控制住新占领的萨哈林岛和阿穆尔河下游地区，俄国人必须建立起地方政权机关。1856年11月14日，国务会议决定成立滨海省，由原来的堪察加省、阿穆尔河下游地区和萨哈林岛构成。总督官邸设在尼古拉耶夫斯克港，并将该港更名为阿穆尔河畔尼古拉耶夫斯克市。滨海省成立后，又在1857年6月25日将"阿穆尔阵线"分割成两部分：从乌斯季—斯特列罗奇内哨所到兴凯湖仍归外贝加尔省，自兴凯湖至马林港之间的地域则划归滨海省管辖。

黑龙江以北、外兴安岭以南60多万平方千米的土地划入俄国版图后，沙俄政府需要设置一个行政管理机构管理这片土地。1858年12月8日，成立了阿穆尔省，阿穆尔河左岸地区归该省管辖，其行政中心设在布拉戈维申斯克①，行政级别为市。鄂霍次克区划归滨海省管辖，"阿穆尔阵线"被撤销。至此，阿穆尔河沿岸地区辖三个省——外贝加尔省、阿穆尔省和滨海省，受东西伯利亚总督辖区管辖。1871年，沙俄政府决定把太平洋上的主要军港从阿穆尔河畔尼古拉耶夫斯克迁至符拉迪沃斯托克，同时赋予符拉迪沃斯托克行政和文化中心的地位。

19世纪80年代初，随着欧俄向东部地区移民数量不断增多，加之西方资本主义国家纷纷开始扩大在亚洲太平洋地区的势力，沙俄政府也

---

① 原乌斯季——结雅港。

不得不将更多注意力转向东方，加强了对这一地区的管理。1884年6月16日，经沙皇批准，成立了阿穆尔总督辖区，行政中心设在哈巴罗夫卡，1893年更名为哈巴罗夫斯克，级别为市。与此同时，东西伯利亚军事辖区划分为伊尔库茨克和阿穆尔两个总督辖区，这种行政格局一直持续到20世纪初。

这一时期，沙俄政府通过对远东地区行政区划的重新划分，以进一步加强对该地区的行政管理，主要基于以下两个原因：

从国内来看，远东成为俄国亚洲部分着重开发的地区。农奴制改革后，资本主义在俄国得以确立，这为迅速提高国家生产力，变农业国为工业国提供了保障。然而，资本主义在俄国不同地区的发展极其不平衡。特别是中央地区的农奴制残余较多，妨碍了资本主义向纵深发展，于是促使沙俄政府和资产阶级将目光转向亚洲部分，开始在西伯利亚和远东寻找新的销售市场、原料产地和农业殖民区。

从国际来看，克里米亚战争结束后，因向近东扩张的道路暂时受到阻碍，沙皇遂将更多注意力投向远东。19世纪80年代后，沙俄向西方和南方的扩张不断受挫，进一步推动它把赌注压在更有把握的东方，希望能从东方打开缺口，在国际社会上挽回一些颜面。但事实上，尽管这一时期的俄国资本主义取得快速发展，但发展的质量与水平仍远远落后于英、法、德、美、日等国。军事力量薄弱、财力不足、交通不发达等原因并不利于俄国在远东同英、美、日等国展开角逐。最明显的例子是，由于俄国在远东军事力量薄弱，无力保卫和有效管理俄国在美洲大陆上的领土，不得不于1867年将面积近58万平方英里的阿拉斯加和阿留申群岛以720万美元的低价卖给了美国。

1906年，沙俄政府将外贝加尔省从阿穆尔总督辖区划出，并入伊尔库茨克总督辖区，这是因为沙皇想尽快扑灭该省内正在迅速燃起的革命烈火。这时，阿穆尔总督辖区所辖省份减少到两个省——滨海省和阿穆尔省。1909年，滨海省内部辖三个州，即滨海州、萨哈林州和堪察加州。滨海州中心设在符拉迪沃斯托克，下辖奥里加、尼科利斯克—乌苏里斯克、伊曼、哈巴罗夫斯克和乌茨克5县，而在军事和行政上自治的乌苏里哥萨克卫戍部队则划分为6个哥萨克聚居区。当时的采矿场大多集中在滨海和乌苏里两个矿区中。阿穆尔省包括阿穆尔县和3个矿区

（阿穆尔、布列亚和结雅矿区）以及阿穆尔哥萨克卫戍部队（下辖11个哥萨克聚居区）。

外贝加尔省（行政中心设在赤塔）辖8个县，即阿克申、巴尔古津、上乌丁斯克、涅尔琴斯克、涅尔琴—扎沃茨克、色楞金斯克、特洛伊茨科萨夫斯克、赤塔县。不同于阿穆尔和乌苏里哥萨克卫戍部队直接驻扎在边境地区，外贝加尔部队驻扎地分散在当地农民和布里亚特蒙古人的耕地中间。滨海省、阿穆尔省和外贝加尔省省长同时兼任哥萨克卫戍部队的总指挥官。

堪察加州的行政中心设在彼得罗巴甫洛夫斯克市，它下辖彼得罗巴甫洛夫斯克、阿纳德尔、鄂霍次克、吉日金斯克、科曼多尔斯克5县。萨哈林州的行政中心设在亚历山大港，它包括几个行政宪兵区。

沙俄政府在远东边区设立行政机构，加强管理的主要目的在于，建立、巩固、加强军警和官僚机器，维护沙皇和地主资产阶级在遥远的边区能够充分享受他们的利益。19世纪80年代前，位于远东地区的所有地方政府都归东西伯利亚总督管辖，但自1884年阿穆尔总督辖区成立后，这里的最高长官——阿穆尔总督不再听命于东西伯利亚总督，而直接听命于内务部，由沙皇亲自任命。历任总督有权指挥边区的全部武装力量，领导辖区内的民政机关，特别在与邻国发生外交交涉时还可以行使外交权。阿穆尔总督辖区下属各省的最高长官为省长，省长也拥有较大权力，能够监督行政机构的活动、任命官员、指挥军队等。

## 第二节 《中俄密约》与中东铁路的修建

随着俄国远东疆土的扩大，沙皇深刻意识到，必须通过铁路线将遥远的边疆地区与莫斯科建立起联系，才能确保这片土地永久归属俄国。修建西伯利亚大铁路的计划在俄国高层讨论多年，终于在1891年开始修建。这条从莫斯科到符拉迪沃斯托克总长9288千米的大铁路，至今仍是世界上最长的铁路线。当时，围绕这条铁路在远东东段如何确定走向问题几经周折。为了实现控制中国东北的目的，沙皇政府利用当时东北亚地区的特殊形势，决定修建一条取道中国东北境内的铁路。

## 一　中日《马关条约》的签订

明治维新后，日本走上了资本主义道路，开始对外侵略扩张，并确定了以中国为目标的"大陆政策"。而此时的清朝是一个希望通过洋务运动回光返照的老大帝国，政治十分腐败，人民生活困苦，官场中各派系明争暗斗、尔虞我诈，国防军事外强中干，纪律松弛；世界主要资本主义国家逐步向帝国主义过渡，日本的侵略行径在一定程度上得到西方列强的支持。1894年，朝鲜爆发东学党起义，朝鲜政府军节节败退，被迫向宗主国清朝求援，日本乘机也派兵到朝鲜，蓄意挑起战争。1894年7月25日，丰岛海战爆发，甲午战争开始，由于日本蓄谋已久，而清朝却是仓皇迎战，这场战争以中国战败、北洋水师全军覆没告终。清政府迫于日本帝国主义的军事压力，于1895年4月17日与日本签订了《马关条约》。

《马关条约》共11款，主要内容涉及4个方面：1.关于朝鲜独立问题：条约第一款规定："中国认明朝鲜国确为完全无缺之独立自主，故凡有亏损独立自主体制，即如该国向中国所修贡献典礼，嗣后全行废绝。"[①] 2.关于割地问题：条约第二款规定将辽东半岛、台湾岛及附属岛屿、澎湖列岛"永远让与日本"。3.关于赔款问题：条约第四款规定，中国应向日本交付2万万两白银赔款，分8次在年内交清。4.关于通商及其他问题：条约规定将沙市、重庆、苏州、杭州辟为通商口岸。《马关条约》规定将辽东半岛割让给日本，而辽东半岛恰恰是东北亚极为敏感的地区之一；规定2万万两白银的巨额赔款则是数倍于清政府的年度收入，"当时清政府年度财政收入仅为白银7000万两左右，而日本年度财政收入折合白银不到4600万两"[②]；通商口岸的开辟，使长江流域尤其是江浙两省成为开放地区，条约允许日本资本在中国通商口岸投资设厂，这在历史上前所未有。

甲午战争一方面使中国的国家利益受到严重损害，民族危机空前严

---

[①] 步平、郭蕴深、张宗海、黄定天编著：《东北国际约章汇释（1689—1919年）》，黑龙江人民出版社1987年版，第111页。

[②] 李秉衡：《李忠节公遗集》第10卷，第8页。

重,加深了中国社会半殖民地化程度;另一方面则使日本国力更为强大,得以跻身世界资本主义强国之列。《马关条约》签订以后,中国的辽东半岛和台湾都割给了日本,这对清朝统治者来说,真可谓是奇耻大辱,因为其祖先的陵寝之地就位于沈阳附近,距离辽东半岛不过二三百里。此外,2亿两白银的高额战争赔款,也让清廷无力支付。举目四望,谁能在危难时刻伸出援手助其渡过财政难关呢?俄国在这个时候挺身而出,在对华外交上表现出极大的主动性。其时,俄国正希望制造一个机会,扮演清廷"救世主"的角色,从而实现其独霸中国东北的梦想。

在俄国政府中,维特积极主张向中国借款,他认为此举可以达到控制中国的政治目的。虽然这一时期俄国正在修建横贯东西的西伯利亚大铁路,国库资金储备频频告急,而且又刚经受过1891—1893年的灾荒,无力在短期内筹措到大笔资金。但俄国政府仍向清廷允诺,会"筹良策"[①]助其渡过难关。所谓"良策"即由俄国出面,先联系德法两国,派联合舰队威胁日本,逼迫其放弃索取辽东半岛的图谋。甲午战争使原有的地区平衡被打破,俄、法、德等列强也不愿意看到日本在东北亚一枝独秀,因此三国一拍即合,联合起来共同干涉日本,将辽东半岛归还给中国。

在当时的局面下,日本由于羽翼尚未丰满,无力与多国抗衡,只好同意放弃辽东半岛。俄德法三国成功实现了"干涉还辽",清廷虽然赎回了辽东半岛,但代价是多支付3000万两白银。在三国与日本进行交涉的过程中,俄国扮演了一个为中国"打抱不平"的"救星"角色,让清廷大为感激,殊不知其最终目的是向清政府索取"报酬",从而为在中国扩大势力范围做铺垫。

能够让日本把到口的肥肉吐出实属不易,这让清廷朝野上下对俄国感激涕零,视俄国人为最可靠的朋友。但俄国财力有限,于是联合法国实施对华借款。1895年7月6日,清政府派代表与俄国4家银行和法国3家银行签订了借款协议,共获得4亿金法郎借款,年息为4%。俄法借款附有两项条款:1. 如中国不能如期还本付息,"许俄国以别项进款加保",并可另商加保证之事。这实际上含有给俄国以超出金融保证

---

① 许景澄:《许文肃公遗稿》第10卷,外交部图书处,1918年,第14页。

之外的政治条件的意义。2. 中国应允俄国不许他国干预中国财政的监督与行政之义务,"如中国给允他国此种权利,要准俄国均沾"[①]。由此可见,俄国成为中日战争的另一个大赢家。

俄国从19世纪中叶开始谋求向中国东北以及朝鲜半岛发展,一直未能顺利进行。甲午战争中它虽未动一兵一卒,却获得了诸多利益。尤其是通过干涉,不仅有力打击了日本伸向中国东北的触角,而且博得了清政府的好感。清廷中的很多官僚把俄国当成亲密的"盟友",俄国也为此得到了丰厚的回报:在中国尤其是在东北地区赢得了贷款、筑路、采矿、占地、伐木等各项权利,其中的筑路权更是沙皇俄国梦寐以求的。

## 二 《中俄密约》的签订

19世纪末,俄国在北方已经控制了波罗的海沿岸,从瑞典手中夺取了芬兰;在西方完成了对波兰的瓜分,对欧洲的进一步入侵遭到英、法、德等国的遏制;在南方发动了侵略伊朗的战争,克里米亚战争中被英法联军打败。在西、南方向进攻受挫的情况下,沙俄自然将目光转向受帝国主义势力影响较弱的东方,特别是贫弱的大清帝国统治下的中国东北地区。

早在19世纪80年代,在俄国政府征集的西伯利亚铁路设计方案中,海军上将科佩托夫的方案被认为最"与众不同",因为他提出了铁路东段取道中国境内的设计方案,即从俄国的伊尔库茨克到达恰克图后,进入中国境内海拉尔、齐齐哈尔、吉林和宁古塔,抵达乌苏里边区的尼科利斯克村。这一方案当时被认为是不间断横贯俄国东部地区的、最为节省资金的铁路走向。在众多铁路设计方案中,时任交通大臣的维特注意到科佩托夫提出的设计方案,并越来越倾向按这一方向修建西伯利亚大铁路的东段。

1891年,俄国开始修筑西起莫斯科、东达符拉迪沃斯托克的西伯利亚大铁路。1894年,铁路修建至外贝加尔路段的斯列坚斯克站,俄国人乘坐火车从欧洲直达太平洋岸边的梦想已经近在眼前。就在这时,

---

① 黄定天:《东北亚国际关系史》,黑龙江教育出版社1999年版,第195页。

用于选址的大量勘测数据表明，按照预计的阿穆尔线路，即从斯列坚斯克沿石勒喀河抵达波克罗夫斯卡亚镇、沿阿穆尔河北岸到达哈巴罗夫斯克、之后与乌苏里铁路连接的方案，铁路在敷设过程中会遇到相当多的技术难题①，因为途经地区地形险恶、资源匮乏、气候恶劣，不易施工。并且最后将阿穆尔铁路与乌苏里铁路连接起来的时候还会面临一个更大的难题，即从这两条铁路的走向来看，会合处的角度大于45°，在实际运营中这段铁路将非常容易损坏。②

此时关于赤塔—符拉迪沃斯托克铁路东段走向问题在俄国朝野上下有三种声音：第一种意见，主张遵照沙皇亚历山大三世的原计划，在俄境内沿着阿穆尔河（黑龙江）北岸曲折向前到达哈巴罗夫斯克之后，沿乌苏里江东岸向南与乌苏里铁路相接，最终到达符拉迪沃斯托克。第二种意见，是布里亚特—蒙古人巴德马耶夫提出的。他主张西伯利亚大铁路由赤塔转向西南，经过恰克图和张家口，直接修到北京。第三种声音，来自维特。他主张铁路借道中国东北北部的广阔平原及丘陵地带，直达符拉迪沃斯托克。这一方案将大大缩短工程的长度，节省巨额开支，还能在中国境内征召劳动力，最主要的是还能进而控制中国东北地区。维特在1892年即已从交通大臣提任为财政大臣，这为他的提议得以实现增加了筹码。维特认为，西伯利亚大铁路如果绕行黑龙江，沿外兴安岭下去之后要多走1000千米。而且路况、地质等方面的条件极其恶劣，不利于敷设铁轨。如果"改从南下斜贯满洲内陆，以接于乌苏里线，不惟施工较易，且可节省大量资金，缩短途程514俄里"③。也就是说，铁路须从赤塔进入满洲里，经过中国黑龙江省直接到达符拉迪沃斯托克。这里不仅地质和路况条件好，而且实现了俄国人深入中国、把中国东北地区变为"黄俄罗斯"的梦想。

1895年11月11日，维特向沙皇正式提出经过中国境内修建西伯利亚大铁路的建议。紧接着他又拟订了建筑满洲铁路的租让方案，于

---

① 宓汝成编：《中国近代铁路史资料（1863—1911）》，中华书局1963年版，第342页。

② Е. Х. Нилус. Исторический обзор Китайской Восточной железной дороги. Т. 1. Харбин，1923. С. 13.

③ 戴鞍钢、黄苇：《中国地方志经济资料汇编》，汉语大词典出版社1999年版，第926页。

12月9日呈递给沙皇并立即获得批准。① 正是由于维特的一直坚持，才最终有了《中俄密约》的签订和中东铁路的修建。在维特的计划中，政治及战略意义是修建取道中国东北境内铁路的真正动因。"从政治及战略方面来看，这条铁路将有这种意义，它使俄国能在任何时间内在最短的线路上将其军事力量输送到符拉迪沃斯托克，即集中于满洲、黄海海岸及离中国首都的近距离处。相当数量的俄国军队在上述据点的出现，一种可能性是大大增加俄国不仅在中国、并且在远东的威信和影响，并将促进附属于中国的部族和俄国接近。"② 由此可见，沙俄欲取道中国东北修建铁路的真实意图就是利用这条铁路为俄国的远东政策服务，成为向远东扩张的工具，从政治、军事、经济等各方面实现侵略中国的目的。

早在1895年5月，俄国交通大臣奏请沙皇批准"对满洲线路进行勘察"③。同年9—12月，在俄交通部的授意下，工程师斯维亚金和安德里阿诺夫各率一支勘察队擅自进入中国境内进行勘察。交通大臣对两支勘察队的最终考察结果进行了总结，指出：对于俄国来说，与原有设计的阿穆尔铁路相比，经过满洲境内修建的铁路具有四方面优势：第一，与绕道阿穆尔铁路的走向相比，总长度可以减少600俄里，从而大幅降低过境货物运输的成本。第二，满洲铁路走向途经阿穆尔南部地区，这里相对于阿穆尔铁路来说气候条件更良好，土壤更肥沃，而且拥有盛产粮食的松花江盆地。第三，满洲铁路线距离阿穆尔河较远，既不会使阿穆尔河运对铁路构成竞争，也不会撼动阿穆尔河运作为滨海地区最廉价的运输方式的地位。第四，修建这样一条途经中国的满洲铁路与修建阿穆尔铁路相比，后者不仅长度大，而且还须修建跨阿穆尔河的多条铁路桥，成本较高。因此，无论是铁路的修建运营，还是从经济意义来看，满洲铁路相对于阿穆尔铁路都具有绝对的优势。④

---

① 鲍里斯·罗曼诺夫：《俄国在满洲（1892—1906）》，陶文钊译，商务印书馆1980年版，第86页。
② 张蓉初：《红档杂志有关中国交涉史料选译》，生活·读书·新知三联书店1957年版，第169页。
③ 鲍里斯·罗曼诺夫：《俄国在满洲（1892—1906）》，陶文钊译，商务印书馆1980年版，第79页。
④ Е. Х. Нилус. Исторический обзор Китайской Восточной железной дороги. Т. 1. Харбин, 1923. С. 13 – 14, 41.

经过三国"干涉还辽"后,慈禧太后俨然视俄国人为"朋友",并产生了"联俄抗日"、利用列强之间的矛盾来维护自己利益的幻想。维特决定利用慈禧的这一心理,实现其"借地筑路"的庞大计划。在维特的计划中,下一步就是游说清政府同意借地修路了。1895年11月,维特向清政府驻俄公使许景澄提出取道满洲修建铁路的要求,但未得到回复。次年4月,俄国驻华公使喀西尼再次就此问题与清总理衙门进行交涉,也没有任何结果。

1896年6月,沙皇尼古拉二世举行加冕典礼,沙俄欲邀清廷派专使来参加。清政府本打算派王之春赴俄道贺,不料遭到俄国拒绝,并暗示要年事已高的重臣李鸿章前往。这一时期,李鸿章的外交思想已从一贯的寻求军事平衡的"以夷制夷"变成了"结强援",他认为俄国就是这个"强援",能够替中国在国际社会发出声音的"强援"。5月初,李鸿章一行到达俄国首都彼得堡,准备参加皇储的加冕典礼。俄方的欢迎仪式很盛大,给李鸿章接待的规格之高、礼仪之完善史无前例。此间,尼古拉二世特命财政大臣维特、外交大臣罗巴诺夫与李鸿章进行秘密谈判。跟随在李鸿章身边的是中国驻俄德奥荷四国公使许景澄。在谈判初期,李鸿章坚定地宣布,由于中国政府特殊的政治立场,俄政府提出在中国境内修建铁路的条约绝不可能实现。但是在历经长期谈判后,逐渐妥协。维特软硬兼施,劝说李鸿章"为维护中国领土完整","必须有一条路线尽可能最短的铁路,这条铁路将经过蒙古和满洲的北部而达福拉多(海参崴)"。① 并威胁说,如果不同意借地筑路,那么"俄从此不能相助中国矣",而且"将来英日难保不再生事,俄可出兵相助……"② 此时,衰微破败的清帝国已经很难在谈判桌上给予李鸿章和许景澄任何强有力的支撑了。

很快,李鸿章就与俄国签订了旨在抑制日本的《中俄密约》。谈判期间,俄方利用清政府部分官僚急于同俄国结盟的心理,把"借地接路"作为实现结盟的先决条件。为迫使李鸿章就范,俄方不断施加压力,威

---

① 维特、[美]亚尔莫林斯基:《维特伯爵回忆录》,傅正译,商务印书馆1976年版,第69页。
② 王彦威纂辑:《清季外交史料》,第121卷,书目文献出版社1987年版,第5116页。

胁讹诈,以中断谈判相要挟。后来竟然将单方面拟定的《中俄密约》稿本交与李鸿章。同时,沙俄还使用重金贿赂的伎俩,向李鸿章许诺,如果"接路"顺利进行,将付给其300万卢布酬金。李鸿章没有提出实质性的修改意见,就把稿本转呈光绪帝,并电催清政府准其画押。

1896年5月6日,李鸿章虽然不情愿但也最终被迫同意修建中东铁路,租让事宜由俄华银行承办。但财政大臣又发现如果直接由俄华银行负责中东铁路的修建和运营会有些不便,所以提出成立一个特别的股份公司,并且俄华银行要把铁路租让权转移给该公司。对此问题李鸿章没有提出异议,但他提出了归还铁路租让期的条件,还提出把这条铁路的名称从满洲铁路改为中东铁路。

1896年6月3日,中俄双方代表在莫斯科举行《中俄密约》(正式名称为《御敌互相援助条约》或《防御同盟条约》)签字仪式。该条约共六款,主要内容是:①日本如侵占俄国远东或中国以及朝鲜土地,中俄两国应以全部海、陆军互相援助;②非两国共商,缔约国一方不得单独与敌方议和;③开战时,中国所有口岸均准俄国兵船驶入;④为使俄国便于运输部队,中国允于黑龙江、吉林地方接造铁路,以达海参崴,该事交由华俄道胜银行承办经理;⑤无论战时或平时,俄国都可通过该路运送军队和军需品;⑥此约自铁路合同批准日起,有效期十五年。根据《中俄密约》第四条,同年9月8日,由中国驻德、俄公使许景澄与俄国副财政大臣、华俄道胜银行董事罗曼诺夫在柏林签订了《中俄合办东省铁路公司合同章程》(简称《中东铁路合同》)。《中东铁路合同》规定成立中国东省铁路公司,其章程照俄国铁路公司成规办理,还规定俄国享有修路占地、采林、开矿、免税等特权。至此,俄国获得了西伯利亚大铁路穿过中国东北直达符拉迪沃斯托克的特权。

《中俄密约》的签订,使俄国不费一枪一弹,实际上把中国东北变成了俄国的势力范围。这有利于俄国将侵略矛头进一步伸向华北及长江流域,巩固了沙俄在远东争夺霸权的地位。蒋廷黻在《中国近代史》中指出:"光绪二十二年的中俄密约是李鸿章终身的大错。甲午战争以后,日本并无短期内再进攻中国的企图。是时日本政府反转过来想联络中国,因为西洋倘在中国势力太大,是于日本不利的。维特的本意不是要援助中国,而是要利用中东铁路来侵略中国的,以后瓜分之祸,及日俄战争，《二十一条》，九一八，这些国难都是那个条约引发出来的。"①

### 三 中东铁路的修建

《中俄密约》签订期间，俄国已经确定了中东铁路的具体走向，即从俄国赤塔进入中国的满洲里，经海拉尔、齐齐哈尔、哈尔滨、牡丹江、绥芬河，再进入俄国境内，经双城子（乌苏里斯克）最终到达太平洋沿岸的符拉迪沃斯托克。这条铁路穿越中国北部地区，将西伯利亚大铁路的赤塔和符拉迪沃斯托克两地连接起来。然而，这还远没有达到沙俄企图控制中国东北全境的目的，特别是大连、旅顺的出海口最让沙俄垂涎。1897年11月14日，德国借口两名传教士被杀，占领山东胶州湾。此前，胶州湾已由清朝许为俄国舰队"过冬"港口。于是俄国以此为借口，同年12月占领了旅顺、大连。1898年3月27日，沙俄再次逼迫清政府签订《旅大租地条约》。同年5月7日，又签订《续定旅大租地条约》。两条约除了将旅顺、大连"租借"给俄国，还允许中东铁路公司修筑一条支线铁路，分别把旅顺、大连连接起来。至此，中东铁路成为一条主干线（满洲里—哈尔滨—波格拉尼奇内）加支线（哈尔滨—旅顺口和大连港）的"丁"字形铁路，全长2489千米。② 中东铁路以哈尔滨为中心，分东、西、南部三线，由6处同时开始相向施工（由哈尔滨向东、西南，由旅顺口、外贝加尔斯克、双城子向哈尔滨方向）。1898年6月9日，铁路开始修建，至1903年7月14日，中东铁路全线通车，历时5年整，耗资5亿卢布。

自1895年8月开始，沙皇政府就在未得到中方准许的情况下，擅自派人进入东北勘测路线。俄国勘测人员到处乱闯，自由行动，根本不听从清廷地方官员的管束。同年10月，沙俄又派出近百人的勘察队伍，分成四批，非法越过中俄边界，闯入齐齐哈尔、宁古塔、大兴安岭以及辽东湾等地进行实地测绘。《中俄密约》签订后，沙俄又多次组织包括铁路、矿山、建筑、军事和测量人员在内的勘测队在中国东北进行详细勘察，为向东北侵略扩张收集第一手资料。

---

① 蒋廷黻：《中国近代史》，上海古籍出版社2006年版，第60页。
② 郑长春：《中东铁路历史编年》，黑龙江人民出版社1987年版，第2页。

1897年初，经维特批准，中东铁路公司（董事会）召开会议决定任命尤戈维奇为中东铁路建设局局长、总工程师和总监工，С. В. 伊格纳齐乌斯为副局长、副总工程师和副总监工。尤戈维奇被授权负责勘测工作。他挑选了很多富有经验的工程师、技术人员参加勘测队，其中不少人曾在他的带领下刚刚建成梁赞—乌拉尔铁路。除此之外，尤戈维奇还挑选了一些熟悉中东铁路敷设施工特点的工程师，除参与修建乌苏里铁路的博恰罗夫和阿莫索夫外，还有铁路工程师 Н. С. 斯维亚金，他曾于1895年首次组织完成对满洲的考察，也是乌苏里铁路的主要参与建设者之一。除此之外，机械工程师 С. М. 瓦霍夫斯基、伐木工程师 К. Ю. 维别里等也奉命参与中东铁路的施工建设。随着勘测和施工进程的推进，瓦霍夫斯基和苏伊亚基诺两名工程师又先后被任命为中东铁路建设局副局长，共同协助尤戈维奇工作。建设局总部最初设在符拉迪沃斯托克，下设机械、技术、火车和船舶、电信、卫生及庶务六处，负责中东铁路全线的勘测和建筑工作。

整个中东铁路的走向，到1898年春天才最终确定下来。而对于线路的勘测，则伴随着整个工程的进行，直到1900年上半年才宣告结束。尤戈维奇、伊格纳齐乌斯穿越3000多俄里，仔细考察了整条未来的施工线路。勘测队首先在今哈尔滨的田家烧锅附近搭建了简易居所。由于缺乏地图和地形测绘图，勘测队不得不在路线勘测之前，定点进行地形测绘和天文测定，否则后续工作无法展开。为满足造船、铺路、建临时性桥梁及施工人员居住木屋的需要，共砍伐圆木80万根。从曲阜和天津等有相似地理环境的地方招募工人1.5万人。在乌苏里江沿岸的伊曼组装了40艘驳船和8艘轮船。

1897年8月28日，在中国小绥芬河右岸的三岔口附近，举行了中东铁路的开工典礼。出席典礼的有三岔口地方中国官员，以总工程师尤戈维奇为首的中东铁路建设局官员，还有乌苏里铁路管理局局长霍尔瓦特上校、符拉迪沃斯托克地方官员、乌苏里驻军代表和法国驻符拉迪沃斯托克舰队司令等人。1898年5月28日，中东铁路正式开始修建。6月9日，第一批建设人员进驻中东铁路工程局。中东铁路公司将这一天确定为中东铁路的纪念日。后来，俄国人也把这一天作为哈尔滨这座城市的诞生日。

中东铁路的筑路工程采取以哈尔滨为中心,向东、西、南三个方向同时施工,并且从这三个方向的终点——乌苏里斯克、外贝加尔斯克和大连向哈尔滨对向施工的方式。根据整体修建规划,最先要完成敷设南线铁路——自旅顺口至哈尔滨的铁路线;之后结束的是东部路段——自哈尔滨至乌苏里的铁路线;最后建设西段——自哈尔滨至外贝加尔斯克的铁路线。东西干线从满洲里到绥芬河还被划分为13个工区,哈尔滨至旅顺口的支线铁路则被划分为6个工区。每个工区都任命了全权负责的工程师,他们统一听从建设管理局的指挥,按照规定的施工时间表推进铁路敷设。为确保施工连续性,建设管理局严格规定了每个路段的开交工日期、桥梁等各大型建筑设施的完工日期、工程所需工人和技术设备数量等,还明确了每个路段的负责人及施工队伍。

1898年夏,中东铁路全线开始施工。由于是在境外施工,对人员、资金、技术、设备的要求比在俄国本土施工更高。沙俄政府对每一路段的工程师进行了严格挑选,加之从中国内地招募了大批筑路工人,因此施工进展速度惊人。至1900年6月东北地区义和团运动兴起之前,已经敷设铁轨1300俄里。[1]

中东铁路的修筑必须拥有一支有纪律、认真负责的工程师队伍。完成勘测工作后继续留下来施工的工程师们成为尤戈维奇最得力的助手,还有部分工程师在参加完乌苏里铁路建设后直接投入中东铁路施工中。此外,总工程师还从欧俄招募了一些长期从事铁路建筑业的工程师和技术人员,他们工作经验丰富、服从指挥,成为铁路建设的技术骨干。

早在1897年俄国人第一次勘测中东铁路西部线路时,就曾提出要打通一条穿越大兴安岭的隧道。但要想穿过它,必须在隧道东面的雅鲁河谷地中修建一条螺旋形展线,逐渐加高路基,这样才能让来自哈尔滨方向的火车经过7千米的绕行之后进入隧道,施工难度可想而知。可以说,隧道工程是整个中东铁路修建中的最大难关。1901年,兴安隧道工程在中东铁路第四工段工程师博恰罗夫的主持下全面展开。为了加快进度,博恰罗夫设计隧道上方开凿了一系列竖井,竖井内部使用了电动

---

[1] Е. Х. Нилус. Исторический обзор Китайской Восточной железной дороги. Т. 1. Харбин, 1923. С. 122.

升降机。他还提出在已经完工的隧道内使用窄轨火车作为运输工具,使得兴安隧道得以按时完工。

除具有指挥才能外,很多工程师还技艺高超,富有创造能力。例如,为中东铁路运输建材而专门从欧洲定制了一批船只,当船只配件运抵装配地后,工程师瓦霍夫斯基可以快速地组装和加固船舶,他的这一技能甚至使外国工程师佩服不已。在铁路施工前期,瓦霍夫斯基领导组装完成18艘轮船、4艘小型舰艇、40艘钢制驳船和20艘木制驳船、1艘挖泥船。除船只外,他还带领技术人员在伊曼和哈巴罗夫斯克组装完成170辆货运机车、38辆坦克机车、3000个货运车厢等。[1]

哈尔滨是组织各路段施工的行政管理中心,这里设有中东铁路建设局。1898年和1899年,在施工大规模展开时,中东铁路建设局把远离指挥中心、临近边界线的路段划分为几个分管部门,包括满洲里站和博克图站之间的西段——1899年1月1日开始由博洽罗夫负责,波格拉尼奇内和牡丹江之间的东段——1899年1月1日起由斯维亚金负责(自他完成尼科利斯克支线敷设后开始接手),旅顺口至铁岭之间的南段——1898年5月1日开始由吉尔什曼负责。这一分管部门施工格局一直持续到1901年,它对加速铁路末端的施工起到很大促进作用。1901年末,被义和团运动摧毁的路段基本重修完毕,逐渐建立起整条线路的交通联系。此后分管部门负责的权限被撤销,各路段的建设者们直接听从总工程师的调遣。1902年,全部地面工程和大部分建筑设施完工,在建施工路段数量大幅降低,铁轨已经深入许多原来交通很不发达的地方,敷设铁路长度300多俄里。

由于筑路资金紧张,又必须保证按时通车,建设管理局在施工中只能允许敷设一些临时性路段,桥梁等固定设施也可以建成临时性的。临时线路可以比规定的走向有所偏离,但不能妨碍铁轨的最终走向。为了节约资金,有时个别路段敷设的枕木数量低于标准数值,甚至使用一些质量低劣的临时枕木。

哈尔滨作为施工建设的指挥中心,担负着向各施工路段供应建筑材

---

[1] Е. Х. Нилус. Исторический обзор Китайской Восточной железной дороги. Т. 1. Харбин, 1923. С. 67.

料的任务。这些建筑材料大部分来自符拉迪沃斯托克，经由乌苏里铁路运输到哈巴罗夫斯克，再经轮船转运到哈尔滨。用于中东路的机车、车厢、铁轨、固件等筑路材料，大部分订购于美国费城，经海路运抵符拉迪沃斯托克、旅顺口、营口等海港。还有部分车厢、桥梁构件是1900年沙俄参加八国联军镇压北京、天津等地义和团运动时，从山海关铁路等拆卸和劫掠而来，之后经海路运抵旅顺口。

1900年5月，中东铁路西线哈尔滨至满洲里之间的第一座桥梁——第一松花江大桥开工修建，全长949.185米，是中东铁路跨度最大的单线铁路桥。由中东铁路工程局桥梁总工程师连多夫斯基亲自督建。与此同时，嫩江大桥、另一座松花江铁路桥和兴安岭隧道也都开工修建。此外，营口、大连码头也在加紧建设，以便存放铁路建筑材料等。沙俄还先后在瓦房店等地开始了采煤工程，敷设了与南满支线相连接的铁路专用线，将开采的煤炭运输到东北各地乃至俄国。

1901年4月15日，扎兰屯迎来了从哈尔滨驶来的第一辆火车机车。9月，在财政大臣罗曼诺夫抵达之前，铁路已经绕过兴凯湖抵达乌努尔。此时外贝加尔铁路的负责人、工程师普舒奇尼科夫接到交通大臣的指令，要求他在最短时间内把铁路线敷设到满洲里车站，使西线铁路的铁轨尽快闭合。显然这是沙俄政府出于战略考虑，想方设法使铁路线尽快贯通，从而实现军队和物资的运输，使其在华权益最大化。1901年11月3日，西段铁路线在临近乌努尔站的303俄里处闭合，整条中东铁路开始全线临时通车。

20世纪初，中东铁路及其附属建筑设施陆续完工，松花江、嫩江、牡丹江、浑河等7座铁路桥和兴安岭隧道、车站、大连港、铁路附属工厂等相继投入使用。1903年7月14日，中东铁路全线竣工，正式通车和运营。中东铁路建设局将整个中东铁路正式移交给管理局，前乌苏里铁路管理局局长霍尔瓦特上校出任中东铁路管理局局长。

绵延2000多千米的铁路工程，只靠俄国的建筑工人显然无法完成。施工地最初只有少量的中国劳工，后来需求人数越来越多，仅凭当地的劳动人口，根本无法满足工程对劳动力的巨大需求。开工之初，中东铁路副总工程师亲自去天津、曲阜、上海和烟台等地，大量招募中国筑路工人。随后，为修筑铁路的主干线，再次从内地招募了数以万计的劳工。到1900年6月，中国筑路工人人数已经达到17万之多。[①] 在中国劳工中，既有之前参与过乌苏里铁路修建的熟练工，也有很多人没有筑路经验，须手把手地教。但中国工人凭借吃苦耐劳的精神，很快便熟悉并适应了繁重的筑路工作。他们主要从事土方工程、爆破、铺设枕木等工作。他们当中的很多人最后留在了东北地区。

沙俄对中国劳工进行残酷地剥削和压榨，俄国监工和护路队用皮鞭驱赶着他们从事最艰苦的劳动，而他们却经常食不果腹。沙俄侵略者只付给中国筑路工人微薄的工资，甚至每天每人只给10戈比的生活费。如此之少的工资还常常被克扣，富拉尔基的中国筑路工人因向中东铁路管理局讨要工资而被沙俄军警残酷"枪毙多名"。由于工作异常繁重、生活条件极其恶劣，加之铁路沿线经常暴发疫病，大量的中国筑路工人惨死在铁路施工地。

由于义和团破坏了大量路段铁轨，俄当局担心中国劳工不会再参与中东铁路建设，遂决定从俄国内招募劳工前来筑路。1901年，从伊尔库茨克、布拉戈维申斯克、赤塔、上乌丁斯克等地招来大批俄国劳工，但他们不如中国劳工吃苦耐劳，常常抱怨工作辛苦，要求提高工资，还常常酗酒斗殴。稍微繁重一些的工作，俄国劳工都不愿承担，有的人甚至连最简单的铺枕木的工作都不愿去做，于是部分劳工不得不返回俄国。在中东铁路西线上、靠近外贝加尔路段的地方从事挖土工程的是一群哥萨克人，他们举家来到施工地，用马匹运输泥土。虽然他们的工作方式与众不同，但他们的工作效率很高，为铁路修建发挥了重要作用。

随着义和团运动影响减弱，曾参加过铁路建设的中国劳工陆续返回工地。他们已经习惯了这份工作，并把自己未来一段时间的规划托付于此。如果不是他们重新参与铁路敷设，那么施工进度将更加缓慢。

中东铁路是俄国政府在境外修建的一条铁路，距离俄中心地区遥远，在铁路修建过程中必然产生许多预算外支出。中东铁路全长2377俄里，[②] 共花费2.53亿卢布，[③] 每俄里建设成本10.66万卢布。其中主

---

[①] 李济棠：《中东铁路——沙俄侵华的工具》，黑龙江人民出版社1979年版，第68页。
[②] 1俄里=1.0668千米。
[③] 1897年时1卢布=1/15帝俄金币=17.424金卢布。

干线（满洲里—哈尔滨—绥芬河）长 1380 俄里，南部支线（哈尔滨—长春—旅顺口）980 俄里，大连支线 9 俄里。此外，补充性支出共 1.57 亿卢布，其中用于改善中国境内河流通航状况支出 1032.1 万卢布，铁路维护和驻军开支 4629.3 万卢布，义和团运动造成的损失折合 7000 万卢布，建设大连及其贸易码头投入资金 1885 万卢布，中东铁路海运公司支出 1142.7 万卢布。由此可知，俄国投入中东铁路资金共计 4.10 亿卢布（仅指国库资金，不包括私人投资资金），平均每俄里投入 17.26 万卢布。①

显而易见，沙俄打着"缩短西伯利亚大铁路长度"的口号在中国东北境内修建了中东铁路，名义上是为了节省建筑资金，而实际上却为此支付了更多的金钱。根据计算，俄国之后修建的阿穆尔铁路平均每俄里花费 15.71 万卢布，明显低于中东铁路的 17.26 万卢布。沙俄政府之所以要修建取道中国境内的中东铁路，显然有更深层次的政治目的，即俄国资本家对参与列强瓜分中国和朝鲜的争斗兴趣浓厚。1896 年成立的中东铁路公司负责铁路的敷设，该公司的最大股东是华俄道胜银行。鉴于中东铁路的战略作用，沙俄政府对铁路的修建全程监管，并为其运营亏损给中东铁路公司相应补偿。

对于俄国来说，建设西伯利亚大铁路共花费近 15 亿金卢布，如不修建中东铁路，本来可以节省 29%（近乎 1/3）的资金，用这些资金发展阿穆尔河沿岸地区和滨海地区的工业和贸易、推动向远东的移民运动，那么会使俄东部边区的面貌大为改观。但当时沙俄不断膨胀的扩张意图，使政府中的实权派做出修筑中东铁路的决策，让本已捉襟见肘的国库付出了更大的代价。

## 第三节　俄国的远东移民

### 一　移民运动的历史阶段

通过 1858 年《瑷珲条约》和 1860 年《北京条约》，沙皇俄国从清

---

① Справочник транссиба. Цена транссиба для российской нации. http://www.transsib.ru/cat-value.htm.

政府手中夺取了黑龙江以北、乌苏里江以东100多万平方千米土地。为尽快在新占领土地上站稳脚跟，沙俄政府意识到必须向这里大量移民，加快经济开发的步伐。1860年，沙俄在滨海南部建立了几个哨卡，包括阿穆尔湾的符拉迪沃斯托克哨卡和波谢特湾的诺夫哥罗德哨卡，以加强边防力量。从19世纪60年代初期开始，俄国政府将土壤肥沃、适宜耕作又与中国相邻的远东南部地区辟为重点移民区，由此拉开了向俄国远东南部地区移民的序幕。

农奴制改革后至19世纪末的近40年内，来到远东地区的移民人数仅为11.7万人，其中农民占80%以上，哥萨克和非农业居民各占9%左右。这一时期远东的移民运动经历了陆路和海路两个阶段。

（一）陆路移民阶段（1861—1881年）

19世纪60年代，俄国政府将远东地区辟为重点移民区，采取优惠政策吸引欧俄地区的移民前来定居。但是向这一广袤地区移民需要大量资金和很长时间，更重要的是要有法律保证。1861年3月26日，沙皇批准了《关于俄国人和外国人在阿穆尔省、滨海省定居条例》。其主要内容有：不少于15户家庭的俄国或外国移民村社，每户移民可得不超过100俄亩的土地；位于乌苏里江上游的地段归整个移民村社永久或长期使用等。① 在其他地区，划拨给移民村社的地段可作为私产或无偿使用20年，但无权出售或转让。移民也可以按每俄亩3卢布的价格将分得的地块购为私有。1882年1月，该《关于俄国人和外国人在阿穆尔省、滨海省定居条例》有效期延长10年，期满后又再次延长了10年。

1861年4月27日，俄政府又颁布一项法令，进一步扩大了远东移民的优惠政策。根据该法令，所有自费迁移到远东的人可免除10次征兵服役义务、终身免除人头税，但须在法令颁布之日起的20年后缴纳土地税。

滨海地区并入俄国后，俄行政当局立即在该地区设立了管理机构，建立了许多边境哨卡并开始组织俄国人向远东移居，实现了对新占领土

---

① В. М. Кабузан. Дальневосточный край в 17 - начале 20 вв. （1640 - 1917）Ист. - демогр. очерк. М. , 1985. С. 60.

地的全面控制。早在1862年乌苏里江沿岸就有29个哥萨克镇,共住有5000余人,他们是被沙皇迁往远东的早期移民。

尽管1861年出台的这两项鼓励向远东地区移民的法令十分优惠,但由于远东地处偏远、气候条件恶劣、交通不便,并没有吸引太多的俄国移民前来定居。19世纪60年代,15万—20万欧俄农民越过乌拉尔山来到西伯利亚地区,大部分移民在途中定居下来,只有一小部分移民到达东西伯利亚,最后能够来到远东地区的所剩无几。19世纪70年代,来到滨海边区的俄国移民共计112户、550人。① 1861—1881年,只有16843人迁移到远东地区,年平均移民802人。②

这一阶段远东移民运动有两个特点:一是移民的迁移带有自发性;二是移民规模较小、人数较少。造成这种状况的主要原因是:第一,沙俄政府虽然制定了向远东移民的优惠政策,却没有进行有效的组织和管理,也没有给予移民实质性的帮助。这主要是受农奴制改革不彻底的影响,沙俄贵族担心欧俄农户迁往东部地区后会造成欧俄农业省份劳动力外流,直接损害地主的利益。因此,政府并没有大张旗鼓地动员农户移民。而农奴制残余使欧俄农民缺少外出的自由,很难实现真正移居他乡。第二,远东距离欧俄地区过于遥远,交通不便、路费昂贵使很多有移民意愿的农户望而却步。从欧俄到远东须经过数千千米的跋涉,全凭马车运送要消耗极大的人力和财力,许多家庭无力承担长途跋涉的费用,在越过乌拉尔山后即选择在西西伯利亚适于耕种的地方定居下来,有少部分移民继续东迁,在东西伯利亚土壤肥沃的空闲地居住下来,最后能来到远东并在此定居的移民少之又少。据统计,这一时期在远东定居下来的人数仅占整个西伯利亚移民总数的3.84%。

(二)海路移民阶段(1881—1900年)

受农奴制残余影响,19世纪80年代以前的远东移民成效并不显著。除前述原因外,从战略上看,沙俄政府虽然意识到向远东移民的重要性,但并没有真正重视对这片新占领土的控制。19世纪70年代发生

---

① Ф. В. Соловьев. Китайское отходничество на Дальнем Востоке России в эпоху капитализма (1861–1917 гг.). М., 1989. С. 11.

② 王晓菊:《俄国东部移民开发问题研究》,中国社会科学出版社2003年版,第116页。

在中国新疆的"伊犁事件"才使沙俄政府真正意识到边疆移民的迫切性。60年代,浩罕国①派兵侵入中国新疆,占领喀什噶尔。沙俄借口"安定边境秩序",悍然向中国伊犁地区出兵,企图把新疆从中国分离出去。在清朝官民的一致抵御下,清军击退俄军的多次进攻,收复除伊犁以外的新疆地区。1881年,两国签订《中俄改订条约》,中国收回伊犁地区及其南境的领土,但霍尔果斯河以西的领土被俄国割占。这次事件使沙俄政府意识到,要想牢牢控制住新占领的远东地区,必须迅速增强远东的防务。为了保障远东军队的粮食供应,必须尽快建立起粮食生产基地,为此迫切需要增加该地的农业人口。

向远东地区移民的一个主要障碍是交通不便。19世纪80年代以前,能够到达远东地区的只有纵横交错的河道和路况十分糟糕的莫斯科—西伯利亚驿道。欧俄居民若想移居远东,必须穿越人迹罕至的西伯利亚大地,这对移居者的体力和意志力都是一个巨大考验。

修建铁路移民显然是最好的方式,但铁路敷设到远东至少需要几年甚至更长的时间,于是通过海路运输移民成为首选的方式。远东地区临海的地理位置也为实现海路移民提供了便利条件。经海上环球航线运送欧俄移民来到远东地区,是最经济、最便捷的迁移线路,移民们在很短的时间内就可抵达目的地。1879年,沙俄政府指派的下诺夫哥罗德号轮船将发配到萨哈林岛的大批流放犯运抵远东,首次实现了从欧俄到远东地区海路运送人口的试验。1880年,莫斯科号轮船开辟了黑海港口敖德萨至符拉迪沃斯托克的航线,从此远东与欧俄之间有了较为便捷的交通联系。欧俄的农民、商人等若想到达远在东北亚的远东地区生活、定居,已不再需要长途跋涉,轮船成为他们的首选交通工具,由此开始了远东海路移民的新时期。

为加强俄国在太平洋沿岸的影响,19世纪80年代初沙俄政府采取了一系列旨在增加滨海省和阿穆尔省人口的措施,并加大了对省行政机关的监管力度。为尽快实现欧俄人口向远东地区的迁移,1882年俄国颁布了《关于向南乌苏里边区官费移民法令》,给移民提供了更为优惠的政策。该法令规定:第一,为了降低移民的开销决定采取海路移民,

---

① 18世纪初乌兹别克人在中亚地区费尔干纳盆地建立的封建汗国。

并且政府还提供补助。自法令公布第二年起的三年内,每年从欧俄各省经海路迁移250户移民到南乌苏里。每户可得100卢布安家费、2匹马或2头牛及初播种子和农具等,无须偿还。第二,在符拉迪沃斯托克设立专门的移民局负责移民的挑选、运送及安置工作。移居者若曾拖欠未缴税款和赎金,可以一律予以免除。政府还给予移民在迁入地免除赋税、徭役,拨给可以廉价购买的土地等优惠。第三,为了吸引更多的移民,从1887年起,该法令的资助范围扩大,规定经海路自费移民也可得到部分优惠待遇,并可获得政府提供的安家贷款,分33年还清。免除移民拖欠的税款和赎金,为移民提供路费、粮食、安家费及农具等。第四,从1881年起,政府资助越过西伯利亚迁往远东的移民,并于1889年将这一规定变为永久性法律。①

与1861年《关于俄国人和外国人在阿穆尔省、滨海省定居条例》相比,这一官费移民法令在提供更多优惠条件的同时,加强了对移民的资助和组织。为使该法令能够吸引更多的欧俄移民,政府还制定了许多具体措施,如为调节移居者的性别比例鼓励妇女迁入远东、为移民提供医疗保障、推广新式农机具等。《官费移民南乌苏里边区法令》是一项鼓励俄国中部地区居民向南乌苏里边区经海路移民的法令。它大大促进了滨海省俄国居民人数的增长,由1881年的29225人增至1905年的240189人,增长了7倍多。同样,阿穆尔省人口也出现大幅增长,由1881年的38483人增至1905年的142369人,增长2.7倍。由此可见,20世纪初以前在远东定居的主要还是俄国人。②

为维护俄国中部省份地主阶级的利益,俄国内务部将乌克兰一些省份的农民作为向远东移民的首选对象,主要包括切尔尼戈夫、波尔塔瓦、哈尔科夫等省农民。这是因为在这些省份占统治地位的是个体农业,农民对地主的人身依附关系没有中部省份那样牢固,农民在必要情况下有权出售自己的份地。另外,乌克兰的这几个省份靠近俄国南方港口,这里农民缺少土地和人口过剩问题比较突出,向地处偏远的远东输

---

① 修伟:《十月革命前俄国移民政策刍议》,《东北史地》2013年第6期。
② В. М. Кабузан. Дальневосточный край в 17 - начале 20 вв. (1640 - 1917) Ист. - демогр. очерк. М., 1985. С. 7.

送农民，可以缓解当地地主与农民的矛盾。在政府的组织下，大批乌克兰人移居到远东地区。到1897年，远东地区的乌克兰移民已经达到6.15万人，占远东人口总数的6%，而这一时期乌克兰移民在西伯利亚人口中所占的比重是4%。[1]

为对来到远东地区的移民进行组织、管理，1882年俄国政府在符拉迪沃斯托克设立了南乌苏里移民局。移民局在成立之初只负责南乌苏里边区的移民事务，随着定居远东的移民人数不断增多，管辖范围也逐渐扩大到整个远东南部地区。1899年，俄国政府对南乌苏里移民局进行改组，还增加了为移民分配土地的土地丈量员。此外，自1896年起，俄国政府开始在布拉戈维申斯克指派移民事务专员，负责向移民户发放少量贷款和生产工具。政府这些有计划组织移民的活动便于对新移居户进行管理，为移民运动提供了保障，也使更多欧俄移民愿意选择远东地区作为他们未来的居住地。

第一批前往远东的海路移民始于1883年。海上航行的路线始自敖德萨，途经阿尔及利亚的赛伊达和索马里的瓜达富伊角，之后到达斯里兰卡首都科伦坡、新加坡，至台湾岛南端，再由日本长崎直抵符拉迪沃斯托克，全程需要40多天。

1883—1885年，俄政府积极组织官费移民，经海路到达南萨哈林的官费移民为4698人，政府花费达100余万卢布。政府组织官费移民只是为了起示范作用，经过定居远东的欧俄移民的口口相传，又有大量自费移民选择移居远东。政府对自费移民同样持鼓励态度，为此于1882年1月26日颁布了专门的移民条例。其内容与1861年3月26日颁布的移民条例基本相同。不同之处在于，原来给予全部移民（包括外国人在内）的优惠仅限于俄国人才可享受。自费移民须缴纳600卢布作为在远东安家的抵押金。1885年，有45户自费移民随官费移民一同沿海路抵达远东地区。第二年，海路自费移民增至131户。[2] 为鼓励自费移民，从1887年起，俄国政府规定海路移民可以获得政府提供的

---

[1] 王晓菊：《俄国东部移民开发问题研究》，中国社会科学出版社2003年版，第119页。

[2] ［俄］翁特尔别格：《滨海省（1856—1898）》，商务印书馆1980年版，第73页。

安家贷款,但须分33年还清,此外还可以得到部分官费移民享受的优惠待遇。

由于俄国政府的多种鼓励向远东移民政策,加之欧俄农民土地缺少问题日益严重,自19世纪80年代起,远东出现移民人数大幅增长的浪潮。1882—1901年,迁来远东地区的共99773人,[①] 平均每年近1万人。在海路移民时期,南乌苏里一带因距离海岸线较近一跃成为远东的主要移民区。到20世纪初,仅南乌苏里边区俄罗斯人已逾4.6万,他们主要聚居在兴凯湖附近的平原与绥芬河河谷地带。

1891—1892年欧俄地区发生饥荒,严重的饥荒致使大范围的农民骚动经常爆发。动荡不安的社会和饥饿迫使大批移民背井离乡来到远东定居,移民人数大幅增加。1891—1901年,来到远东的移民年均人数达7372人,是80年代年均移民人数的2.8倍。在这些移民中,来自乌克兰的占75.5%,来自白俄罗斯的占10.5%,来自中央农业区的占8.1%,其他地区的占5.9%。[②]

在海路移民阶段,远东移民运动的特点可以概括为以下四点:首先,移民的来源地范围扩大。移民主要来自遥远的乌克兰各省,尤以波尔塔瓦省为最多,来自西伯利亚中、西部地区的移民次之,此外还有来自白俄罗斯各省以及中央农业省份的移民。其次,移民呈现规模化。在这一时期,远东地区年接收移民2605人。特别是在1883—1901年,共有55208户移民经海路迁移到南乌苏里边区,其中7029户(占12.7%)为官费移民。再次,远东移民的定居地发生了改变。海上移民线路的开辟使得临近海洋的南乌苏里边区成为移民的首选聚居地,阿穆尔省则退居其次。最后,俄国政府开始有计划有组织向远东地区移民,并给予相应政策扶持。官费移民具有示范作用,目的是带动更多人迁移到远东。

经过近40年的移民,远东人口大幅增长。新到来的移民在远东建起了众多居民点,开垦了大片土地,加速了远东农业生产的发展,特别

---

① История Дальнего Востока СССР в эпоху феодализма и капитализма ( 17 в. - февр. 1917 гг. ). Т. 2. М., 1991. С. 33.

② 王晓菊:《俄国东部移民开发问题研究》,中国社会科学出版社2003年版,第122页。

是土壤肥沃的阿穆尔省成为远东地区的主要粮食产地。远东地区森林茂密、海洋渔业资源丰富，经过移民的辛苦劳动，渔业和木材采伐业快速发展，同时畜牧业和各种手工业也都获得不同程度发展。到19世纪末，远东地区已经形成了7个较大居民点，其中符拉迪沃斯托克成为大型贸易港口，哈巴罗夫斯克发展成为远东的商业中心。由于"数以百万计的农民流入西伯利亚，成为西伯利亚资本主义农业和工业迅速崛起的主力军，在修筑铁路、开发矿产、农业和畜牧业等方面发挥了主导作用"[①]。与此同时，沙俄在这一时期也逐步完成了对远东的有效控制。

## 二 远东开发中的外国移民

在远东地区，除来自欧俄及西伯利亚中西部地区的移民外，还有一定数量的外国移民。他们对这一时期的远东开发功不可没。1861年《关于俄国人和外国人在阿穆尔省、滨海省定居条例》鼓励外国移民来到远东，此后临近远东地区的东北亚国家的移民人数增多。

### （一）中国劳工

赴俄的中国劳工出现于19世纪60年代。随着沙俄在远东的侵略扩张，原本在这些地区居住的中国人和来自内地的季节工再也不能在这里自由垦殖或从事渔猎生产。于是，他们成了"赴俄华工"或者"中国劳工"。他们的出现是伴随着沙俄掠夺中国领土而产生的。

清政府在与英法战争失败后，废除了禁止中国人出国打工的条令，允许西方殖民主义者前来招募华工。俄国远东与中国仅一江之隔，彼此间有着传统的经济往来。借助便利的地理条件，大批中国人越过黑龙江、乌苏里江进入俄国的阿穆尔河沿岸地区和滨海边区谋生。赴俄中国劳工绝大部分来自东北地区，此外，也有来自山东、河北、山西、安徽等地的破产农民。他们在远东从事一些基础设施和军用设施的建设，如兵营、碉堡、军港和铁路等工程。华工赴远东地区通常是通过俄国驻中国代办处组织起来的，也有三五成群自发前往的。一般情况下，中国劳工乘船经符拉迪沃斯托克或者乘坐火车经满洲里到达俄远东地区。

---

① 刘爽：《西伯利亚移民运动与俄国的资本主义化进程》，《学习与探索》1995年第2期。

19世纪下半叶，为缓解远东劳动力短缺问题，沙俄政府曾几次招募中国劳工赴俄。沙俄政府认为，在华工的参与下，不仅可以加快远东开发步伐，还可以借此压低本国工人的工资。当时赴俄中国劳工的生活状况十分悲惨，居住条件和劳动条件极端恶劣，有时甚至连人身安全都无法保障。中国劳工的工资仅相当于从事同种工作的俄国工人工资的60%。

中国赴远东的劳工大部分是季节性工人。他们每年春天从家乡出发，经过大半年的辛苦劳作，新年前夕返回家中。通常，华工的年收入为150—300卢布，比在国内的收入高出1—2倍。在工作一年或几年后，他们就会选择返回故乡。中国劳工在远东结婚定居和皈依东正教的人数不多。中国劳工中女性所占比例极小，大部分都是单身的男性。

由于中国劳工流动性较强，所以很难精确统计他们的实际数量。И. П. 纳达罗夫受命对这一时期乌苏里边区的中国移民情况进行了专门研究。根据他的研究，19世纪60年代进入符拉迪沃斯托克的中国人为数不多，1868年仅有18人。自70年代起，这里的中国人数量急剧增加，1871年为50人，1872年为99人。1873年，西伯利亚军区舰队基地从阿穆尔河畔尼古拉耶夫斯克迁至符拉迪沃斯托克，海港的建设需要大量劳动力，吸引中国劳工的数量每年增加110—205人。到1879年，符拉迪沃斯托克共有1196名中国人，1884年增至3000人。包括符拉迪沃斯托克在内的乌苏里边区，1885年中国常住人口数量超过1万、流动人口数量为4000人，而这里的俄国居民为3万左右。也就是说，乌苏里边区的俄国人与中国常住人口之比为3∶1，加上流动人口则为2∶1。[1]

1870年以后，每年有500多名中国人进入俄境。[2] 截至1881年，滨海和阿穆尔地区的中国人总数为15288人。[3] 1898年1月，符拉迪沃

---

[1] Т. Н. Сорокина. Хозяйственная деятельность китайских подданных на Дальнем Востоке России и политика администрации Приамурского края（конец 19 - начало 20 вв.）. Омск, 1999. С. 36 - 37.

[2] ［美］安德鲁·马洛泽莫夫：《俄国的远东政策（1881—1904年）》，商务印书馆1977年版，第13页。

[3] Ф. В. Соловьев. Китайское отходничество на Дальнем Востоке России в эпоху капитализма（1861 - 1917 гг.）. М., 1989. С. 38.

第四章　19世纪俄国在黑龙江流域的扩张与远东开发

斯托克、哈巴罗夫斯克、尼古拉耶夫斯克、南乌苏里等地的中国人共计29284人。① 显然，这些数字中包含的只是在远东地区长期居住的中国人，而流动人口并没有被统计在内（见表4—1）。

表4—1　　1886—1900年俄远东的中国人数量统计　　单位：人

| 年份 | 阿穆尔省 | 滨海省 | 外贝加尔省 | 总数 | 增长（减少）（%） |
| --- | --- | --- | --- | --- | --- |
| 1886 | 14500 | 1300 | — | 27500 | — |
| 1891 | 14891 | 18018 | 300 | 33209 | +21 |
| 1893 | 20272 | 8275 | 321 | 28868 | −13 |
| 1900 | 15106 | 3600 | 695 | 51801 | +83 |

资料来源：Т. Н. Сорокина. Хозяйственная деятельность китайских подданных на Дальнем Востоке России и политика администрация Приамурского края（конец 19 - начало 20 вв.）. Омск，1999. С. 58.

从表4—1可以看出，19世纪80年代至20世纪初，远东的中国人数量变化呈现较大波动。这是由中俄两国国内政治环境、俄国对华及华人政策等方面的因素决定的。概括起来主要有以下几个原因：第一，19世纪末至20世纪初，中国历史上发生了许多重大事件，例如1894年的甲午战争、义和团运动、俄国军队出兵东北等，都给中国北方省份，特别是东北和山东人民带来深重灾难，广大农民难以维持生计，许多人不得不背井离乡，踏上远赴俄国的谋生之路。第二，沙俄为了在远东地区站稳脚跟，进行了一系列促进该地区开发的大型工程，比如修建西伯利亚大铁路、建设符拉迪沃斯托克军港、开采阿穆尔河沿岸金矿等。这些大型项目的实施都需要大量劳动力，远东当地劳动力本来就短缺，因此须从邻近地区招募劳工，于是出现了19世纪末期在远东的中国劳工人数大幅增加的状况。第三，处于没落阶段的清政府在东北边界有边无防，许多中国矿工迫于生计赴俄做佣工。据文献记载，漠河金矿"官与民争利，小民无利可图……所以数年前

---

① [俄] 翁特尔别格：《滨海省（1856—1898）》，商务印书馆1980年版，第281页。

商人矿丁尽行迫入俄界金厂，除俄界华侨商人外，充当矿丁者不下十数万人"①。

(二) 朝鲜移民

19世纪中叶，朝鲜政府推行极端孤立主义政策，严厉禁止任何未经政府批准的与外国人的接触，如果抓住擅自离境者便处以死刑。朝鲜视鸭绿江和图们江以北的地区为禁地，不允许朝鲜人在那里定居。这一时期，朝鲜政府还加强了对农民的压迫，征收名目繁多的赋税，令农民苦不堪言。无休止的盘剥导致农民越发贫穷，在走投无路之时，许多农民不得不进城打工，有的则越过边境线来到中国东北及俄国远东地区。由于无法忍受国内的饥荒，1864年初有13户朝鲜移民私自进入俄境，请求滨海省官员救济。省长得知后，立即下达指令，"鉴于移民对远东新土地的开发建设极为重要，应尽力保护并照顾在远东定居的朝鲜移民，给予他们救济和援助"②。由此拉开了朝鲜人进入俄国远东的序幕。正是由于第一批来到远东的朝鲜人受到俄国当局的特殊优待，越来越多的朝鲜人涌入俄境，至1867年居住在远东的朝鲜人已近900人。

如果说最初朝鲜移民进入远东具有某种偶然性的话，那么1868年以后该地区朝鲜移民人数的增长则具有一定的必然性。1869年夏，朝鲜北部发生严重洪灾，大量原本生活就不富裕的人变得一贫如洗。同年8月末的一场罕见的霜冻更使朝鲜北部地区的庄稼全数被冻。天灾过后必然引发饥荒，农民缺衣少食，被迫举家越过边境，寻求一线生机。这批移民从9月末开始迁移到波谢特地区，到10月中旬人数已近1850人。他们一般都是在深夜里从不同的地方偷偷越过边境线，因此俄朝两国的边境哨卡很难阻止这一行为。11月至12月初越境的朝鲜人数已升至4500人。③ 此后每年都会有大批朝鲜人移居到远东。

随着远东定居人口的增多，以及当局设立管理部门的不断完善，朝

---

① 赵春芳：《呈民政司宪宋禀条陈要政四则由》，《边务采取报告书》，宣统三年（1911年）。

② 苏武：《俄罗斯的朝鲜移民》，《历史月刊》（中国台湾）2000年第10期。

③ А. И. Петров. Корейская иммиграция на Дальний Восток России в 1860 – 1917 гг. Вестник Дальневосточного отделения Российской Академии наук. Владивосток，1998. No. 5. C. 9.

鲜人向远东迁移的客观前提条件已经成熟。起初，少量朝鲜人经常越过俄朝边境进入俄远东地区，鉴于远东拥有广袤的无人居住的土地并且急需大量劳动力来开发，俄当局对他们的迁入持默许态度。久而久之，俄国政府的这一态度助长了朝鲜移民不经批准就擅自越境来到俄国之风。而俄国政府给予朝鲜难民的帮助，诸如建房等，又刺激了朝鲜人继续向远东迁移。

1883年，沙俄政府针对远东地区特别是滨海省及其所辖南乌苏里地区进行了政策调整。沙皇亚历山大三世要求加大对远东的关注力度，俄国在东北亚的对外活动日趋活跃。1884年6月25日，俄朝签订《友好和贸易协约》，建立了外交关系。与此同时，俄政府对远东进行了行政改革，成立了阿穆尔总督辖区，包括外贝加尔省、阿穆尔省、滨海省、符拉迪沃斯托克军事辖区和萨哈林岛。① 应该指出的是，俄朝间第一个协约的签订与远东行政改革在时间上的一致，绝不仅仅是偶然的巧合，这是由当时国际大环境决定的。19世纪80年代初，资本主义列强竞相在包括朝鲜在内的东北亚展开角逐，沙皇担心朝鲜会成为"与俄国敌对国家的政治武器"，因此急于与朝鲜签订双边条约，巩固两国关系。俄国东北亚政策的出发点是抑制别国在滨海和阿穆尔河沿岸地区的扩张。

19世纪80年代，在彼得堡和哈巴罗夫斯克举行的各级会议上都把定居在远东的朝鲜移民问题列入议事日程，可见俄国政府当时对此问题已非常重视。此外，有关朝鲜移民的问题还在俄朝双方1884年举行的双边会议上讨论过，经外交谈判签订了《汉城协议》。根据此协议，1884年协议签订前移居到俄国的全部朝鲜人可以获得俄国国籍，并享有"与其他俄国臣民同等的所有权利"；而在1884年以后移居到俄国的朝鲜人则应返回朝鲜，今后也不再允许朝鲜人向滨海地区移居②。但事实上，第二条条款并没实行。这是因为，外国资本的渗入加速了朝鲜封建制度的瓦解，日本侵略者对朝鲜的大肆盘剥加重了普通百姓的负

---

① ［美］安德鲁·马洛泽莫夫：《俄国的远东政策（1881—1904年）》，商务印书馆1977年版，第28页。

② 王晓菊：《俄国东部移民开发问题研究》，中国社会科学出版社2003年版，第130页。

担，而朝鲜封建上层又屡屡出现盗窃国库的蛀虫，这一切致使民不聊生、百姓怨声载道。更加糟糕的是，1885年因粮食歉收而发生大规模饥荒，冬天又逢霍乱蔓延，农民挣扎在死亡线上，纷纷踏上了赴异国求生存之路。

1892年，阿穆尔总督辖区对居住在该地的朝鲜人进行了人口普查，并决定准允1884年前居住在俄国的12940名朝鲜人加入俄籍，其余的3624人仍属于朝鲜籍。但在90年代末这3624人也被批准加入俄籍。1896年，俄国地方当局开始正式接收居住在远东的朝鲜人加入俄籍，同时每户朝鲜移民可分得15俄亩土地。① 虽然阿穆尔河沿岸地区当局的初衷是想用该措施减少来到俄国朝鲜村的新移民的数量（1861年法令规定每户新移民可分得100俄亩土地），但却适得其反。朝鲜移民人数急剧增长，不仅从陆路还有人从海路来到俄国。这样，随着朝鲜移民人数的增加，加入俄籍的朝鲜人数也在增长，已逾17000人。② 自19世纪90年代中期起，每年都有乘坐轮船来到远东的大批朝鲜移民，有的人只是想在这里赚钱后回国，更多的人是想在这里安家，永久居住。

到19世纪末，朝鲜移民运动呈现如下特点：第一，人数持续增长。以定居在滨海省的非俄籍朝鲜人为例，他们的数量在1896年、1897年和1898年分别为7553人、9287人和12503人，涨幅相应为22.96%和36.63%。这还只是没有加入俄籍的朝鲜移民人数，季节工也没有计算在内。朝鲜移民人数之所以会越来越多是因为：其一，居住在俄国的朝鲜人生活水平普遍高于国内的朝鲜人，追求更好生活的愿望驱使他们背井离乡来到俄国；其二，朝鲜人的家族观念很强，一家人来到俄国后，如果觉得生活过得不错，就会很快把亲朋好友招来。第二，朝鲜移民在俄国从事的职业发生了变化。尽管朝鲜移民中仍以农民为最多，但远东工业的快速发展改变了他们的工种。19世纪末，定居在阿穆尔河沿岸地区的朝鲜人开始在建筑业、捕渔业、交通运输业、采金业中工作，而且还出现了季节工。90年代末，在滨海矿区中仅有几名朝鲜人，到

---

① 15俄亩相当于16.38公顷。

② В. В. Граве. Китайцы, корейцы и японцы в Приамурье. СПб., 1912. С. 130.

1901年金矿中的朝鲜人已达到1630人，1904年增至2470人，三年内涨幅达53.1%。

俄国在远东开发过程中对吸引国外劳动力发展当地经济有着客观需求。尽管沙俄政府花费大量的精力和财力从欧俄及西伯利亚地区向远东迁移人口，但这里劳动力极端匮乏的问题始终没有解决。特别是在19世纪、20世纪之交，俄远东与邻近的中国东北、朝鲜东部地区人口状况反差非常大。1893年，阿穆尔省、滨海省和外贝加尔省总人口为90.84万，其中外国人为3.55万（包括2.89万名中国人、5500名朝鲜人、700多名日本人、约500名欧洲人）。而此时与之毗邻的中国东北省份人口数量已经超过1300万，俄远东与中国东北人口的大致比例为1∶15。同样，朝鲜人口是远东人口的若干倍。此时，中国的清政府和朝鲜的李氏王朝都处于深重的危机之中，对农民的剥削异常严重，农民破产和无地化不断加剧，自由劳动力的数量迅速增长。在这种情况下，更多的中国和朝鲜劳工涌入俄远东地区。

（三）其他国家移民

日本作为一个东亚岛国，国土面积狭小、资源匮乏，因此对近在咫尺、物产丰饶的俄国萨哈林岛格外关注。日本人进入俄国远东地区晚于中国人和朝鲜人，人数也少得多。19世纪下半叶，来到俄国远东的日本人多为从事渔业的季节工，活动范围一般限于堪察加半岛和萨哈林岛周边地域，在阿穆尔河沿岸地区偶尔也可看到日本人的身影。

日本人在远东地区主要从事渔业活动，因为无法与中国人和朝鲜人竞争，很少介入其他行业。日本政府对本国劳务在渔汛期赴俄远东打工持鼓励态度。日本人由于捕鱼技术和设备比俄国人先进，在远东渔业领域占据统治地位，使俄国渔业蒙受了经济损失。

此外，19世纪下半叶来到俄远东地区的还有其他国家的移民。自1861年《俄国人与外国人在阿穆尔省和滨海省定居条例》颁布后，受优厚条件的诱惑，有数百名来自欧洲的德意志人和捷克人来到阿穆尔河地区定居。1868年，俄国准备在纳霍德卡地区辟建芬兰侨民区。100多名芬兰人购买了一艘船，启程前往远东地区，希望开始他们在另一国度的新生活。1869年春，这批芬兰人抵达纳霍德卡。但在俄国的生活并不像预想中那样顺利，很快这些远离故土的芬兰人便各奔东西，离开了远东。此外，俄国还试图从美洲大陆迁来爱尔兰人、波兰人、捷克人等，但最后都没能成功。

外国移民在俄国远东的历史是一部血泪交织的奋斗史，特别是中国人和朝鲜人，他们凭借其吃苦耐劳的精神在远东开创出一片天地，为远东的开发和发展作出了贡献。他们的活动是俄国远东史中不可缺少的组成部分。

### 三 外国移民在远东的经济活动

（一）中国劳工的经济活动

俄国在占领阿穆尔河沿岸地区的最初30年，农业生产一直没有发展起来。由于缺少粮食，俄国移民的生存受到威胁，更不用说对远东地区的开发了。19世纪下半叶，中国劳工在远东地区从事的农业生产活动在很大程度上弥补了这一不足。中国是一个农业国，农耕技术远远先进于俄国。勤劳朴实的中国农民不仅自己耕种庄稼，还把长期积累的耕作经验带到俄国，教会远东农民学习垄耕法，向他们传授各种种植技巧。中国劳工种植出来的农作物不仅满足了当地居民的生活需要，还使部分农产品从远东出口到国外，繁荣了远东地区的经济。19世纪80年代初，沙俄总参谋部中校纳达罗夫来到滨海省视察，他对中国劳工在远东从事的农业活动给予肯定。他说："符拉迪沃斯托克、南乌苏里边区及远东其他人口集中的地方，依靠中国劳工才获得食物和蔬菜……"[①]

在1861年法令颁布后的22年间，滨海省和阿穆尔省买卖土地是不受任何限制的。这时期对土地实行国有和个人赎买的政策，无论是本国还是外国移民，以户为单位均可从国家土地管理局领取不超过100俄亩的份地，也可按每亩缴纳3卢布把土地变为私产。1882年沙皇政府规定，凡不属于俄国国籍者，不得在阿穆尔省和滨海省购置土地。俄国当地移民局还勒令中国农户把土地转让给俄国移民。无奈之下，失去土地占有权的中国农民只能沦为俄国人的佃农和雇工。有的俄国农民在获得土地后，不再务农，完全依靠剥削中国农户劳动为生。19世纪60年代

---

[①] ［俄］伊凡·纳达罗夫：《北乌苏里边区现状概要（及其他）》（中译本），复旦大学历史系世界史组和上海人民出版社编译室俄文组译，上海人民出版社1975年版，第116页。

后，来到远东务农的中国农户从哥萨克和俄国农民手中租种土地，平均每俄亩租金在7—14卢布。他们辛勤劳作，只盼年底能有个好收成。19世纪末，在乌苏里边区从事农业生产的中国人大约有2万，边区每25个人中就有1个中国菜农。

许多中国劳工在俄远东采集海参、海白菜和人参等。符拉迪沃斯托克三面环海，由金角湾、阿穆尔湾、乌苏里湾构成，其中的金角湾一带盛产海参。中国人称符拉迪沃斯托克为"海参崴"，因这里出产又大又肥的海参而得名，意为"海参之湾"。海参在中医里被誉为珍贵药材，也是中餐里的美味佳肴，采集海参是很赚钱的营生。中国人最初将前往符拉迪沃斯托克从事采海参工作称为"跑崴子"，后来泛指在远东从事各种工作，包括打鱼、采海参、经商、做工、种地、放牧，建立各类生产加工小作坊，贩运布匹、日用百货、皮货、金银首饰、日杂、食盐、海参、海带、紫菜、各种鱼类、贝类等水产、粮食、首饰等。当时中国劳工"跑崴子"主要有陆路和水路两条途径：陆路是从吉林珲春的草帽顶子到符拉迪沃斯托克，直线距离不足50千米。冬季赶着马爬犁从草帽顶子出发经过封冻的乌苏里湾，直达符拉迪沃斯托克，半天即可到达；夏季赶着马车走大路绕过乌苏里湾，起早贪黑才能到达。水路则是从珲春开船，沿红旗河、图们江顺流而下至日本海直奔符拉迪沃斯托克，全程300多千米，少则三天两夜，多则四五天。每年5月下旬至10月下旬是远东海运的黄金季节，也是"跑崴子"的中国劳工人数最多的时候。

从19世纪70年代中期起，150名来自山东的中国劳工抵达哈巴罗夫斯克，开始为俄军队建设营房。符拉迪沃斯托克港、乌苏里铁路以及一些要塞、营房等军事和交通设施的建设中都开始使用中国劳工。华工对劳动和生活条件要求非常简单，报酬远低于俄国工人。一般情况下，俄国工人的工资要比中国劳工高0.5—1倍。华工的消费水平也低于俄国工人，俄国工人月消费23卢布，华工则只有8卢布。华工因吃苦耐劳而深受俄企业主青睐，相比俄国工人，他们更愿意雇用中国劳工。

在远东的华工中，从事铁路修建的工人占很大比重。1891年，横贯俄国东西的西伯利亚大铁路开始修建，在人烟稀少的远东地区的铁路敷设中除了当地流放犯，主要的劳动力就是中国劳工，差不多有3万名季节性华工在哈巴罗夫斯克、符拉迪沃斯托克和尼古拉耶夫斯克、南乌苏里斯克等地的施工现场做工。翁特尔别格指出："组织中国人做工,没有任何特殊之处和任何困难。中国人无论对土方工程,还是对房屋建造,全都习惯,因此筑路工程对他们来说也毫无不习惯之处。"① 参加铁路修建的中国劳工主要是从山东、河北等地招募来的。他们参与铁路建设工程的几乎所有部门,除了挖土方、铺铁轨、架设桥梁,还包括建设车站、铁路员工宿舍等。

19世纪下半叶,远东的采金业逐渐发展起来。1886年,数百名中国劳工来到位于远东上阿穆尔的大型金矿"扎利达"做工,开华工在金矿工作之先河。华工进入之前,在金矿中劳作的大多是沙俄的流放犯和苦役犯,他们被迫工作,因此劳动效率低下。远东黄金储量丰富,但由于缺少劳动力采金业曾一度陷入低谷,中国劳工进入后情况有所改观。尽管工作条件艰苦、工资微薄,他们仍勤奋工作、遵守劳动纪律,还不酗酒闹事,深得金矿主的认可。1894年,阿穆尔省的采金量达到408.8普特,位于俄国各省前列。这一年工作在阿穆尔省金矿中的华工人数也位于远东之首,仅在该省的私人金矿中的华工就多达12239人。②

远东的商业贸易领域不乏中国人的参与。华人主要从事投入资金少、商品周转快的零售批发业。中国人开办的商业企业以中小型为主,流动资金仅相当于俄国企业的2.6%。③ 虽然投入资金少,但它们在远东商业贸易领域中的作用不可小视。第一,通过与俄国企业间的良性竞争使物价降低,让当地百姓获得实惠;第二,华人小型商业企业资金周转灵活,采取薄利多销的手段,在零售批发领域甚至超过俄国人。以开办商号的华商代表姬峰太为例,他跟随父亲"跑崴子"来到远东,在海参崴开办了远东第一家中国商号,从事代销代购业务,收购中俄流动商贩携带的商品。随着生意越做越大,1873年春,姬峰太在海参崴郊外买下10万顷土地,低价租赁给华人,让他们种植各种农作物。这年

---

① [俄]翁特尔别格:《滨海省(1856—1898)》,商务印书馆1980年版,第207页。
② 王晶:《旅俄华工与俄属远东地区的经济开发》,《西伯利亚研究》1996年第4期。
③ В. В. Граве. Китайцы, корейцы и японцы в Приамурье. СПб, 1912. С. 356. 362.

秋天，数十万吨华人种植的洋葱、马铃薯、西红柿、胡萝卜等蔬菜在市场上出售，满足了当地居民的消费需求。

中国劳工在远东种植的粮食中有一大部分用来制作烧酒。俄国人喜爱喝酒，每年都会消费大量白酒，中国的烧酒在远东很受欢迎。1879年，仅在南乌苏里边区就建有128家烧酒作坊。酿制出来的烧酒主要在远东市场出售，供当地居民消费。

中国劳工还参与到远东的内河和远洋运输中。19世纪60—70年代，日本海奥尔加湾成为中国船工的基地。每年春天，有500—800艘中国驳船和帆船驶向奥尔加湾，运来中国产的烟、酒、糖、茶等日用消费品，在当地换取各种海产品和毛皮等，再运回中国销售。这一时期，中国的运输船一直在远东沿海海洋运输中发挥着不可替代的作用。

19世纪末，在远东经济的各个领域，几乎都可以看到中国人的身影。正如索洛维约夫在其著作中写道："资本主义时期，远东没有一个生产部门没有中国工人在做工。"[①] 有资料显示，1897年在阿穆尔省和滨海省工作的中国劳工从业情况为：从事农业生产的中国劳工在两省中国移民总数中所占比例分别为33.1%和11.5%，仆役和日杂工13.7%和28.9%，矿工、采石工、伐木工4.5%和16.5%，建筑工5.3%和16%，从事木材加工、金属加工的占1.3%和4.5%，经纪人、商人及酒店主占10.3%和10.9%，其他职业为31.8%和7.9%；滨海省的船舶工人占4.3%。官方统计数字显示，1901年在阿穆尔省和滨海省的官办和私人工厂中，华工人数占工人总数的41%。

(二) 朝鲜移民的经济活动

远东地区的气候、土壤不同于欧俄地区，令初来乍到的欧俄农业移民非常不适应，粮食产量很低。朝鲜无论是地理位置还是气候、土壤等均与远东相似，这为朝鲜移民在远东从事农耕提供了便利条件。1861年3月26日沙皇颁布的《条例》规定："凡是迁移到阿穆尔省和滨海省的垦殖者都有权无偿使用土地20年。"于是较早到达远东的朝鲜农民选择了最适于耕种的南乌苏里地区扎下了根，并逐渐形成了一些朝鲜

---

① Ф. В. Соловьев. Китайское отходничество на Дальнем Востоке России в эпоху капитализма（1861 – 1917 гг.）М.，1989. С. 100.

人聚居的村屯。

第一批来到远东的朝鲜移民在棘心河地区很快就开辟了菜园和耕地，种植约 15 俄亩的黑麦、玉米等。根据 Ф. Ф. 布谢的调查，1867 年，在棘心河村已经有 124 户朝鲜人，总人数为 661 人，耕种土地 394.5 俄亩，每户平均 3.18 俄亩；在曼古盖村有 13 户朝鲜人，共 58 人，耕种土地 24.5 俄亩，平均每户 1.88 俄亩，每人 0.42 俄亩。[①] 他们主要种植谷子、玉米、马铃薯、大豆、中国白菜、黄瓜、香瓜等。远东朝鲜村的耕地面积增长非常快。1879 年，在波谢特区住有 612 户朝鲜农民，共 2958 人；耕地面积为 1386.5 俄亩，平均每户耕种土地 2.27 俄亩，每人 0.47 俄亩。到 1886 年，农户数增长到 1 173 户，人口增至 5364 人，共开垦耕地 3241 俄亩，平均每户耕地 2.76 俄亩，每人 0.6 俄亩。8 年内朝鲜移民人数增长了 0.8 倍，耕种的土地面积却增加了 1.4 倍，每户耕地增长 0.22 倍，人均增长 0.28 倍。[②]

19 世纪下半叶至 20 世纪，朝鲜移民从事农耕的比例很高。在滨海省特别是在与朝鲜、中国毗邻的南部地区，绝大部分朝鲜移民从事农业生产，这可从农民在全部移民中所占比例得以证实。例如，十月革命前波谢特区有 2550 户、15159 人，占总数 99% 的朝鲜移民务农；巴拉巴舍夫乡有 2276 户、12297 人，占总数 83% 的朝鲜人从事农耕。

朝鲜人在俄远东从事捕鱼业的人数不少，渔民中的很多人从前就生活在朝鲜半岛海岸，已经熟练掌握了捕鱼技术。他们捕来的鱼供自家食用，剩余的鱼贮藏起来以备冬天食用。朝鲜人最喜捕食大马哈鱼，捕捞量很大。翁特尔别格在任时对朝鲜人从事捕鱼业采取了一系列限制措施，致使阿穆尔河上从事捕鱼的人数急剧减少。新一任总督继任后，态度有所缓和，又有很多朝鲜渔民重操旧业。

朝鲜人的捕蟹业发展很快。每年 3 月是蟹产子的季节，母蟹成群结队地爬到海岸边，这时是朝鲜人大量捕蟹的最佳时节。1882 年在符拉迪沃斯托克仅有几名朝鲜人从事捕蟹业，1884 年春捕蟹的朝鲜人数增

---

① А. И. Петров. Корейская диаспора на Дальнем Востоке России 60 - 90 - е годы 19 века. Владивосток，2000. C. 132.

② А. И. Петров. Корейская диаспора на Дальнем Востоке России 60 - 90 - е годы 19 века. Владивосток，2000. C. 144.

至100多人。①从事捕蟹业的朝鲜人须向地方当局缴纳一定的税款，如1891年共收得捕蟹税1184卢布，其中847卢布（占71.5%）是朝鲜人缴纳的。

由于远东特别是南乌苏里地区劳动力严重不足，朝鲜移民除从事农业外也在工业等领域从业。最初来到远东的朝鲜人在农耕之余为养家糊口经常做一些临时性工作。例如，20名朝鲜男工曾在波谢特湾从事装卸煤的工作，另有50名朝鲜人在诺沃基辅斯克建营房，他们若每天完成规定的工作，即可获得26戈比的工资。还有几十名朝鲜人按照滨海省督军 И. В. 富鲁格利姆的指令作为粗木工、细木工、铁匠、瓦匠前往符拉迪沃斯托克从事港口搬迁的筹备工作。②这些是最初在俄国工业部门出现雇佣朝鲜劳动力的实例，由此拉开了朝鲜人进入远东各工业部门工作的序幕。

1888—1890年，朝鲜人开始出现在远东的金矿中，最初只有6—15人，他们以矿主仆人的身份来到金矿。1891年下半年，有几十名朝鲜人在上阿穆尔公司开发的金矿中做工。1892年阿穆尔省采金业中的朝鲜劳工约为470人，1893年升至1050人。③朝鲜矿工主要集中在阿穆尔省和滨海省的金矿。1901年，滨海省金矿中有朝鲜矿工1366人，占矿工总数的38.5%。④到19世纪末，来到阿穆尔河沿岸地区的朝鲜人已几乎没有土地可以耕种，去金矿工作是他们在远东生存的唯一出路。

朝鲜人从事的另一个与海洋有关的行业是煮盐业，主要集中在乌苏里地区的南部海岸。早在19世纪80年代初，朝鲜人便会以熬晒的方法从海水中获得盐，既可满足自身需要，还可拿来出售。1890年，在乌苏里地区南部海岸有5家朝鲜人建的盐场，1895年增至9家。⑤此外，

---

① А. И. Петров. Корейская диаспора на Дальнем Востоке России 60 - 90 - е годы 19 века. Владивосток, 2000. С. 156.

② Н. А. Насекин. Корейцы Приамурского края: Краткий исторический очерк. Хабаровск, 1896. С. 2.

③ А. И. Петров. Корейская диаспора на Дальнем Востоке России 60 - 90 - е годы 19 века. Владивосток, 2000. С. 185.

④ В. В. Граве. Китайцы, корейцы и японцы в Приамурье. СПб., 1912. С. 145.

⑤ Н. А. Насекин. Корейцы Приамурского края: Краткий исторический очерк. Хабаровск, 1896. С. 19.

朝鲜人在岩杵河入海口处建有盐场，生产的盐主要供给波谢特区的军队，每个盐场在一季度内可产盐1吨。

随着朝鲜人在俄国远东地区不断增多，出现了各种手艺人。例如，为满足朝鲜移民在传统饮食方面的需要，出现了专门制作各种餐具的陶器匠；为满足朝鲜移民的生产需要，一些朝鲜农民身兼铁匠的身份，他们在农闲时从事铁器加工，打造农具，制作用于伐木、建筑、狩猎的工具。19世纪70年代末，一些朝鲜人在符拉迪沃斯托克等地从事伐木工作，他们还参与了港口的建设。

远东朝鲜移民最初的商业活动是将余粮拿到市场上出售，或直接卖给军需部门。这种简单的贸易活动不仅有助于远东各省军队的后勤保障和居民的食品供应，也改善了许多朝鲜农户的生活。在远东开发的初期，俄国军队的食品特别是肉类供给严重不足，于是朝鲜移民从国内运来牛、燕麦等农畜产品，在俄境内出售后，换得俄国的布匹、染料等工业品。1883—1884年，朝鲜人在滨海省出售牛8800头，共得28万银卢布；燕麦1.8万普特，得1.4万银卢布。在俄朝的贸易交往中，南乌苏里地区的朝鲜移民发挥了重要作用。1884年5月，在波谢特区成立了东西伯利亚第7射击营。由于营地地处偏远，如何保障营地的鲜肉供应成为亟须解决的问题。阿吉密村村民、朝鲜人A.申主动承担了这一供货任务。他在军队驻地附近建起了配套的宅院、牛圈和屠宰场，随时向军队提供最新鲜的肉及肉制品。[①] 此外，A.申还向第7营供应一定数量的蔬菜和燕麦。

到19世纪80年代末，南乌苏里地区的牛肉供应几乎完全依赖从朝鲜进口。1887年经绥芬区的俄中边境和俄朝边境向南乌苏里地区共运来9350头牛，1888年增至10166头。[②] 这些牛绝大部分被直接送到屠宰场，剩下几百头卖给农民。屠宰后的肉除供当地居民和军队食用外，另有一部分在符拉迪沃斯托克市场出售。

在远东的服务领域中也可看到朝鲜人的身影。最初涉足该领域的主

---

① Н. А. Крюков. Опыт описания землепользования у крестья‐переселенцев Амурской и Приморской областей. М.，1896. С. 65.

② Б. Д. Пак. Россия и Корея. М.，1979. С. 62.

要是中国人和日本人,他们经营酒馆、饭店、洗衣店及理发店等。渐渐地,朝鲜人也仿效他们开起了类似的小店,特别是在新朝鲜镇有很多朝鲜人经营的饭店、酒馆。此外,朝鲜人还在朝鲜村开了很多商店,出售各种当地及从国外或从其他城市运进的商品,从粮食到日常用品应有尽有。

生活在彼得大帝湾、波谢特湾及远东地区几条河流沿岸的朝鲜居民经常从事沿海(河)的货物运输,使用的运输工具多是朝鲜式的驳船或帆船。1875 年,克拉贝村共有 67 艘各式船只,村民既用这些船捕鱼,也用来运输货物。1896 年,仅符拉迪沃斯托克一地朝鲜人就有用于运输的驳船 48 艘,1899 年增至 152 艘。① 克拉贝、阿吉密、西吉密等朝鲜村的村民把木柴、农产品、干草等运往符拉迪沃斯托克,在那里采购面粉、大米、盐、火柴等运回各朝鲜村出售。有时他们也运回一些工业品,包括各种农具及建筑材料等。

此外,朝鲜人还投入远东铁路、公路的修建工程中。1891 年,乌苏里支线铁路开工建设,虽然筑路劳工主要是流放犯,也有很多朝鲜人参与了这项工程。根据官方统计数字,1895 年,参加修筑北乌苏里铁路的朝鲜工人为 1600 人,相当于全部工人的 12.2%,在外国劳工中的比重为 23.5%。② 除修筑铁路外,朝鲜人还修建了自波谢特湾附近的诺沃基辅斯克至拉兹多尔诺耶村,自波德戈罗德纳亚经苏昌至奥尔加港,全长 800 俄里的土路。③ 阿穆尔河沿岸地区总督关达基下令恢复接收朝鲜人加入俄籍,与朝鲜筑路工人吃苦耐劳的表现有一定的关系。此后,希望加入俄籍的朝鲜人纷纷投入筑路工作中,他们已将自己的命运完全与俄国远东地区的发展联系在一起。

(三)东北亚国家移民的贡献

以中国人和朝鲜人为主的东北亚移民是远东经济开发中不可忽视的重要力量,他们为远东的开发和发展作出了贡献,主要表现在以下几个

---

① А. И. Петров. Корейская диаспора на Дальнем Востоке России 60 – 90 – е годы 19 века. Владивосток,2000. C. 162.

② А. И. Петров. Корейская диаспора на Дальнем Востоке России 60 – 90 – е годы 19 века. Владивосток,2000. C. 209.

③ [俄] 翁特尔别格:《滨海省(1856—1898)》,商务印书馆 1980 年版,第 103 页。

方面：

第一，开垦荒地。东亚移民进入远东初期，主要定居在适宜耕种的阿穆尔省和滨海省的南乌苏里地区，经过他们的辛勤耕耘，将这里的荒地开辟为肥沃农田。随着东北亚移民人数的增多，开垦的荒地逐渐增加。以朝鲜人为例，1864年定居这里的308名朝鲜人共开垦荒地227俄亩，1884年移民增至5447人，开垦荒地达3357俄亩。20世纪初就任的阿穆尔沿岸地区总督康斯坦丁指出，中国人和朝鲜人是"天生的农民"，他们把"看起来不可能生长作物的沙砾地、土坡地和沼泽地变成产量极高的农耕地"。

第二，缓解远东劳动力短缺问题。俄国远东地区地广人稀，需要大批劳动力进行开发、建设，仅靠当地土著居民及俄国移民根本无法完成这一任务。东亚移民的到来，缓解了远东地区劳动力严重不足的状况。正如1865—1871年在任的滨海省督军 И. В. 富鲁格利姆指出的，中国和朝鲜移民"为劳动力匮乏的远东提供了质高价廉的劳动力"。除在农业生产中为远东提供大量劳动力外，在工业的各个部门也可见到东亚劳工的身影。他们具有吃苦耐劳的本性，能够胜任俄国人不愿承担的任何工作。例如，在堪察加海岸铺设电报线的工程，由于条件艰苦而没有俄国人愿意承担这一工作，最终是由朝鲜人完成了这项工程。

第三，促进了远东经济的发展。中国人和朝鲜人是勤劳朴实的民族，他们的到来极大地促进了远东地区农业的发展。中朝移民在这里砍伐密林、烧毁荆丛、挖石平坡、掘凿水渠，将荒野山林开垦成良田。他们将本民族先进的农业文明带到了俄国，带来了更适应远东土壤、气候条件的耕种方法，丰富了远东的农作物品种。正是朝鲜农民最初尝试在滨海省种植谷子。他们还将水稻种植引入俄国。1907年，在岩杵河村首次试种水稻0.25俄亩，大获成功。此后水稻种植在远东地区大范围传播开来，1916年滨海省水稻播种面积达1600俄亩。朝鲜农民还将大豆、玉米、高粱等作物的耕作技术带到了远东。他们还与中国农民一道，在符拉迪沃斯托克、哈巴罗夫斯克、乌苏里斯克等城市郊区开辟菜园，不仅满足了自身与当地居民的需要，同时也对降低蔬菜价格、稳定市场起了重要作用。他们种植的蔬菜不仅仅可以满足远东各大城市所需，甚至销往朝鲜及中国东北。他们为远东的农业开发作出了重大贡献。

尽管最初来到俄国远东地区的东亚移民以务农为主，但随着时间的推移，他们逐渐渗透到远东工业的各个领域中。东亚移民参与了乌苏里铁路的敷设和一些军用设施的修建。他们参与了远东金矿的开发，有的金矿中甚至80%以上的劳工是东亚人。此外，符拉迪沃斯托克军港和城市的建设中凝聚着东亚劳工的汗水。

作为商人的东亚移民在俄中、俄朝贸易中发挥着重要作用，俄国商人从不为建立贸易联系而去中国、朝鲜，穿梭于两国之间的多是中国人和朝鲜人。他们将中国的茶叶、日用品，朝鲜的牛肉、燕麦等商品运到俄国市场出售，丰富了远东的商品市场，改善了当地居民的生活。

## 第四节　远东的经济开发

### 一　远东的农业开发

19世纪下半叶，远东土地广袤、人烟稀少的状况依旧，是俄国经济文化都很落后的边区。自60年代起，俄国政府开始向远东地区移民和进行经济开发。阿穆尔省和滨海省土质较好，气候较为温暖，适于耕种。这一时期，远东半自然、半原始经济占据主导地位，工业和城市极其落后，交通运输业很不发达。19世纪70—90年代初，资本主义在远东商业领域确定其统治地位，并逐渐深入农业、交通运输业和加工业中。

远东和西伯利亚一样，其农业关系的特点不同于欧俄省份的地主土地占有制。关于西伯利亚农业关系的特点，戈留什金认为"西伯利亚几乎没有地主土地所有制和农民私人土地私有制，这里的土地所有者是国家（官家）、王权制国家、西伯利亚和外贝加尔哥萨克以及为数不多的私人企业家领主"[1]。沙皇惧怕在广袤的边区广泛而自由地发展资本主义关系，更不愿意在西伯利亚和远东建立和发展资本主义性质的农场经济，因此不遗余力地把土地牢牢控制在国家手中。远东地区的土地所有者是官府、教堂、寺院，农民只享有份地，哥萨克只拥有土地使用

---

[1]　［俄］列·米·戈留什金：《19世纪下半叶—20世纪初西伯利亚农业发展中的共性与特性》，《西伯利亚研究》2004年第2期。

权。实际上，1861年颁布的《关于俄国人与外国人在阿穆尔省、滨海省定居条例》虽然允许公有土地出售，但是并没有导致大规模的土地私有，远东地区私人占有土地的数量极其有限。1884年，阿穆尔河沿岸地区土地面积达1.41亿俄亩，其中外贝加尔省0.54亿俄亩、阿穆尔省0.37亿俄亩、滨海省（包括南乌苏里地区）0.50亿俄亩。[1] 这些土地中0.22亿俄亩（占15%）属于沙皇所有，归沙皇办公厅支配。教堂和寺院也拥有大量土地：19世纪60年代初，每个教区平均拥有300俄亩土地；19世纪末，这一数字猛增至75864俄亩。[2] 1900年，在滨海省和阿穆尔省仅有5.7万俄亩土地（占两省土地总面积的0.07%）被私人购买，其中3.6万俄亩（占69.2%）被农民和市民购买。一般来讲，只有在土地私有的情况下才更容易产生大规模的资本主义经济。

19世纪中叶，远东闲置土地非常多，不仅老住户和哥萨克可以随意选择耕地位置和数量，根据1861年《条例》，新移民也可以自由选择耕地。但通常须遵守以下原则：①放牧和林业地段不参与分配，归大家共同使用；②农民有权占有适于耕种的地段和草场（土地大小不固定，每人可以根据自身能力决定占有数量）；③家用住房和菜园用地可以继承使用。村社不对村社内部村民的土地使用情况进行干涉，只履行行政职能。由于撂荒地较多，可供村社分配的整块土地越来越少，占地形式逐渐取代了自由选地形式。先占先得权利促使村社份地中最大、最好的地块集中到殷实的农户手中。例如，阿穆尔省伊万诺夫乡切列姆霍沃村的9户殷实农民占地2250俄亩，平均每户占地250俄亩。在老住户集中的村镇中出现了拥有两三块面积为400—500俄亩土地的地主。[3]

自19世纪70年代末起，沙俄政府开始给阿穆尔河沿岸地区老住户和哥萨克划分土地。1878—1900年，滨海省203个老住户村镇划分土地1248755俄亩，阿穆尔省的112个老住户村镇划分911158俄

---

[1] А. И. Петров. Корейская диаспора на Дальнем Востоке России 60 – 90 – е годы 19 века. Владивосток, 2000. С. 130.

[2] История Дальнего Востока СССР. 1991. М., С. 240.

[3] Э. М. Щагин. Октябрьская революция в деревне восточных окраин России (1917 – лето 1918 г.). М., 1974. С. 40.

亩土地，外贝加尔省划分2639550俄亩土地。① 沙俄政府对阿穆尔哥萨克和乌苏里哥萨克给予特殊优惠政策：每名男性士兵可以获得30俄亩土地、预备兵10俄亩、尉官200俄亩、上尉400俄亩。1894年，滨海省总督C. M. 杜霍夫斯基受命分给阿穆尔哥萨克和乌苏里哥萨克军队1490万俄亩土地，其中阿穆尔哥萨克分得578.5万俄亩，乌苏里哥萨克分得914.2万俄亩。但是直到20世纪初之前，阿穆尔哥萨克军只使用了151.6万俄亩土地，占总数的26.2%；乌苏里哥萨克军只使用42.8万俄亩，占4.7%。② 可见，他们分得的土地绝大部分都没有耕种。

19世纪末，远东仍有大量适于耕种的土地没有开发。大部分已经开垦的土地被老住户、哥萨克和新移民使用。阿穆尔总督辖区农民和哥萨克拥有土地数量远远高于欧俄地区的国有农民。例如，1894年，阿穆尔省农户平均拥有93.9俄亩土地，其中42.3俄亩用于耕种；1901年，滨海省农户平均拥有60.4俄亩土地，其中耕种8.8俄亩；1905年，欧俄农户平均只拥有11.1俄亩份地。③ 19世纪末，阿穆尔省平均每位农民拥有土地19.7俄亩，外贝加尔省为20.5俄亩，滨海省为26.1俄亩。而同一时期，下伏尔加地区的农民人均拥有土地数量仅为3.3俄亩；中央黑土区为2.9俄亩，白俄罗斯为2.4俄亩，莫斯科工业区为2俄亩。远东地区农民分得的土地在不同村镇不尽相同。例如，在阿穆尔省阿穆尔—结雅乡马尔科沃村共有942人，分配10255俄亩土地，人均分地10.9俄亩；而伊万诺夫乡伊万诺夫村共有2662人，分配47600俄亩土地，人均分地17.9俄亩。滨海省的人均份地差距更为悬殊，有的村镇人均份地较少，仅有13—15俄亩，有的村镇则高达83—85俄亩。份地数量不均导致的结果是，有的地方人多地少，土地不够种；而有的地方人少地多，土地种不过来。此外，沙俄政府在远东和外贝加尔地区实行的土地分配政策还使各地农具分配不

---

① И. А. Асалханов. Социально - экономического развития юго - восточной Сибири во второй половине 19 в. Улан - Удэ, 1963. С. 87.

② Материалы, относящиеся до земельного и экономического положения Амурского и Уссурийского казачьих войск. СПб., 1902. вып. 2. С. 38, 45.

③ История Дальнего Востока СССР. 1991. М., С. 242.

均衡。与普通农民相比，哥萨克享受优惠的分地政策，外贝加尔省每位男性哥萨克可分地40.9俄亩，阿穆尔哥萨克为48.2俄亩，乌苏里哥萨克为64.6俄亩。[①]

由于农民占有土地不是平均分配的，很多村镇里并没有森林和草场，因此租让土地开始在阿穆尔总督辖区发展起来。19世纪90年代初，外贝加尔省分地5.66万俄亩，租地1800俄亩。外贝加尔农民从哥萨克手中租用了大量草场。90年代末，在公有土地上收获约100万普特粮食，每俄亩土地支付26—41戈比。[②] 1898年，阿穆尔省有11754俄亩官地出租，滨海省有8684俄亩官地出租。远东租地数量明显要少于欧俄中心省份，殷实的农户不需要租种土地，即使租种，数量也非常少。

远东农业发展直接受欧俄和西伯利亚农业文化的影响。来到俄国东部边疆地区定居的农业移民使用它们习惯的耕作方式和农具，在远东特殊的条件下加以改进和完善。耕作方法和农具的使用受土壤、气候条件以及新开垦地段所处地理位置等因素影响而有所不同，如开垦森林边和矿山边的土地就大不相同。19世纪60—80年代，滨海省矿质土壤居多：每块土地耕种6—8年后，地力几近枯竭，只能将其废弃而重辟新地。90年代，阿穆尔省地况属于矿质地和熟矿地耕地混合型，而外贝加尔的土地则以熟矿地为主。滨海省农民在移居初期，通常在新开垦土地上种植荞麦，利于土壤疏松，种植过荞麦的土地就成为了熟地。19世纪末，远东开始出现农田三区、四区轮作制。一般情况下，远东农民自主决定土地是否开垦、摺荒和种植何种庄稼。

与封建时期的农业不同，农具和农用机械成为决定生产力高低的一个重要因素。19世纪70年代，在远东农业经济中开始使用铁犁和钢犁，耕地使用铁齿耙。购买各式农具成为农民投入生产的一项重大支出。例如，1889年，阿穆尔省农民花费约11000卢布购买农具；1883—1890年，符拉迪沃斯托克移民仓库出售给滨海省农民的农具价

---

① И. А. Асалханов. Социально - экономического развития юго - восточной Сибири во второй половине 19 в. Улан - Удэ, 1963. С. 123.

② Крестьянство Сибири в эпоху капитализма. Новосибирск, 1983. С. 61.

值 115779 卢布。① 自 1885 年起，远东地区开始使用收割机、脱粒机、扬谷机、割草机等农用机器，这些机器都是由南乌苏里移民管理局以及美国的伊艾梅丽公司和德国的古恩斯特、阿里别尔斯公司供货。

远东种植的农作物种类与欧俄地区不同，一般以麦类作物为主。19 世纪 80 年代，在阿穆尔河沿岸地区和滨海地区种植的黑麦（冬黑麦和春黑麦）、小麦、燕麦、大麦占全部播种面积的 78%—88%。19 世纪末，随着资本主义生产关系的发展和农产品商品化种植区域的形成，小麦和燕麦播种面积逐渐增多，这两种作物占全部农作物播种面积的比重大幅增加。例如，1900 年，阿穆尔省小麦种植面积占 40.6%，燕麦占 46.1%；滨海省相应为 37.9% 和 32.3%；外贝加尔省黑麦和小麦的播种面积占 61.4%、燕麦占 15%。

单位面积粮食产量增长率是衡量农业生产力提高的一个主要标志。19 世纪下半叶，远东地区平均单位面积粮食产量增长率依次为：1861—1870 年为 5.2%，1871—1880 年为 3.8%，1881—1890 年为 5.8%，1891—1900 年为 6%。远东粮食的单位面积产量高于欧俄地区。如，60 年代初，欧俄粮食的平均单位面积产量为 3.4%，70 年代为 3.6%，80 年代为 4.5%，90 年代为 5.1%。②

受俄国资本主义向纵深发展的影响，远东也被卷入资本主义旋涡之中，开始从自然农业经济向商品经济过渡。农业商品化发展首先表现在播种面积扩大和谷物收成增加上。1861—1900 年的 40 年内，远东播种面积从 6645 俄亩增加到 216115 俄亩，增加了 32.5 倍③。播种面积的增长超过了远东人口的增长速度。这一时期，阿穆尔省人口增加 9.7 倍，而播种面积增加了 22.6 倍；滨海省相应增长了 7.6 倍和 71.6 倍。单从粮食播种面积的增速来看，远东不仅超过了欧俄地区，甚至超过了西伯利亚。到 1890 年前，远东的粮食已经能够自给自足，几乎不需要从西伯利亚和中国东北输入。

---

① История Дальнего Востока СССР. 1991. М., С. 244.
② Н. М. Дружинин. Русская деревня на переломе 1861 – 1880 гг. М., 1978. С. 174 – 175, 178 – 179.
③ Г. Т. Муров. По русскому Дальнему Востоку. М., 1909. Т. 1. С. 220.

资本主义时期，随着劳动生产率的提高，远东的谷物和马铃薯产量不断增加。19世纪90年代，就人均收获谷物和马铃薯的数量来看，阿穆尔省超过了欧俄一些省份和西伯利亚，只低于新罗西斯克和北高加索。1892—1896年，欧俄50个省份的人均谷物收获量为27.1普特（其中新罗西斯克为59普特，北高加索为50.8普特）。1891—1900年，阿穆尔省人均谷物产量为49.3普特。①

19世纪下半叶，远东出现了一些农业商品化区域，最大的商品化区域为阿穆尔省的结雅—布列亚河谷地带。就人均谷物产量来看，这一地区人均产量不仅超过中央黑土区，甚至超过了南部草原省份。例如，1898年，吉利琴斯克乡人均谷物产量为119.6普特，扎韦金斯克乡为59.5普特，别利斯卡亚乡为57.7普特，而阿穆尔—结雅乡为57普特。这些乡有富余谷物1240186普特用于出售，占总收成的33.9%。远东第二大农作物商品区是滨海省兴凯湖沿岸一带。1899年，奥辛诺夫乡人均谷物产量达92普特，切尔尼戈夫乡为75.4普特，格里高利乡为65普特。富余谷物583694普特，占总产量的16.7%。② 在远东地区，军需部门、酿酒厂、金矿、市民是商品粮的主要消费者。如1891—1900年，军需部门向阿穆尔省和滨海省农民采购了4175277普特谷物。

19世纪下半叶，远东农业生产力的发展速度快于欧俄地区。远东农业在资本主义发展道路上迈出了坚实的脚步：播种面积不断扩大，谷物等作物产量大幅提高，农业机器逐步推广使用。大量移民的到来解决了农业劳动力短缺问题，土地广袤、土壤肥沃、气候条件适宜耕种，这些条件都利于远东农业资本主义的发展。

## 二 远东的畜牧业及渔猎业

畜牧业在阿穆尔总督辖区经济中发挥的作用不大。在草原区和森林草原区畜牧业是为种植业服务的，而在山区和林区畜牧业是为林业、马车运输业和其他非农业活动服务的。19世纪60—90年代，远东地区马匹数量从8294匹增至100644匹，增长了12.1倍；牛存栏数从14542

---

① История Дальнего Востока СССР. 1991. М.，С. 245.

② История Дальнего Востока СССР. 1991. М.，С. 245.

头增至 128898 头，增加了 8.8 倍。外贝加尔省集中了全远东 84.4% 的牛。

远东农户拥有牲畜的数量很不均衡。殷实的农户是饲养牲畜的主要群体。1881 年，阿穆尔省的 40 个村镇中有 845 户农户，其中 97 户拥有 10 匹以上的马匹（占总数的 11.5%），他们拥有的马匹占马匹总量的 22.7%、牛占 17.8%。1888 年，滨海省的 49 个村镇中 13.9% 的殷实农户拥有全部马匹的 27.7% 和全部牛的 23.1%。19 世纪 90 年代，大部分牲畜掌握在富农手中。例如，阿穆尔省伊万诺夫村的农民捷姆梁斯基拥有 20 匹马和 33 头牛，滨海省米哈伊罗夫卡村的农民哈林拥有 120 匹马和 60 头牛。[①] 除马外，殷实的哥萨克农户还饲养牛。例如，阿穆尔省马尔区乌沙科沃镇的哥萨克梅捷列夫拥有 50 匹马和 35 头牛，而米哈伊尔—谢苗诺夫镇的哥萨克绍希列夫拥有 63 匹马和 38 头牛，乌苏里边区罗夫镇的哥萨克库图佐夫拥有 33 匹马和 43 头牛。

公牛在农业活动中可以用来牵引农具，特别是在滨海省用牛拉犁耕地最为普遍。此外，公牛还可用来牵引交通运输工具。因此，农户饲养的公牛数量明显多于母牛。1888 年，滨海省的 1581 户农户饲养的牛中，公牛占 58.7%。[②]

富农饲养的牲畜多数用于出售，在集市、市场及村庄或军需部门就可以进行交易。例如，1883 年，南乌苏里移民管理局在滨海省阿斯特拉罕卡村向农民购买了价值 3497 卢布的 43 匹马，在特罗伊茨克村和图里角村购买价值 2385 卢布的 31 匹马。这一时期，一匹马的售价为 70—80 卢布，一头奶牛的价格为 30—40 卢布。远东畜牧业发展缓慢，基本只具有消费性质。随着移民人数不断增加，向这里输入的活牲畜和肉类产品也在逐渐增多。

在阿穆尔河沿岸和外贝加尔北部地区种植业和畜牧业不能满足居民的生活需要，狩猎业仍然占据重要位置。阿穆尔省的猎户捕猎松鼠、狐狸、貂、水獭、马鹿、熊等。1887 年，在临近尼曼矿区的一个集市上出

---

① Н. А. Крюков. Опыт описания землепользования у крестьян – переселенцев Амурской и Приморской областей //Записки Приамурского отдела РГО. М. , 1896. Т. 2. вып. 2. С. 197.

② История Дальнего Востока СССР. 1991. М. , С. 246.

售了 2627 只貂（价值 45047 卢布 50 戈比）、2958 只松鼠（价值 443 卢布 70 戈比）、97 张马鹿皮（价值 287 卢布）、29 张狐狸皮（价值 87 卢布）和 15 张熊皮（价值 126 卢布）。雅库特人、俄国商人和哥萨克是毛皮的主要消费者。总体来说，狩猎带来的收益并不是很多，1872—1887 年，每年哥萨克可从狩猎中获利近 22000 卢布，俄国居民可获 25000 卢布。[①]

在大型河流和湖泊旁边居住的居民从事捕鱼业。远东从事捕鱼业的地区是哈巴罗夫斯克至尼古拉耶夫斯克之间的阿穆尔河下游一带、乌苏里江、兴凯湖、外贝加尔的色楞格河一带。大部分鱼在阿穆尔河下游打捞上来。1891 年，在阿穆尔河下游共捕鱼 1073022 普特，出售所得 272550 卢布。[②] 1872—1887 年，阿穆尔省农民和市民从捕鱼中获利每年不超过 1 万卢布，哥萨克在 2.5 万卢布左右。19 世纪 80 年代，远东海洋、河流、湖泊的捕鱼活动逐渐被 Г. Ф. 杰姆比、Г. Г. 格伊捷尔林格等资本家所垄断，从中赚取巨额利润。

19 世纪下半叶，远东有几家大型的国内外捕鲸、捕海兽公司。这些公司资本雄厚，分别控制在符拉迪沃斯托克商人 Я. Л. 谢苗诺夫、俄国舰队船长艾里弗斯别尔格（图古捕鲸公司老板）、商船船长 Ф. 格克、海军军官 А. Г. 德德莫夫等人手中。科曼多尔群岛捕捉海狗主要由美国古特琴索与科里赫科公司掌握，该公司年捕获海狗近 5 万只。19 世纪 90 年代，俄国海狗捕捞公司垄断了海狗和海狸的捕捞。19 世纪、20 世纪之交，俄国、日本和美国的公司滥捕鲸、海狗的活动致使远东海兽数量大幅缩减。19 世纪末，仅 Я. Л. 谢苗诺夫公司的年捕鱼量就达 120 万普特。打捞海参、螃蟹、海带、海螺的活动范围限于日本海和鄂霍次克海。19 世纪末，俄国资本家仅从打捞和出售海带中每年就可获利 3 万多卢布，从销售海参获利达 100 多万卢布。

早在 19 世纪 60 年代，伐木业伴随着远东大量移民到来开始发展起来。生产木材用以满足建设城市、港口、军事设施的需要。随着海运和河运的发展，远东地区的轮船公司和轮船主对木材的需求增多。从事木

---

[①] История Дальнего Востока СССР. 1991. М.，С. 247.

[②] А. И. Алексеев. Освоение русскими людьми Дальнего Востока и Русской Америки до конца 19 в. М.，1982. С. 231.

材砍伐的主要是农民、哥萨克和市民，伐下的木材经河流流放的工作则主要由农民承担。

### 三 远东的工业开发

农奴制改革后，俄国逐步确立起资本主义生产关系。刚并入俄国版图不久的远东南部地区，工业发展速度缓慢。从欧俄地区迁移来的小工厂主和工匠带来先进的技术，东亚移民提供了廉价的劳动力，为远东工业资本主义关系的确立奠定了基础。商品货币关系的发展使采掘业等传统的工业部门进入资本化阶段。1885—1900年，俄国的手工业作坊中广泛使用雇工劳动，生产出来的产品进入远东市场销售，促进了手工业的商品化发展。

（一）快速发展的采掘业

19世纪下半叶，采矿业在远东经济中占据重要地位，奠定了远东在俄国国民经济体系中的原料产地地位。特别是金矿开采业在这一时期取得迅猛发展，甚至具有全俄意义。这是由以下几个条件决定的：首先，外贝加尔和阿穆尔河沿岸地区黄金储量相当丰富。其次，采金业是一个投资少、见效快的经济领域，开采黄金对技术和设备的要求相对较低。在生产力比较落后的条件下，甚至采用纯手工方式一样可以生产。资本家只需投入较少的资金，就可以在短期内获得高额利润。最后，拥有廉价而充足的劳动力储备。远东是沙俄流放政治犯、苦役犯的地方，而金矿又是安置他们的最佳去处。除此以外，大量来自欧俄的移民和中国、朝鲜等国的劳工也是金矿工人的后备军。

19世纪60年代以前，外贝加尔的采金业控制在沙皇办公厅手中。在金矿中工作的多是没有人身自由的流放犯和苦役犯。土地公有制约了外贝加尔经济的发展。农奴制废除后，流放犯和苦役犯不能随便充当金矿劳动力，使得采金业发展停滞甚至萎缩。这一时期，为保护官方利益，外贝加尔省的很多金矿不对私人矿主开放。自1863年起，沙俄政府才允许在官有土地上开发私人金矿，但向私人矿主征收数额庞大的赋税。尽管如此，外贝加尔的私人采金业仍快速发展起来，甚至包括在官有土地上的私人采金业。1865年，在官有土地上仅有2座私人金矿，1869年这一数字上升至17家。1865—1870年，外贝加尔金矿（官矿和私矿）数量增加了1倍（从36家增加到74家）。[①]

自60年代中期起，阿穆尔省允许私人投资采金业。1866年，矿业工程师阿诺索韦在扎兰德河开发了几处金矿。1867年，他专门成立了上阿穆尔金矿公司。1868年开始在瓦西里金矿开采黄金，第一年就开采出50多普特黄金。1871年，几位私人矿主合伙成立了中阿穆尔公司。1876年，该公司的几个大股东投资兴建了另一家公司——尼曼公司，仍然从事黄金开采业。到90年代初，上阿穆尔公司、结雅公司和尼曼公司成为阿穆尔河沿岸地区采金业的巨头，集中了全行业60%的黄金开采量。

19世纪60年代末，滨海省发现了金矿。但直到90年代采金业在这里才开始起步，金矿数量在不到10年的时间里迅速增加。90年代末，三家公司垄断了滨海省的采金业，它们是阿姆贡采金公司、叶利佐夫和列瓦绍夫公司、鄂霍次克公司。

19世纪90年代末前，远东和外贝加尔的许多富金矿已经被开采殆尽，金矿的进一步开发需要投入大量资金更新技术和设备。但俄国金矿主不愿追加投资，他们转手把矿场租给承包商和采金工人。矿场的新承租人只会采取更加粗放的方式，即通过增加劳动力数量来提高黄金开采量。于是在短短的几年时间内，阿穆尔总督辖区的各个金矿中涌入大量廉价的外国劳动力，尤以中国人和朝鲜人居多。19世纪下半叶，远东采金业粗放式发展情况见表4—2。

表4—2　　　　　19世纪下半叶远东采金业变化情况

| 省份 | 1870年 金矿数量（座） | 1870年 矿工人数（人） | 1870年 黄金开采量（普特） | 1890年 金矿数量（座） | 1890年 矿工人数（人） | 1890年 黄金开采量（普特） | 1900年 金矿数量（座） | 1900年 矿工人数（人） | 1900年 黄金开采量（普特） |
|---|---|---|---|---|---|---|---|---|---|
| 外贝加尔省 | 74 | 7200 | 268 | 154 | 7200 | 220 | 160 | 6100 | 232 |
| 阿穆尔省 | 6 | 1600 | 136 | 44 | 3600 | 486 | 206 | 11800 | 500 |
| 滨海省 | 1 | 130 | 2 | 3 | 300 | 6 | 32 | 3600 | 160 |
| 共计 | 81 | 8930 | 406 | 201 | 11100 | 712 | 398 | 21500 | 892 |

资料来源：История Дальнего Востока СССР. 1991. М., С. 253.

---

[①] В. И. Семевский. Рабочие на сибирских золотых промыслах. СПб., 1898. Т. 1. С. 561.

从表4—2中可以看出，在1870—1900年的30年时间内，开发的金矿数量增加了3.9倍，采金工人数量增加了1.4倍，开采的黄金数量增加了1.2倍。19世纪90年代的数字更能说明粗放式开采的后果：在开采金矿数量增长近1倍、采金工人数量增加近1倍的情况下，黄金开采量只增长了25%。特别是阿穆尔省，在1890—1900年的10年内，金矿数量增加近3倍，矿工人数增加2.3倍，而黄金开采量仅增加了3%。可见，仅通过开发更多的金矿、使用更多的劳动力，是无法使黄金产量大幅度提高的。

早在19世纪中叶，外国资本就开始渗透到西伯利亚的采金业中。90年代，采金业中的外国投资占俄国全部外国资本的15.9%。[①] 19世纪末至20世纪初，外国资本开始进入阿穆尔河沿岸地区的采金业中。英、法、美、德、瑞士和比利时的资本购买了上阿穆尔、尼曼和阿姆贡公司的股票，并陆续开发新的金矿。[②] 外国资本的注入，使远东各金矿区设备不断更新，采用了较为先进的采掘技术和管理方法，在降低成本的同时还提高了效益。同时，外国资本家为追逐更多利益，继续扩大投资，推动采金技术有了新的提高。阿穆尔金矿正是在这种情况下，以较少的劳动力获得了数倍于其他金矿的产量和高额利润。

煤炭开采在远东采掘工业中也具有重要意义，它的地位仅次于采金业。19世纪60年代，远东开始陆续开采煤矿，起初的开采规模不大。1861年，第一批苦役犯开始在杜艾煤矿采煤。萨哈林岛上的各矿区是远东采掘工业中外国资本最先进入的领域。1870—1872年，美国奥林方特赫克公司开始在萨哈林岛上开发索尔图纳伊矿区的煤炭。1896年，萨哈林各矿区年产量逾160万普特，1897年开采煤炭270万普特，1900年开采310万普特。

除萨哈林岛外，滨海省的煤炭开采量也在逐年增加。1892年，在苏昌矿区开采12万普特煤炭。自1896年起，开始实行煤炭的机械化开

---

[①] 刘爽：《19世纪俄国西伯利亚采金业与外国资本》，《学习与探索》1999年第2期。

[②] В. М. Ступников. К вопросу об экспансии иностранного капитала в дальневосточную золотопромышленность（конец19 – начало 20 в.）// Народы советского Дальнего Востока в дооктябрьский период истории СССР. Владивосток, 1968. С. 25 – 26.

采，这一年的开采量为30万普特。1897年，博特戈罗德涅恩斯克煤矿正式开采煤炭，所属的三个矿区的开采量达4万普特。

尽管1896—1900年远东煤炭开采量增长1倍（从190万普特增至414万普特），但其开发程度远远不够。在已探明的21个煤矿中仅开发了9个煤矿，其中4个煤矿位于萨哈林岛，5个煤矿位于滨海省南乌苏里边区。

远东采煤工业的机械化水平和劳动生产率较低，致使矿工的人均采煤量明显低于全俄水平。1900年，全俄矿工人均年采煤量为9000普特，莫斯科周边地区为7700普特，乌拉尔为7100普特，西伯利亚为7600普特，而远东仅为4500普特。[①]

采掘业在工业中的年产值达80%以上。19世纪80年代中期至90年代末，在外贝加尔省采金业创造的价值占全部工业总产值的81%—85%，阿穆尔省占80%—92%，滨海省从1890年的30%增至1899年的近50%。采掘业向工厂化生产的过渡明显慢于加工业。90年代末之前，阿穆尔总督辖区采矿业拥有动力总数887马力（占远东工业总动力的47%），但在这一时期其在工业总产值中的比重高达77%。80年代，采金业向机械化生产方式过渡，开始使用采掘机、锅驼机、淘金机等生产效率更高的机器。90年代，分散的小型采金场增多，制约了采金业向机械化生产的过渡。直到19世纪末，远东采金业的机械化程度仍然处于较低水平。

（二）农畜产品加工业异军突起

农奴制改革后，远东地区小手工业生产无法满足居民的需要，手工业产品严重不足，从事小手工业的工匠人数呈现递减趋势。以19世纪末布拉戈维申斯克的工匠人数为例，这里1893年时有工匠1777人，1896年有1880人，1890年降至1331人。小手工业生产发展速度缓慢，这是因为远东地区的资本和自由劳动力相对短缺；市场上充斥着大量来自欧俄和国外的商品，当地生产的商品毫无竞争力。十月革命前著名经济学家克留科夫写道，滨海省和阿穆尔省的小手工业生产发展"相当

---

① История Дальнего Востока СССР в эпоху феодализма и капитализма (17 в. - февраль 1917 г.), Москва, 1991, С. 254.

缓慢，以至于很难在农户家中看到。居民几乎不再缝制衣服和制作生活必需品，所有东西都是买来的。大量的裙子、帽子、鞋、裘皮大衣、马具和其他物品从敖德萨和西伯利亚运来"。同样的画面也出现在外贝加尔："各种各样的商品来自欧俄，还有部分来自美洲。"①

在沙俄政府看来，远东只是欧俄的原料产地和工业品倾销地，因此它不会投入资金发展当地的加工业。因此，远东加工业若想获得发展，须具备两个前提条件：首先，不能与欧俄的工厂构成竞争；其次，既要拥有稳定的原材料基础，还须带来可观的利润。农畜产品加工业符合上述两个条件，最先发展起来。它包括面粉加工业、酿酒业、皮革业、榨油业等。19世纪90年代中期，不同行业在加工业总产值中所占比例为：面粉业占40.8%，酿酒业占31.0%，皮革业、肥皂业占7.4%，制砖、水泥、石灰业占9.3%，榨油业占4.9%，冶金业占3.5%，火柴业占2.1%，木材加工业占1.0%。② 可见，以农业原料为主的加工业占加工业总产值的近80%，这反映出远东加工业具有极强的农业原材料性。

阿穆尔省面粉加工业的发展尤为迅速。1896年，面粉加工业产值占全省加工业总产值的71%。滨海省的酿酒业发展最快，是该省面粉加工业产值的3倍。90年代末，外贝加尔省的酿酒业也是一枝独秀，其产值是皮革业的1.5倍（包括肥皂业和制蜡业）、面粉业的6倍。1900年，阿穆尔总督辖区的酿酒业产值占加工业总产值的37%，仅低于面粉业产值。

与农畜产品原材料加工业相反，冶金、制砖、水泥等加工业在远东经济中所占比重过低，仅占总产值的12.8%。受19世纪90年代掀起的建筑热潮影响，水泥等建筑材料的产量增加迅速。冶金产品产量也有所增加，但不及水泥、石灰、制砖等行业的发展速度。远东加工业以农畜产品加工业为主，表明该地区工业经济仍然非常落后。

正如表4—3所示，到19世纪末，远东从事加工业的工厂数量增长了1倍，而工人数量和产值增长了1倍多，表明该领域生产集中的趋势

---

① Н. А. Крюков. Приамурский край на Всероссийской выставке 1896 г. в Нижнем Новгороде. Нижний Новгород, 1896. С. 73.

② Н. А. Крюков. Промышленность и торговля Приамурского края. Нижний Новгород, 1896. С. 79-80.

在逐渐加强。这一时期，远东地区出现了第一批现代意义的工厂，推动了整个工业领域的技术更新。面粉加工业最先受到影响。1879年，位于符拉迪沃斯托克的林德戈利马公司建起了远东第一家拥有较完善技术设备的蒸汽动力面粉厂，年加工谷物近20万普特。90年代，阿穆尔河沿岸地区的蒸汽动力面粉厂数量快速增长。1890—1900年，阿穆尔省的蒸汽动力面粉厂从10家增至24家，滨海省从5家增加到11家，外贝加尔省从2家增至11家。90年代中期，远东地区共有13家大型蒸汽动力面粉厂（其中阿穆尔省7家、外贝加尔省2家、滨海省4家），年产值约100万卢布，拥有工人395名。

表4—3　　　　　　　　阿穆尔总督辖区加工业变化情况

|  | 1884—1885年 | 1899—1900年 | 增长（%） |
| --- | --- | --- | --- |
| 工厂数量（家） | 650 | 1307 | 201 |
| 工人数量（名） | 2540 | 5500 | 217 |
| 产值（万卢布） | 297.9 | 711.1 | 238 |

资料来源：История Дальнего Востока СССР в эпоху феодализма и капитализма (17 в. - февраль 1917 г.), Москва, 1991, С. 249.

酿酒业的技术更新落后于面粉加工业。19世纪90年代中期，远东的21家酿酒厂中只有3家使用了较先进的技术和设备，它们是阿穆尔省的米哈伊洛夫葡萄酒厂、外贝加尔省的沃斯克列谢斯基葡萄酒厂和滨海省的巴弗利诺夫斯基葡萄酒厂。这3家酒厂中拥有蒸汽锅炉和总功率186马力的蒸汽机，共有工人230名，年产值逾70万卢布。酿酒业的其余工厂仍按传统方法酿制酒，多是拥有2—9名工人的小型作坊。

阿穆尔省和滨海省的林业发展与西伯利亚大铁路的敷设密切联系，当地企业主获得了大量加工木材、生产枕木等的国家订单。1896年，谢苗诺夫和杰姆比公司获得了向中东铁路供应枕木的合同，南萨哈林约800名锯木工人完成了这项工作，随之还诞生了许多规模较小的锯木厂。

19世纪末，一些大型木材加工厂建立起来，尤其在滨海省的发展特别迅速。1881年，在符拉迪沃斯托克建起了2座私人锯木厂。90年代中期，在阿穆尔河沿岸地区共有6台蒸汽动力锯木机，其中2台在阿穆尔省、4台在滨海省。这些工厂在远东工业中使用的动力最高，达210马力，工厂拥有工人78名。

技术革新没有进入远东较原始的加工生产领域。例如，包含皮革加工、毛皮缝制、肥皂生产、蜡烛制造等的皮革业，仍然完全采取手工生产的方式。同样，在劳动力最为集中的制砖业中，也几乎完全依靠手工劳动烧制砖。制砖业中的17家大型工厂，每家都拥有20—300名工人，总共有1140人。但只有普吉基纳岛上的斯达尔采夫砖厂拥有远东唯一的一个12马力的蒸汽锅炉用来烧制砖。

（三）冶炼业缓慢发展

农奴制改革后，远东有色金属冶炼业没有取得明显发展。70年代，只有库托马尔炼银厂还在生产。该厂1889年冶炼白银价值3万多卢布；90年代初，年冶炼白银50—52普特。彼得罗夫官有工厂从事钢和生铁的冶炼。19世纪80年代末，该厂扩建，使用蒸汽锤锻造钢铁，年产值达5.7万卢布；90年代初，年产值增至10万卢布。尽管如此，工厂却长期处于亏损状态，生产出来的产品因质量低下很难找到销售市场。西伯利亚大铁路建设时期，彼得罗夫厂的产量有所增长，到1898年前，年产值增至33万卢布。[①] 但这也仅是昙花一现，铁路竣工后便再鲜有订单。

远东地区三面环海，境内有多条河流穿越，轮船是水运的主要交通工具，需要大量冶炼产品的轮船维修业随之应运而生。19世纪60年代以后，符拉迪沃斯托克市内就建有多家轮船维修的小作坊。1872年，符拉迪沃斯托克被确定为远东主要的太平洋港口，尼古拉耶夫斯克轮船维修厂（位于阿穆尔河岸）的设备全部移交给符拉迪沃斯托克轮船维修作坊。这些小型作坊最终合并成一座大型的轮船维修厂——符拉迪沃斯托克轮船维修厂。1885年，该厂发展成当时技术装备较先进的船厂，规模不断扩大。1869年在符拉迪沃斯托克几个小型轮船维修作坊工作的仅有40—60人，而1886年符拉迪沃斯托克轮船维修厂拥有的工人数

---

① История Дальнего Востока СССР в эпоху феодализма и капитализма (17 в. – февраль 1917 г.), Москва, 1991, С. 254.

量达到 300 人左右，1896 年增加到 697 人，1900 年达到 813 人。[①] 伴随着符拉迪沃斯托克轮船维修厂的诞生，专门生产轮船配件的私人冶炼厂逐渐发展起来。90 年代中期，私人冶炼厂数量迅速增多，规模较大的有：阿穆尔河运公司的机器制造厂、切普林的机械铸造厂和比尔申铁铜铸造厂（这三家工厂位于布拉戈维申斯克市），符拉迪沃斯托克的比尤尔金铁铜铸造厂和哈巴罗夫斯克的库兹涅佐夫—卡西科夫铁铜厂。

综上所述，与欧俄地区相比，远东工业由于当地人口稀少、劳动力短缺而发展缓慢。建立大型工厂、邀请专业人才、购买机器设备都需要投入大量资金，当地的资本家拿不出这些资金。拥有雄厚资金的欧俄资本家视西伯利亚和远东为原料产地，不肯投入资金加快当地工业发展。归根结底，沙皇既要开发远东，又怕对欧俄资产阶级构成威胁的相互矛盾的政策，是造成远东工业难以快速发展的根源。

因此，直到 19 世纪末，远东在俄国经济中扮演的还仅是农业原材料供应地的角色，欧俄地区 80 年代初已经完成的向大工厂化生产过渡的过程在远东才刚刚起步。但是在 90 年代，远东工业发展速度整体加快，并向更为发达的资本主义形式过渡，这是取得的显著进步。

## 四　远东的交通运输业

19 世纪下半叶，远东尽管已进入全俄统一的经济体中，但由于远离欧俄地区，其开发进程在很大程度上取决于交通运输业的发展。

### （一）铁路建设引领运输业发展

在修建铁路之前，远东的道路状况非常糟糕，马车是陆路运输中最主要的交通工具。阿穆尔省最主要的陆路通道是驿道，它沿阿穆尔河岸起于伯克罗夫斯卡亚镇、止于哈巴罗夫斯克市，全长 1664 俄里，分为马车道和驮运道路。驿道穿越 117 条大小河流，"马车道时断时续……道路泥泞不堪，当河面结冰时任何运输联系全部中断"[②]。滨海省（除南乌苏里边区外）"大部分地方没有道路，或者路况非常糟糕，简直无法称之为'道路'"。在许多村庄之间甚至没有普通的马车道，每年春

---

① Путеводитель по Великой Сибирской железной дороге. СПб., 1900. С. 530.
② Путеводитель по Великой Сибирской железной дороге. СПб., 1900. С. 446.

秋两季道路泥泞不堪的状况会持续三四个月，有些地方驮运道可以行走，有些地方则根本无法通行。

外贝加尔省最主要的陆路通道有两条：一条是大莫斯科驿路，它起于梅索瓦亚码头，止于斯列坚斯克镇；另一条是商路，它起于恰克图，止于梅索瓦亚、伊尔库茨克。这些道路主要运输金矿预订的商品，包括矿主和矿工所需茶叶及日常用品等。19世纪下半叶，该省几乎七分之一的人口从事交通运输业，而这一行业被库赫捷林公司、科罗列夫、科尔尼罗夫等几家大型公司所垄断。

19世纪80年代中期，沙俄政府最终决定修建西伯利亚大铁路。1887—1889年，进行了铁路沿线的选址和勘测工作。1891年5月19日，在符拉迪沃斯托克举行了乌苏里铁路奠基仪式，从此开始了轰轰烈烈的铁路建设时期。1894年12月6日，符拉迪沃斯托克站至格拉夫斯亚卡亚站之间临时通车。1897年9月1日，第一辆直达列车自哈巴罗夫斯克出发，9月3日抵达符拉迪沃斯托克。1895年4月11日开始敷设外贝加尔铁路，负责人是А. Н. 布舍奇尼科夫。1901年7月11日，该段铁路投入运营。1898年开始敷设取道中国的中东铁路。日俄战争前夕，俄国在远东地区敷设的铁路总长度达4957千米，其中在俄境内铁路线长2332.9千米，占总长度的48.0%。[①]

铁路运输是远东交通运输史上的真正革命，它加快了资本周转时间，提高了货物运输和资本周转效率，保障资本进入远东地区，消除了边疆区的孤立和游离于全俄市场的状况，掀起了向远东移民的新浪潮，促进了当地生产力的发展。

修建铁路促进了远东陆路运输体系的发展，推动了公路的铺设。1894年，滨海省敷设了苏昌至纳霍德卡及圣奥利佳湾的公路；修建了哈巴罗夫斯克至多个村镇之间的道路；什马科夫卡村、格罗捷科沃站、苏昌镇、尼科利斯克—乌苏里斯克市等地都与新发展起来的一些居民点之间建立了公路联系。到19世纪90年代末，远东地区大型居民点之间已经建立起互相联系的公路网。1898年，开始沿阿穆尔河敷设哈巴罗夫斯克至布拉戈维申斯克公路，流放犯是建筑这条公路的主力军。

---

① Вестник министерства путей сообщения. СПб., 1904. No. 4. С. 652.

## （二）水路运输发展迅速

相比陆运，远东的水路运输则更加重要。早在1854年，第一艘俄国轮船开始侵入中国境内，在黑龙江上航行，当时的东西伯利亚总督穆拉维约夫就在这艘轮船上。轮船沿黑龙江一直航行到马林港。1860年，阿穆尔河成为中俄界河，俄国终于可以大张旗鼓地在河上航行了。这一年，航行在阿穆尔河、悬挂俄国国旗的有8艘轮船，1870年增至25艘，1885年为41艘，1895年多达56艘。外贝加尔省拥有贝加尔湖和色楞格河等多条河流，这一时期的轮船运输业也在逐渐发展。19世纪90年代初，这里共有14艘轮船、44艘驳船和15艘帆船。

自19世纪90年代后期起，阿穆尔河流域的河运船只数量稳定增长。随着内河运输的发展，为保证轮船顺利航行，阿穆尔河河道开发提上日程。自1895年起，阿穆尔河上开始安装航行浮标；1898年，河道挖泥作业逐步展开；1900年，河道里的礁石得到清理。

海洋运输对于拥有漫长海岸线的远东地区来说具有重要意义。19世纪60年代，俄美公司和西伯利亚船队的船只开始出现在远东海域。19世纪80年代初，符拉迪沃斯托克被辟为军港，该港的军事地位日益增强。由于远东海域的俄国船队数量较少，不得不在广阔的海域租用外国船只运输货物，仅租金就几乎等同于每年的外贸收入。因此，大力发展远东的俄国船队已成为当务之急。船队发展起来，才能加强远东地区与欧俄之间的联系，才能满足贸易和工业发展的需要。但沙皇专制政权对发展远东商船队的积极性不高，不愿向偏远地区投入资金。无奈之下，只能采取私人捐赠的形式来发展当地的商船队。1878年，远东地区用募集来的捐赠资金在国外购买了4艘轮船，组建起一支志愿商船队。自1880年起，商船队的船只将远东地区与黑海港口建立起联系，承担起大部分远洋运输任务。1886年，志愿商船队组织了前往鄂霍次克海和白令海的航行。

1880年，远东地区出现了一家私人船运公司——舍维列夫船运公司，公司负责人М. Г. 舍维列夫获得沙俄政府6万卢布的补贴。但享用这笔补贴的同时，还必须承担一定的责任。例如，舍维列夫公司必须完成定期在汉口、上海、长崎和符拉迪沃斯托克之间快速航行的任务。对此，政府还给予公司每海里3卢布的补助。到90年代中期，舍维列夫公司拥有4艘轮船，从1893年起开始租用外国船只。

水路运输在远东经济发展中的作用不可忽视。河流运输实现了地区内部货物的流动，海洋船队在远东和欧俄之间建立起稳定联系，加强了海港之间的经济贸易往来，扩大了移民规模。蒸汽轮船的使用大大加快了货物运输速度、降低了运输成本，但是在远东河流上航行的基本都是小动力船。海运的发展促进了采煤业、捕鱼业的发展。

远东水路运输远没有满足该地区经济发展的需要。由于专门从事河运研究的人才匮乏，对阿穆尔河、额尔古纳河、石勒喀河、结雅河、布列亚河、乌苏里江的航道缺乏研究，不利于河运的发展。在阿穆尔河航运业中占据统治地位的是两家大型公司：成立于1871年的阿穆尔轮船公司和成立于1882年的阿穆尔运输贸易公司。这两家公司利用其垄断地位，私自提高运费、运输没有保障的私人货物等。远东海运轮船的发展较慢，绝大部分货物运输掌握在外国人手中。

铁路建设对远东海运发展产生重要影响。1896年，通过了建设符拉迪沃斯托克贸易港的决定。三年时间内这里建起了志愿商船队的船坞、艾格尔舍利德角至火车站的一条支线、几个新码头和仓库。随着中东铁路的修建，符拉迪沃斯托克成为西伯利亚大铁路上的一个海港，具有了国际意义。1900年，28艘大型船只划归符拉迪沃斯托克港，这还不包括停靠在该港的志愿商船队（15艘）、俄国东亚轮船公司（6艘）和俄国波罗的海轮船公司（5艘）的船只。中东铁路公司下属的海运公司是远东地区最大的运输公司，在个别年份它拥有的轮船多达26艘。[①]尽管俄国的贸易船队发展迅速，但大多数当地运输船只仍控制在外国人手中。1899年，从事近距离运输的19艘轮船中，仅有8艘是俄国的，其余11艘都是外国船只。

整个交通运输体系的发展，特别是铁路网的逐渐建成、轮船运输业的技术不断完善等，都为远东生产力的提高奠定了基础。交通运输条件的改善首先促进了商业贸易的发展。

---

[①] История Дальнего Востока СССР в эпоху феодализма и капитализма（17 в. - февраль 1917 г.），Москва，1991，С. 261.

### 五　商业贸易的发展

农奴制改革后的几十年内，商业贸易是远东地区资本原始积累的主要方式。列宁写道："商业资本和高利贷资本在历史上总是先于产业资本的形成，并且在逻辑上是产业资本形成的必要条件。"[1]

（一）对外贸易活跃

19世纪中叶，远东南部地区交通运输不便，根本不可能完全依赖与俄国其他地区的贸易。况且借助其地缘优势，很容易利用港口和边境地区开展与中国、朝鲜、日本等邻近国家的贸易。特别是在远东本地工业和小手工业发展缓慢的情况下，对外贸易就具有特别重要的意义。

19世纪90年代前，外国船只在远东对外贸易中发挥着主要作用，符拉迪沃斯托克港是接收外国船只货物的重要港口。自90年代起，俄国船只在远东对外贸易中发挥的作用逐渐加强。1890年，俄国船只运输的货物仅占22%，1894年增至28%，1896年为32%，1899年则达到41%。阿穆尔河畔尼古拉耶夫斯克港是远东地区的另一个大型港口。早在50—60年代，它是一个以运输德国和美国商品为主的港口。90年代，经该港口向远东地区运输41.5%的俄国货物、15.4%的德国货物和22.5%的英国货物、4.6%的中国货物、10%的日本货物和5.6%的美国货物。[2] 可见，该港运输的俄国商品的份额日渐增长。

为维护本国资本家的利益，沙皇政府实行保护关税政策。1867年，对向远东运输酒精的外国船只征收关税。自1888年起，远东从国外进口且实行免税的商品只有砂糖、麦芽糖、糖果、石蜡、漆器、火柴等。沙俄政府在远东地区实行的税收政策没有连续性，即使是对同样一种商品，有时征收高额赋税，有时则免税。这也是欧俄和远东资本家利益集团之间竞争异常尖锐的一个写照。

19世纪90年代，远东对外贸易额显著提高。1891—1900年的10年，运输到符拉迪沃斯托克港的货物增加了4倍，1900年达到2170万普特。进口商品构成发生变化，由于修建乌苏里铁路，远东进口的重工

---

[1]《列宁全集》第3卷，人民出版社1984年版，第155页。
[2] Обзор Приморской области за 1899 год. Владивосток, 1900. C. 39 – 40.

业产品大幅增多。

这一时期，远东与中国、朝鲜发展陆路贸易。与中国开展贸易的主要口岸是恰克图，茶叶一直是运输的主要商品。1893年，经恰克图输入价值1357.2万卢布的商品，其中茶叶的价值为1297.9万卢布。① 经恰克图运输到中国的商品主要是工业品、手工业品和金币、银币等。

中国东北、蒙古与远东进行贸易须经外贝加尔边境线。主要贸易口岸有斯列坚斯克、涅尔琴斯克、祖鲁海图、阿巴盖图伊、莫戈伊图伊等。外贝加尔省从中国外蒙古进口的商品包括呢料、亚麻布料、铁、冶金产品、粮食等。此外，还从中国外蒙古地区进口活牲畜和畜产品，年贸易额不到20万卢布，属于地方性边境贸易。

自19世纪60年代开始，中国东北已经成为俄远东农产品的主要进口地，主要由军需部门采购，包括小麦、荞麦、燕麦、黍米、小米、高粱、大米、大豆、菜豆、面粉、猪肉、羊肉以及活牛、马等。俄远东向中国出口的商品有纸张、盐、鱼、海带、海参、布匹（麻布、印花布、细棉布、亚麻布）以及煤油、植物油、皮革等。远东与中国东北的贸易主要经三个边境口岸：哈桑、波尔塔夫卡和上曼谷盖。1892—1899年，贸易额从342万卢布增至400万卢布。② 远东与朝鲜的陆路贸易发展缓慢，90年代，年贸易额为20万—25万卢布，从朝鲜进口的主要商品是活牲口，出口商品以布料为主。

由此可见，除恰克图外，远东地区陆路贸易中出口额一般多于进口额。从出口到邻近的中国蒙古、东北和朝鲜的商品结构来看，远东似乎是一个工业发达的地区，但实际上远东商人出售到外国的大部分商品是从欧俄运进来的，并不是在远东当地生产的。

(二) 活跃的集市贸易

随着移民的增加和开发的推进，远东地区与俄国其他地区之间的贸易发展起来，但速度缓慢。由于路况不好、距离国家工商业中心遥远等原因，远东地区的贸易形式仍以易货贸易为主，外贝加尔省的少数民族

---

① История Дальнего Востока СССР в эпоху феодализма и капитализма (17 в. – февраль 1917 г.), Москва, 1991, С. 263.

② История Дальнего Востока СССР в эпоху феодализма и капитализма (17 в. – февраль 1917 г.), Москва, 1991, С. 264.

聚居区每年仍定期举办集市。吉日加区、乌茨基区、鄂霍次克区、堪察加半岛和科曼多尔岛上都设有毛皮交易地。但土著人的利益在毛皮交易中受到极大损害。通常情况下，土著人至少要多花3倍的价钱才能买到生活必需品，而且出售给他们的商品还常常是伪劣商品。

远东地区的集市贸易发展缓慢。90年代初，滨海省在尼科利斯克村形成了唯一真正意义上的集市，贸易额为1000—2000卢布。到90年代末，滨海省集市数量达到11个，总贸易额为24.6万卢布，分布在卡缅—雷博洛夫村、奥西诺夫卡、扎利科沃、切尔尼戈夫卡、斯帕斯克、捷尼科夫卡、博克罗夫卡等地。

19世纪90年代初，外贝加尔省共有3个集市：上乌丁斯克、切尔托夫金斯克和阿金斯克，贸易额达400多万卢布。到1900年前，外贝加尔集市贸易额增加到700万卢布。阿穆尔河沿岸村镇的贸易，只有在通航期定期航行的轮船停靠在岸边时才能进行。

随着城市的发展，其功能不断完善。城市里集中了大量商品，其商品集散地的职能日益强大。例如，外贝加尔省发挥商品集散地作用的城市有特洛伊茨科萨夫斯克及恰克图（1896年，两地的贸易额为970万卢布）、赤塔（贸易额为400万卢布）和上乌丁斯克（贸易额为370万卢布）。①

（三）商业垄断趋势加剧

商业资本是一把双刃剑。一方面，它加强了远东与俄国其他地区的经济联系，促进了商品货币关系的发展，有助于资本原始积累，将更多资金投入工业发展中。例如，1867年成立的秋林公司在远东地区布拉戈维申斯克、符拉迪沃斯托克、阿穆尔河畔尼古拉耶夫斯克、哈巴罗夫斯克、尼科利斯克—乌苏里斯克许多大型居民点从事贸易活动。除贸易外，该公司还从事工业生产，辖有皮革、绳索等工厂。秋林公司在莫斯科、伊尔库茨克设有办事处，在赤塔、斯列坚斯克和敖德萨设有代理处。另一方面，商业资本可以垄断贸易，把商业活动和高利贷结合在一起，利用投机和人为制造脱销假象赚取附加利润。库恩斯特·阿里别尔

---

① История Дальнего Востока СССР в эпоху феодализма и капитализма (17 в. - февраль 1917 г.), Москва, 1991, С. 264.

斯商行的活动就是如此，该商行把大量德国商品运输到远东，同时再投机倒卖大量俄国商品。① 这个公司的影响很大，它在东西伯利亚和远东有16个代表机构，在中国东北设有5个代表机构，在日本有1个代表机构。德国银行大力扶持库恩斯特·阿里别尔斯公司，因为该公司的贸易活动可以巩固外国资本在远东的地位。

大型贸易公司的垄断导致封建式垄断残余保留下来，最为典型的便是恰克图茶叶贸易集中在几个大商人手中，其中最为活跃的商人有А. Я. 涅姆奇诺夫、А. В. 什维佐夫、А. А. 莫尔恰诺夫、А. М. 鲁什尼科夫、М. О. 奥索金。② 大垄断者获得贸易利润的大部分，小商人则完全受批发商控制。同样，堪察加的贸易受两个公司控制，它们是俄国海狗猎捕公司和阿穆尔公司。堪察加半岛上的贸易由海狗公司垄断。这些公司利用绝对控制权，把购买毛皮的价格压低1/3 —1/2，从中渔利。到90年代末之前，滨海省南部地区的大部分零售贸易集中在中国商人手中，他们都是大型中国公司的代理人。

伴随着商业资本的垄断，金融借贷体系逐渐在远东确立，主要控制在国家手中，其发展落后于俄国中心地区。到90年代初之前，远东地区仅有3家专门从事借贷的机构：位于哈巴罗夫斯克的国有银行分行、位于涅尔琴斯克和布拉戈维申斯克的城市公共银行。1893年，在布拉戈维申斯克开设了国有银行分行，1894年又分别在符拉迪沃斯托克和赤塔设立分行。到1894年前，已经发展到40家借贷机构。借贷体系的建立，有利于远东商业资本的周转，促进了工业等经济领域的开发。1894年，远东各国有银行分行的周转资金达6400万卢布，1897年仅设在符拉迪沃斯托克和哈巴罗夫斯克的两家国有银行分行的周转资金就已经达到3.04亿卢布。③ 国有银行各分行建立后首先为采金业贷款，这也是赤塔和布拉戈维申斯克分行的主要业务。

到90年代末之前，华俄银行在符拉迪沃斯托克等城市设立了几处

---

① А. П. Окладников., В. И. Шунков. История Сибири. Т. 3. Ленинград，1968. С. 67.
② Рабинович Г. Х. Крупная буржуазия и монополистический капитл в экономике Сибири конца 19 – начала 20 в. Томск，1975. С. 220.
③ История Дальнего Востока СССР в эпоху феодализма и капитализма (17 в. – февраль 1917 г.)，Москва，1991，С. 266.

分行，朝俄银行也设立了第一批分行，西伯利亚商业银行在布拉戈维申斯克设立的分行开始营业，哈巴罗夫斯克成立了市借贷机构。通过银行发放的商业贷款可以减轻远东开发新矿、建立新厂的压力，促进工业的发展。但是银行资本的服务对象是那些大型工商业企业和公司，中小资本家以及从事农业和市政建设的资本家是无法使用银行借贷资本的。

19世纪末，俄国远东资本主义生产方式已经确立，经济获得了迅速发展：耕地面积增加、粮食产量和牲畜存栏数增长、农产品商品化程度提高；采金业规模扩大、采煤量增多、加工业得到发展；交通运输系统逐步形成；轮船业、陆路交通的发展促进了贸易的发展。与此同时，远东地区的资本主义向纵深发展的进程明显落后于全俄：农业生产依靠粗放式经营，工业向工厂化过渡缓慢推进，商业资本显著多于工业资本。远东地区实际上属于资本主义的边缘地区，落后的生产方式还存留在手工式工业和其他经济领域中。19世纪末，随着西伯利亚大铁路的修建和远东并入全俄资本主义经济体系中，远东地区社会经济加快发展的前提条件日趋成熟。

## 第五节　远东的文化教育

19世纪下半叶，远东的文化事业获得显著发展：出现了大量的报刊和图书，科学考察和研究活动顺利开展，文学和戏剧创作丰富了居民的日常文化生活；与此同时，学校教育和校外教育普及，提高了当地居民的文化水平。

### 一　文化事业的发展

俄国资本主义生产的发展，商业贸易、金融往来的日趋频繁，加快了信息交流。远东地区由于远离欧俄中心地区，开发较晚，更需借助报纸、杂志、书籍等出版物与欧俄地区保持密切联系。

早在1865年，远东地区就发行了两种报纸：一份是尼古拉耶夫斯克的《东方沿海地区》报，另一份是赤塔的《外贝加尔省公报》。前者由于读者群狭小、缺乏评论性文章而于1866年12月停办。后者的读者群较广泛，除刊登俄国政府和地方当局的政令外，还刊载了一些反映地方工农业生产状况、移民诉求、工人无权地位以及揭露地主土豪、官吏等罪行的文章，因此一直深受群众欢迎。直到 90 年代中期，这份报纸的发行量才逐渐减少。1883 年 4 月，符拉迪沃斯托克开始正式发行《符拉迪沃斯托克报》。该报经常刊登在远东乃至全俄较有名气的文学家、政论家的文章，受到群众的喜爱，在远东文化和社会生活中发挥了重要作用。此外，1888 年在符拉迪沃斯托克还开始公开出版了第一本远东地区的学术杂志《阿穆尔地区研究学会会刊》。

西伯利亚大铁路的敷设，推动了远东社会、经济、政治和文化的进步。移民运动、工人阶级的形成以及反对沙皇专制制度斗争的加强，都促进远东报刊业取得了前所未有的发展。19 世纪 90 年代初到 1904 年，在远东共发行了 23 种报纸和 6 种杂志。其中省级和市、县级的私营报纸多达 15 种，甚至在中东铁路沿线也有私营报纸发行。[①] 此外，还有 8 种政府、军队、教会等官方组织发行的各类报纸。19 世纪下半叶，远东科学考察活动广泛开展，俄国地理学会阿穆尔分会及其分支机构陆续建立，随之各类学术期刊相继问世。这一时期远东发行的学术期刊共有 6 种，分别是《俄国地理学会阿穆尔分会会刊》《阿穆尔地区研究学会会刊》《俄国地理学会赤塔分会会刊》《东方学院通报》《当代远东大事记》。

19 世纪 80 年代前，远东还没有图书出版社。1884 年阿穆尔总督辖区建立后，远东才出版了第一部书——И. П. 纳达罗夫的《北乌苏里地区现状概览》。西伯利亚大铁路开始修建后，原本闭塞的远东在社会、经济、文化等方面逐渐与欧俄地区接轨。随着报刊业的发展，建立起一批具有一定规模的印刷厂，这为远东图书出版业的诞生和发展提供了物质技术条件。远东地区规模最大的图书出版基地是东方学院印刷厂，还有州政府和西伯利亚海军步兵兵营的公立印刷厂以及一些私人印刷厂。19 世纪末，远东地区已有 5 个城市能够出版图书。图书种类齐全，既有介绍当地农业、林业、渔业等发展状况的地方志书籍，也有关于历史、物理、经济类的学术著作，还有介绍河流运输、铁路建设运营情况

---

① И. Г. Стрюченко. Периодическая печать Дальнего Востока и Забайкалья эпохи капитализма（1861 – 1917 гг.）Владивосток，1983. C. 91.

的资料集以及教学用书等。

**二 科学考察和研究活动**

19世纪中叶以后,俄国资本主义的发展引发了科技领域的深刻变化,科学在社会各个方面发挥了前所未有的重要作用。为加快新占领土地的开发和向那里移民,沙俄政府迫切需要了解这里的地理、历史、民族及地质情况。政府先后派出考察队和科研人员,在远东组建了多个科研机构,开始对这片未知的土地展开系统而全面的科学考察和研究活动。

(一)俄国地理学会西伯利亚分会

为执行沙皇政府科学开发西伯利亚的要求,1851年11月17日在伊尔库茨克成立了俄国地理学会西伯利亚分会,这是俄国亚洲部分的第一所科研机构。该分会先后设立了自然地理部、数学地理部、统计地理部等,还对当地的历史、考古、农业及其他学科进行研究和考察。到1852年底,分会有正式会员49名,候补会员3名。[①]

19世纪50—60年代,俄国地理学会西伯利亚分会为研究西伯利亚的地理、经济、民族、地质等组织了数次科学考察活动。特别是1854—1863年组织的西伯利亚大考察,对东西伯利亚南部的叶尼塞斯克省、伊尔库茨克省、外贝加尔省,以及阿穆尔地区和萨哈林岛等地进行了全面而细致的考察,积累了大量有关当地的地理和地质等方面的第一手资料。此次考察的全部成果都收入《西伯利亚考察文集》中。此外,西伯利亚分会还组织了一些地域性、专业性较强的考察活动。例如,P. K. 马克带领考察队在阿穆尔和乌苏里地区进行了几次考察,详细记录下当地的自然环境、动植物种类及少数民族的文化、日常生活等情况;H. П. 阿诺索夫考察队经过勘察,在贾林达河上游、谢列姆贡河中游、吉柳伊河口附近、尼曼河上游地区发现了金矿;著名学者、革命家 П. А. 克鲁泡特金于1863年、1864年航行阿穆尔河,收集了许多关于外贝加尔和阿穆尔河沿岸地区自然环境的资料;70年代,洛帕金考察队专门考察了萨哈林岛,发现了该岛南部地区蕴藏着丰富的煤炭资源。

---

① А. П. Окладников. , В. И. Шунков. История Сибири. Т. 3. Ленинград, 1968. С. 379.

1877年，随着研究的深入，在俄国东部地区广袤的土地上仅有一个研究机构远远不够，于是西伯利亚分会按照地域一分为二，分为西西伯利亚分会和东西伯利亚分会。原西伯利亚分会所在地伊尔库茨克为东西伯利亚分会的中心，西西伯利亚分会设在鄂木斯克。19世纪80年代末至90年代初，沙皇政府决定修筑西伯利亚大铁路，需要铁路途经地的各种详尽资料，东西伯利亚分会在东段铁路的勘测、选址中发挥了重要作用。

(二) 俄国地理学会阿穆尔分会

为研究俄国远东地区的地理、历史和民族，1893年11月20日，俄国地理学会阿穆尔分会在哈巴罗夫斯克成立，会长为副总督 Н. И. 格罗捷科夫。仅在成立的第一年，其会员人数就达到130多人。到1899年，仅哈巴罗夫斯克一地就拥有会员260人。[1] 19世纪末，在符拉迪沃斯托克、布拉戈维申斯克、赤塔和恰克图等地相继成立了俄国地理学会阿穆尔分会的地方分支机构。

除远东地区外，阿穆尔分会也将邻近的中国和日本作为研究和考察的对象，先后在远东及周边地区组织了多次科学考察活动。阿穆尔分会派出的考察队先后考察了中国外蒙古、大兴安岭和东北等地。其中，A. P. 希尔尼茨基带领的考察队活跃在兴凯湖和太平洋间的地域以及锡霍特—阿林山脉地区，另一支以阿穆尔方志学家为主的考察队则考察了堪察加半岛和阿纳德尔地区。

B. K. 阿尔谢尼耶夫是俄国地理学会阿穆尔分会的会员，同时也是一名杰出的地理学家。他在随考察队考察途中研究了远东的湖泊、河流，并亲临萨哈林、吉日加区和科曼多尔群岛等地，收集和整理了当地丰富的自然历史和民族学资料。阿尔谢尼耶夫一生撰写了50多部科学著作和科普读物，为远东地区历史、考古、民族学的发展做出了重大贡献。

1894年，阿穆尔分会在哈巴罗夫斯克建立了地方志博物馆。第二年，馆内已有民族学展品846件、动物学展品400余件、人类学展品8件。[2]

---

[1] Н. И. Гродеков. Всеподданный отчет императору Николаю Второму. 1901. С. 33.

[2] Краткая история Приамурского отдела Императорского Русского географического общества за 20 лет. 1893 – 1903. Хабаровск, 1913. С. 15, 18.

到1897年5月，博物馆内共收藏各类展品2500余件。这一年参观博物馆的人数超过1万人，1912年为1.6万人，1915年达到1.7万人。此外，阿穆尔分会还相继在赤塔、恰克图、亚历山德罗夫、涅尔琴斯克、布拉戈维申斯克等地建立了博物馆，展出藏品供参观者了解当地的历史、考古、民族等情况。

在俄国地理学会阿穆尔分会的活动中，除了进行科学考察和研究，向民众宣传研究成果、普及科学知识也是其重要工作内容。分会曾出版大量科学著作，在远东多地举办介绍当地历史人文情况的讲座，还筹建科学图书馆、组织平民读书会等。综上所述，19世纪末至20世纪初，阿穆尔分会及其分支机构已经成为远东地区重要的科学文化中心，成为向民众宣传科学知识的重要机构。

### 三　活跃的文学和戏剧

远东的地方文学产生于19世纪70年代。А. Я. 马克西莫夫是阿穆尔地区文学的代表人物，他的作品以短篇小说、旅行杂记居多，经常发表在莫斯科、西伯利亚及远东的报纸上。1898—1899年，他撰写的4卷本全集《在遥远的东方》出版，引起强烈的社会反响。

在滨海地区享有盛誉的是小说家、诗人和新闻记者Н. П. 马特维耶夫。1896年，他的《来自昔日的乌苏里原始森林》一书出版，后来问世的还有《十个创作——模拟滑稽作品与模仿作品》《符拉迪沃斯托克简史》《乌苏里斯克短篇小说集》等。1906年，马特维耶夫创办了《远东自然与人》杂志，他亲自担任杂志编辑，宣传民主思想，后来还创办了另一本杂志《远东丛刊》。

政治犯多是反对沙皇专制制度的进步知识分子，因此许多人被流放到远东地区服苦役，他们中不乏文笔流畅、描写细腻的文学家，为丰富和发展远东文学作出了重要贡献。被流放到涅尔琴斯克的民意党人П. Ф. 雅库鲍维奇在流放地积累了丰富的素材。他潜心写作，撰写了2卷本的纪实小说《流放犯眼中的世界》，该书于1899—1902年陆续在彼得堡出版。在科雷马地区服苦役的В. Г. 鲍戈拉兹创作的《楚科奇短篇小说集》和《科雷马短篇小说集》先后于1899年和1910年问世。还有一些富有创作热情的政治流放犯们在报纸上发表了大量批评时政的文章，以及诗歌、短篇小说和回忆录等。

远东的戏剧文化诞生于业余爱好者演出的话剧，最初的舞台出现在军官俱乐部里。19世纪60年代，在布拉戈维申斯克的一个兵营里演出了戏剧《驿站长》和《小题大做》。之后，在符拉迪沃斯托克和哈巴罗夫斯克也有类似的演出。

70年代中期，符拉迪沃斯托克成立了海洋俱乐部，不定期地组织业余演员演出一些经典戏剧。1888年，М. К. 舒米林在布拉戈维申斯克组建了一个话剧团。除在当地演出外，这个话剧团还前往符拉迪沃斯托克和哈巴罗夫斯克等地进行巡回演出，受到市民的热烈欢迎。19世纪90年代，陆续有职业剧团成立，远东的戏剧文化获得发展。

早在19世纪80年代，就有来自欧俄的职业剧团来到远东演出，但时间不固定，剧团的规模也较小。90年代，相继有来自基辅、彼得堡、敖德萨和伊尔库茨克的演员、歌手及音乐家在远东进行巡回演出。1900年夏，俄国歌剧院在符拉迪沃斯托克上演了《茶花女》《黑桃皇后》《塞维利亚理发师》《浮士德》《阿伊达》等经典剧目。这些剧团的到访不仅丰富了远东居民的业余文化生活，也带动当地的戏剧水平得到快速提高。

随着远东戏剧文化的发展，一些固定的演出场所建设起来。以符拉迪沃斯托克市内兴建的剧院为例。1885年，И. И. 加列茨基在金角宾馆内开设了一个戏剧大厅；1899年，А. А. 伊万诺夫建设了太平洋剧院；1908年，普希金剧院建成投入使用。除国外的经典剧目外，契诃夫、高尔基的作品也被搬上了远东的戏剧舞台。《底层》和《敌人》等反映尖锐现实问题的戏剧受到当地群众的欢迎。

第一次俄国革命失败后，书刊检查机关禁止上演一些进步作家的作品，在一定程度上阻碍了戏剧艺术的发展。但在1910年革命后，远东的戏剧文化重新活跃起来，在符拉迪沃斯托克、哈巴罗夫斯克等城市演出的不仅有当地的话剧和芭蕾舞剧团，还有来自莫斯科和彼得堡的巡回演出剧团。

## 四 教育事业的兴起

沙俄在夺取阿穆尔和滨海地区后，为在新占领土站稳脚跟，实行了大规模的向东部地区移民的政策。移民的涌入增加了对教育的需求。随着农奴制改革的深入和资本主义生产方式在远东的确立，远东的教育事业取得快速发展。

（一）学校教育

为了从思想和精神上控制住原住民和新移民，提高远东地区居民的文化水平，沙皇政府在阿穆尔河沿岸地区建立了各种类型的学校：在城市中开办国民学校、古典中学、四年制不完全古典中学和实科中学，在农村中开办一级和二级小学、教区小学，还有传教士专为土著居民孩子开办的小型学校等。这些学校基本可以满足各阶层青少年接受教育的需要。

19 世纪下半叶，在创建远东小学校中发挥作用的主要是个人，其中既有行政官员、军官，也有商人、企业家。国家则在创办中等教育中起主要作用，几乎所有的中等教育学校都是教育部和军事部门投资开办的[1]。1897 年，远东已有中等教育学校 15 所。女子教育在远东也得到发展。19 世纪 60 年代，第一批女子学校在布拉戈维申斯克、尼古拉耶夫斯克、恰克图、上乌丁斯克等地建立起来。后来在符拉迪沃斯托克也开办了女子学校。到 19 世纪末，远东地区共有女子学校 7 所，学生总数为 1451 人。1890 年，在小学中接受教育的女生有 1740 人；1897 年，这一数字增加到 4726 人，增长了近 2 倍。[2]

随着资本主义在远东地区的确立和发展，各行业对专业人才的需求迅速增加，进而带动了远东职业教育的发展。海洋运输在远东经济发展中占据重要地位，航海人才的培养需要相适应的专业学校，于是在尼古拉耶夫斯克建立了一所专门培养航海人才的航海学校。这所航海学校为俄国培养了众多杰出人才，曾担任俄国海军司令的 С. О. 马卡罗夫就是 1868 年毕业于该校的学生。80—90 年代，俄国政府在符拉迪沃斯托克创办了航海班，后改为远航学校。除航海类学校外，还有其他类专门学校，如在布拉戈维申斯克开办的河运学校、在哈巴罗夫斯克建立的铁路

---

[1] О. Б. Лынша. История образования на Дальнем Востоке России. 1860 – 1917 гг. Автореф. дис. на соиск. учен. степ. к ист. н. 2000. Уссурийск, С. 15.

[2] Азиатская Россия. Т. 1. СПб., 1914. С. 263 – 266.

军事学校（士官武备学校）等。

这一时期，远东的学校教育取得较大发展。1860年，在阿穆尔河沿岸地区（不包括外贝加尔省）共有各类学校40所，1886年增加到52所。从90年代开始，由于大量移民的到来，远东学校数量快速增加。1895年，在阿穆尔省和滨海省小学校数量达到72所，外贝加尔省有313所，萨哈林有11所，共计396所。滨海省学生数量达到1975人，阿穆尔省为2301人，外贝加尔省为9082人，萨哈林为330人，共计13688人。

（二）校外教育

校外教育是学校教育的有益补充，它的教育对象主要是成年人。19世纪末20世纪初，在进步知识分子的倡议和自治机关的支持下，远东各地陆续出现了民众读书协会，这是此时期远东文化发展中最为盛行的一种校外教育方式。

1886年12月12日，符拉迪沃斯托克民众读书协会成立，其目的在于扫除文盲和向人民群众传播历史、地理、文学、医学等各类知识。举办讲座是读书协会开展活动的最主要形式，讲座地点有时在学校、博物馆、客栈，有时则安排在部队营房、市杜马行政处，有时甚至在监狱。讲座因内容通俗易懂、形式灵活而受到广大人民群众的普遍欢迎，工人、小职员、学生、水手和士兵等都是讲座的听众。1900年，在市杜马行政处举行了31次讲座（平均每次100人）、在监狱举办2次（平均每次60人）、在小客栈举行200次（平均每次33人）。除举办讲座外，符拉迪沃斯托克民众读书协会的活动还包括：免费开办图书馆、星期日学校，为普通百姓提供吸取各种知识的平台；创办有偿考前培训班，为报考莫斯科、彼得堡、托木斯克等外地高等院校和东方学院的学生进行考前辅导、培训等；筹建符拉迪沃斯托克文化馆，丰富当地群众的日常文化生活。

哈巴罗夫斯克民众读书协会成立于1894年5月28日。1897年会员达到87人。除举办讲座、开办图书馆和培训班外，读书协会还注重向偏远地区的民众传授知识，经常为哈巴罗夫斯克县的少数民族和农村居民无偿发放书籍，举办扫盲培训班，提高了居民的识字水平。不仅是周边地区，哈巴罗夫斯克民众读书协会的活动范围甚至还辐射到较远的北部地区。

符拉迪沃斯托克和哈巴罗夫斯克两个民众读书协会与欧俄的莫斯科、彼得堡、基辅等地的民众读书协会都有定期的联系和交流，有利于全国性活动的开展，同时它们也是远东校外教育活动开展的中心。在该中心的帮助下，堪察加彼得罗巴甫洛夫斯克、萨哈林等地陆续建立起读书协会，萨哈林成立了文化馆，在远东当地乃至西伯利亚、欧俄都有一定的影响。

除民众读书协会外，俄国地理学会分会、文化馆、图书馆、星期日学校、职业夜校、阿穆尔地区研究学会等校外教育机构，也为远东文化教育的发展做了许多卓有成效的工作。校外教育在提高居民文化水平、活跃群众文化生活方面发挥了不可替代的作用。

尽管与俄国其他地区相比远东教育起步较晚，但发展速度很快，发展程度也毫不逊色。到19世纪末，远东居民的文化水平并不落后。据1897年统计资料显示，阿穆尔河沿岸地区居民识字率高于西伯利亚地区，其中滨海省为24.7%，阿穆尔省为11.5%，外贝加尔省为13.4%，萨哈林为26.8%。同年，邻近的西伯利亚地区居民识字率为11.5%，全俄平均为22.5%。[①]

---

[①] И. И. Серебренников. Сибирские вопросы. 1907. №. 17. С. 15 – 16.

第 五 章

# 20 世纪初期的远东

进入 20 世纪,东北亚复杂多变的国际形势更加凸显了俄国远东地区的战略地位。俄国政府加大了对远东地区的关注力度,特别是阿穆尔铁路的修建,改变了远东地区交通闭塞的历史,推动了向远东地区的移民运动,也带动了当地社会经济生活的发展。这一时期,远东地区经济发展保持着比全俄更快的速度。尽管远东远离俄国行政中心,但这里的人民群众一样受到了革命运动的影响,欧俄和外国革命者参与其中,已然将远东的群众运动融入全俄不断发展壮大的革命斗争中。

## 第一节 20 世纪初的东北亚国际关系

### 一 日俄战争的爆发

甲午战争使日本的国际影响扩大,"三国干涉还辽"一直让日本对俄国心有芥蒂。沙俄通过敷设中东铁路实现了入侵中国东北的目的,在东北亚获得的权益越来越大,势力也随之不断增强,进而引起了日本的警惕和强烈不满,日俄矛盾进一步加深。

对此,日本采取了"联英制俄"的策略,想方设法拉拢英国。因为日本清楚地知道,英俄之间早有嫌隙。19 世纪末,英俄两国在瓜分中国的狂潮中都对在中国北部地区修建铁路产生兴趣。俄国修建中东铁路,不仅加强了在中国东北的影响,而且还要把触角继续向北延伸。但在中国的北部地区,俄国遇到了参与修建北京—奉天(沈阳)铁路的英国,引起英俄之间发生冲突。为缓解矛盾,双方经过几番讨论,于 1899 年 5 月签订了《英俄协定》。双方约定,俄国不在长江流域、英国不在长城以北为各自谋求任何铁路让与权。1900—1902年，俄国占领了北京—奉天铁路东北境内路段。这条铁路的长城以西路段虽然归英国占有，但在中国东北势力日益强大的俄国仍使英国深感不安，不得不寻找盟友共同对抗俄国。从这一立场出发，英日两国一拍即合，1902年缔结了《日英同盟条约》，双方结成联盟，英国开始帮助日本对抗俄国。

美国作为后发展起来的资本主义国家，当然也想在瓜分中国的狂潮中分得一杯羹。可是中国的势力范围已经被老牌资本主义国家分割殆尽，美国只能提出"门户开放"政策，就是将中国的门户向所有列强开放，各国在华可以"利益均沾"。美国由于未能在争夺东北修筑铁路权时获得利益，对俄国一直耿耿于怀，站在了与俄国剑拔弩张的日本一边。就在英日签订军事同盟不久，美国也发表声明，表示愿意联合英、日两国共同对抗俄国。日英同盟的建立，改变了帝国主义列强在东北亚的格局，形成了以俄、法为中心和以日、英、美为中心的两大集团。日本置身于一个集团之中，增加了与俄对垒的实力，日俄博弈愈演愈烈。

《日英同盟条约》订立后，俄国深感外交压力陡增，为摆脱被动局面，不得不恢复同中国的谈判。1902年4月8日，俄国与清政府签订《交收东三省条约》，承诺从中国东北撤兵。俄国这是在"以退为进"，表面上似乎是向东北亚地区扩张活动有所收敛，实则是以暂时的退缩避免出现树敌过多的局面。然而沙俄并没有履行承诺。1903年1月，俄国外交大臣拉姆斯多尔夫主持召开会议，作出延迟从中国东北撤军的决定。会议还通过了对清政府来说非常苛刻的7项要求，其核心内容是拒绝从中国东北撤军，继续维持该地区的军事占领，也就是在变相地撕毁撤军条约。俄国的这一举动，引起日、英、美等国的强烈反对，也进一步加深了俄日之间的矛盾。

除中国东北外，朝鲜也是日俄竞相争夺的对象。日本担心俄国的目标不只是继续占领中国东北，还意图控制朝鲜。近代以来，日本一直视朝鲜为其附属国，要求俄国承认日本在朝鲜的"优越地位"，并对朝鲜的"改革"拥有建议和援助的"专权"。[①] 然而俄国不但坚决不承认日

---

[①] 黄定天：《东北亚国际关系史》，黑龙江教育出版社1999年版，第230页。

本对朝鲜的独占权，还对日本势力进入中国东北提出诸多限制，让日本感到十分气愤，遂决定对俄国采取军事行动。这一时期，俄日两国国内相继发生了经济危机，俄日政府也都希望通过一场战争来转移国内民众的注意力，缓解国内危机。

1903年8月29日，沙皇尼古拉二世突然下令免去财政大臣维特的职务，任命其为大臣会议主席，取消了这位在西伯利亚大铁路以及中东铁路建设过程中居功自傲的重要人物干预东北亚事务的实权。这意味着俄日之间的恶战迫在眉睫。此时，隔海相望的日本参谋本部已经制订完对俄作战计划。12月30日，受日本威逼恐吓的清政府竟然电告各省，如日俄开战，中国将严守"局外中立"。

1904年1月7日，7000名俄军进驻旅顺口，日俄战争一触即发。2月4日，日本决定中断谈判，与俄国断交。几天之后，日本海军不宣而战，突然袭击停泊在旅顺口和仁川的俄国军舰，率先挑起了一场地区的争霸战争。2月10日，日本正式对俄国宣战。

在战争中，俄国先后9次征兵120多万人，纷纷投入中国战场。中东铁路成为运输俄国军队及辎重前往战场的重要通道，就连尚未完工的兴安岭隧道也不得不投入使用。以致在战争初期，当一辆满载南下俄军的专列经过尚未最终夯实基础的螺旋形轨道时险些倾覆。可见，俄军对战争的准备工作做得很不充分。

随着战事迫近，中东铁路宣布全路戒严，铁路运输完全处于军事管制之下。铁路管理局内设立军运办公室，并规定军事运行图。外阿穆尔军区铁道旅被划归中东铁路管理局局长霍尔瓦特直接指挥，他曾任远东地区乌苏里铁路管理局局长。

1904年4月，6名化装成中国人的日本特工潜入中东铁路西线，企图炸毁富拉尔基附近的嫩江铁路大桥。行动失败之后，其中的两名特工横川省三、冲祯介被押解到哈尔滨，俄国军事法庭将他们在王兆屯枪决。然而处决日本特工的枪声并不能阻止俄军在正面战场的溃败。不久，日军从朝鲜跨过鸭绿江，进入中国东北。5月1日，日本攻占九连城，5月6日占领凤凰城。5月10日，旅顺口被日军包围，中东铁路南支线与旅顺口交通断绝。5月16日，日本进攻金州城。5月17日，两军在大连展开激战。30日，大连被日军占领。对马海峡战役之后，俄国海军力量遭到毁灭性打击，从此一蹶不振。

尽管已经占领大连，但战争并未结束，日本的下一个目标是中东铁路南部支线的终点站旅顺口。当时的旅顺口是俄国远东总督府所在地，坐镇此地的是沙俄远东总督阿列克谢耶夫海军上将，在这里建有连绵的要塞和正在组装军舰的巨大船台。步步紧逼的日军与困守旅顺的俄军展开殊死决战。最终，在这场围困战中日军以14万人对俄军23万人取胜。

1905年1月2日，日军司令官乃木希典收到困守旅顺的俄国人送来的投降书。这意味着日俄在中国东北的血战即将结束。两个月后，俄国人在奉天再次溃败，战线继续向北推移。此时俄国国内反战呼声不断，革命运动正在兴起，专制政府处于风雨飘摇之中。日本虽然占了上风，但国内外债台高筑，已如强弩之末。至此，这场对中国东北的争夺战，让日俄双方消耗殆尽，俄国不得不面对现实，坐下来与日本人开始谈判。

## 二 《朴茨茅斯条约》的签订

1905年6月，在日俄两国都需要结束这场战争的时候，美国总统西奥多·罗斯福出面进行调停，谈判地点定在美国新罕布尔州的朴茨茅斯。9月5日，在美国的调停之下，日俄双方签署《朴茨茅斯条约》，暂时结束了在中国东北的无耻争斗。而美国之所以积极出面调解日俄之争，正是因为之前在瓜分中国的过程中这个后来居上的国家始终没有取得先机。

日俄战争是两个帝国主义国家为了瓜分中国，重新划分在东北亚的势力范围而进行的一场非正义的战争。战争的主战场设在中国东北，主要位于中东铁路沿线地区。日俄侵略者疯狂践踏中国的领土主权，残酷蹂躏中国人民，其罪行令人发指。

日俄双方经过长达25天的激烈谈判，历经17次会议，终于在9月5日签订了《朴茨茅斯条约》。该条约共有15条，其中第2条规定俄国承认日本在朝鲜拥有政治、军事、经济上的特别利益，听任日本随意对朝鲜采取指导、保护、监理等措施。第9条规定俄国将库页岛南部及其附近一切岛屿、该处一切公共营造物及财产之主权永远让与日本。此外有6条直接涉及中国东北，可见中国东北问题是该条约的核心之一。其中主要内容有两项：一是俄国将旅顺口、大连湾及附近领土领水之租借权，以及租界内的公共营造物和财产均移让给日本；二是俄国将长春至旅顺口之铁路及一切支路，以及铁路附属的权利财产和煤矿无偿移让给日本。① 按照该条约的规定，日本无偿获取了中东铁路的南部支线，即从长春到旅顺口之间长达730俄里的铁路。此外，总价值约为1.23亿卢布的大连港及铁路所有附属企业，甚至全部附属的支线铁路也一并归日本所有。至此，日本终于实现了侵入中国东北的夙愿。

《朴茨茅斯条约》重新划分了俄日两国在中国东北的势力范围。俄国将霸占中国的库页岛南半部及其附近岛屿割让给日本，同时将旅顺、大连及附近领土领海的租借权转交日本，并承认朝鲜为日本的势力范围。日俄战争的最终结果是君主立宪的现代国家日本战胜了封建独裁的沙皇俄国。而日本通过南满铁路控制中国东北南部的局面，直接为后来这片土地上的兵连祸结埋下伏笔。

### 三 俄国东北亚政策的调整

日俄战争以后，东北亚地区日益成为列强竞相争夺的焦点。俄、日、美等帝国主义国家的实力和相互关系随着战争的结束发生了剧烈变化。俄国作为战败国，实力日渐衰弱。日本是战争的最大赢家，尽管实力消耗也很大，但总体呈上升趋势，国际地位进一步巩固，俨然成为可与英、法、美、德等老牌帝国主义强国平起平坐的大国。美国以战胜国的同盟国和调停者身份自居，期望与日本共同分享战争胜利果实，从而进入中国东北。

日俄战争的惨败使俄国元气大伤，辽东半岛租借地的丧失和太平洋舰队、波罗的海舰队的覆灭，使俄国的军事实力遭到极大削弱，也使其妄图独霸中国东北的"黄俄罗斯计划"受到重创。在这种情势下，俄国不得不调整其东北亚政策，从与日争霸转变为联日侵华，共同瓜分中

---

① 步平、郭蕴深、张宗海、黄定天编著：《东北国际约章汇释（1689—1919年）》，黑龙江人民出版社1987年版，第279页。

国东北领土。在此基础上,1905—1916 年俄国同日本相继签订了 4 份秘密协议。

1906 年 5 月,俄外交大臣伊兹涅尔斯基上任不久便开始筹备与日本举行谈判事宜。经过多次协商,1907 年 7 月,两国就中国东北联结铁路问题达成协议,于 30 日签订了一份秘密协定,即第一次《日俄密约》。其内容是在中国东北划定了一条界线:"从俄韩边界西北端起划一直线至珲春,从珲春划一直线到毕尔滕湖(镜泊湖)之极北端,再由此划一直线至秀水甸子,由此沿松花江至嫩江口止,再沿嫩江上溯至嫩江与洮儿河交流之点,再由此起沿洮儿河至此河横过东经 122 度止。"① 由此,日、俄两国正式划定了在中国东北的势力范围,"北满"仍属于俄国势力范围,"南满"(长春以南)则被划入日本势力范围。"北满""南满"的地理概念随之产生。

《日俄密约》的签订,标志着两国结束对立状态,转为共同保护各自在中国东北的既得利益。日俄之间的联合让英、美等列强深感不安,它们不断向日、俄两国施加压力,然而这一压力反而促使日、俄关系进一步密切。俄国甚至公开表示,如果有一天满洲土地将属于别的国家,那只能属于日、俄两国。② 1908 年春,首任南满洲铁道株式会社总裁后藤新平赴俄国考察。这位曾任台湾总督的殖民头目此行的重点是考察铁路以及与俄国协商中东铁路和南满铁路的联运问题。日俄两国在经历惨痛的战争创伤之后,开始改变对中国东北这块巨大蛋糕的争夺方式。在东北,日俄南北分治的格局已定。两国虽有血海深仇,但短时间内谁也无法凭借武力吃掉对方。

1909 年 10 月,俄日两国再次开始谈判,其目的在于共同抵制列强染指中国东北、保护各自在东北的利益。1910 年 7 月 4 日,两国签订协定,是为第二次《日俄密约》,确定了两国维护在中国东北利益上的协作关系。日、俄共同声称协调抵制"一切与彼此满洲特殊利益范围有共同关系之事","特殊利益如感受威胁时,两缔约国同意采取防卫

---

① 步平、郭蕴深、张宗海、黄定天编著:《东北国际约章汇释(1689—1919 年)》,黑龙江人民出版社 1987 年版,第 320 页。
② 黄定天:《东北亚国际关系史》,黑龙江教育出版社 1999 年版,第 245 页。

此种利益之办法"①，表明两国意欲联合起来共同对付第三国。在此过程中，日、俄两国既巩固了在东北的势力，又积蓄了抵制美、英势力的潜在力量。第二次《日俄密约》签订后，日、俄两国在国际上的地位进一步加强，在东北的势力得以巩固。日本正式吞并朝鲜，而俄国则在同德、奥争夺欧洲霸权的同时，开始向中国蒙古地区渗透。

俄国在同日本关系的缓和中获得了抵制英、美势力扩张的信心，因此向中国北部地区扩张的野心再次膨胀起来。而此时中国爆发了辛亥革命，日俄都想趁此时机夺取更多的在华特权，扩大势力范围，因而蓄意策划边疆地区的所谓独立运动。俄国策划了外蒙"独立"，日本则策划了"满蒙独立运动"。鉴于此，俄国政府提出，由于英美列强的注意力又转向中国东北，俄日利益相符，应该再次谈判，共同行动。日本也希望与俄国能够在蒙古问题和满洲问题上达成谅解，同意谈判。1912年1月，双方举行谈判，于7月8日签订了第三次密约。这次密约的核心内容，是前两次明确划分了在中国东北的势力范围后，又将势力范围扩展到内蒙古地区。两国商定，日本可以向内蒙古东部扩展，与其在东北的势力范围连在一起，俄国则可以向与"北满"相连的内蒙古北部扩张，并且获得了进一步向华北地区渗透的条件。

第一次世界大战爆发后，参与欧洲战场的沙俄无暇东顾，但又恐日本趁机扩大在中国东北的权益，所以更需要加强与日本的"友谊"。基于此，沙俄对这一时期日本在山东等地的侵略扩张，甚至连企图独霸全中国的"二十一条"的提出都采取姑息纵容的态度，以换得日本的"好感"。此时的日本，由于提出"二十一条"，导致全中国掀起了声势浩大的反日爱国运动，英、美、法等国也表示强烈反对，而唯独沙俄积极支持日本。在这种形势下，日俄再一次进行谈判。1916年7月3日，日俄缔结了第四次《日俄密约》，规定"两缔约国承认，双方重要利益需要中国不落在有敌视俄国或日本之可能之任何第三国政治势力之下，将来遇有必要时，须开诚交换意见，并协定办法，以阻止此种形势之发

---

① 步平、郭蕴深、张宗海、黄定天编著：《东北国际约章汇释（1689—1919年)》，黑龙江人民出版社1987年版，第442页。

生"①。这表明，日俄两国已经建立了以彻底瓜分中国、称霸东北亚为目的的军事同盟。它们将利益范围从满蒙扩大到全中国，目的是要凭借两国在军事和地理上的优势，与美国等列强争夺在中国的权益。

## 第二节  20 世纪初远东②的社会经济发展

### 一  远东地区的社会变迁

20 世纪初的东北亚国际形势变幻莫测，作为与中国东北地区相邻的俄国远东地区也在经历着前所未有的改变。西伯利亚大铁路建成后，将大批欧俄移民和外国移民运送到远东地区，他们在带来先进的生活方式和经济技术的同时，也使远东的文化建设取得显著发展。

（一）铁路移民

1900 年，西伯利亚大铁路外贝加尔区段如期建成通车。外贝加尔铁路始于贝加尔湖上的梅索瓦亚站，途经上乌丁斯克、赤塔，直抵阿穆尔河上的斯列坚斯克，穿越了勒拿、阿穆尔水系和外兴安岭。自此，来自欧俄及西伯利亚的移民可以乘坐火车来到斯列坚斯克，然后再乘轮船或木筏沿石勒喀河和阿穆尔河前往远东地区。1902 年中东铁路接近完工，从赤塔经中国境内到达符拉迪沃斯托克也可以通过乘坐火车实现。从这一年起，远东海路移民完全停止，迁往滨海省的移民基本上经由铁路到达。

19 世纪与 20 世纪之交，特别是在斯托雷平土地改革前夕，俄国政府对远东的移民政策多次进行重大调整。1900 年 6 月 22 日，俄国政府颁布《在阿穆尔省和滨海省建立移民地段的临时章程》，废止了 1861 年 3 月 26 日出台后沿袭 40 年之久的远东移民条例。根据此章程，自 1901 年起，移居到远东地区的农民，每位男性分得的份地额度从原来

---

①  步平、郭蕴深、张宗海、黄定天编著：《东北国际约章汇释（1689—1919 年）》，黑龙江人民出版社 1987 年版，第 549 页。

②  1906 年，沙俄政府将外贝加尔省从阿穆尔总督辖区划出，并入伊尔库茨克总督辖区。故此，本节中"远东"的地域概念在 1906 年前包括外贝加尔省、滨海省和阿穆尔三省，而在 1906 年后则仅含滨海和阿穆尔两省。但有些统计数据仍沿用 1906 年前的行政区划，使用"大远东"的概念，即包括外贝加尔、滨海和阿穆尔三省。

的 100 俄亩减少到 15 俄亩，同时，移民所享有的优惠待遇也相应减少。1900 年《章程》颁布后迁入远东的移民被称为"新住户"，而早于他们迁入的移民则被称为"老住户"。新住户不但获得的份地数量大大减少，而且无权择地，必须定居在指定的地点。那些适于耕种的肥沃地块已经被老住户占据，等待新住户的只能是那些贫瘠或耕作条件差的森林和沼泽地块。

尽管为移民提供的优惠条件大打折扣，但由于西伯利亚大铁路位于远东的两段铁路——乌苏里铁路和外贝加尔铁路相继竣工，使得向远东地区的移民数量有增无减。特别是 1901—1905 年，到达滨海省的移民数量一直呈小幅增长态势。从 1902 年起，迁移到阿穆尔省、滨海省北部以及南乌苏里边区的移民全部都是自费移民，迁移费用完全由移民自己承担。而且向远东迁移还要获得准迁证，只有那些家产不少于 600 卢布的人方可移居到此。因此，可以来到远东地区的移民多为中农和富裕农民，在生活上都有一定保障。这一时期向远东迁移的移民数量呈现稳中有增的趋势。

斯托雷平改革的 1907—1910 年，迎来了远东铁路移民运动的高潮，这与沙皇政府的鼓励移民政策密切相关。1907 年，俄国土地规划及农业管理总署宣布，鼓励欧俄居民向远东地区移民，迁移者享受一定的优惠待遇，无须事先提出申请。在这一政策的鼓励下，迁移远东的移民数量骤然增多。1907 年，移居到阿穆尔省的移民数量为 10425 人，比 1906 年增加 7745 人；移居到滨海省的移民共有 10515 户，总计 61722 人。[①] 这一年，也是滨海省移民史上创纪录的年份。

突如其来的移民浪潮，使得远东地方行政当局无法招架。面对这一局面，沙皇政府不得不宣布，自 1907 年 8 月 15 日起，凡有意向远东迁移的俄国居民必须事先提出申请，获得有关部门批准后方可移居远东。在政府政策朝令夕改、接待移民组织不力等因素的影响下，远东移民运动又急转直下。移民人数大幅跌落，甚至还有大批移民回迁，1911 年回迁移民的比例甚至达到 60%。

---

① 王晓菊：《俄国东部移民开发问题研究》，中国社会科学出版社 2003 年版，第 123 页。

第一次世界大战爆发后，西伯利亚大铁路承担着向前线运送军队的任务，大批士兵乘坐火车奔赴前线。为缓解铁路运输压力，沙皇政府下令取消了移民乘车优惠的政策，使得向远东地区移民的人数锐减。以前往阿穆尔省的移民为例，1914 年到达该省的移民人数为 18029 人，1915 年骤减至 5675 人，而 1916 年则仅有 1573 人。①

斯托雷平改革时期，向远东地区的移民总数为 262192 人，年均 23835 人，比之前的陆路和海路移民总数高出 5.5 倍。② 这一时期来到远东定居的移民仍以乌克兰各省农民为主，几乎欧俄其他所有省份也都有人迁移到此。移民的成分也从之前的中农变为在欧俄地区仅有两三亩土地的贫农。

（二）人口及社会关系

1. 人口状况

中俄《瑷珲条约》和《北京条约》签订后，俄国远东地区的版图最终形成，但人口较为稀少。19 世纪 60 年代初，外贝加尔省人口较稠密，居住着 35.25 万人；滨海省有 3.51 万人；阿穆尔省人口最少，仅为 1.39 万人。③ 随着欧俄大量移民的到来，远东人口数量逐年上升。1897 年，外贝加尔省登记的人口数量为 67.2 万人，滨海省为 22.33 万人，阿穆尔省为 12.03 万人。与 19 世纪 60 年代初相比，外贝加尔省人口增加近 1 倍，滨海省增加 5.4 倍，阿穆尔省增长 7.6 倍。到 1917 年前，外贝加尔省人口数量为 107.16 万人，居住在滨海、萨哈林、堪察加省（原滨海省所辖地域）的人口总数为 64 万人，阿穆尔省人口为 32.64 万人。④ 与 1897 年相比，外贝加尔省人口增长 0.6 倍，滨海、萨哈林和堪察加省增长 1.9 倍，阿穆尔省增长 1.7 倍。19 世纪 60 年代初至 1917 年前，远东地区人口总数增长了 4.1 倍，其中外贝加尔省人口增加 2 倍，滨海省增加 17.2 倍，阿穆尔省增加 22.5 倍。

---

① Под ред. Крушанова А. И. Крестьянство Дальнего Востока СССР XIX – XX вв.: Очерки истории. Владивосток, 1991. C. 94.

② 王晓菊：《俄国东部移民开发问题研究》，中国社会科学出版社 2003 年版，第 124 页。

③ А. Г. Рашин. Население России за 100 лет. М., 1956. 69.

④ А. И. Крушанов. Октябрь на Дальнем Востоке. Владивосток, 1968. Ч. 1. 20.

远东地区的人口增长主要依靠外来移民，人口自然增长在各个地区表现不尽相同。1897年，阿穆尔省的外来人口占总人口数量的54.3%，滨海省占61.4%，而在外贝加尔省仅占6.7%。这表明，在外贝加尔省人口自然增长具有决定意义，而在滨海省和阿穆尔省移民是带动人口增长的重要因素。1863—1897年，外来人口在西西伯利亚人口增加总量中所占比例为53.0%，东西伯利亚占36.9%，远东则高达67.7%。[①] 可见，远东是俄国东部接收移民最多的地区，移民对促进该地区人口增长起了决定性作用。

尽管在19世纪下半期人口增长速度较快，但远东地区人口状况的两个基本特点始终没有改变。人口密度低是远东人口状况的最显著特点。1897年，外贝加尔省的人口密度为每平方俄里1.25人，阿穆尔省为0.3人，滨海省最低，仅为0.13人。而在19世纪末至20世纪初，邻近的同属人口密度较低的西伯利亚地区，托木斯克省的人口密度为每平方俄里5人，叶尼塞斯克省属于西伯利亚人口稀少省份，也达到每平方俄里0.4人。远东人口状况的第二个特点是人口分布极不平衡。从大范围上看，人口主要集中在外贝加尔省，其次是阿穆尔省，滨海省的人口十分稀少。

与俄国其他移民地区一样，远东人口的男女性别比例失调。19世纪末至20世纪初，欧俄地区的男女性别比例为100∶103，而外贝加尔省为100∶76.2，阿穆尔省为100∶75.4，滨海省为100∶46.3，在萨哈林岛上仅为100∶37.3。

远东人口的民族构成十分复杂。在这片广袤地域内居住着80多个民族。自这片土地并入俄国版图后，俄罗斯人开始成为这里的主要民族。这是因为，在迁往远东的欧俄移民中最大的民族群体是俄罗斯人，其次是乌克兰人和白俄罗斯人。随着欧俄移民的大量涌入，远东地区的俄罗斯人与日俱增，并且很快发展成为远东地区的主体民族。1897年，俄罗斯人在阿穆尔省居民中的比例为68.47%，在外贝加尔省为66.2%，在滨海省为65%。

在楚科奇、堪察加、鄂霍次克海沿岸，以及萨哈林岛、阿穆尔河和

---

① Крестьянство Сибири в эпоху капитализма. Новосибирск, 1983. 40.

乌苏里边区生活着众多少数民族，诸如楚科奇人、科里亚克人、尼夫赫人、爱斯基摩人、埃文基人、那乃人等。在外贝加尔省，布里亚特人在土著民族中占有绝对优势。19世纪50年代中期至20世纪初，土著民族的人口数量显著增加：外贝加尔土省著人口增加了7万人，阿穆尔省和滨海省增加了4万人。尽管人数增长，但土著民族在总人口中的比重却大幅下降。1851年，外贝加尔省的土著民族在总人口中的比重为35.5%，1897年则降至31.6%。19世纪中叶，在阿穆尔省和滨海省居住的基本都是土著民族，到19世纪末，土著民族在总人口中的比重仅为14.7%[①]。第一次世界大战前，在远东地区居住着约1.3万楚科奇人、8000科里亚克人、4300尼夫赫人、1400爱斯基摩人、9300埃文基人、4900那乃人。[②]

截至1916年1月1日，在远东地区生活着大量中国人和朝鲜人。中国人来到远东主要从事季节性工作，冬天则返回祖国。多数朝鲜人举家迁往远东，并在这里长期定居，视这里为第二故乡。据粗略统计，1914—1917年生活在俄国的全部朝鲜人数在9万—10万人，[③] 其中绝大多数都定居在远东地区。生活在远东的中国人在1906—1917年人数最多，大约有7.8万人。[④]

2. 人口结构

十月革命前，远东地区的人口结构发生了显著变化，工人数量迅速增加。与1897年相比，雇佣工人的数量增加了2倍（同时期全俄雇佣工人数量增加0.5倍）。这表明，远东工人数量的增速远远高于全俄平均水平。1913—1914年远东工人数量见表5—1。

---

① И. А. Асалханов. Сельское хозяйство Сибири конца 19 – начала 20 в. Новосибирск，1975. 16.
② Производительные силы Дальнего Востока. Владивосток，1928. вып. 5. 8 – 9.
③ 陈秋杰：《十月革命前朝鲜人向俄国远东地区迁移述评》，《西伯利亚研究》2005年第1期。
④ В. М. Кабузан. Дальневосточный край в 17 – начале 20 в. (1640 – 1917). М.，1985. С. 121，134，155，156.

表 5—1　　　　　　　　1913—1914 年远东工人数量

| 行业 | 人数（万人） | % |
| --- | --- | --- |
| 工业 | 11.19 | 45.5 |
| 包括： | | |
| 加工业 | 1.0 | 4.1 |
| 采金业 | 4.59 | 18.7 |
| 采煤业 | 0.6 | 2.4 |
| 渔产品加工业 | 3.3 | 13.5 |
| 林业 | 1.7 | 6.8 |
| 建筑业 | 2.17 | 8.8 |
| 交通运输业 包括： | | |
| 铁路运输（不包括中东铁路） | 6.09 | 24.7 |
| 海洋运输 | 0.5 | 2.0 |
| 河流运输 | 0.4 | 1.6 |
| 农业 | 3.0 | 12.3 |
| 商业贸易 | 1.0 | 4.1 |
| 通信业 | 0.25 | 1.0 |
| 合计 | 24.6 | 100.0 |

资料来源：История Дальнего Востока СССР в эпоху феодализма и капитализма（17 в. - февраль 1917 г.），М.，1991. С. 355.

远东经济的农业原料特性和工业相对落后决定了工人的分布特点和构成。在专业性较强的工业领域（如工厂、铁路和水运）从业的工人数量较多，占总数的 1/3。但在采金业、林业、渔业和建筑业等工业领域中，由于技术含量低、远离居民点、工作季节性强等原因，工人流动性大，队伍不稳定。因此，远东的工人阶级队伍形成较晚，直到十月革命前还没有最终形成。

这一时期，滨海省共有约 9000 名铁路工人、近 7000 名冶金工和机器制造工人、7000 名装卸工、13000 名建筑工、4000 名矿工、5000名港务工人、几千名从事商业和通信业的工人等。阿穆尔省有 2.15 万铁路工人（包括建筑工）、2.05 万名金矿和煤矿工人，4500 名工厂工人、2300 名水运工人、1800 名手工工场工人。外贝加尔省的工人主要集中在铁路运输（2.66 万人）、煤矿、建筑业、食品工业中。仅在赤塔市内就建有铁路机务段、奥库洛夫皮革厂、水泥石灰厂、葡萄酒和啤酒厂等。在赤塔的工厂、铁路机务段、商行中从业的工人达 1 万—1.2 万人。

远东工人阶级是在欧俄工人和农民向远东移民的过程中形成的，欧俄专业工人的到来大大加速了这里工业无产阶级的形成。此外，符拉迪沃斯托克退伍的水手和士兵、阿穆尔沿岸地区的小手工业者也都成为远东工人阶级的补充力量。在远东地区的工业领域中发挥作用的还有一些外国人，如欧洲人、美洲人以及来自朝鲜、中国和日本的亚洲人等。通常外国人是以季节工的身份进入远东工业中，他们在合同期内工作，之后则返回祖国，过着候鸟一样的生活。

在这一时期，远东资本家的数量不断增长。随着阿穆尔铁路的修筑和符拉迪沃斯托克港的兴建，远东市场规模逐渐扩大，流入资本增加、资本主义工厂数量不断增长，资产阶级形成过程随之加快。远东资本家的工业活动多与贸易活动结合在一起，工业资本还没有从商业资本中分离出来，许多资本家把资本投入加工业、贸易、采矿业（主要是采金业）中。

十月革命前，远东农业人口社会结构发生的变化最为显著。资本主义快速发展与大量移民的迁入加速了农业人口的分化过程，其中既包括老住户、哥萨克，也包括新移民。特别是在远东传统的农耕村落，即中等和富裕农户所占比例较高的村落中出现了富农。例如，1910 年阿穆尔省的老住户中贫农占 32%、中农占 26%、富农占 42%，滨海省的这一比例依次为 46.4%、24.6% 和 29.0%。哥萨克的分化过程基本与老住户相同。远东富农的增长是建立在对贫穷的老住户、哥萨克以及新住户的无情剥削基础上的。

在滨海省和阿穆尔省，贫农（无地无牲畜或耕种面积低于 2 俄亩、家中只有 1 头牛或 1 匹马的农民）占总农业人口的 35%，富农（耕种土地面积高于 10 俄亩、家中拥有 4 匹马或 4 头牛及更多牲畜、雇用他人劳作、把谷物等拿到市场出售的农民）占 22%，中农占 43%。

这一时期，远东边区还出现了大农业资本家，他们拥有耕地近500俄亩、数以千计的牛，还雇用大量农民，使用美国农业技术设备，与工厂和军需部门保持密切联系，在市场上出售谷物、肉、毛皮、木材、牲畜等。滨海省的扬科夫斯基，阿穆尔省的布拉金、萨雅宾、甘捷米洛夫家族都是这样的大农业资本家。

耕地、牲畜、技术设备和资本越来越多地集中到大农业资本家手中，一方面使小农户进一步沦为贫农，另一方面则导致远东农村出现两极分化，富农和贫农之间的矛盾进一步加深。

十月革命前，远东人口依然分为贵族、神职人员、商人、市民、农民、哥萨克、土著人等几个等级，这种等级的存在可以保证统治阶级继续享有特权，同时也加剧了劳动与资本的矛盾。

3. 人民群众的社会地位及生活状况

远东经济相对落后，社会等级制普遍存在，社会生活中陈规陋习充斥，这一切使得劳动人民首先是无产阶级的社会地位、生活状况更加恶化，全俄多地已经实行的《工人法》在这里无法贯彻执行。一种特殊的合同制"约束"着雇主与劳工之间的关系，他们之间签订的协议规定：必须保证雇主的利益，确保雇主享有雇佣劳动力的权利，甚至在雇主严重违反合同（如不发或拖延支付工人工资等）的情况下工人也无权提前解除合同；反之，如果雇主没有履行合同条款（如提前解雇工人等）则无须支付违约金；如果由于劳动过于繁重、生活条件无法忍受、雇主多次欺骗而引起工人不满甚至逃离，雇主可以报警以维护其权益不受侵害。[1]

直到1913年，远东地区还存在工厂检查机构。它以维护工厂主利益为前提，主要职责在于检查工人是否达到工作时长，在工人违反纪律时收取罚款等。这种工厂检查机构并没有起到对工厂生产进行有效监督的作用，只是扮演了工厂主"监工"的角色。处于最无权地位的是铁路工人，《工人法》并不会维护他们的利益。相反，雇主却可以"玩忽职守""愚蠢""懒惰"等为由随意解雇工人。1905—1907年革命运动

---

[1] Л. И. Галлямова. Очерки истории формирования рабочего класса на Дальнем Востоке России（1860 – февраль 1917 г.）. Владивосток, 1984. С. 49 – 50.

后，警察加强了对铁路的监管力度，出台了相应的雇用工人条例。根据该条例，未经警察局同意不得雇用铁路工人。警察建立了监督工人机制，甚至可以在机修车间、宿舍等地审问工人。

符拉迪沃斯托克港的建设召集了大批工人，这里对工人实行严格的监督。除了警察监督和严格的通行检查，还自1907年10月起实施了一条法令，规定雇主可以自工人开始工作起的六个月内，每月扣除工人工资的10%作为押金。如果工人参加了革命活动，那么押金直接充公。

俄国人和朝鲜、日本等外国人在远东从事的渔业活动，尽管由于捕鱼地远离行政中心而缺乏监管，但他们受到的剥削依然非常严重。在很多情况下，渔民们的生活条件恶劣，他们没有固定住所、没有医疗救助，更没有任何法律保障。

1905年革命后，阿穆尔河沿岸地区当局加紧实行全面警备，这种状况一直持续到1917年二月革命前。除建立军警制度外，行政当局肆意妄为，广大人民群众政治上没有任何权利，工人们哪怕为一点点经济权利而进行的反抗也会遭到当局的即刻扑杀。

远东工人的工资水平普遍偏低。他们中技术工人工资最高，包括机械工、钳工、铁匠、车工、锻工等。他们的平均月工资（1913年）为50—64卢布。木工、修炉匠、瓦工等工种工人的平均月工资为45—54卢布。力工、修理工、矿工等工人月工资为30—47卢布。采金工人的月工资不到20卢布。女性工人的月工资为10—25卢布，青少年为10—15卢布。外国劳工的工资低于俄国工人30%—50%。[①]

由于食品和生活必需品价格昂贵、住房奇缺，仅靠劳工们微博的工资常常入不敷出。根据官方统计数字，1913—1914年，远东城市中俄国工人家庭（按4口之家算）的月最低生活标准为50—62卢布，煤矿和金矿中为48—60卢布，乡镇为48—55卢布；俄国未婚男性工人的最低生活标准相应为29—39卢布、27—50卢布和23—49卢布。[②] 将实际

---

① История Дальнего Востока СССР в эпоху феодализма и капитализма（17 в. - февраль 1917 г.），М.，1991. С. 360.

② История Дальнего Востока СССР в эпоху феодализма и капитализма（17 в. - февраль 1917 г.），М.，1991. С. 360.

工资和名义工资比较后得出的数据表明，许多工人工资无法满足家庭的最低生活开支，力工、矿工、维修工甚至不能满足自身的生活开支。此外，罚款、拖欠或支付部分工资等情况时有发生，还会使工人的实际工资进一步降低。

远东工人的工作时长实际上取决于雇主的个人意愿。1911年，在不同工厂工作的工人的持续工作时间为8—16小时。真正实行八小时工作制的只有印刷厂的工人。私人工厂的平均工作时间为11.7小时，国有工厂为11.5小时。位于哈巴罗夫斯克的萨多格卢科别茨基厂女工和童工的工作时间为15小时。工厂主支付工人工资还区分为上午工资和下午工资，上午工资为每月8卢布，下午工资为每月4卢布，他们认为工人在下午创造的劳动价值要明显少于上午。① 过长的工作时间使工人们无暇满足精神需要，除完成家务外，有时甚至连正常睡觉和休息的时间都不够。限制工作时长是远东工人阶级亟须解决的问题。

在许多高危工业行业中对工人劳动缺乏保护措施，经常发生工人因工致残甚至致死的情况。特别是铁路建筑工人的工伤率非常高。例如，根据中东铁路地方委员会的资料，1912年，在乌苏里铁路和中东铁路上共有546名工人因工受伤，1913年为765名（不包括外国劳工）。位于尼科利斯克—乌苏里斯克的乌苏里铁路最主要的几个机修车间没有车厢维修厂房，即使是在刺骨的严冬，工人们也只能在露天维修机车和车厢，冻疮和冻伤对工人们来说都是不值一提的轻伤。② 在金矿和煤矿工作的工人们常常使用锹镐徒手劳作，没有通风和排水设备，煤矿内积水很深。矿工在挖煤时通常站在水中，顶着严寒，浑身湿透，鞋靴由于结冰无法从脚上脱下来。很多矿工在30—35岁时就患上严重的腿病而无法继续在矿上工作。采矿业和捕鱼业都是高致病行业，然而这两个行业却没有医疗救助和保险。特别是在偏僻地方劳作的工人，一旦在工作中患上疾病，根本无法得到及时救治。

工人们的住宿条件也非常糟糕。阿穆尔铁路建筑工人住房的建设质

---

① А. И. Крушанов. Победа Советской власти на Дальнем Востоке и в Забайкалье (1917 – апрель 1918 г.) Владивосток, 1983. С. 48.

② Железнодорожная жизнь на Дальнем Востоке. Харбин, 1915. № 19. С. 11.

量远不如铁路的施工质量。工人们居住的简易板棚根本无法抵御严寒，卫生条件极差。建筑工人、矿工和渔民的典型住宅就是草棚、板房和简易板棚。

工人一旦失业，生活得不到任何保障。1907—1908 年，远东失业工人数量达到最高峰。1908 年春天，涅尔琴斯克、斯列坚斯克、布拉戈维申斯克和将要修建铁路的地方聚集了 1.1 万名不同职业的失业者和约 2000 名农民，他们中既有当地人，也有来自欧俄和西伯利亚的失业工人。根据官方统计数字，仅哈巴罗夫斯克一地在这年的冬天就聚集了 2000—3000 名失业者。①

农民处于社会阶层的底部，生活异常艰苦。长工一年的工资为 300—350 卢布，每年 4 月 1 日至 10 月 1 日工作的短工工资为 180—200 卢布，10 月 1 日至次年 4 月 1 日工作的短工工资则为 80—120 卢布。由此可知，作为长工的农民的月工资甚至比在工业部门工作的力工还要低 15%—20%（冬季短工则低 40%—50%）。农活的季节性、工资不固定，使得以出卖劳动为生的农民无产者生活状况很不稳定。富农最大限度地压榨他们的休息时间，不断加重对他们的剥削。

物质生活得不到保障的不只是贫苦农民，还有下层的哥萨克。对哥萨克来说，最大的负担便是服兵役。服兵役期间，哥萨克家中没有劳动力，还须自行购买马匹和价格不低于 300 卢布的武器装备。只有殷实的哥萨克家庭才能支付得起购买武器装备的费用和家里劳动力服兵役时雇用长工的开销。

第一次世界大战期间，远东劳动人民的生活状况迅速恶化。20 世纪初期实行的针对技术工人、老农户和移民免除兵役的优惠政策在第一次世界大战时被取消，各行业中的男性被应征入伍。劳动力短缺使得耕种面积减少、农作物产量下降。1914 年秋，滨海地区发生了水灾，经济状况越发恶化；水灾不仅威胁到人民生命安全，还淹没了大量农田、毁坏多条道路。

到 1916 年前，远东地区生活必需品和食品价格上涨了 50%—350%，特别是鱼产品被商人囤积居奇，价格攀升到难以想象的程度，

---

① Материалы по изучению рабочего вопроса в Приамурье. СПб., 1911. вып. 1. С. 216.

广大劳动人民的生活成本居高不下。应征入伍的劳动者家庭经济状况最为糟糕，每月仅可以得到少得可怜的 5—6 卢布补贴。随着劳动人民的生活状况急剧恶化，阶级矛盾也愈发尖锐。欧俄人民举行反对参加第一次世界大战的游行，国内危机空前严重，远东地区的人民生活在水深火热之中，预示着革命风暴即将到来。

### 二　远东经济的快速发展

20 世纪初，远东经济快速发展。阿穆尔省的土地播种面积从 1906 年的 18 万俄亩增加到 1910 年的 24 万俄亩；粮食产量相应从 1212 万普特增加到 1261.5 万普特。畜牧业较快发展，成为俄国屈指可数的乳品基地。滨海省的农业也取得显著发展。这一时期，远东工业发展迅速。1906 年，阿穆尔省有工厂 424 家，产值 525.5 万卢布，1910 年工厂增至 892 家，产值增至 891.8 万卢布。滨海省的工厂从 1906 年的 1007 家增至 1910 年的 1280 家，产值从 320.8 万卢布增加到 980.9 万卢布。[①]阿穆尔省和滨海省林业获得较大发展，这里的木材采伐量很大，成为全俄最大的木材外运基地。1906—1909 年，在结雅河、布列亚河及阿穆尔河沿岸共有金矿 270 个，平均年产黄金 420 普特。滨海省有金矿 38 个，年产黄金 64 普特。

（一）农业

20 世纪初，远东的土地分配发生了一些变化。1900 年 6 月 22 日，颁布了新的《阿穆尔省和滨海省建立移民地段的临时条例》。[②]根据该条例，自 1901 年 1 月 1 日起，将原来的每位男性移民可分得 100 俄亩土地改为不超过 15 俄亩土地（包括林业用地）。与 20 世纪初的新移民相比，新条例赋予 19 世纪来到远东并定居的"老"移民某些特权。按照分地数量，把最早到来的移民称为"百俄亩土地拥有者"；按照在远东定居时间，则把他们称为"老住户"。1901—1916 年的新移民被称作"新住户"。[③]

---

[①] П. Ф. Унтербергер. Приамурский край. 1906 – 1910гг. 1912. СПб. , прил. 4.

[②] Обзор земельдельческой колонизации Амурской области. Благовещенск, 1913. С. 126.

[③] А. И. Крушанов. Победа Советской власти на Дальенем Востоке и в Забайкалье. Владивосток，С. 36.

与老住户不同，新住户无权选择地块，只能服从分配。因为更适于耕种的土地已经被老住户占据，新移民不得不开垦那些不太适于耕种的多林地段。1903年移民分得的不适于耕种的土地在阿穆尔省土地总面积中所占比例为27%，而1906年这一比例升至49%。滨海省新移民分得的不适于耕种的土地要比老住户多1倍多。①

这一时期，远东各地区分配给各类农民土地的情况不尽相同。例如，1912年，滨海地区每户哥萨克拥有可耕地9.2俄亩，每户老住户为12.5俄亩，每户新住户仅为4.3俄亩。阿穆尔省平均每户哥萨克拥有可耕地13.4俄亩，老住户为30俄亩，新移民则仅为3.6俄亩。新住户的耕地和草场面积比哥萨克少50%，比老住户少66%。

远东地区筹备斯托雷平农业改革的时间早于俄国中心地区。1900年6月22日的《临时条例》制定了在移民地段设立村屯和村户制以及份地制度。在条例实行的最初10年内，远东19个村实行了土地划界。这一时期，滨海省已经划分出总面积1761俄亩的24个村。不同于斯托雷平推行的土地私有化改革，远东农民的土地划界按照农民的意愿实行，虽然缺少计划性，但没有来自沙皇政府和地方当局的任何压力。它的开始时间是在斯托雷平农业法典颁布之前，法典提出摧毁村社制度的要求在远东并没有实行。

20世纪初，远东接收大量移民产生的直接结果是播种面积增加、牲畜存栏数增长。1900—1905年，滨海省谷物播种面积增长了1.9倍，阿穆尔省增长了2倍。与1861—1900年相比，1900—1905年远东年均谷物产量增加了3.1倍。1905年人均谷物产量为32.5普特，欧俄为28—29普特。②从播种面积增速来看，远东不只超过了欧俄地区，甚至超过了西伯利亚。1911—1917年，西伯利亚的年均播种面积增长3.3%，远东则高达6%。

播种面积的增速还超过了人口的增长速度。1900—1917年，阿穆尔省人口增长160%，播种面积增加317%。然而，如此之快的增速并不是由移民新开垦土地带来的，而是因为老住户实行了资本主义大规模

---

① М. И. Старков. Амурское крестьянство накануне Октября. Благовещенск, 1962. С. 29.
② История Сибири. Л. 1968. Т. 3. С. 201.

谷物生产的耕种方式，劳动生产率显著提高。十月革命前的 10 年间，阿穆尔省塔姆博夫斯克乡的户均播种面积从 22.5 俄亩增至 79.7 俄亩，吉利钦斯克乡则从 17.5 俄亩增至 60 俄亩。

第一次世界大战期间，阿穆尔省继续实行农业专业化生产，谷物产量持续增加。到 1917 年前，该省成为全俄人均小麦产量第一大省，远远超过了萨马拉等农业生产发达省份。播种面积增长最快的商品作物是小麦和燕麦。1916 年，这两种作物的播种面积占阿穆尔省播种总面积的 91.5%，占滨海省的 80.5%。

但并不是远东所有地区的粮食都能自给。1907—1911 年阿穆尔省年均余粮 560 万普特，而滨海省和外贝加尔省的一些农村却是粮食短缺。如第一次世界大战前，滨海省每年须从阿穆尔和中国东北输入 80 万—100 万普特粮食，外贝加尔省则须输入 430 万—580 万普特谷物和面粉[①]。

畜牧业发生了显著变化，开始出现商品化。远东和外贝加尔的牲畜存栏数从 1900 年的 380 万头增加到 1917 年的 470 万头。[②] 1917 年，这里共有 86.9 万匹马，174 万头牛、159 万只羊和 56 万头猪。奶牛和猪的存栏数增长最快，表明远东个别地区牲畜饲养出现专业化，如外贝加尔就以生产奶油和肉为主。畜产品商品化程度不是很高，外贝加尔省农户年均产奶量仅为 500—600 升，远东为 700—1000 升。这里的奶油生产起步晚于西伯利亚。1911 年，滨海省出现了 5 个奶油厂，1917 年增至 30 家。到 1916 年前，外贝加尔省共有 30 余家奶油合作社，阿穆尔省有 4 家奶油厂。[③]

帝俄时期，远东农村开始使用更加先进的农机具从事农业生产。从使用农机具水平来看，远东远远超过了欧俄地区，甚至高于西西伯利亚地区。1917 年，远东地区每耕种 100 俄亩土地使用收割机 2.55 台，播

---

① Э. М. Щагин. Октябрьская революция в деревне восточных окраин России (1917 - лето 1918 г.). М., 1974. С. 50, 57.

② П. Д. Лежнин. Богатство Приамурья и Забайкалья. Чита, 1922. С. 72 - 73.

③ В. Ф. Борзунов, Влияние Транссибирской магистрали на развитие сельского хозяйства Сибири и Дальнего Востока в начале 20 в. (1900 - 1914 гг.) //Особенности аграрного строя России в период имриализма. М., 1962. С. 180.

种机 0.79 台；在西西伯利亚则仅分别为 1.65 台和 0.23 台①。

随着农机具的使用，雇佣劳动方式流行起来。农村的雇佣劳动力市场首先得益于大批新移民。根据阿穆尔省的统计资料，1910 年，有 21834 户在籍农户从事雇佣劳动，当长工的有 1524 户（占 7.0%），当短工的有 4996 户（占 22.9%），做日工的 8393 户（占 38.4%），做计件工的 6921 户（占 31.7%）。② 这表明，阿穆尔省农户中采用雇佣劳动的方式在俄国各省中居于首位。外出做长工和短工的农户数量与农户总量之比为：欧俄地区 4.0%、顿河省 8.1%、西西伯利亚 7.0%、外贝加尔省 8.5%、滨海省 7.8%、阿穆尔省 19.4%。③

商品货币关系在远东农村经济中开始出现，农村合作社随之快速发展。农村合作社在农村经济中扮演着采购工业品、销售农产品的角色，从事销售和购买先进农具、投资、放贷等业务。农村合作社的出现是资本主义生产关系在农村经济中发展的结果。

第一次世界大战前，滨海省共有 58 家合作社，总人数逾 2 万人；阿穆尔省有 25 家合作社，人数 7880 人。农户委员会在远东的合作社中发挥重要作用，该委员会是由阿穆尔省和滨海省的合作社代表倡议组建的。1912 年 11 月 11 日，滨海省农户委员会在尼科利斯克—乌苏里斯克市成立；同年 2 月，阿穆尔省农户委员会在布拉戈维申斯克市成立。第一届远东合作社代表大会于 1913 年在哈巴罗夫斯克召开。

第一次世界大战前，远东 25.3% 的农民和哥萨克加入信贷合作社，在阿穆尔省为 17.9%，在滨海省为 30.4%。二月革命前，阿穆尔省 32.2% 的农户和哥萨克参加了信贷合作社，滨海省为 48.4%。远东信贷合作社囊括了 41.9% 的农户和哥萨克家庭，总人数达到 45773 人。④

第一次世界大战前蓬勃发展的还有远东消费合作社。这种合作社数量从 1913 年的 40 个增加到 1917 年的 430 个，总人数达 46400 人。在

---

① М. И. Целищев. Экономическе очерки Дальнего Востока. Владивосток，1925. С. 30.

② М. И. Старков. Амурское крестьянство накануне Октября. Благовещенск，1962. С. 98.

③ Э. М. Щагин. Октябрьская революция в деревне восточных окраин России（1917 - лето 1918 г.）. М.，1974. С. 348.

④ К. В. Ким. Крестьянская кооперация Дальнего Востока（1908 - февраль 1917 гг.）：Автореф. дис. канд. ист. Наук. Горький，1988. С. 17.

阿穆尔省，参加消费合作社的农户和哥萨克家庭占总数的54.3%，滨海省占34.5%。

第一次世界大战在一定程度上制约了远东和外贝加尔农业的发展。特别是大量农民被征入伍，使农村劳动力减少。根据1917年的农业统计资料，在战争期间，阿穆尔省有55%的壮年劳动力被征入伍；大部分入伍的劳动力来自普通农户（占59.5%），哥萨克次之（占39%）。外贝加尔省相应的数字为54.8%和23.9%。①

征兵对远东地区贫穷的移民村镇打击更大一些，而对富裕老住户集中的村庄影响较小。例如，阿穆尔省的瓦卢耶沃移民村72%的16岁以上壮年男性被征入伍，在戈尔基村的比例达到81.7%；而在富裕的老住户村——上波尔塔夫卡村这一比例为38.5%，在上乌尔图耶村仅为18.2%。应征入伍造成的劳动力不足，通过吸引远东农村的战俘和逃兵参与劳作得到一定程度的缓解。政府征用牲畜特别是马匹，也不利于农业经济发展。在战争期间，远东和外贝加尔地区的播种面积有所下降：1915年，外贝加尔省减少17500俄亩，滨海省减少22587俄亩；1916年，滨海省减少36000俄亩，阿穆尔省减少62310俄亩。②

第一次世界大战爆发后，对劳动力的需求迅速增加，农民变得更加贫穷，农民内部进一步分化，使阶级矛盾进一步扩大。

（二）交通运输业的发展

远东地区距离欧俄市场遥远，交通运输不畅在很大程度上制约了与俄中心地区的经贸交往。从俄国中心地区经海路向远东地区运输商品平均需要65天，而经西伯利亚陆路运输则需要更长的时间。经海路运输一普特货物的平均成本为2卢布27戈比，而经西伯利亚陆路则为10卢布。③ 因此，19世纪末至20世纪初，远东地区的经济发展在很大程度上取决于交通运输是否顺畅。

在第一次世界大战期间，远东经济发展的不平衡性愈加明显。俄国

---

① М. И. Старков. Амурское крестьянство накануне Октября. Благовещенск, 1962. С. 80.
② П. Д. Лежнин. Богатства Приамурья и Забайкалья. С. 46 – 47.
③ Б. Б. Пак. Вопрос о направлении восточной ветки Сибирской железной дороги во внешней политике России в конце 19 – начале 20 века. //Россия и политика держав в странах Востока. 1991. Иркутск, С. 76 – 88.

西部各港口被封锁，符拉迪沃斯托克港作用凸显。1914年，俄政府在国外订购了大量军事物资，很多货物须经符拉迪沃斯托克港输入。为扩建该港口，沙俄政府投入170万卢布资金。1915年至1916年初，新建港湾2个、码头10多个，港口实现电气化，还向港口运进2艘破冰船。① 1914年，该港的货物吞吐量为8080万普特，1915年为1.178亿普特，1916年为1.604亿普特。② 每月从该港运往西伯利亚和欧俄近10万普特货物。从国外进口的货物数量不断增多，到1917年2月前，港口货物已经堆积如山。

铁路运输量不断增长。1914—1916年，乌苏里铁路的货运量增加54.4%。在临时运营的1916年，阿穆尔铁路货运量就达到3130万普特。1915年，符拉迪沃斯托克建起了几座大型组装美国进口机车和车厢的车间。第一次世界大战期间，远东地区的铁路线即使是运输私人货物也是为了满足战争的需要。1914年，乌苏里铁路的货运量下降到630万普特。尽管货运量下降，铁路车站仍然堆积了大量货物。1914年12月，仅在艾格尔舍利特站就滞留货物200多车皮，1915年8月达3000个车皮。

日俄战争的惨败使沙俄政府开始重新审视远东地区在俄国的军事战略地位。1909年，斯托雷平任主席的远东移民委员会成立，委员会起草了一份加快远东开发纲要，1910年该纲要得到尼古拉二世的批准。纲要中提出的首要问题是鼓励移民运动和修建阿穆尔铁路。受移民新政感召，1901—1916年，远东新增移民28.7万人。用于战略目的的国防开支也显著增多：1909—1914年，国库用于发展远东和国防的资金从5500万卢布增至1.05亿卢布。③

阿穆尔铁路的修建始于1908年10月。在阿穆尔铁路收尾工程进行之际，恰逢第一次世界大战爆发，用于铁路修建的资金告急。因此部分维修车间、机车库、技术设施处于未完工状态。但迫于战争需要，不得不在未完全竣工的路基上临时通车。1915年12月20日，第一列直达

---

① Дальневосточное морское пароходство. 1880 – 1890. Владивосток，1980. С. 101 – 102.
② Приморье，его природа и хозяйство. Владивосток，1923. С. 242.
③ Л. Н. Кутаков. Россия и Япония. М.，1988. С. 307.

列车沿阿穆尔铁路驶抵哈巴罗夫斯克。1916年10月5日，在哈巴罗夫斯克举行了盛大的阿穆尔大桥通车仪式，标志着阿穆尔铁路正式竣工。阿穆尔铁路的建成使西伯利亚大铁路在俄国境内全线贯通。

除修建阿穆尔铁路外，俄国政府还在第一次世界大战前进行了提高远东火车通过能力的工程，完善了铁路的技术装备。1908—1913年，敷设了符拉迪沃斯托克至尼科利斯克—乌苏里斯克以及沿西伯利亚大铁路直到外贝加尔铁路科雷姆站的复线铁路，连接中东铁路的波格拉尼奇内—格特里采沃路段安装了便于技师操作的技术设备，扩建符拉迪沃斯托克站，减轻符拉迪沃斯托克至别尔瓦亚列奇卡路段铁轨的重量，建设基帕里索沃隧道等。

基于此，远东铁路长度从1900年的1910俄里增至1916年的4580俄里（不包括中东铁路），增加了1.4倍。货运量从1903年的5997普特增至1916年的30961普特，增加了4倍。[①] 铁路运输在远东经济中的作用不断提升，远东的资本主义市场正在孕育形成。

20世纪初，远东公路运输的总里程不断增加。1909年阿穆尔公路竣工，修筑了基泽湖至捷卡斯特里湾以及布拉戈维申斯克至格尔宾斯基码头的公路。1914年，远东地区的公路总长度达4660千米，但由于修建和维护道路的资金严重不足，其中大部分路段无法实现货物运输。道路不通畅是导致远东远离铁路线、河道、海岸线的地区自然资源难以开发的主要原因。

日俄战争的爆发使远东的部分船只转为军用，部分船只被扣留在外国港口，致使俄国内海上的船只数量锐减。自1906年起，志愿商船队把活动地点转向俄国太平洋水域。第一次世界大战前，太平洋水域共有45艘俄国运输船只。最大的轮船公司是志愿商船队，拥有32艘轮船，其中20艘划归符拉迪沃斯托克港口，其余12艘在欧俄和远东各港口之间进行远洋航行。

外国轮船公司是志愿商船队和私有轮船的强有力竞争对手。1910年，沙俄政府禁止外国船只在俄国沿海航行，这使符拉迪沃斯托克港的

---

① Л. И. Галлямова. Очерки истории формирования рабочего класса Дальнего Востока России (1860 – февраль 1917 г.). Владивосток, 1984. С. 168.

拖曳船只从 24 艘增至 36 艘。但很多外国船只虽不从事沿海航行，却依然停留在远东水域。对于俄国政府来说，想要完全把外国船只排挤出去几乎是不可能的。

第一次世界大战前，符拉迪沃斯托克港已经跻身俄国大型海港前五位。1906—1913 年，该港总货运量增加了 2.4 倍，达到 8970 万普特。从 20 世纪初到 1913 年，符拉迪沃斯托克港出口货物在货运总量中所占比重从 18.1% 增加到 35.0%。这表明远东资本主义生产快速发展，过境运输量持续增加。

到 1911 年前，在阿穆尔河上航行的轮船和小型舰艇增加到 287 艘，驳船 357 艘（不包括军事部门的船只）。1905—1913 年，阿穆尔河上的货物运输增加了 4 倍。阿穆尔铁路通车后，国有货物运量下降，导致内河货运量减少。各轮船公司之间的竞争日趋激烈。轮船运输业的垄断趋势不断加强，海洋运输业中出现了 Г. Г. 克伊捷尔林加轮船股份公司，阿穆尔地区出现了阿穆尔轮船和贸易股份公司（固定资本 200 万卢布）。此外，布拉戈维申斯克的 8 个轮船主组成了辛迪加，在与轮船主签订租赁合同后，轮船辛迪加手里集中了一支大型船队，实行垄断运费（比正常运费高出 2—3 倍）。这样，其他私人轮船（占远东轮船总数的 40%）陷入无货可运的境地。运费大幅提高也导致远东地区的物价上涨。

（三）工业

远东交通运输条件逐步改善、移民和劳动力大量涌入，都为工业的快速发展提供了动力。但是在 20 世纪初，远东的经济结构没有发生明显变化，仍然是俄国工业中心地区的原材料供应地，只有采金业具有全俄意义。

正如表 5—2 所示，尽管开发的金矿数量和采金工人数量增加，但与 1900 年相比，开采的黄金数量却大幅减少。采金业面临的困难与富矿区枯竭密切相关，因此采金业须进行技术更新，必须使用更为先进的生产工具。但是由于大量廉价的外国劳工的涌入而无法实现这一目标。许多公司甚至是大型公司都不愿使用采掘机等先进设备，而是使用传统的人工淘金方法。特别是布列因矿区表现最为明显，到 1911 年前，矿区内所有采金公司都在使用人工方式淘金。早在 1894 年，阿穆尔矿区中有

12个金矿使用发动机和机械设备,而到1914年则只有4个矿区使用。①

表5—2　　　　　　20世纪初远东采金业状况一览表

| 省份 | 1903年 金矿数量(个) | 1903年 工人数量(万) | 1903年 采金量(普特) | 1910年 金矿数量(个) | 1910年 工人数量(万) | 1910年 采金量(普特) | 1913年 金矿数量(个) | 1913年 工人数量(万) | 1913年 采金量(普特) |
|---|---|---|---|---|---|---|---|---|---|
| 阿穆尔省 | 213 | 1.0 | 362 | 297 | 1.89 | 494 | 291 | 2.13 | 201 |
| 外贝加尔省 | 106 | 0.33 | 150 | 149 | 1.72 | 204 | 204 | 1.98 | 310 |
| 滨海省 | 24 | 0.45 | 95 | 46 | 0.42 | 53 | 51 | 0.48 | 125 |
| 共计 | 343 | 1.78 | 607 | 492 | 4.03 | 751 | 546 | 4.59 | 636 |

资料来源:История Дальнего Востока СССР в эпоху феодализма и капитализма (17в. - февраль 1917 г.), М., 1991. С. 312.

第一次世界大战期间,由于商品运输量下降、适龄劳动力被征入伍,致使工人数量锐减、煤炭价格上涨,私人金矿的发展陷入困境。1915年,阿穆尔省采金业产量下降34%,滨海省下降11%,外贝加尔省下降10%。② 直到1916年,由于使用了大量廉价的外国劳动力,才使得采金业产量开始增加。

铁路的修建大大提高了对能源的需求,促进了煤炭工业的发展。1905年,阿穆尔总督辖区有12个煤矿,共开采煤炭1190万普特;1916年,煤矿数量升至32个,煤炭产量增加到6217万普特,增加了4.2倍。③ 即使是这样的增长速度仍不能满足本地经济发展对煤炭的需求。这一时期,许多私人矿主在开矿后因无法抵御竞争而被迫关闭。例如,外贝加尔的哈拉曼古特、坦霍伊斯克、哈利亚尔金斯克煤矿,由于竞争对手切列姆霍沃煤矿过于强大而难逃倒闭的命运。滨海省的煤矿则面临着来自日本的廉价而低质煤炭的竞争,此外,每年还有数百万普特的中国、德国煤炭进入这里。1913年,滨海省进口煤炭416万普特,

---

① Краткие сведения о горной промышленности в Приамурском крае. Хабаровск, 1915. С. 80.

② Железнодорожная жизнь на Дальнем Востоке. Харбин, 1915. №. 15. С. 13.

③ Л. И. Галлямова. Очерки истории формирования рабочего класса Дальнего Востока России (1860 - февраль 1917 г.). Владивосток, 1984. С. 29.

1914年为342万普特。为经受住竞争考验、占领远东市场，须提高煤矿设备水平、加快修建通往矿区的专用道路、拥有稳定的矿工队伍，然而所需的大量资金甚至连那些富有的矿主都无法承担。

炼铁业也因为竞争不过乌拉尔铁厂致使产量持续下降。西伯利亚大铁路的修建为乌拉尔铁厂打开了通往远东和外贝加尔的道路。外贝加尔的彼得罗夫国有炼铁厂减少了金属产量，只生产生铁。1909年，该厂出租给企业主 Д. В. 博卢托夫。但由于经营不善，他很快放弃承租，把工厂退还给国家，此后工厂开始改建。1912年，该厂生产4.56万普特铁制品。1914年，该厂重新建起鼓风炉，使用通风设备，年产量增加到14.01万普特。[1]

十月革命前，远东的多金属矿开采获得发展，主要位于乌苏里边区内。1913年，开采了180万普特铁矿石、160万普特锌矿石和80万普特铜矿石。1915年，捷秋赫股份公司建成一所选矿厂，并开始把矿石出口到国外。1915—1916年，采矿工业总收入为4620万卢布，其中开采金矿价值3800万卢布，煤炭680万卢布，矿石140万卢布。[2]

日俄战争的爆发及与日本签订《捕鱼协定》，使远东捕鱼业经受了严峻考验。为刺激远东渔业发展，俄政府采取了一系列措施。例如，1910—1911年，降低了鱼类产品的运费，运输大马哈鱼的铁路运费下调25%；允许雇用欧俄工人在远东从事捕鱼业，欧俄工人乘车实行优惠运费等。这些举措在一定程度上刺激了远东捕鱼业的发展。

1913—1914年，在远东海域和内河共捕捞1000万—1200万普特鱼（占全俄捕鱼量的14%—15%）和其他海产品。远东捕捞业在全俄的地位逐渐上升。阿穆尔湾捕鱼区的捕鱼量最大，占总量的33%；其次是鄂霍次克和北萨哈林捕鱼区，占5.2%；彼得大帝湾占0.7%；堪察加西岸占46.6%，东岸占14.5%。在捕鱼业中，特别是在阿穆尔水域出现了生产和资本的集中。捕鱼业大亨 А. Г. 捷姆比手中集中了阿穆尔水域55.8%的捕鱼区，雇用59%的工人、占有52%的市场。5个大捕鱼

---

[1] История Дальнего Востока СССР в эпоху феодализма и капитализма ( 17в. - февраль 1917 г.), М., 1991. С. 313.

[2] А. И. Крушанов. Победа Советской власти на Дальнем Востоке и в Забайкалье. Владивосток, 1983. С. 16.

业主拥有 79.4% 的捕鱼区，87.4% 的雇佣工人，占有鱼类产品市场 70% 的份额。① 一些大企业主购买了冷藏船、建设了罐头厂，鱼类产品的制作工艺得到改善，但是这也很难改变远东捕鱼业整体落后的局面。因为，尽管这里捕鱼资源丰富，但是开发规模不大，技术装备仍处于较低水平。第一次世界大战期间，由于军队的大量需求，也促进了捕鱼量的增长。在阿穆尔河畔尼古拉耶夫斯克建起了几个新码头，专门用于运输堪察加鱼类产品。

自 19 世纪 70—80 年代起，远东开始发展加工工业。1899 年，这里共有几十家工厂，年产值达到 1.66 万卢布。工厂主要集中在布拉戈维申斯克和哈巴罗夫斯克。面粉、肥皂、皮革、砖、油脂和玻璃生产取得了显著发展。② 20 世纪初，远东加工业得到进一步发展，详见表 5—3。

表 5—3　　　　　　　　　　远东加工业状况一览表

|  | 1905 年 | 与 1900 年相比（%） | 1910 年 | 与 1905 年相比（%） | 1913 年 | 与 1910 年相比（%） | 与 1900 年相比（%） |
| --- | --- | --- | --- | --- | --- | --- | --- |
| 企业数量（家） | 2015 | 154 | 2245 | 111 | 2437 | 109 | 180 |
| 工人数量（人） | 9095 | 165 | 11330 | 124 | 18630 | 164 | 338 |
| 产值（万卢布） | 1118.4 | 157 | 2097.2 | 181 | 3735.0 | 178 | 525 |

资料来源：История Дальнего Востока СССР в эпоху феодализма и капитализма（17в. - февраль 1917 г.），М.，1991. С. 314.

尽管受日俄战争影响，1905—1910 年远东加工业出现小幅下降，但整体发展速度基本保持稳定，至第一次世界大战前，加工业年产值增加了 26%。此外，从表 5—3 中还可以看出另外一个重要信息：工业产

---

① И. Л. Бешта. Капиталистическое предпринимательство в дальневосточном рыболовстве в конце XIX - начале XX века //Народы советского Дальнего Востока в дооктябрьский период истории СССР. Владивосток，1968. С. 45.

② Б. Б. Пак. Вопрос о направлении восточной ветки Сибирской железной дороги во внешней политике России в конце 19 - начале 20 века. //Россия и политика держав в странах Востока. 1991. Иркутск，С. 76 - 88.

品产值和工人数量要比企业数量增长得快,这表明生产在集中,大型企业发挥的作用在增强。

加工业仍以农产品加工为主,各行业在加工业总产量中所占比重排列如下:面粉业占56.8%,酿酒业占11.9%,肉制品业占5.2%,含硅制品业(包括制砖、水泥、石灰生产)占8.6%,木材加工业占6.8%,金属加工业(不包括符拉迪沃斯托克轮船维修厂)占4.2%,其他占6.5%。其中面粉业发展最为迅速。布拉戈维申斯克市成为全俄继下诺夫哥罗德和萨拉托夫后排名第三的面粉中心,其大型蒸汽磨坊的生产能力达到1600万普特。第一次世界大战期间,远东加工业大幅萎缩。1915年,滨海省从事加工业的企业数量减少21%,工人数量减少37%,产量下降26%。随着生活必需品运输量下降,其产量也必然下降,从而导致价格上涨、投机盛行。

在修建乌苏里铁路、外贝加尔铁路和中东铁路时,对木材的需求量极大,于是在铁路沿线兴建了许多锯木厂。到1913年前,远东已有80多个木材加工厂,其中大部分工厂使用蒸汽动力。自1907年起,木材开始出口到国外,1910年出口136万立方英尺,1913年为140万立方英尺,1916年为180万立方英尺。铁路建设促进了硅制品业的发展。这一领域的生产企业中布林斯克水泥厂(位于外贝加尔铁路扎伊格拉耶沃站附近)和滨海厂(位于乌苏里铁路叶甫盖尼耶夫卡站附近)的年产值逾150万卢布。

冶金业和机械制造业在滨海省和阿穆尔省取得很大发展。1914年,滨海省共有24家工厂,产值120万卢布,拥有工人966人;阿穆尔省有6家工厂,主要是С.С.沙德林铁铜厂和轮船制造厂、И.П.切普林机械厂等,6家工厂年产值50万卢布,拥有250名工人。与这些私人工厂相比,符拉迪沃斯托克的国有造船厂实力更为突出,该厂1913年的年产值300万卢布,拥有工人3000名。

随着远东经济的快速发展,工业领域由量到质的转变十分明显,主要表现为工业技术水平的提高和新资产阶级的壮大。当然,这个发展过程是不平衡的、相互矛盾的。例如,远东地区经济中占据主要地位的采金业就是建立在手工劳动的基础之上。1913年,阿穆尔省和滨海省采金企业的动力装备只有1600马力,其中滨海矿区的4家大型采金场的动力装备就占90%，这表明先进技术和更加完善的采金方式的使用程度非常低。煤炭工业的技术装备提高速度高于采金业。1913年，远东32个煤矿中有17个使用了发动机和机械设备；该领域的总动力装备达到6470马力（不包括国有苏昌煤矿）。①

使用发动机和其他机械设备更广泛的领域是加工业。1914年，287个加工业工厂的动力装备达到10454马力（阿穆尔省3045马力、外贝加尔省1519马力、滨海省4890马力），占该领域企业数量的11.8%；它们集中了全行业52.3%的工人，却创造出89%的年产值。加工业中的工厂化形式（特别是符拉迪沃斯托克轮船维修厂）遥遥领先于其他行业。特别是在一些主要的领域，如面粉业、酿酒业、水泥石灰制造业、木材加工和金属加工业中工厂化形式发挥的作用最大。例如，远东地区使用蒸汽磨粉率占96.5%，而全俄的平均水平只有14%—18%。②

与全俄一样，远东经济中的资本集中是以股份制形式出现的。这一过程始于19世纪90年代末期，日俄战争后得到发展，特别是在采矿业中发展较为迅速。日俄战争前，采矿业中出现了采金业股份公司联合体，其固定资本205万卢布（包括5个公司：结雅、上结雅、莫戈茨克、焦龙斯克、伊利坎公司）以及阿穆尔采金工业公司（固定资本300万卢布、创始人是布拉戈维申斯克商人 П. В. 莫尔金）。1908—1913年，采矿业中出现了近10家股份公司，它们是捷秋赫矿业股份公司（150万卢布）、东亚采金业股份公司（300万卢布）、萨哈林石油和采煤业公司（450万卢布）、滨海采金和矿业公司（300万卢布）等。

加工业的垄断最先出现在面粉业和酿酒业中。1909年，布拉戈维申斯克几家大型商行结成一个股份公司，名为布拉戈维申斯克面粉联合股份公司，固定资本200万卢布。1909年，出现了另一家股份公司——俄国面粉公司，固定资本160万卢布。

大型公司把各种矿产和森林等资源集中在自己手里，仅投入补充资金用于提高生产技术、购买更加先进的设备，大规模使用廉价的外国劳

---

① Горное дело в Приамурском крае. Хабаровск, 1916. С. 109 – 146.

② А. Н. Митинский. Материалы о положении и нуждах торговли и промышленности на Дальнем Востоке. СПб., 1911. С. 40.

动力，多沿用传统的剥削方式。例如，最大的阿姆贡公司控制着 87 家金矿，在已经开采的 16 个金矿中，只有 3 个矿井使用了采掘机和其他设备，其余矿井都是靠手工方式淘金。列翁季·斯基捷利斯基森林和采矿工业股份公司（资本 900 万卢布）把总面积达 50 万俄亩的林区控制在手中，在滨海和中国东北拥有数十家煤矿，其中开发的不到 1/3（位于乌苏里的 7 个煤矿，开采的仅有 2 个）。①

帝国主义时期，远东工业的发展速度高于全俄平均速度。1913 年，工业在远东地区总产值中所占比重为 46.0%；同一时期全俄平均水平仅为 38.0%。由于技术进步、生产和资本集中，出现了金融资本和工业资本的融合。但是采掘业在经济中所占比重过高、加工业发展不均衡是远东经济落后的主要特点。1916 年至 1917 年初，远东经济也卷入全俄的危机之中，这场危机使资产阶级民主革命的社会经济前提日渐成熟。

（四）远东经济中的外国资本

20 世纪初，外国资本不断渗入俄国经济的各个领域，在东部地区表现得更为活跃。因为这里不仅自然资源丰富，而且居民生活必需品极其短缺。美国、日本、英国、法国都想巩固在俄远东地区的既得经济利益，还想通过远东作为中转，继续向西伯利亚、中国东北和朝鲜渗透。

外国垄断资本经济扩张的形式多种多样，例如，扩大本国商品在远东地区的销售，购买俄国公司的股票和商行，低价收购土著民族的鱼类产品，用工业品交换毛皮，开设工厂，开采矿山和林业资源，向俄国公司和资本家提供贷款等。

20 世纪初，一些美国和英国工业家获得了在东西伯利亚和远东各地开采金矿的权利。俄国报刊经常登载俄国和外国资本家野蛮开采远东南部地区金矿的消息。《西伯利亚问题》杂志写道："黄金储量几近枯竭，结雅、上阿穆尔、尼曼等大型公司已经开采了数千普特黄金，不应再让这些公司继续开采，而应将其租赁给小矿主。"② 由于竞争激烈，

---

① Горное дело в Приамурском крае. Хабаровск，1916. С. 147.
② Сибирские вопросы. СПб，1909，№. 8. С. 30.

那些财政状况欠佳的小型采金公司纷纷破产，只得把金矿售给实力雄厚的对手，也包括外国公司。

外国公司还相继在俄国境内建起了许多仓库和商店。如第一次世界大战前，美国收割机公司获得了在西伯利亚和远东境内近200处地方销售收割机的权利。仅1911年，在远东的中心城市符拉迪沃斯托克就开设了575个日本、美国、英国、中国和法国商店。1912—1913年，滨海地区的贸易额中，外国资本占66.7%，俄国仅占33.3%。[1] 外国资本在远东经济中的主要运作方式就是以资金扶持小商人在远东各城市从事贸易活动。

1915—1916年，俄国对许多商品的进出口加以限制。于是，外国商行不得不设法与俄国大型贸易公司加强合作，争取在远东地区销售更多的产品。例如，俄国赫赫有名的秋林公司和库伊斯特阿利别尔斯公司分别与法国和德国的商行保持着密切的贸易往来。第一次世界大战前及战争期间，俄国大型贸易公司的贸易额和利润都达到了惊人的规模。1913—1914年，库伊斯特阿利别尔斯商行拥有周转资金1600万卢布，其商店遍布莫斯科、符拉迪沃斯托克、布拉戈维申斯克、哈巴罗夫斯克、阿穆尔河畔尼古拉耶夫斯克等城市，该公司的净收入在1914年达到80多万卢布。相比之下，秋林公司则更胜一筹，1914年的净收入为180万卢布。战争期间，秋林公司加速扩张，在俄国和外国相继开设了许多商店。

这一时期，日、美、英等国家的外国人在远东捕捞业中频繁活动，他们在远东水域野蛮捕捞鱼类、捕杀鲸和毛皮动物。彼得格勒《生活新闻》报写道："每年在捕鱼期……俄国海岸看起来就像是日本的领地。数以千计的日本渔船遍布近海水面，数万只手在忙碌着捕鱼，数千万普特的鱼从俄国水域输出，就好像幸运的外国人在从事合法捕捞一样。"[2] 日本海关统计资料显示，从俄国海岸输出到日本的鱼类数量为：1907年200万普特，1908年250万普特，1909年360万普特，1910年

---

[1] История Дальнего Востока СССР в эпоху феодализма и капитализма ( 17в. - февраль 1917 г. ), М., 1991. C. 328.

[2] Сибирские вопросы. 1910. №. 4. C. 41.

240万普特，1911年630万普特，1914年510万普特。这些鱼中既有日本人自己捕捞的，也有从俄国渔民手中收购的。1907年，输出的鱼类产品总价值280万日元，1908年370万日元、1909年480万日元、1910年540万日元、1911年720万日元。1907—1919年，日本从堪察加海岸输出5000多万普特鱼产品，总价值近1亿日元。① 这严重违反了1907年日俄签订的捕鱼协定的相关条款。堪察加军事总督在1911年向沙皇报称，每年在鄂霍次克海和堪察加东海岸捕捞和收购鱼产品的日本帆船近250只、轮船10艘，其在远东水域的捕鱼规模可见一斑。这种大肆捕捞使远东鱼类资源受到严重破坏。

1902年，日本政府批准成立渔业主合作社，专门组织在俄国水域捕鱼活动。北海道成立的海产品捕捞公司，在萨哈林岛水域占领了南萨哈林的捕鱼区，淘汰了竞争力较弱的俄国渔业主。1908年诞生的滨海日本渔业公司，得到日本政府的扶持，在俄国滨海水域组织捕鱼活动。

这一时期，远东海兽的命运也控制在外国公司手中。500多只美国捕鲸船在堪察加和楚科奇水域捕捞海狗，致使海兽数量迅速减少。这可以从捕捞数量中看出：1890年，在科曼多尔群岛上加工了3.07万只海狗皮，1905年8100只，1910年只有3300只。堪察加、鄂霍次克海域的海兽数量也在下降。外国商人用很低的价格从土著渔猎人手中收购毛皮，再将这些毛皮运输到美国、日本、加拿大、英国。1911—1914年，远东供应全俄市场绝大部分的珍贵毛皮（1.33万张貂皮、4000张蓝狐皮、1.39万张狐皮、近240万张松鼠皮等）。1913—1914年，仅毛皮贸易创造的利润就不少于2000万卢布。② 美国和日本渔业主在远东非法收购毛皮给远东和俄国经济带来巨大损失。

第一次世界大战前后，俄国和外国资本结合的趋势增强。俄国和外国银行，例如中亚银行、亚速—顿河银行、西伯利亚银行、香港银行等都对工业、铁路、海运和河运以及商业贸易活动进行投资。沙俄政府没

---

① С. С. Григорцевич. Дальневосточная политика империалистических держав в 1906 - 1917 гг. Томск, 1965. С. 56.

② Экономическая жизнь Дальнего Востока. Чита. 1924. No. 6（10）. С. 1 - 15.

有采取必要的措施保护西伯利亚和远东珍贵的矿产、渔业、森林、毛皮资源,以至于遭到外国资本无情的掠夺。

(五) 商业贸易

20世纪初,欧俄和西伯利亚各省份资本主义发展速度加快,远东地区的工业、交通业和农业取得长足发展,东北亚和太平洋地区的国际化劳动分工加剧,促进了远东地区的商业贸易发展。

第一次世界大战前,俄国外贸额一直在增长,1913年达到28.941亿卢布。绝大部分货物经海路运输到国外,占出口总额的78.9%,海路进口占进口总额的64.1%。出口商品主要是谷物和农业原材料。1913年,商品谷物总产量为13.66亿普特,其中出口约6.5亿普特。①

俄国商船队承担着大部分进出口货物的运输任务。截至1914年1月1日,俄国拥有1044艘轮船和2597艘帆船,总载重量77万吨。在俄国各个海域船舶分布非常不均衡:黑海和亚速海的船舶数量占39.9%、波罗的海占25.0%、太平洋仅占3.7%(89艘船)。第一次世界大战前及战争期间,俄国远东船队和西伯利亚大铁路一样,对远东生产和贸易发展产生重要影响。

19世纪末,为刺激远东地区的商业贸易发展,俄国政府在这里实行进口商品免税的政策。1901年1月1日,国务会议通过了取消进口工业品免税的议案。日俄战争破坏了海上贸易,致使远东地区的工业品和食品极度缺乏,俄政府于1904年重新对阿穆尔河口到图们—乌拉河的海洋边界线和与朝鲜、中国、蒙古的陆路边界线输入商品实行免征关税政策。日俄战争后,"外国人利用实行的免税政策……将大量商品输入阿穆尔河沿岸地区"。免税政策引发远东和外贝加尔的许多小型企业倒闭,因为它们"无法抵挡外国廉价商品的竞争,甚至俄中心地区的商品由于运输距离遥远,在远东市场上也竞争不过外国对手"②。1909年1月16日,俄国政府为阻止外国货物进入远东市场,避免更多的国内企业破产,被迫取消了免税政策。

---

① Народное хозяйство СССР в 1962 г. М., 1963. С. 233.
② Вестник Азии. Харбин, 1911. No. 9. C. 444.

即使征收关税，日本公司仍向西伯利亚和远东地区出口价值 388.8 万日元的商品。同一时期，日本对进口俄国商品进行全面抵制，原来出售给日本的木材、矿石和农业原材料数量大幅度缩减，远东出口到日本的贸易额随之锐减至 22.8 万日元。

由于征收关税，输入远东地区的外国商品减少了，但却加强了远东与西伯利亚、乌拉尔及欧俄的经济联系。1908 年，从俄国其他地区输入远东地区的商品量为 150 万普特，1909 年为 360 万普特、1910 年为 560 万普特。俄国工业品的比重占 50%（280 万普特）。1910 年，运输到远东和外贝加尔的商品（不包括过境运输）总价值约 3520 万卢布：从德国输入 520 万卢布，从中国输入 390 万卢布，从日本输入 250 万卢布，从朝鲜输入 130 万卢布，从法国输入 40 万卢布，从美国输入 40 万卢布，从俄国输入 2100 万卢布，从其他地区输入 50 万卢布。①

符拉迪沃斯托克港在远东进出口贸易中发挥了重要作用，海上运输基本都是通过该港实现的。第一次世界大战前及战争期间，该港的货运量明显增加。1910—1913 年，该港年均停泊轮船近 600 艘，包括近 250 艘俄国轮船，200 艘日本轮船和 150 艘德国、英国、美国等国船只，货运量达 7000 万—9000 万普特。②

通常从其他国家进口的货物经海路首先运到符拉迪沃斯托克，部分商品再继续运往西伯利亚和欧俄，其余商品在远东地区销售。海关资料显示，1910 年向俄国腹地运输货物 2240 万普特，1911 年为 2879 万普特，1912 年为 3060 万普特，1913 年为 3180 万普特。沿西伯利亚大铁路运输到外贝加尔和远东的食品来自西伯利亚，工业品则来自欧俄地区（年均 350 万普特）。③

正如表 5—4 所示，俄国远东属于消费型地区，该地区贸易额中年均输入商品额占 80% 左右。

---

① История Дальнего Востока СССР в эпоху феодализма и капитализма（17в. - февраль 1917 г.），М.，1991. С. 331. А. И. Крушанов. Победа Советской власти на Дальнем Востоке. С. 30.

② Красное знамя. Владивосток，1922. 10 нояб.

③ Статистический справочник ДВО. Хабаровск，1925. С. 194.

表5—4 　　　　　第一次世界大战前远东贸易变化情况　　　单位：万金卢布

| 年份 | 贸易额 | 进口额 | % | 出口额 | % |
| --- | --- | --- | --- | --- | --- |
| 1911 | 8761.2 | 7185.3 | 82 | 1574.9 | 18 |
| 1912 | 8990.2 | 7007.7 | 78 | 1982.5 | 22 |
| 1913 | 9911.7 | 7567.0 | 76 | 2344.7 | 24 |

资料来源：А. И. Крушанов. Победа Советской власти на Дальнем Востоке. С. 30.

第一次世界大战改变了远东对外贸易的格局。符拉迪沃斯托克成为俄国主要的海港，越来越多的货物从日本、美国、英国输入这里。德国商品已经被排挤出远东市场。

日本充分利用地缘优势，对俄国远东地区的出口贸易额逐年增长：1913年出口额为430万卢布、1914年为1040万卢布、1916年为1.173亿卢布。俄国向日本出口额为：1913年80万卢布，1914年110万卢布，1916年180万卢布。1913—1916年，日本向远东出口的贸易额增长了26倍，而俄国公司出口日本的贸易额仅增长了1.1倍。[①]

第一次世界大战期间，俄国与美国之间的贸易额迅速增加，特别是美国的军火资本家从中获利颇丰。俄国从美国的进口额由1913年的2690万美元增加到1916年的4.705亿美元；俄国向美国的出口额则由1913年的2480万美元减少到1916年的860万美元。远东与美国基本也沿袭这一格局：美国资本家扫除了远东市场上的竞争对手——俄国、德国、英国、中国、法国等国的企业主和商人。仅1916年，远东从美国的进口额是其向美国出口额的40倍。[②]

为全面加强对俄远东经济的渗透，美、英、日、法等国资本家利用中国东北的中国公司在远东和西伯利亚的许多城市从事零售贸易。对于西方列强来说，贸易是渗入俄远东的一种非常隐蔽的方式，既可以达到排挤竞争对手的目的，还可以获取大量俄国资源。

20世纪初，铁路建设和斯托雷平农业改革成为影响远东经济发展的决定性因素，前者可以集中资金和劳动力，后者推动了向远东地区的

---

① А. И. Крушанов. Октябрь на Дальнем Востоке. Владивосток, 1968. Ч. 1. С. 53.
② И. Г. Стрюченко. Печать Дальнего Востока между двумя буржуазными революциями （в конце 1907 г. —февраль 1917 г.）. Владивосток, 1984. С. 25.

移民运动。正是在这两个因素的刺激下，远东地区经济发展保持着比全俄更快的速度，经济生活发生了质的飞跃：手工作坊逐渐过渡到工厂形式、工业领域中的生产和资本愈发集中、农业经济的商品化不断提高、土地租赁关系得到发展等。与此同时，远东经济仍然很落后，表现在具有农业原材料性、资本主义先进的生产方式与原始半原始生产方式互相交织等。外国资本渗入远东经济不但没有消除其落后性，反而使原始的经济方式得以保存。第一次世界大战期间，远东经济发展的不平衡性仍在加剧，席卷全俄的危机不仅带来灾难，还引起革命的爆发。

## 三　远东地区的文化事业

（一）图书报刊

1905 年俄国革命后，远东的报刊业获得快速发展。1905—1907 年，远东出版的报纸和杂志达 100 多种，其中滨海省 42 种、外贝加尔省 40 种、阿穆尔省 13 种、中东铁路沿线 15 种。为维护群众利益、宣传革命思想，远东的布尔什维克利用报纸和传单同专制制度进行了激烈的斗争。具有代表性的布尔什维克党的刊物有《外贝加尔工人》《滨海工人》《专页》等。此外，一些私营报纸、杂志也加入进步报刊的行列，例如《符拉迪沃斯托克》《阿穆尔报》《星火》《远东自然与人》等，它们主张以革命的手段推翻沙皇专制制度，建立民主共和国，同自由资产阶级做坚决斗争等。

1908—1917 年是远东报刊发展史上的新时期。这一时期在远东共发行过 240 多种各类报纸和杂志[①]，但大多数报刊如昙花一现，发行时间很短。第一次俄国革命期间，人民的政治觉悟显著提高，迫切需要宣传进步思想的读物。然而，害怕再次发生革命的统治阶级加大了书刊检查力度，使很多进步报刊被查封。在此情况下，出版商也只能经常更换报刊名称，在夹缝中求生存。直到十月革命前，进步报刊同反动报刊一直在进行博弈，它们所进行的思想斗争是社会意识形成的基本前提，报刊在远东文化和社会政治生活中发挥着重要作用。

---

① И. Г. Стрюченко. Печать Дальнего Востока между двумя буржуазными революциями ( в конце 1907 г. – февраль 1917 г. ) . Владивосток, 1984. С. 25.

20世纪初，远东地区能够出版图书的城市增加到9个。到第一次世界大战前夕，远东地区共有印刷厂40—50家，年均出版图书数量达到60—80部。其中以符拉迪沃斯托克的图书出版业最为发达，平均每年出版图书达58部。仅1913年出版的图书就有63部，总印数为34661册。处于第二位的是哈巴罗夫斯克，该市1913年出版图书16部，总印数为20150册。[1] 就图书出版的种类和数量而言，远东城市不逊于俄国其他地区的城市。例如，1915年堪察加彼得罗巴甫洛夫斯克出版图书3部，超过了雅库茨克，而位于欧俄的阿斯特拉罕也不过出版3部图书。

(二) 科学考察活动

为弄清远东地区的水文地理情况，俄地方当局于1880年在符拉迪沃斯托克的彼得大帝湾和阿穆尔湾成立了一支东部海洋独立测绘队，A.C.斯捷宁上校任总指挥。这支测绘队队员除来自军事部门外，还来自于交通部和国家财产部。1897年，测绘队更名为东部海洋水文地理考察队，重点对萨哈林岛至堪察加洛帕特卡角的鄂霍次克海海洋的水文地理状况进行测量和研究，并将考察成果进行细致的整理和记述。

斯托雷平土地改革时期，向远东地区的移民掀起新的高潮，因此对土地的开发和利用变得极为迫切。1908—1914年，移民管理局和远东的农业学家开始对当地的土壤植物进行研究，以便弄清楚远东适宜农业开发的土地分布情况。

1909年，阿穆尔总督 Н. Л. 关达基亲自带领阿穆尔考察队对外贝加尔和远东地区进行了一次大规模的综合性考察和研究。考察队的主要任务是考察包括土壤、植物、农业、水利工程、森林、交通运输和地质条件等，考察后的研究成果汇总为多达16卷的资料集。该资料集涵盖的地域除外贝加尔省、滨海省、阿穆尔省外，还包括中国的东北部分地区。

(三) 艺术创作

19世纪下半叶，第一批艺术家随科学考察队和舰船队从欧俄来到远东地区，这些艺术家多是毕业于彼得堡艺术学院的学生，例如较有名

---

[1] Сибирская советская энциклопедия. т. 2. М. 1931. С. 204.

气的 К. А. 帕涅马克尔、П. 巴拉诺夫斯基、Ф. 巴兰德等人。他们在随队来到远东的途中创作了大量作品，这些作品不仅是风景和写实画，同时也是刻画远东自然景观和风土人情的珍贵历史资料。Ф. Ф. 巴甘茨就是一位杰出的画家，同时也是一名海员。他在随船队远航到俄国最东方的途中总是能捕捉到一些独特的画面并以细腻、生动的线条将其记录下来。他的画见证了俄国移民开发远东的过程，展现了远东第一批城市——哈巴罗夫卡、波谢特港湾、杰卡斯特里湾、符拉迪沃斯托克海港、鄂霍次克港的概貌。这一时期，远东本土成长起来的画家很少，主要是由于这里没有艺术类的专业学校。

远东最早的画家协会诞生于 20 世纪初。1910 年，符拉迪沃斯托克画家小组并入艺术振兴协会中。这时期活跃在符拉迪沃斯托克的杰出画家有 А. Н. 科列门季耶夫、К. Н. 卡里、А. А. 卢什尼科夫、В. А. 巴塔洛夫等。А. Н. 科列门季耶夫（1874—1938）早年就读于敖德萨艺校，之后在巴黎的科尔蒙学院深造，其代表作有《春》《垂钓》《海湾》等。他的画作多次在符拉迪沃斯托克、西伯利亚乃至国外的画展上展出。К. Н. 卡里（1876—1938）毕业于德国杜塞尔多夫艺术学院，其代表作《冬》《冬河》《海岸线上的人们》是远东风景画艺术创作的代表作品。

1911 年，经画家 М. С. 比列茨基提议，在布拉戈维申斯克组建了由十几位当地画家组成的绘画艺术家小组。经过 М. С. 比列茨基大力举荐，该小组于 1914 年并入阿穆尔艺术振兴协会。

杰出的画家和绘画教师 В. Г. 舍舒诺夫（1866—1921）在 1900—1906 年居住于布拉戈维申斯克。1906 年，他移居尼科利斯克—乌苏里斯克，将余生献给了这里的绘画教育事业。В. Г. 舍舒诺夫擅长画一年中不同季节的乌苏里原始森林。他的作品以细腻的抒情、精准的线条、富有创意的构图而闻名。В. Г. 舍舒诺夫离世后留下了上百幅画卷，这些画都捐赠给了位于哈巴罗夫斯克的远东艺术博物馆。

20 世纪初，在赤塔成立了一个艺术中心，自学成才的 П. И. 梁赞采夫为该中心的成立作出了卓越贡献。他起初从事神龛画创作，后改为创作风景画和肖像画。他的作品多刻画外贝加尔的布里亚特人和通古斯人的生活和习俗。1912 年，在赤塔成立了俄国东部地区第一所绘画艺术学校——工业艺术学校，直到 1923 年这所学校才关闭。Н. И. 韦尔霍图罗夫、И. П. 斯维尔库诺夫、Н. П. 帕里莫夫等优秀的绘画教育者都曾在此任教，他们培养出的苏联时期著名的远东画家有 И. А. 戈尔布诺夫、А. М. 费奥多托夫、А. В. 基京、Н. Е. 穆拉舍夫等。

（四）学校教育

自 20 世纪初起，国家开始更多关注远东地区的初等教育。1900—1917 年，俄教育部在远东创办大批小学校，占这一时期远东新建学校总数的 70%。除此之外，还有部分新小学是由铁路、教会和军事部门创办的。1904 年后，教会学校在农村的垄断地位受到部属学校的挑战。在国家资金扶持下，大批部属学校开始在农村扎根。19 世纪末 20 世纪初，远东的中等教育发展较为迅速，尤其是实科中学发展较快，这与国家教育部加大对远东教育的投资不无关系。到 1914 年，远东中学的数量从 15 所增加到 24 所，学生人数从 2604 人增至 10974 人。[①]

19 世纪末至 20 世纪初，为了培养技术工人，远东地区组建了一批技工学校和初级技术学校，如 1908 年在符拉迪沃斯托克和 1914 年在赤塔分别开办的商业学校，1913 年在尼科利斯克—乌苏里斯克教区成立的农业学校等。

学校数量的增加扩大了对教师的需求，推动了师范教育的发展。1902 年，在赤塔成立了远东第一所师范学校。5 年后，类似的师范学校相继在布拉戈维申斯克、符拉迪沃斯托克和尼科利斯克—乌苏里斯克开办。此后还在下乌丁斯克、哈巴罗夫斯克（1914 年改为师范学校）、尼古拉耶夫斯克和堪察加彼得罗巴甫洛夫斯克开办了教师培训班。此外，在女子中学中还设有师范班，但这仍不能满足对专业教师的需求。

1900 年，小学的数量增加到 726 所，比 1895 年增加了 1.8 倍，学生人数为 26530 人。1914 年前夕，小学数量增加到 1708 所，学生数达到 10.5 万人；与 1900 年相比，学校数量增加了 1.3 倍，而学生人数则增加了 4.6 倍。1915 年前，哈巴罗夫斯克、符拉迪沃斯托克、布拉戈维申斯克、尼科利斯克—乌苏里斯克和尼古拉耶夫斯克等城市已基本普

---

① Н. С. Иваницкий. Нужды народного образования в Приамурском крае. Хабаровск, 1914. С. 91 – 94.

及初等教育。并且，城市中初等教育和中等教育的连续性得以保障。20世纪初，远东的教育体系与欧俄地区不相上下。[①]

除初等、中等教育外，高等教育在远东也开始出现。随着俄国在东北亚的势力扩张和中东铁路的修建，沙皇政府为了远东边陲的巩固和进一步发展与亚太地区国家的外交关系，需要一些熟知这些国家语言、文化、历史、地理、经济、政治等知识的专门人才。于是，1899年10月21日在符拉迪沃斯托克建立了东方学院。它是沙俄亚洲版图上的第一所大学，也是该地区重要的科研中心。东方学是东方学院的重点研究方向，俄国一批著名的东方学家，如 П. П. 施密特、А. В. 鲁达科夫、А. В. 格列比翁希科夫等人都曾在该校任教和从事科研工作。他们的研究方向为中国（主要针对东北和西藏）、日本两国的民族文化、语言及历史等，在俄国的东方学研究中形成远东学派。位于俄国欧洲部分的彼得堡大学也有东方学研究，但与东方学院的东方学研究有所不同。前者以研究东方民族的古典文学为主，而后者侧重的是东方民族的语言、亚洲国家的现代历史、地理、经济和法律等方面。可以说，东方学院是远东地区研究邻近国家人文、历史等学科的重要阵地。东方学院的建立具有全俄意义，成为俄国东方学的研究中心，为俄国培养了大批熟知邻国历史文化的东方学家。1903—1915年，东方学院共培养出288名东方学专业毕业生。

## 第三节　阿穆尔铁路的修建

### 一　阿穆尔铁路方案的制订

19世纪末20世纪初，阿穆尔河沿岸地区只有一条铁路，即将哈巴罗夫斯克与符拉迪沃斯托克连接起来的乌苏里铁路。与欧俄地区的联系要依靠中东铁路或者沿阿穆尔河到达斯列坚斯克，从这里再经西伯利亚大铁路到达欧俄地区。此外，在符拉迪沃斯托克和俄国黑海、波罗的海各港口之间有轮船运输往来，沿阿穆尔河和结雅河有定期的河运航班，

---

[①] О. Б. Лынша. История образования на Дальнем Востоке России, 1860 – 1917 гг. : Автореф. дис. на соиск. учен. степ. к. ист. н. Уссурийск, 2000. С. 20.

公路则由于春秋两季道路泥泞难以发挥作用。因此，能否在远东境内修建一条连贯的铁路成为决定该地区经济发展和移民开发的关键所在。

其实，早在19世纪50年代，俄国就开始讨论修建阿穆尔铁路问题。1857年，《北方蜜蜂》报刊载文章写道："保护俄国在远东利益的最佳工具就是修建阿穆尔铁路"，正是通往远东边界的铁路才能显著扩大与日本的贸易，并"经俄国把日本和整个欧洲连接起来"。19世纪90年代初，西伯利亚大铁路东部支线问题再次被提及。首先提出修建沿阿穆尔河左岸从外贝加尔到哈巴罗夫斯克的支线铁路，之后提出从符拉迪沃斯托克到图们江河口、最终到达朝鲜半岛的支线铁路。

1896年前，财政部已经从各种渠道获得大量信息得知，西伯利亚大铁路原设计方案中的阿穆尔路段因途经地区人烟稀少、建设成本昂贵将会被中东铁路所取代。因为有专家预测，至少在阿穆尔铁路的运营初期，通过国际中转无法与英国、法国和德国的海洋运输相竞争。俄国领事和贸易公司提供的报告表明，只有在若干年后，阿穆尔铁路才有可能不再是俄国国库的负担，才会开始回收资金。相比较而言，西伯利亚大铁路东部支线沿另一个方向，即从外贝加尔经中国东北到符拉迪沃斯托克则更有利可图。由于1894—1895年中日甲午战争爆发，俄国最终决定西伯利亚大铁路的东部路段经过中国东北境内修建。

在维特等人积极筹备修建中东铁路之时，政府内就有声音反对在中国境内修建铁路，因为取道他国境内的铁路必将受到一定约束，无法全面实现其战略和经济意图。这些论断很快得到应验。义和团运动时期，起义者冲进中东铁路施工地区，驱赶俄人，拆毁铁路，致使铁路施工一度停顿。日俄战争爆发后，俄政府更加意识到，从长远来看，在别国领土修建铁路是无法确保俄国国家利益的。这时俄国陆军元帅 А. Н. 库罗帕特金提出："阿穆尔铁路应该在中东铁路之先修建。……中东铁路在任何时候都不能像阿穆尔铁路那样具有国内线路的意义，后者的建设越快，对它（远东）的经济发展及安全保证的益处就越多。"[①]

随着日俄战争的临近，修建阿穆尔铁路显得愈加迫切。1903年8

---

① А. И. Алексеев. , Б. Н. Морозов. Освоение русского Дальнего Востока. Конец 19 в. – 1917 г. М. 1989. С. 66.

月6—21日，在第四次哈巴罗夫斯克会议上，多数与会代表赞同修建一条经阿穆尔河沿岸地区全境、从斯列坚斯克到哈巴罗夫斯克的铁路线，同时再敷设一条通往布拉戈维申斯克的支线铁路方案。① 阿穆尔铁路方案还特别受到了远东当地资本家的支持，因为经中国东北修建的中东铁路严重威胁到阿穆尔轮船主的利益，使阿穆尔轮船运输业几乎陷于停滞。此外，中东铁路修建后，俄国商品经恰克图输入中国的数量锐减，这使西伯利亚商人蒙受巨大损失，恰克图贸易的辉煌不再。随之遭受打击的还有制革业，以及色楞格河和叶尼塞河、贝加尔湖的轮船运输业。因此西伯利亚商人积极拥护修建阿穆尔铁路，特别支持通往布拉戈维申斯克的支线铁路走向。而且，他们还想方设法证实，修建中东铁路具有多么大的消极后果：铁路修建为中国东北打开了输入外国工业品的市场，俄国商品却很难再进入中国市场。为此，必须拆毁中东铁路，修建斯列坚斯克到哈巴罗夫斯克和北京到恰克图的铁路线。②

论述修建阿穆尔铁路必要性的报告不止一次地由阿穆尔河沿岸地区总督呈递给财政大臣。日俄战争前，陆军大臣 B. П. 库罗帕特金积极支持修建阿穆尔铁路。他在1903年8月5日致沙皇的报告中提出，必须修建从斯列坚斯克到哈巴罗夫斯克的铁路，并说"中东铁路将使阿穆尔河沿岸地区更加贫困"。日俄战争结束后，修建阿穆尔铁路问题再次回到各级官员的视野。

随着时局的变化，沙皇政府深刻意识到，只有在本国境内修建阿穆尔铁路才能确保远东地区的经济、政治和战略利益，才能实现对阿穆尔河沿岸地区的经济开发，才能迁移欧俄农民来此定居，才能开发远东地区丰富的石油、煤炭、木材等资源。

П. А. 斯托雷平在最终确定修建阿穆尔铁路中发挥了重要作用。他于1906—1911年任大臣委员会主席，主要负责协调铁路修建和东部地

---

① Б. Б. Пак. Вопрос о направлении восточной ветки Сибирской железной дороги во внешней политике России в конце 19 - начале 20 века. //Россия и политика держав в странах Востока. 1991. Иркутск，С. 85.

② Б. Б. Пак. Вопрос о направлении восточной ветки Сибирской железной дороги во внешней политике России в конце 19 - начале 20 века. //Россия и политика держав в странах Востока. 1991. Иркутск，С. 86.

区土地开发之间的关系。在1908年3月31日召开的第三届国家杜马会议上，他提出修建阿穆尔铁路的必要性："我们遥远而寒冷的边疆是一块富饶的土地。这里生产黄金、毛皮，这里为茂密的森林所覆盖，并拥有大片待开垦的处女地。而且，在我们身旁矗立着一个人烟稠密的国家，在此情况下，这个边区不会处于荒漠状态。如果我们一味地昏睡，则该边区将靠异邦的汁液来滋养，当我们从梦中醒来时，它只不过是徒有虚名的俄罗斯土地而已。""应当承认，人烟稠密对该边区是何等重要。然而，没有交通线，怎么能够人烟稠密？"他强调在修建铁路的同时将采取一切措施"使铁路沿线地区以最快的速度住上人，并广泛利用阿穆尔河沿岸边区的自然资源"①。在斯托雷平等人的一再坚持和积极斡旋下，沙皇于1908年7月6日批准修建阿穆尔铁路。

### 二　阿穆尔铁路修建的过程

阿穆尔铁路修建始于1908年10月初。施工分四部分进行：起始路段为库恩加站—乌留姆站，长183俄里；西部路段为乌留姆站—克拉克河，长597俄里；中部路段为克拉克河—布列亚河，长643俄里；通往布拉戈维申斯克的支线铁路，长103俄里；包括阿穆尔大桥在内的东部路段为布列亚河—哈巴罗夫斯克，长452俄里。② 每一路段的修建都由独立的建设管理局指挥。为加快铁路建设速度，允许承包商从欧俄省份招募俄国工人，并对运送筑路工人到远东实行优惠的运费。正因如此，1911年远东迎来了4.88万名工人，1912年这一数字升至8.08万人。③

为修筑阿穆尔铁路，须铺设临时性畜力运输道路，搭建工人临时居住的简易木房，还要在当地储备和运输食品、建筑材料、施工工具等。在铁路修建过程中，建设者们首先遇到的问题是在冻土带上如何放置枕木。这条铁路途经人迹罕至的地区，泥潭遍布，施工难度可想而知。

---

① А. Серебренников., Сидоровнин Г. Столыпин. Жизнь и смерть. Саратов, 1991. С. 244 – 254.

② Б. Б. Пак. Сооружение и значение Амурской железнодорожной магистрали. Россия и страны Азиатско – тихоокеанского региона в 19 – начале 20 веков. Иркутск, 1988. С. 61.

③ История Дальнего Востока СССР в эпоху феодализма и капитализма ( 17в. – февраль 1917 г. ), М., 1991. С. 309.

1909年1月，阿穆尔铁路的起始路段开工修建；1911年春，该路段临时通车。1910年春，西部路段开始建设；1913年10月15日，该路段实现临时运营。中部路段及其通往布拉戈维申斯克方向的支线铁路从1911年春开始修建，到1912年9月前，敷设了176俄里铁路，包括通往布拉戈维申斯克的支线铁路43俄里，通往切尔尼亚耶夫斯克的支线铁路38俄里。到1913年夏，中部路段的钢轨敷设到结雅河，共583俄里。1913年12月19日，从布拉戈维申斯克发出了第一列开往彼得堡的火车。由此，遥远的阿穆尔省建立起与俄国中心地区的铁路运输联系。1913年至1914年冬，修建了跨托木河的临时木桥。1914年秋，在布拉戈维申斯克支线铁路上的别洛戈里耶市①建起跨结雅河金属结构大桥。随着大桥的建成，1914年11月1日开始了从克拉克站到别洛戈里耶市以及通往布拉戈维申斯克的支线铁路的直达运输。到1914年1月1日前，阿穆尔铁路中库恩加站—克拉克站—布列亚河间长达1561俄里的铁路实现临时运营。

在阿穆尔铁路建设中，东部路段的开工时间最晚，俄财政部于1911年4月7日才划拨了这部分路段的建设资金。修建这段铁路的准备工作直到1911年底才完成。1912年春，开始敷设该路段的钢轨。东部路段途经地域河流众多，须建设大量桥梁。到1914年末，该路段已经建成跨阿尔哈拉河、汉南河和比尔汉河的桥梁，修建跨库利杜尔河和乌杜尔丘坎河桥梁的工程即将结束，而跨乌里尔河、穆特纳亚河和多米坎河桥梁的工程正在进行中。

东部路段施工中，位于哈巴罗夫斯克的跨阿穆尔河铁路大桥的建设是最艰难的一项工程。它是俄国最大的桥梁之一，按照著名的桥梁设计专家Л. Д. 普罗斯库里亚科夫提出的方案建设，工程师А. В. 利韦罗夫斯基领导修建。1913年7月30日，阿穆尔河沿岸地区总督Н. Л. 关达基举行了大桥奠基仪式。

为加快建立起直达哈巴罗夫斯克的交通运输联系，交通部计划在1914年底开通阿穆尔铁路。为此，须在施工条件复杂的地段临时绕路修建，还要建设临时性桥梁。在阿穆尔铁路收尾工程进行的同时，列车

---

① 今别洛戈尔斯克（Белогорск）。

也开始运营。但计划的执行却因 1914 年夏开始的第一次世界大战而中断。大量物资和劳动力不得不从铁路建设工地调走，建设资金大幅缩减，战前在比利时的约翰·克里尔厂和华沙的鲁德基厂订购的桥梁备件也中止供货。于是，工程计划只能修改，交通部提出在 1915 年秋实现临时通车的目标，即比最初的期限晚半年。虽然工程还未完工，但 1915 年 3 月阿穆尔铁路的东部路段仍实现了临时运营。1915 年 12 月 20 日，第一列直达列车沿阿穆尔铁路行驶抵达哈巴罗夫斯克。1916 年 10 月 5 日，在哈巴罗夫斯克举行了盛大的阿穆尔河大桥通车仪式，标志着阿穆尔铁路正式竣工。1917 年初，阿穆尔铁路开始定期运营。

阿穆尔铁路的建设支出大大超出了财政预算。财政部预计阿穆尔铁路每 4 个路段的建设资金约为 2.4 亿卢布，而 1915 年最后完工时的实际支出超过 3 亿卢布，即超出预算近 0.6 亿卢布，占划拨资金总数的 25%。但这远不是国库所投入资金的全部。整个阿穆尔铁路及其支线铁路的建设资金，加上建设车间、铁路管理局办公楼和生产车厢等资金共约 3.5 亿卢布。[①]

大部分超过预算开支的资金都用在计划外项目上，达到 950 万卢布。把最初的预算和实际支出进行比较可以得知，个别路段的建设资金超过最初 1 倍预算甚至更多。支付承包商资金增多、合同价格经常被提高以及弥补技术缺陷等是超支的主要原因。

阿穆尔铁路和西伯利亚大铁路其他路段一样，也是采取边修建边运营的方式。有关铁路运营初期的统计数字非常少，但可以推算出最初的货运量非常少，因为每昼夜只能通过 1 对列车。为增强通过能力，从 1914 年初开始又增加了 1 对列车。自 1914 年 11 月 1 日起，由于第一次世界大战爆发，大量军事物资通过阿穆尔铁路运输，使得货运量明显增多，每昼夜通过能力提高到 2.5 对列车。根据交通部提供的统计数字，阿穆尔铁路东部路段临时运营中，1910 年 12 月 1 日至 1911 年 12 月 1 日，用于运营的总支出为 45 万卢布，收入 15.7 万卢布，亏损数额近 30 万卢布。1911 年 12 月 1 日至 1913 年 1 月 1 日，运输私人货物、乘

---

① Б. Б. Пак. Сооружение и значение Амурской железнодорожной магистрали//Россия и страны Азиатско‐тихоокеанского региона в 19‐начале 20 веков. Иркутск, 1988. С. 67.

客、行李等的总收入近25万卢布，支出超过48万卢布。这一时期东部路段临时运营亏损的数额为3.2万卢布。

同样处于亏损状态的还有西部路段：1913年10月15日至1914年11月1日，亏损100万卢布。中部路段也是如此：1914年1月1日至12月1日，处于临时运营的这段铁路亏损额为80万卢布（支出近130万卢布，收入不到50万卢布）。1914年11月1日至1915年11月1日，阿穆尔铁路西部和中部路段临时运营的财政状况是：收入175万卢布，支出420万卢布，亏损额为245万卢布。①

曾任交通部官员的Н. П. 彼得罗夫分析了俄国国有铁路长期亏损的原因，其中一个主要原因是亚洲俄罗斯的大部分铁路都是不以营利为目的的，它们的军事战略意义远重于经济意义。他写道，像阿穆尔铁路这样的铁路，"只有在临近铁路线的地方发展成为人口稠密的文明地区、居民可以交换他们所生产的大部分产品的情况下，运营才能获得纯利润"。

### 三 修建阿穆尔铁路的意义

修建阿穆尔铁路是俄国为巩固在东北亚的经济和政治地位所采取的必要举措，通过实施斯托雷平的移民政策和开发远东政策可以解决俄国中央地区的农业危机，把远东变成欧俄工业的销售市场和原料产地，同时也在某种程度上促进了当地经济的发展。

俄国政府在中国境内修建中东铁路用以控制中国东北地区、遏制日本的设想没有完全实现，为此却付出了沉重代价。对于俄国来说，如果不修建中东铁路，就可以节省4亿多卢布，使西伯利亚大铁路的修建资金节省近1/3。如果把这些资金补充到阿穆尔铁路的建设中，就无须建设那些需要二次投入的临时性基础设施，也就不会造成资金的巨大浪费。

尽管如此，阿穆尔铁路的修建仍是俄国经济生活中的一件大事。它

---

① Б. Б. Пак. Сооружение и значение Амурской железнодорожной магистрали // Россия и страны Азиатско‐тихоокеанского региона в 19 – начале 20 веков. Иркутск, 1988. С. 68 – 69.

的竣工通车，筑路工人和铁道工程师功不可没。他们在恶劣的气候条件下敷设完成通往哈巴罗夫斯克的长达2165俄里的铁路线，是人类铁路修建史上的一个创举。随着阿穆尔铁路的通车，西伯利亚大铁路最终建成，莫斯科和太平洋之间建立起在俄国境内直接的、不用中转的客运和货运联系。随着阿穆尔铁路的修建，在阿列克谢耶夫组建了机车厂，几乎在各个车站、会让站的机车库都建有小型铁路车间。

阿穆尔铁路的修建使远东边区的经济生活发生了翻天覆地的变化，它把远东与俄国工业中心连接起来，把远东带入全俄统一的资本主义市场中，促进移民和劳动力的增多。阿穆尔铁路加快了人口流动，使阿穆尔河沿岸地区的闭塞和落后状态逐渐改观。

修建阿穆尔铁路奠定了有计划研究阿穆尔河沿岸地区自然资源的基础。在铁路沿线的广大范围内开展了地形测量、地质勘探等工作。在已开发的矿产地开始使用机械开采煤炭、石灰、建筑用石和黄金等。敷设铁路大大增加了对能源的需求，促进了煤炭工业的发展。1911年进行的地质勘探表明，在阿穆尔铁路中部路段的扎维塔河和布列亚河之间有400多平方俄里的地方蕴藏有煤层。1912年夏，在这一地区又发现了1.25亿普特的煤炭储量。1913年夏，在丘坎和基弗达之间建起了临时煤矿，从煤矿到铁路干线间还敷设了一条铁路专用支线。

阿穆尔铁路对远东地区的主要经济部门——采金业的发展产生一定影响。铁路建成后便于挖土机、浮式采掘机和液压装置等大型采金设备运进远东地区，带动采金业普遍利用机械方式开采沙金，使采金量大幅增加。同时，随着铁路的敷设，对建筑材料的需求大增，特别是促进了石灰石开采和耐火黏土的焙烧两个产业的发展。此外，阿穆尔铁路使五个锯木厂蓬勃发展，它们为铁路提供枕木、木板、电线杆等。

铁路修建有利于远东地区的农业发展。谷物播种面积显著增加。例如，1905年阿穆尔省播种面积约为17.8万俄亩，而1914年播种面积达到近40万俄亩。在短短的10年时间内播种面积增长1.5倍。随着播种面积的增长，谷物总收成也在增加，1904年收获谷物近1034万普特，1913年达到2668万普特。同时，殷实农户农业机械保有量大大增加。1914年，阿穆尔省的地主和农民拥有9292台农机具，总价值近94万卢布，其中8291台农机具是从美国和德国进口的。

铁路把遥远的边区与俄国工业中心和港口城市连接起来，保证农产品能运抵国内外市场。铁路促使播种面积和谷物收成增加，其中大部分谷物销往俄国工业中心乃至国外。随着粮食贸易的发展，阿穆尔铁路促进了农产品加工业主要是面粉业和酿酒业的发展。铁路把畜牧业生产区和畜产品消费区连接起来，促进了畜产品的快速销售。统计数字表明，阿穆尔州1911—1914年牲畜存栏数从29.3万头增至31.7万头。修建铁路把农村卷入资本主义生产关系中。这一过程伴随着农民阶层的分化和无产阶级化、租地获得发展、商品生产扩大。

铁路促进了尼古拉耶夫斯克、哈巴罗夫斯克和符拉迪沃斯托克地区渔业生产的发展。远东渔产品加工业的发展可从如下数字中看出：1907年从远东运往西伯利亚和欧俄20万普特鱼，1913年为250万普特。

铁路在阿穆尔河沿岸地区内部贸易中发挥着巨大作用。1911年，阿穆尔省所有工商业企业的周转额为3370万卢布，1913年增至4187万卢布。阿穆尔铁路是销售乌拉尔和欧俄冶金产品的巨大市场。乌拉尔工厂为铁路提供的铁轨和固件占总量的1/3，其余2/3来自克里沃罗什地区的工厂。桥梁的金属构件从沃特金斯克厂订购。这使得老牌工厂生产萎缩，在竞争中败下阵来。例如，阿穆尔省的3个机器制造厂年产值达63.5万卢布，工人400名；到1914年，只剩下1个工厂，年产值20万卢布，工人150名。

铁路修建促进了俄国居民向远东迁移。1904年来到阿穆尔省的移民仅有387人，1914年已经达到1.5万人。移民到来使远东的人口密度增加。1909年，阿穆尔省人口平均密度为0.6人/平方俄里，1914年达到1.01人/平方俄里。阿穆尔铁路促进了远东地区所有生产领域的发展。在铁路的影响下，新开垦的耕地数量增多，畜牧业得到发展，商品农业和农产品加工业均获得快速发展。

## 第四节　远东无产阶级的革命准备

### 一　远东社会民主运动的产生

最早在西伯利亚和远东传播马克思主义的是政治流放犯。19世纪

80—90年代，俄国南部工人联盟和俄国北部工人联盟的一些政治犯被流放到外贝加尔。1897—1899年，圣彼得堡工人阶级自由斗争联盟的30名积极活动分子被流放到东西伯利亚和外贝加尔。俄国许多城市的各种马克思主义小组成员和罢工参加者被流放到东部地区服苦役。这些流放犯在流放地继续开展革命活动，相继在鄂木斯克、赤塔、下乌丁斯克和塔吉尔组织了社会民主小组。1895年，一些进步学生在赤塔组建的马克思主义小组奠定了远东社会民主思想宣传的基础。1898年，М. И 古别里曼在铁路工人中建立起马克思主义小组。

阿穆尔省的马克思主义小组诞生于1898—1900年。19世纪90年代初，在布拉戈维申斯克出现了第一批宣传社会民主思想的流放人员，其中有普梯洛夫工厂的工人 И. 科兹洛夫、工人自由斗争联盟的成员 М. 别洛科佩托夫等。他们在流放地组建马克思主义小组，宣传民主革命思想。之后一些流放的大学生又为当地的马克思主义小组注入了新鲜血液。布拉戈维申斯克曾是彼得堡、莫斯科、喀山、托木斯克等大学中参加革命活动的在校学生的流放地。

滨海省的马克思主义传播始于1897—1900年。1897年，Ф. Е. 马纳耶夫来到符拉迪沃斯托克，他是彼得堡军事医科大学的学生，因为参加学生运动而被流放到此。他组建了一个青年马克思主义小组，散发传单和一些进步出版物。来自彼得堡的工人 А. 纳扎罗夫、П. 切特维尔戈夫等人开始在军港职工、铁路工人和在校学生中组建社会民主小组。1901年，Г. И. 普里戈尔内在符拉迪沃斯托克的在校学生中成立了马克思主义小组。社会民主小组陆续出现在尼科利斯克—乌苏里斯克、中国哈尔滨、哈巴罗夫斯克和乌苏里铁路上。

社会民主小组宣传科学社会主义思想，向工人们宣讲马克思、恩格斯、列宁和普列汉诺夫经典著作的内容。政治流放犯把许多进步的经典文献带到这里，包括《共产党宣言》、列宁的《什么是"人民之友"以及他们如何攻击社会民主党人？》、普列汉诺夫的《论一元论历史观的发展问题》等。

《星火》报对西伯利亚社会民主运动产生了重要影响。这份报纸1901年初开始在西伯利亚和远东秘密发行，伊尔库茨克、赤塔、布拉戈维申斯克等城市的社会民主主义者都可以读到它。1902—1903年，

《星火》编辑部与符拉迪沃斯托克及阿尔图尔港的社会民主主义者建立起联系。1901年，符拉迪沃斯托克的社会民主主义者第一次在丘尔金角举行五一劳动节秘密集会。

随着马克思主义小组的成长壮大，有人提议将这些小组联合起来，在各个城市的马克思主义者建立起联系。1901年夏，托木斯克、克拉斯诺亚尔斯克、伊尔库茨克的社会民主主义者组建了西伯利亚社会民主联盟。联盟确定了自己的主要任务：提高西伯利亚工人的阶级觉悟，宣传为政治自由、实现社会主义而斗争，把西伯利亚的社会民主主义者团结在一起成立统一的组织。

西伯利亚社会民主联盟的成立使西伯利亚和远东革命运动进入一个新阶段，从此西伯利亚和远东的社会民主组织加入到全俄无产阶级政党建立的运动中。在俄国社会民主工党召开第二次代表大会前夕，西伯利亚社会民主联盟积极组织活动，加强与广大群众的联系，加紧宣传革命思想，把有觉悟的工人吸收到组织中来。

联盟在克拉斯诺亚尔斯克、托木斯克、赤塔和伊尔库茨克等地设有宣传民主革命思想的进步书刊秘密印刷所。1903年3月1日至4月18日，西伯利亚社会民主联盟印刷了约4万份传单，这些介绍当地和全俄革命活动情况的传单被散发到西伯利亚和远东各地。

1903年，符拉迪沃斯托克的地下工作者与俄国社会民主工党赤塔委员会建立了更为密切的联系。1903—1904年，西伯利亚社会民主联盟与布拉戈维申斯克社会民主主义者的联系通过伊尔库茨克、托木斯克和赤塔的社会民主组织建立起来。这一时期，布拉戈维申斯克获得了来自西伯利亚联盟、俄国社会民主工党赤塔委员会、彼得堡和基辅社会民主组织的宣传材料。宣传社会民主思想的出版物甚至在阿穆尔和外贝加尔哥萨克军及农户家中都可以看到。

1903年7月，西伯利亚社会民主联盟在伊尔库茨克召开了第一次全西伯利亚会议。这时期的联盟下设五个地区性分支机构，分别设在赤塔、伊尔库茨克、克拉斯诺亚尔斯克、托木斯克和鄂木斯克。符拉迪沃斯托克、布拉戈维申斯克、斯列坚斯克、中国哈尔滨等地都划归赤塔分会。

俄国社会民主工党第二次代表大会（1903年）奠定了布尔什维克

党成立的基础，大会通过了俄国社会民主工党章程，选举了中央委员会、确定了中央机关报。1904年初，俄国社会民主工党的代表开始在克拉斯诺亚尔斯克、托木斯克、赤塔等地宣讲大会精神。西伯利亚社会民主联盟和赤塔委员会的基层小组在西伯利亚大铁路的几个车站、布拉戈维申斯克、符拉迪沃斯托克、尼科利斯克—乌苏里斯克、中国哈尔滨和哈巴罗夫斯克积极宣传俄国社会民主工党会议的精神及其倡导的思想。在西伯利亚和远东的社会民主组织中有许多坚定的马克思主义者，如为许多城市的地下工作者所熟知的 Н. Н. 巴兰斯基和 И. В. 巴布什金、Е. 雅罗斯拉夫斯基等。

1904年爆发的日俄战争给远东人民带来深重灾难，这里成为俄军的后方基地。一辆辆运送军队和军用物资的列车从远东城市驶向中国东北，列车返回时车厢内满是伤病员。沙皇政府还下令在远东征兵，并为军队征用马匹和饲料。1904年底，西伯利亚社会民主联盟向西伯利亚和远东发出重要指示：集中、宣传反对战争和举行全面罢工的口号、在铁路沿线和军队内部建立基层小组并加强各小组间的联系。1904年冬，布尔什维克 Н. Н. 巴兰斯基等人在季马车站举行会议，主要议题就是扩大反战宣传。

西伯利亚和远东的社会民主主义者不仅深入群众中进行宣传，还把传单秘密带到部队中，在从俄国驶往中国东北前线的军用专列车上宣传革命思想。西伯利亚社会民主联盟印制了《致士兵》《俄国士兵为什么应该送死？》《战争真相》《反对战争》等传单，给予反战士兵极大鼓舞。这些革命传单向广大人民群众剖析了日俄战争的性质，揭露了战争的真正目的，号召人民团结起来在社会民主旗帜下与沙皇专制制度做坚决斗争。同时，还在工人和知识分子小组中，在哥萨克、士兵、水兵中进行口头秘密宣传。俄国社会民主工党西伯利亚各组织的宣传活动在军队中受到欢迎，在很大程度上唤醒了士兵和水兵的革命意识，激发了他们的革命热情。

沙皇企图借助战争转嫁国内社会危机的尝试没有成功，人民群众的不满情绪和革命热情日益增长。此外，俄国战败更加促使革命运动深入和扩大。战争使国内政治危机加剧，导致革命的爆发。

## 二　1905 年革命在远东

俄国 1905—1907 年革命是广大劳动人民群众第一次掀起的反对沙皇专制的斗争。革命的推动力量是工人和农民，无产阶级是革命的先锋。1905 年 1 月 9 日，彼得堡"流血的星期天"使游行演变成俄国人民的解放斗争，成为革命运动的开始。专制政权向游行队伍射击，彻底摧毁了工人对沙皇制度的幻想，愤怒的情绪让广大人民群众无法平静下来。第二天，彼得堡 650 个工厂的工人举行罢工，16 万名工人投身到这场政治总罢工中。之后俄国的 66 个城市中无产阶级群众走上街头，高呼"埋葬专制制度！"

很快，革命浪潮席卷远东边区，罢工运动此起彼伏。1905 年 1 月 28 日，赤塔铁路工人举行罢工，这是远东最早的革命活动之一，罢工具有鲜明的政治色彩。在俄国社会民主工党赤塔委员会组织的集会上工人们通过决议，要求推翻专制制度、停止战争。

随着革命的开始，滨海省和阿穆尔省的社会民主组织积极开展活动。他们散发来自俄国中心地区和西伯利亚的革命传单、印制号召劳动人民团结在俄国社会民主工党旗帜下进行斗争的宣传手册。俄国社会民主工党西伯利亚联盟的阿穆尔小组在传单中写道："专制制度用我们同志——工人同胞的鲜血染红了彼得堡的街道，难道你们还能够作为漠然的观众欣赏表演吗？难道你们能不加入席卷全俄的伟大革命运动中来吗？沙皇专制制度必然灭亡！民主共和国万岁！"[①]

1905 年 4 月，在伦敦召开了俄国社会民主工党第三次代表大会。这是布尔什维克党历史上的一次重要会议，会议制定了党的策略和路线，化解了孟什维克企图分裂党的内部危机。第三次代表大会决议对西伯利亚和远东的社会民主党人具有重要意义，他们响应党的号召，积极宣传武装起义，并着手实施。

1905 年夏天，远东的形势愈加紧张。在外贝加尔铁路上的罢工几乎没有间断过，社会民主党人在铁路工人中进行了广泛宣传，并对他们

---

① Очерки истории дальневосточных организаций КПСС（1900－1917）. Хабаровск，1928. C. 23.

的民主活动给予支持和帮助。俄国社会民主工党赤塔委员会是最早提议召开全俄工人代表大会的组织之一。1905年8月末至9月初，在赤塔召开了外贝加尔铁路工人代表大会，成为铁路工人组建工会和在远东、西伯利亚开展工会运动的开端。

1905年10月，在布尔什维克领导下的全俄政治罢工首先在莫斯科和彼得堡展开，此后席卷全国。在远东地区首先响应这次罢工的是赤塔铁路工人。他们在10月14日宣布罢工，15日在赤塔的中等学校召开了罢工工人大会。同一天，上乌丁斯克铁路工人宣布罢工。赤塔工人开始武装起来。

1905年10月17日，沙皇政府颁布宣言，承认人民有言论、出版、集会、结社的自由，并承诺将扩大选举权，召开拥有立法权的国家杜马会议。远东几乎所有的大城市都举行了集会、游行，获得的政治自由让社会民主党人更加积极开展活动。赤塔、上乌丁斯克等地的社会民主工党委员会开始建立罢工委员会，组织工人团体，准备武装起义。

全俄发生的这些政治事件加速了整个远东革命运动的发展，符拉迪沃斯托克作为俄国在太平洋上的军港，也被卷入革命中。在日俄战争年代，为把符拉迪沃斯托克建成军港，数以万计的工人被从彼得堡、敖德萨、莫斯科、塞瓦斯托波尔等城市送往这里。符拉迪沃斯托克的卫戍部队也是由来自俄国中心省份的士兵和水兵组成的，到战争即将结束时，军队人数已经达到近6万人，其中1/3士兵为预备役。所有来到这座城市的士官都讲述了有关全国爆发革命和工人农民与专制制度斗争的消息。

1905年10月30日，在符拉迪沃斯托克市内开始武装起义。西伯利亚舰队的水兵最先响应，2000多名水兵在市内举行集会。随后1万多名哈巴罗夫斯克的预备役士兵和军港工人参加到起义队伍中。集会选出代表团，向卫戍司令 Г. Н. 卡兹别克宣读工人、士兵提出的各项要求，但卫戍司令没有接见代表团，激起了集会参加者们的强烈愤慨。10月31日，数千名工人、士兵和水兵再次集会。他们找到卫戍部队司令，迫使他宣读沙皇颁布的宣言，并让他保证满足工人、士兵和水兵的要求。参加起义的有吉奥米特湾的符拉迪沃斯托克第一和第二工兵连、位于波谢特湾的东西伯利亚和新基辅工兵连等几支部队。起义遭到镇压，

10月31日夜间，起义军队撤回总部，但个别地方的冲突持续到11月2日。在骚乱中死伤182人，数千名起义参加者被拘留、逮捕。①

1905年10—12月，远东人民的革命热情达到了前所未有的高度。11月24日，在克特里采沃站举行铁路工人集会，并选举出罢工委员会。受中央罢工委员会感召，远东邮电职工也加入到罢工队伍中。工会在十一月罢工中发挥了重要作用。乌苏里铁路员工联合会是全俄铁路工人联合会的一个分支，它是远东地区铁路系统的一个大型工会。之后还成立了一些工会，如远东邮电职工联合会（也是全俄邮电工人联合会的分支机构）、阿穆尔工人联合会、水运工人联合会等。12月12日，在符拉迪沃斯托克的别尔瓦亚列奇卡站举行了5000名士兵和水兵的集会，集会上选举出符拉迪沃斯托克卫戍部队下等士兵执行委员会，即士兵代表苏维埃。

受社会民主思想宣传和1905年工人革命运动的影响，农民的政治热情高涨，他们开始经常性地举行革命集会，提出自己的革命要求。在乌苏里边区的许多次农民集会上提出按照全俄农民联盟的形式团结在一起，拥护召开农民代表大会。1905年12月28日，在尼科利斯克—乌苏里斯克召开了乌苏里农民联盟代表大会，出席会议的有来自15个乡的151名代表。大会提出"成立大会是在平等、直接、秘密投票的基础上召开的……它的宗旨是制定人人平等的法律"②。代表大会通过了南乌苏里边区农民联盟章程。此次代表大会结束后，社会民主主义者积极在农村开展活动，宣传布尔什维克党针对农业问题的解决方法和思路。滨海省许多农民接受了宣传者的革命思想，赞同反对沙俄政府，愿意投身到革命运动中。1906年1月18日，在布拉戈维申斯克举行了阿穆尔省农民代表大会，与滨海省的代表大会一样，也提出了成立农民联盟、实行土地管理等要求。但是社会民主思想在阿穆尔省农民中影响较弱。

随着农民加入革命运动，阿穆尔河沿岸地区的哥萨克也跃跃欲试，

---

① История Дальнего Востока СССР. С. 343.
② А. П. Станкевич. Первая революция на Дальнем Востоке: Хроника революционных событий 1903. Хабаровск, 1934. С. 154.

外贝加尔的哥萨克表现非常积极。1905年12月初,苏维埃号召外贝加尔的全部哥萨克居民加入到革命运动中来,夺取国有土地。这一号召得到外贝加尔哥萨克的积极响应。同时,阿穆尔哥萨克也积极参加了革命斗争。1905年10月20日,在布拉戈维申斯克举行的集会上哥萨克表示支持人民斗争。12月3日,哥萨克军队内部发生起义。1905年12月15日至1906年1月21日,在布拉戈维申斯克召开了阿穆尔哥萨克代表大会。大会与地方革命组织建立了密切联系,会议决定支持邮电工人罢工、批准建立地方政权的革命运动机构——省执行委员会。哥萨克拒绝担当警察职务,要求哥萨克与其他阶层人民享有同样权利。然而,沙皇军队残酷镇压了阿穆尔的革命运动,哥萨克起义参与者以及代表大会的代表都被送上军事法庭。

这一时期,远东地区最大规模、最有组织的一次武装斗争是赤塔士兵工人起义,起义由俄国社会民主工党赤塔委员会精心策划并领导。起义者对铁路实行了全面控制,并选举出罢工委员会。还在赤塔成立了工人战斗小组,成员近2000人。具有革命经验的 A. A. 瓦留扎尼奇、B. K. 库尔纳托夫斯基、И. B. 巴布什金等人加入到赤塔委员会中。11月28日,在士兵和哥萨克万人会议上选举出士兵和哥萨克代表苏维埃,领导人是 A. A. 瓦留扎尼奇。依靠武装工人、士兵和哥萨克,罢工委员会、士兵和哥萨克代表苏维埃争取到八小时工作制和民主自由,成立了"赤塔共和国"。俄国社会民主工党赤塔委员会还出版了《外贝加尔工人报》,该报在宣传革命思想、开展对劳动人民的社会主义教育方面发挥了重要作用。起义持续到1906年1月中旬,沙皇军队粉碎了"赤塔共和国"。许多起义领导者被捕、杀害,数千名参加者被迫害。革命者转入地下,许多人被迫离开外贝加尔。

1906年1月10日是"流血星期日"一周年纪念日,符拉迪沃斯托克举行了和平游行。全副武装的军警向游行队伍扫射,激起了市民的反抗,起义爆发。但和赤塔一样,符拉迪沃斯托克也成为一座孤军奋战的"自由岛"。起义者没能顺利建立起统一的武装阵营,革命组织间无法协同作战。起义领导权被自由思想者,如陆军准尉什彼尔、医生兰科夫斯基等人篡夺,他们只对起义群众加以安抚,却没有及时巩固革命政权。闻讯起义后,沙皇立即从中国东北调集米先科将军的哥萨克部队前来镇压，1906年1月16日晚，符拉迪沃斯托克城在没有任何反抗的情况下被俄国军队占领。

### 三 远东革命运动的继续

"赤塔共和国"被摧毁和符拉迪沃斯托克起义失败后，在当局残酷镇压迫害下，革命活动暂时中止。滨海省的社会民主组织恢复活动是在1906年初。早在1905年秋天，俄国社会民主工党西伯利亚联盟和赤塔社会民主组织派往符拉迪沃斯托克一些富有经验的布尔什维克党工作者，他们与具有革命经验的工人建立起联系，秘密开展革命活动。在他们的帮助下，1906年3月，符拉迪沃斯托克社会民主小组成立。与此同时，尼科利斯克—乌苏里斯克、哈巴罗夫斯克和斯帕斯克等地相继建立起社会民主小组。

1907年初，俄国社会民主工党符拉迪沃斯托克小组建立了地下印刷厂，与尼科利斯克—乌苏里斯克和哈巴罗夫斯克的社会民主小组建立了联系，参加了俄国社会民主工党于1月在尼科利斯克—乌苏里斯克举行的第一届滨海地区组织会议。会议讨论了俄国社会民主工党第四次代表大会（1906年4月召开）提出的把俄国社会民主工党的两派团结起来、反对孟什维克机会主义路线等问题。哈巴罗夫斯克、符拉迪沃斯托克和尼科利斯克—乌苏里斯克社会民主小组都是俄国社会民主工党滨海地区的组成部分，它们在会议上被更名为俄国社会民主工党组织（符拉迪沃斯托克小组自1907年6月开始更名为符拉迪沃斯托克组织）。这次会议任命了符拉迪沃斯托克组织作为滨海地区全部革命组织的领导者。

赤塔武装起义被镇压后，部分参加者将布拉戈维申斯克作为他们的避难所。截至1906年秋天，这里已经聚集了相当多的赤塔起义参加者，以及中国哈尔滨、中国东北和其他社会民主组织成员，如 M. 穆亨、3. 涅斯捷罗夫、H. 沃尔科达夫、季霍米洛夫等人。1906年12月至1907年1月，在克拉斯诺亚尔斯克举行的俄国社会民主工党西伯利亚联盟第三次会议上成立了阿穆尔党组织委员会，即俄国社会民主工党西伯利亚联盟布拉戈维申斯克委员会。

尽管起义失败、起义者被监禁，但远东地区的工人们仍继续开展罢工斗争。自1906年1月起，吉姆普通矿区的工人们投入罢工运动。列别金斯克、斯科别利岑斯克、穆拉维约夫和阿尔巴金斯克金矿工人们驱逐压迫者，选举了工人代表委员会。罢工一直持续到3月，最终没能逃脱被军警镇压的命运。1906年4月，奥利佳、尼科利斯克和尼古拉耶夫斯克金矿的矿工们举行了罢工。此外，1906—1907年，外贝加尔铁路和乌苏里铁路工人还举行了几次罢工。

远东工人的政治活动重新活跃始自1907年的五一节活动。五一节这天，布拉戈维申斯克举行了大规模的群众游行，工厂、商店全部关门，晚上召开了群众集会。赤塔的五一节是全部工厂工人在一起度过的。尼科利斯克—乌苏里斯克的铁路机修厂的工人们在上午10点停止工作，聚集在一起，高举红旗上街游行。符拉迪沃斯托克的社会民主主义者从4月就开始筹备五一节活动。五一节当天，许多工人举行罢工。沙俄军队驱赶参加者，结束了这次集会。这是符拉迪沃斯托克组织的规模最大的一次五一节活动，表明社会民主运动的影响在逐渐扩大，工人们的觉悟性和组织性不断提高。

俄国社会民主工党远东各委员会的主要任务是巩固与人民群众的联系，保持组织的先进性，把工人中的积极分子培养成具有一定思想觉悟的革命者。各种报纸在宣传社会民主思想的过程中发挥了重要作用，它们是《外贝加尔工人报》《滨海工人报》《中国东北工人报》《阿穆尔报》《阿穆尔之声》《尼科利斯克—乌苏里斯克小报》等。除宣传进步思想外，这些地区性的报社在最艰苦的环境中还印刷了大量传单，号召人民群众不要原谅也不要忘记沙皇专制制度犯下的每一桩罪行。

社会革命党人也在尝试建立自己的组织，不断扩大在群众中的影响。1907年4月，在符拉迪沃斯托克举行了社会革命党代表大会，出席会议的有来自符拉迪沃斯托克、尼科利斯克—乌苏里斯克、哈巴罗夫斯克等地社会革命党和组织委员会的代表。大会决定成立社会革命党远东联盟，并起草了联盟章程。这次会议后，社会革命党的宣传活动越来越活跃，军队成为宣传的主要阵地。

6月3日政变后，当局开始对革命组织进行镇压。1907年7月11日，由社会民主主义者建立的符拉迪沃斯托克军事组织正聚集在丘尔金角召开会议时，反动军警突然闯入，与会者全部被捕。1908年3月3

日，该组织领导人 Г. 沙米通被处决。这一事件大大削弱了俄国社会民主工党滨海组织的力量，但却使社会革命党军事组织在群众中的影响进一步扩大。社会革命党人抓住符拉迪沃斯托克士兵和水兵对军队内部和舰船上混乱局势不满这一有利时机，决定举行武装起义。得知这一情况，社会民主党人坚决主张起义不能在全国革命形势衰退、起义发起者没有明确行动计划的情况下发起，但社会革命党人没有接受这些善意的建议。

1908 年 5 月 31 日，驻扎在吉奥米特湾的炮兵营一连士兵要求改善伙食、更换破损制服，指挥官拒绝了这些要求，还逮捕了 132 名炮兵。10 月初，有消息称，被逮捕的士兵将被送到军事法庭审判，很多人将会被处以死刑。这让炮兵营的士兵极度愤慨，他们为战友的命运担忧。社会革命党人抓住这一时机，于 10 月 5 日召开了卫戍部队几个分队代表的秘密会议，会上决定 10 月 21 日举行起义。当 10 月 15 日晚得知法庭把宣判日期改为 10 月 17 日后，社会革命党人决定立即举行吉奥米特湾炮兵起义，但并没有把这一决定通知卫戍部队其他分队。10 月 16 日清晨，他们抵达炮兵营驻地，发出了起义信号。但由于起义领导小组内部不和，进展并不顺利。10 月 17 日，虽然社会革命党人发动几个鱼雷舰的水兵举行了起义，但其余舰艇却没有参加到起义中，这是因为起义组织者事先缺乏周密的部署，当局之前就已经收缴了其他鱼雷舰水兵的武器。尽管此后东西伯利亚 12 团士兵和军港的工人也参加到起义中，但起义还是很快被镇压下去。10 月 16—17 日，起义以失败告终。

这次起义导致大量民众的牺牲。城市里开始了可怕的暗杀，到 1908 年前，符拉迪沃斯托克被形容成"军营"，可见当时局势之恐怖。一时间监狱、拘留所人满为患。仅监狱中关押的水兵就达数千人。11 月 18 日，炮兵营的士兵受到审判，20 人被处以死刑，183 人被判处时间长短不等的监禁。9 天后，又审判了 2 艘鱼雷舰的水兵。20 名水兵被处以死刑，38 人被判处监禁。整个 1908 年不断有革命者被判刑。

远东革命运动失败和全俄革命失败的原因是相同的，即工农联盟的力量过于薄弱。工人阶级作为第一次俄国资产阶级民主革命的中坚力量，缺乏组织能力和经验。远东社会民主主义者在革命爆发前还没有准备充分，俄国社会民主工党还不能作为统一的、团结的党来领导革命运动。1905—1907年是远东革命运动发展中具有特殊意义的三年，因为在这三年的时间里，广大的工人、农民、哥萨克、士兵和水兵都获得了政治斗争经验。在革命过程中建立了一些社会民主组织，即使它们存在的时间短暂，但已经开始领导无产阶级和农民阶级与专制制度展开斗争，培养了一批具有较高思想觉悟的战士和革命者。出现了第一批工会、罢工委员会和革命政权机构。1905—1907年，远东的工人和农民为全俄自由解放斗争作出了贡献。他们为重建远东党组织奠定了基础，这些党组织是工人阶级和全部被压迫被剥削人民取得十月革命和社会主义胜利的领导力量。

**四 十月革命前夕远东的斗争运动**

1905—1907年革命的失败对远东地区革命民主运动的发展产生极大影响。西伯利亚和远东的布尔什维克遭到镇压。沙皇反动势力欲把赤塔、符拉迪沃斯托克和阿穆尔起义从人民的记忆中清除，从而摧毁工人阶级斗志、激起民族仇恨、离间工人农民和哥萨克的关系。

（一）革命高涨时期的斗争

大规模的镇压使积极参加革命活动、思想先进的工人主要是铁路工人受到残酷迫害。取而代之进入革命队伍的是农民和外国劳工，他们的加入使无产阶级队伍的纯洁性大打折扣。小资产阶级还不断破坏工人队伍的阶级意识、组织性、团结性，不利于工人运动的发展。

反动势力猖獗之时，远东地区的布尔什维克开展革命活动的条件相当艰苦，但他们依然在符拉迪沃斯托克等城市从事秘密活动，还在中国哈尔滨出版报纸。布尔什维克党内许多杰出的革命家对西伯利亚和远东地下活动的深入开展给予极大帮助。社会民主主义者也没有停止在符拉迪沃斯托克、尼科利斯克—乌苏里斯克、哈巴罗夫斯克、布拉戈维申斯克等地开展革命活动。俄国社会民主工党城市组织的主要精力用于培养革命干部和工人积极分子，在各级组织和小组之间建立起固定联系，防止工人阶级受到资产阶级和小资产阶级思想的侵蚀。

远东和外贝加尔的社会民主组织团结了布尔什维克和孟什维克，但二者之间的意识形态斗争从来没有停止过。1909—1914年，远东开展的社会民主运动多次遭到破坏，但革命者仍继续开展活动。在各个委员会的决议中都明确表示，必须加强委员会与工人阶级的联系，只有基层组织与省级委员会建立起定期联系，才能够使省级委员会制订出与党中央一致的行动计划。1910年，在中国哈尔滨举行了符拉迪沃斯托克、哈尔滨和尼科利斯克—乌苏里斯克等地党组织的代表会议。与会者讨论了在工厂加强宣传工作和团结革命力量的问题，之后委托尼科利斯克—乌苏里斯克委员会的代表前往哈巴罗夫斯克支援当地的社会民主小组开展活动。1911年，在哈巴罗夫斯克诞生了士兵地下革命小组，这个小组到1914年3月前一直积极开展活动。

在反动势力活动猖獗时期，远东工人丧失了建立革命组织的权利，工会临时条例也无法通过革命组织进行宣传，在革命时期建立起来的远东工会组织被迫停止一切活动。只有外贝加尔铁路工会、赤塔印刷业工会和印刷业劳动者工会、布拉戈维申斯克冶金业工会仍继续开展革命活动。直到1917年二月革命前，远东地区工会组织发展得并不顺利。1917年加入工会的只有2807名工人，其中铁路工人505名、冶金工人184名和矿工148名。[①]

一些以合法形式存在的工人组织也很普及，特别是合作社。在各条铁路线上都有消费合作社：1909年，中东铁路共有563人加入消费合作社；1910年前，乌苏里铁路有707人加入消费合作社，1911年有991人，1912年有1181人，1914年有2000多人；外贝加尔铁路的消费合作社不仅是西伯利亚甚至是全俄最大的工人合作社，1914年共有成员26611人。[②] 此外，苏昌煤矿也有合作社。

后来，完全由工人阶级组成的合作社也出现了。1913年，赤塔工人组成了"劳动联盟"合作社，其成员主要是铁路工人。该合作社的发起者和领导者都是赤塔的社会民主党人，他们想把"劳动联盟"合作社作为开展群众工作的坚强阵地。尼科利斯克—乌苏里斯克的工人们组建了"统一"合作社。此外，在符拉迪沃斯托克、哈巴罗夫斯克、中国哈尔滨等地，以及阿尔巴加尔、切尔诺夫煤矿也都成立了工人合

---

[①] История Дальнего Востока в СССР，С. 366.

[②] Л. И. Галлямова. Очерки истории формирования рабочего класса на Дальнем Востоке России（1860 – февраль 1917 г.）. Владивосток，1984. С. 49 – 50.

作社。

这一时期，远东地区的形势依然严峻，当局持续实行高压政策，工人哪怕犯一点小错就面临被解雇的威胁，这一切都使工人罢工运动受到制约。即便如此，罢工活动仍时有发生。1909年，杜艾煤矿工人举行罢工，并提出提高工资的要求。当局很快镇压了这次罢工。一年后，矿工再次罢工。1910年3月，滨海地区最大的矿产开采股份公司"捷丘赫"矿工举行罢工。1500名矿工在对当局彻底失去信心后，选举出罢工委员会，并提出下列要求：驱走令矿工深恶痛绝的工头走狗，将工资提高20%，实行八小时工作制。根据阿穆尔沿岸地区总督的命令，当局开始残酷镇压，15名工人被逮捕、630人被开除。但是被开除的工人拒绝离开矿山，工人们继续罢工，最终实现了把工资提高10%的诉求。

第一次世界大战前，远东工人的罢工运动此起彼伏。1910—1914年，工人们共举行罢工40多次，其中1912—1914年7月的罢工次数占总次数的2/3，罢工工人多为印刷工、矿工和建筑工人。大多数罢工运动都提出了改善工人经济状况的要求。印刷工人于1912年1—2月在布拉戈维申斯克、于6月在符拉迪沃斯托克和哈巴罗夫斯克举行了罢工。当局对罢工进行了残酷镇压，罢工运动的工人领袖被逮捕。同年，在捷丘赫公司的一处矿区，矿主经常延长工人的劳动时间引发矿工的强烈愤慨。1913年，在9号官有苏昌煤矿、切尔诺夫煤矿和几处加工厂爆发了罢工。

军队中的士兵们也渐渐对苛刻的服役条件产生不满，不满情绪开始在符拉迪沃斯托克军港和西伯利亚舰队远东分队中蔓延。滨海边区的军事总督在1912年不无担忧地强调，"一种异常的骚动"在水兵间弥漫。[①] 在军队中涌动的革命情绪是由于水兵们受远东造船厂和社会民主组织的革命工人宣传、影响而产生的。

沙皇在西伯利亚和远东实行的半农奴政策并没有使边疆地区得到开发，反而使这里的不满情绪高涨，许多来自欧俄的移民破产，农民纷纷起来反抗不合理的社会制度。1908—1914年，尽管沙皇一再进行镇压，农民反抗活动还是席卷了许多乡村。这时期农民反抗的主要形式是集体

---

① История Дальнего Востока СССР. С. 368.

拒绝缴纳赋税、占领官地、不执行当局的各种法令等。贫农常常在各种反抗活动中扮演主要角色,特别是新移民户表现特别活跃。消极反抗的行为增多,农民们不去耕种份地,不断向乡镇各级当局提出申诉。

合作社和工会成员在工人和农民中进行革命宣传,成为斗争运动的组织者和领导者,社会民主主义者与人民群众的关系得以巩固,有利于阶级斗争的展开。这一时期欧俄地区的罢工运动异常高涨,也对远东地区工人运动产生重要影响,将这里的革命活动纳入全俄统一的无产阶级革命风暴中。

(二) 帝国主义时期的革命斗争

1914—1918年的第一次世界大战使俄国劳动人民的地位进一步下降,生活愈加困苦,资产阶级对工人和农民的剥削加剧,各地的阶级斗争如火如荼地展开。

这一时期,远东和外贝加尔的军事警察机构不断强化,进步报纸被查封,军事法庭成为反对革命运动的工具。仅在符拉迪沃斯托克一地的工人中就以维护安保为名秘密安插了200多个特务机构。军队中也对士兵、水手、哥萨克的日常生活进行常规监督。[①] 反对进步思想、宣传沙文主义的报纸在一定程度上削弱了群众的革命斗志。尽管如此,1914—1916年,俄国社会民主工党仍然深入符拉迪沃斯托克、苏昌煤矿、布拉戈维申斯克以及希洛克、叶兰火车站等地开展工作。

1915年2月,俄国社会民主工党布拉戈维申斯克小组遭到破坏,革命运动受到打击。为躲避追捕,一些社会民主党人不得不转入地下工作。1915年3—11月,布拉戈维申斯克小组负责人 Ф. Н. 穆辛被捕入狱,出狱后在乌里明车站继续开展革命活动。1916年6月,俄国社会民主工党彼得堡小组成员 К. А. 苏哈诺夫领导组建了符拉迪沃斯托克马克思宣传小组。该小组除继续巩固与工人的密切联系、印发大量传单外,还想方设法与1916年在达里厂诞生的工人革命组织"南方俄国"建立起联系。1916年8月末,反动军警逮捕了"南方俄国"和苏哈诺夫小组代表会议的多位参加者。

---

① А. И. Крушанов. Победа Советской власти на Дальне Востоке и в Забайкалье (1917 - апрель 1918 гг.), Владивосток, 1983, С. 77.

反动势力的野蛮围剿激起了工人们的强烈不满。1916 年，在符拉迪沃斯托克港和布拉戈维申斯克的夏德林工厂爆发了工人罢工。随后，煤矿工人也相继举行罢工，规模较大的包括捷丘赫煤矿和苏昌煤矿的罢工。

1915—1916 年，农民的革命活动陆续展开。农民要求重新分配富农、哥萨克、教会和官有土地。例如，1915 年 10 月，符拉迪沃斯托克警卫局局长 А. Д. 基纳布尔格向内务部报称，滨海省的农民要求在战后增加份地数量。阿穆尔省农民的不满情绪同样高涨。阿穆尔省是谷物种植大省，因此沙皇政府在这里征收的谷物税特别高。农民们反对税费上涨，并拒绝缴纳高额税费。

俄国内的政治危机愈加深重，新的资产阶级革命风暴即将来临。1917 年 2 月 27 日，彼得格勒工人和士兵代表苏维埃诞生，它是工人和农民进行民主革命的组织机构。但是苏维埃中的领导岗位被社会革命党人和孟什维克窃取，他们推行投降主义路线，迎合资产阶级的要求。最终，苏维埃把政权拱手交给了资产阶级临时政府，大地主利沃夫任临时政府总理。这样，俄国形成了苏维埃和临时政府两个政权并存的局面。

二月革命胜利的消息极大振奋了远东和外贝加尔人民群众的斗志。工人、士兵、水手对推翻沙皇专制制度表现出极度兴奋，许多城市举行了集会和游行。二月革命后，一直从事地下工作的社会民主人士重见天日，没有领导机构，他们就自己组建新的机构，其成员中既有布尔什维克党人，也有孟什维克党人。符拉迪沃斯托克成为滨海省社会民主组织的中心。1917 年 3 月 10 日，符拉迪沃斯托克社会民主党第一次会议召开，共有 20 名代表出席会议；3 月 29 日，在哈巴罗夫斯克举行的会议中有 7 人参加，其中只有 2 人是布尔什维克党人。[1]

1917 年 3 月，符拉迪沃斯托克、赤塔、哈巴罗夫斯克分别成立了工人和士兵代表苏维埃；此后不久，布拉戈维申斯克也成立了工人代表苏维埃。然而，这一时期远东的革命发展经历了小资产阶级占据地方政权选举机构主导地位的阶段：孟什维克和社会革命党人是不折不扣的妥

---

[1] Крушанов А. И. Победа Советской власти на Дальнем Востоке и в Забайкалье（1917 - апрель 1918 гг.），Владивосток，1983，С. 82.

协者，他们在符拉迪沃斯托克和远东其他人数较多的苏维埃中占据绝对多数席位。在 1917 年 3 月选举出的符拉迪沃斯托克苏维埃的 750 名代表中，布尔什维克和支持布尔什维克主张的无党派人士仅占 150 席。[①] 苏维埃中各党派的这一比例分配决定了针对重大问题所制定政策的倾向性，例如对战争持何种态度，对待临时政府、各地的资产阶级机构持何种态度等。同时，由于意见分歧最终会导致苏维埃内部党派之间的斗争。

1917 年春夏，符拉迪沃斯托克的社会民主组织不断壮大，这是因为很多富有经验的布尔什维克从监禁地获释或是从国外归来后，立即投身到符拉迪沃斯托克的革命事业中。同时，还有一些当地的积极分子加入布尔什维克党，为其注入了新鲜血液。布尔什维克党人开展的活动不一而足：在苏维埃中向无党派人士宣传进步思想，领导军事委员会管理卫戍部队，监管工人委员会（之前由社会民主党监管），巩固布尔什维克在工会中的影响力等。

在布尔什维克党人的带动下，人民群众的革命活动也日趋活跃。1917 年 3—4 月，阿穆尔沿岸地区的一些村庄和车站出现了第一批农民和哥萨克苏维埃。符拉迪沃斯托克商船队的水手们开始着手成立工会。

1917 年 3 月，符拉迪沃斯托克苏维埃执行委员会采取了一系列重要措施来巩固革命政权的各个机构。例如，警察局被解散，取而代之的是工人民警局。这一举措在很大程度上提高了苏维埃作为工人和农民专政机构的威望，让人民群众对它更加信任。此外，在布尔什维克的大力推动下，成立了俄国社会民主工党符拉迪沃斯托克委员会、俄国社会民主工党符拉迪沃斯托克分组。但这只是布尔什维克在革命中发挥先锋作用的开端。此后，布尔什维克为在远东建立独立的组织机构进行了艰苦卓绝的斗争，这场斗争一直持续到 1917 年秋天。

3 月 5 日，布拉戈维申斯克工人代表苏维埃进行选举。在苏维埃召开的第一次会议上，社会革命党和孟什维克就宣称，苏维埃从属于代表

---

① История Дальнего Востока СССР. С. 373.

资产阶级利益的社会安全委员会。① 布拉戈维申斯克的工人群众不了解孟什维克和社会革命党人的勾当，仍然坚持要求逮捕沙皇旧官僚和军警，把这些权力转交给选举出的苏维埃，实行日用品严格定价等。孟什维克和社会革命党人绞尽脑汁阻止工人代表苏维埃和士兵代表苏维埃合并。小资产阶级代表也在想方设法削弱工人与士兵的联系，积极拥护社会安全委员会。② 布拉戈维申斯克的资产阶级民主革命从一开始就出现了两个政权并存的局面。

外贝加尔省的社会革命党人和孟什维克在组建革命领导机构——工人代表苏维埃、创办报纸、成立工会和社会安全委员会方面都具有绝对的发言权。1918 年 3 月前，赤塔还没有独立的布尔什维克组织，这使外贝加尔省布尔什维克工作的开展更加艰难。二月革命后，资产阶级政党和组织不仅没有与社会革命党人和孟什维克对立，反而得到了二者的极力支持。此时的赤塔工人、外贝加尔铁路员工、士兵、哥萨克已经积蓄好力量，准备摆脱孟什维克和社会革命党的羁绊，走上为社会主义革命斗争到底的道路。

综上所述，第一次世界大战前夕及战争期间，远东和外贝加尔无产阶级的革命斗争已经成为全俄不断发展壮大的革命斗争的一部分。阿穆尔省的革命斗争以实现经济目的为目标，工人提出的要求具有地方性。捷丘赫、苏昌矿工以及符拉迪沃斯托克和布拉戈维申斯克印刷工人的罢工斗争，对提高无产阶级的政治觉悟起了积极作用。尽管社会民主组织在符拉迪沃斯托克、布拉戈维申斯克、赤塔、尼科利斯克—乌苏里斯克、哈巴罗夫斯克等地进行的活动都已经合法化，但是由于各地组织间联系松散，在远东和外贝加尔地区并没有形成统一的领导机构。此外，远东和外贝加尔地区的农村中阶级矛盾愈加尖锐，一场更大的革命风暴在酝酿。

---

① Цыпкин С. Дальневосточные большевики на путях к Октябрю. Хабаровск, 1934. C. 51.

② А. И. Крушанов. Победа Советской власти на Дальне Востоке и в Забайкалье (1917 – апрель 1918 гг.), Владивосток, 1983, C. 90.

第 六 章

# 十月革命时期的远东

1914年第一次世界大战的爆发，使俄国陷入深重的战争之苦。国民经济受到严重破坏，许多工厂停工，民用运输几乎停止，物价飞涨，通货膨胀，民不聊生。帝国主义战争和严重的经济危机，使俄国人民认清了沙皇制度的反动本质，新的革命浪潮开始出现，俄国即将迎接一个新的时代。

## 第一节 二月革命时期的远东

### 一 革命前夕远东的经济社会形势

（一）远东的经济状况

第一次世界大战之前，远东经济开始好转，1913年工业产值占远东经济总产值的46%，而当时全俄这一数值仅为38%。1906—1913年，远东加工企业在数量上增加了32.2%，在生产总量上增加了235%。[1] 第一次世界大战给发展中的远东经济带来严重的负面影响，加工制造业主要转为提供军需，如远东造船机械厂、哈巴罗夫斯克兵工厂、军队面粉厂和修理厂等。到1916年，远东生产出现下降，如滨海边区加工制造业生产规模减少了26%，21%的企业倒闭，在岗的产业工人减少了20%；在阿穆尔地区，18%的企业停产，生产规模减少19.2%，工人减少20%。[2]

---

[1] Галлямова Л. И. Указ. соч. С. 205；Россия 1913 год：Статистико - документальный справочник. СПб.，1995. С. 42 - 43.

[2] Галлямова Л. И. Указ. соч. С. 52；Иконникова Т. Я. Дальневосточный тыл России в годы первой мировой войны. Хабаровск，1999. С. 63 - 69.

工业生产的其他领域也出现类似情况。在食品工业中，对食品高涨的需求促进政府实行补充措施，增加从远东运出和储备鱼类产品。在阿穆尔河畔尼古拉耶夫斯克，建设了两个专门的码头，卸载从堪察加和鄂霍次克海沿岸运来的鱼类，仅1915年就为前线运送了100万普特的鱼和24万箱鱼罐头。然而，1916年，多布勒舰队的船舶从遭受损失的北方战线撤走，这使鱼产品的运输与1913年相比减少了2/3。在尼古拉耶夫斯克地区，从1913年到1916年，鲑鱼的捕获量减少了一半。整个远东在1915年的捕获量也比1914年少了32%，1916年则比1914年少了11%。①

采金业发展呈停顿状态。1907年，远东采金业持续减产的情况终止，并形成了一定的增长势头，1914年采金量比1913年提高了13%。而在1915年，阿穆尔地区采金量减少了34%，滨海边区减少了11%。②最大的采矿企业之一德丘亨斯克混合金属矿山情况最糟糕，它是引进德国资本建成的。在战争的最初两个月，由于资金问题，企业被迫停产，而后恢复开采，开始增产，但由于矿石被禁止运往德国，销售出现困难。1917年，矿石产量几乎减少了2/3。

交通运输方面，为满足军事需要，铁路在1914年9月初就宣布进入战备状态，非军事货运量开始下降。在河运上，为了能畅通无阻地运输必要的军用和非军用货物，以符拉迪沃斯托克为基地，各港口的私营和国家船只义务加入政府组织的多布勒舰队。这些情况不能不影响到贸易领域，必然引起边区居民生活必需品供应状况的恶化。

大公司力求为军队服务，为获得国家订货而竞争。在商业性运输减少的情况下，工业（特别是加工制造业）生产下降，导致大多数农业区的消费市场物价飞涨。1915年，商品价格平均增长了54%。1916年，食物支出费用平均增长了3倍，如白糖的价格较战前提高了60%、马铃薯提高了150%、米提高了100%。③ 火柴、煤油、布匹和其他生活

---

① Галлямова Л. И. Указ. соч. С. 62.
② История Дальнего Востока СССР в эпоху феодализма и капитализма（XVIIв. - февраль 1917 г.）. М. : Наука, 1991. С. 320.
③ Железнодорожная жизнь на Дальнем Востоке. Харбин, 1915. № 33. С. 13; 1916. № 22. С. 14.

必需品价格也在上涨，通货膨胀日益严重。阿穆尔战区司令部1917年初送往彼得格勒的报告表明，卢布行情在远东遭遇毁灭性下跌，影响粮食和其他商品的价格，哄抬物价达到空前的规模。由经济恶化引发的战争恐慌现象正逐渐在远东边境地带弥漫，加剧了当地社会政治形势的危机。

远东农村也经历着巨大的困难。战前，远东农业态势良好，1906—1913年，种植面积增长了1.9倍，增速超过了欧俄和西伯利亚。战争年代，因为很多男人应召入伍，其中农业劳动力参军超过50%、哥萨克为40%①，这极大地影响了农业和哥萨克经济的发展。而吸引那些在远东农村定居的战俘和难民参与农业生产，仅在很小程度上弥补了劳动力的不足。小麦、燕麦、黑麦等重要农作物减产，粮食总产量也出现下降。虽然开始大量播种马铃薯、荞麦、玉米等，但庄稼总面积还是在减少。从总体上看，农业生产不能保障远东居民对粮食的需求。远东畜牧业在战前发展较快，1906—1913年，牲畜总头数大约增加了1.5倍。战争中国家征用马匹，所幸的是由于养猪业的快速发展，牲畜总量几乎没有变化。

（二）远东的社会状况

第一次世界大战前，沙皇政府为了维护摇摇欲坠的统治，实施了一系列重大改革，试图为国家的社会政治生活注入新的推动力，远东的社会状况也随之发生显著变化。

资本大量涌入远东经济领域，经济发展扩大了企业家生产活动的社会和政治基础。他们建立了以解决迫切经济问题为目的的远东企业家代表大会，涉及冶金加工业、木材加工业、鱼产品加工业和农业等行业。代表大会讨论经济、区域税率政策、信贷、订购、销售、征税、劳动力等方面的立法问题，影响着远东行政机构和地方官员的决策。代表大会的决议也在刊物上公布，那些定期出版物成为远东公务的喉舌，如《遥远的边陲》《阿穆尔》《阿穆尔边区》《阿穆尔报》《乌苏里边区》等。

---

① История Дальнего Востока СССР в эпоху феодализма и капитализма (XVIIв. - февраль 1917г.). М.：Наука, 1991. С. 327.

农村的社会面貌发生改变，促进了移民的大量涌入、资本的快速增长。广大的农业企业家阶层形成，在农业领域顺利开展了各种各样的活动，并与市场形成紧密的联系。总体来看，第一次世界大战前远东的富农占农业居民的22%，中农占43%，贫农占35%。

远东工人人数增长速度超过了全俄。1914年前，在远东约有24.61万工人，其中阿穆尔地区9.45万、滨海边区13.32万、堪察加1.64万、萨哈林0.235万，约占区域居民的1/4（24.9%）。[①] 无产阶级主要集中在符拉迪沃斯托克、布拉戈维申斯克、尼科利斯克—乌苏里斯克等大城市，分布在铁路、建筑、煤矿、贵金属矿、捕鱼、伐木等企业。

这一时期，远东工人的主要群体还处于边缘化，没有获得新的社会地位，经济地位也不稳定。尽管劳动价值高于俄国的其他省份，但由于大多数企业工作的季节性因素，许多工人没有固定的生活来源，而边区高昂的物价、劳动和日常生活的艰苦条件、极少的权利和社会保护又严重恶化了他们的生活。这种情况迫使远东工人阶级为争取自己的权利而展开斗争，但与欧俄不同，那里的工人运动从1912年开始就具有较广泛的群众性、较大规模和较强的组织性，而远东的罢工运动则呈现出群众参与较少、规模较小、组织性较弱的特征。1911年发生8次罢工风潮，1912年25次，1913年23次，其中只有8次是有组织的，参加人数相应仅有2000人、1200人和1800人。同时，1912—1914年，欧俄平均3/4的罢工运动已冲破了经济要求的范围，提出了政治要求，但远东罢工运动的参与者们并没有这样的觉悟。

第一次俄国革命后，国家开始实施建立法治国家的举措，接受了议会、工会，许多政党、派别定期发表刊物。在远东，人民之家、科学—方志协会等文化教育组织成为社会—政治生活的中心，经国家杜马许可的一些地方政治运动享有合法地位，城市居民中的大多数人对资产阶级立宪民主党人、劳动派、无党进步派颇有好感。А. Н. 鲁萨诺夫、А. И. 雷斯列夫和 И. М. 伽莫夫等接近劳动派观点的进步人士被选入国家杜马。

---

[①] Б. И. Мухачев. История Дальнего Востока России в период революций 1917 года и Гражданской Войны. Владивосток: Дальнаука. 2003. С. 73.

远东的警察机关严格监督各党派的活动，任何会议必须得到它的许可才能召开，各种集会和公开发言受到残酷镇压。在这种形势下，各党派只能合法地进行活动。俄罗斯人民苏维埃、米哈伊尔主教苏维埃、俄罗斯人民联盟等的远东分部旨在支持政府的政策。远东资产阶级立宪民主党和十月党极少组织固定的办理手续的活动，这些自由派资产阶级知识分子主要致力于建立各种文化教育团体。社会民主党则转入地下宣传革命思想，开展有组织的活动，利用合法斗争的形式，促使工会的建立。印刷工人工会、五金工人工会、木材加工工人工会等在布拉戈维申斯克成立。而在符拉迪沃斯托克、哈巴罗夫斯克等城市，社会民主党力图对工人合作组织的发展和罢工团体等施加影响，但遭到警察的镇压、拘捕和迫害。

第一次世界大战开始后，远东地区像俄国其他地方一样，爆发了多次集会、游行示威、祷告等运动。当地居民表现出强烈的爱国主义热情，积极应召入伍，自愿向前线提供各种援助，从辽阔的阿穆尔边区的所有角落、从堪察加和萨哈林的中心到偏远地区的居民，用劳动换来的很少的钱向英勇的祖国保卫者提供捐助成为神圣的事情。从1914年8月到1917年2月，阿穆尔边区委员会总共筹集了42.9万卢布的现金，这个并不富裕的地区在保卫祖国的事业上作出了重要贡献。

战争给俄国造成了无数的灾难、痛苦和损失，远东也同样经历着生产缩减、运输无序、物价飞涨的混乱局面。从1915年末实施的工资增长，严重落后于物价涨幅，不能从根本上扭转劳动人民生活水平的下降。许多应征入伍者的家庭过着穷苦的日子，他们获得的援助和补贴无法保障最低的生活费用。到1916年末，边区居民都感到，"很多生活必需品都断货，用可以承受的价格无法得到它们"。持久的战争刺激了各阶层广大人民不满情绪的高涨，特别是物质保障极少的人。

工人阶级中的不满情绪也在增长。战争刚开始时，罢工运动急剧减少，从1914年7月到1915年末总共才有6次工人集会，而到1916年罢工的次数则急剧上升，共有20次罢工和风潮（比两年前多出2.2倍），参加者达5300人（人数几乎增长了3倍）。所有的罢工虽然还处于自发阶段，但是大多数工人团体都加入其中，并且表现出强烈的经济诉求，这也直接影响到罢工的效果。

与此同时，革命运动开始活跃起来，各党派对政府的反抗情绪加剧。在战争第一年，社会民主党人就转入地下，组织秘密活动，进行革命宣传工作。社会革命党人尝试创建特别队伍，试图借助恐怖行动提高革命情绪，但没能成功。[①] 1916年，各党派开展了更积极的活动，夏天在符拉迪沃斯托克港建立了由工人 Д. И. 波兹尼亚科夫领导的革命团体"年轻的俄罗斯"，从事反战宣传，而从彼得格勒来的大学生、社会民主党人 К. А. 苏哈诺夫则建立了由港务工人组成的引领反战运动的革命团体。两个团体尝试在8月末联合起来，但被暗探局破坏。

大量事实显示，1917年2月在俄国中心地区开始燃烧的革命火焰不是偶然的，它也有来自远东的准备和响应。

**二　二月革命在远东**

彼得格勒二月革命爆发后，远东与整个国家一起感受着这一翻天覆地的变化。但由于离欧俄地区遥远，二月革命的消息一直被封锁，直到3月2日临时政府成立，消息才被解禁，集会、会议、游行示威开始自发地出现。在这暴风雨般的狂潮之中，上层官员、资产阶级、军事首领企图把主动权掌握在自己手中，以保证他们在政治上的领导地位。"社会的下层"——知识分子、工人、军队的代表则是革命斗争的主力军，他们积极参与社会安全委员会、代表苏维埃的建设中。

滨海边区在远东的革命斗争中扮演着主要角色。3月3日，符拉迪沃斯托克召开城市杜马临时会议，选举出10名杜马代表组成社会安全委员会，由市长 И. А. 尤先科夫领导。按照杜马的建议，工商业联合会、证券交易所委员会、军事组织司令部的代表也进入社会安全委员会，其成员一度发展到200人。旧的行政机关依然被保留，以继续完成警察、宪兵的公共职责。

3月4日，符拉迪沃斯托克工人代表苏维埃第一次大会举行，随后，苏维埃工人委员会和军事委员会成立。符拉迪沃斯托克苏维埃的目标是成为行政机关和其他社会组织都不能轻视的强大的政治力量。从一

---

[①] Коллектив авторов: История Дальнего Востока СССР в эпоху феодализма и капитализма（XVIIв. - февраль 1917 г.）. Москва: Наука. 1991. С. 225.

开始，它就与当地的社会安全委员会发生了冲突。3月9日，社会安全委员通过了自己是整个阿穆尔地区权力机构和行政机关的决议。由布尔什维克 А. И. 马雷舍夫领导的哈巴罗夫斯克社会安全委员会不承认这个决议，公开在报纸上指出："符拉迪沃斯托克社会安全委员会具有危险的反革命特点，企图恢复旧的制度，应该让它解散。尽快取消警察、宪兵，把他们派到前线去。"3月27日，符拉迪沃斯托克苏维埃解散旧的社会安全委员会，进行了新的选举：从城市杜马中选出10人，从工兵代表苏维埃中选出25人，从社会组织中选出25人，组成新的社会安全委员会，从3月28日起履行城市管理的职责，成员中民主人士占大多数。而苏维埃在城市中则具有最大的权威，它不仅研究政治问题，也参与到经济生活中。

在哈巴罗夫斯克，3月3日成立了由30人组成的社会安全委员会，其中杜马代表仅享有10个席位，其他20个成员主要由孟什维克、社会革命党和军队代表组成，布尔什维克 А. И. 马雷舍夫被选举为主席。与符拉迪沃斯托克不同的是，哈巴罗夫斯克社会安全委员会设有警察局。根据社会安全委员会的提议，在驻防军与区司令部各级军官的全体会议上成立了军事委员会，它实际上是社会安全委员会的非官方机构。社会安全委员会成为城市的主要社会机构，城市杜马和管理局处于它的领导之下。3月7日，在哈巴罗夫斯克兵工厂成立了第一个工人代表苏维埃。3月21日，举行了哈巴罗夫斯克工人代表苏维埃第一次组织工作会议，孟什维克国际主义者 Н. А. 瓦库林任苏维埃执行委员会主席。军人代表苏维埃同时成立。

1917年3—4月，在整个滨海边区，新机构的组建全部完成，所辖4个县都建立了县级社会组织执行委员会。3月19日，在哈巴罗夫斯克社会安全委员会县级执行委员会的代表大会上，确定了区机关。4月中旬，滨海边区代表大会召开，选举产生了州执行委员会——滨海边区社会安全委员会，具有行政管理职能。在农村地区，建立了村和乡农业委员会，很多地方也称为社会安全委员会。3月21—24日，在尼科利斯克—乌苏里斯克，根据合作组织联盟领导的倡议，成立了第一个州农民代表大会，哥萨克代表应邀加入，其中社会革命党人占据优势。为了管理日常事务，从州苏维埃成员中选出15人组成执行局，社会革命党人

Н. Л. 纳扎连科任主席。

随着国家民主化的发展,在公民社会的创建进程中,滨海边区各党派的组织建设也蓬勃开展起来。

1917年3月10日,在符拉迪沃斯托克举行了社会民主工党第一次有组织的会议,仅20人出席。而在3月15日第二次会议上,已有100名社会民主工党党员出席,选举出了临时委员会。在新的形势下,已经分裂的布尔什维克和孟什维克重新联合在社会民主工党之中。5月19日,在符拉迪沃斯托克社会民主主义者全体城市代表会议上,选举А. Я. 涅伊布特为委员会主席。《红旗》是俄国社会民主工党符拉迪沃斯托克委员会的机关报,报纸确定了布尔什维克主义的方向。符拉迪沃斯托克的社会民主主义组织越来越布尔什维克化了。

在哈巴罗夫斯克,1917年3月29日举行了社会民主工党第一次有组织的会议,选举产生3人组成的执行局,由孟什维克—国际主义者Н. А. 瓦库林领导,执行孟什维克的行动纲领。4月18日,出版机关报《号召》。同年3月,社会民主主义组织也在尼科利斯克—乌苏里斯克、苏昌、穆拉维约夫—阿穆尔斯克等地成立,但这只是少数组织的联合。

1917年3月,符拉迪沃斯托克社会革命党组织成立,由В. К. 维里斯托夫领导社会革命党城市委员会,出版报纸《社会—革命者》。3月末,哈巴罗夫斯克社会革命党组织成立,由М. А. 季莫费耶夫领导,出版报纸《人民的自由》。

1917年春,滨海边区无政府主义者联合会也产生了。4月9日,无政府主义各派别代表大会在哈巴罗夫斯克举行,宣布创建共同的无政府主义者城市机构,但联合会的产生只是有名无实。

人民社会主义劳动党符拉迪沃斯托克分部紧靠中央,人数不多,但是它却有着坚定的拥护者。知识分子是其重要组成部分,东方学院是该组织的思想中心。

1917年4月21日,资产阶级立宪民主党在哈巴罗夫斯克召开会议,通过了行动纲领、政治目标和规划。哈巴罗夫斯克企业家成立了城市委员会,由大资本家А. И. 奥斯特洛夫斯基领导。资产阶级立宪民主党的追随者在符拉迪沃斯托克建立了自由俄罗斯联盟,大工商企业主М. Н. 普罗托波波夫成为联盟委员会主席。在尼科利斯克—乌苏里斯克，П. М. 格拉德科夫任资产阶级立宪民主党市委员会主席，此后出版了民族自由党滨海边区分部的机关报《滨海边区的呼声》。

推翻专制制度后，滨海边区的工会建设也开展起来。各劳动团体、机关和办事机构都成立了工会小组。到1917年4月末，符拉迪沃斯托克就有超过30个工会团体，哈巴罗夫斯克12个，尼科利斯克—乌苏里斯克10个，布拉戈维申斯克40个。铁路职工、装卸工人、采矿工业工人、海员等都成立了大规模的工会组织，会员总计超过3万人。最大的工会有符拉迪沃斯托克机械厂、船舶修理厂以及其他军事港口企业的工人和职员组成的工会（达5000人）、符拉迪沃斯托克临时车辆装配车间工会（6000人）、符拉迪沃斯托克贸易港口装卸工人和杂工工会（约5000人）、港口建筑工人工会（4000人）等。① 为了领导工会运动，选举产生了符拉迪沃斯托克工会中央局。

阿穆尔州同滨海边区一样，推翻专制制度的影响也反映在政治生活中。但是阿穆尔州产业工人人数很少，政治成熟水平较低，社会主义力量相对薄弱。1917年3月3日，在布拉戈维申斯克的人民之家，关于彼得格勒二月革命胜利的消息传播开来。3月5日，社会安全委员会成立，由孟什维克 И. Н. 希洛夫任主席，资产阶级占据主导地位，但温和派社会主义党的代表也位列其中。

同日，布拉戈维申斯克第一次苏维埃代表大会举行，其中孟什维克和社会革命党人占大多数，切布林斯基工厂工人、孟什维克 Л. А. 贝科夫被选为第一届苏维埃执行委员会主席。苏维埃立刻表示支持临时政府，承认社会安全委员会是政权机关，保留自己社会组织的地位。3月9日，成立了士兵代表苏维埃，士兵 А. Т. 舍斯塔科夫当选为主席。士兵代表苏维埃从自己的成员中选出15人进入工人代表苏维埃。从3月19日起，布拉戈维申斯克苏维埃正式称为"工兵代表苏维埃"。

3月6—8日，布拉戈维申斯克成立了农民代表临时苏维埃。3月25—30日召开了州农民代表大会，Ф. Н. 休特金任主席，会上成立了农民委员会并选举出15人组成的州农民苏维埃，社会革命党人尤尔琴科

---

① Г. С. Куцый. Борьба профсоюзов за установление власти Советов в Приморье (март - ноябрь 1917 г.). Владивосток：Примор. кн. изд - во. 1963. C. 13 - 19.

担任主席，多数委员为社会革命党人或者其拥护者。

阿穆尔州各党派的组织建设也在进行之中。3月3日，布拉戈维申斯克建立俄国社会民主工党组织。3月12日，在第一次全体城市会议中，俄国社会民主工党各派联合起来，选举 С. Г. 布哈列维奇为主席，孟什维克占大多数。

1917年春天，布拉戈维申斯克建立了社会革命党组织。3月8日，召开第一次有组织的会议，选举产生了城市委员会。随后不久，召开了州代表会议，选举出州委员会，Н. Г. 科热夫尼科夫任主席。6月，侨居国外的社会革命党人 А. Н. 阿列克谢耶夫斯基返回，他被选为市长并成为社会革命党最积极的活动家之一。

地方资产阶级的党组织"阿穆尔共和党人联盟"也建立起来，并表现出典型的资产阶级立宪民主派的特征，成为阿穆尔临时政府的可靠支柱。《阿穆尔的回声》为联盟机关报。

1917年3—4月，阿穆尔州的工会也开始形成。得到专制制度被推翻的消息后，在革命前处于不完全公开地位的水运工人工会、五金工人工会、印刷工人工会立刻宣布成立，并进行大规模改组、改选，而且出现了许多新的工会，如教师、装卸工人、建筑工人、铁路职工工会等。到3月末，布拉戈维申斯克活动着约40个工会，基本上是由孟什维克和社会革命党领导。

1917年3月6日，在萨哈林州，由社会各组织代表参加的阿穆尔河畔尼古拉耶夫斯克杜马会议上成立了执行委员会，市长 П. Н. 科雷宁成为主席。3月7日工兵代表苏维埃成立。4月末，在北萨哈林成立了工人代表苏维埃。由于尼古拉耶夫斯克和州其他地区无产阶级的人数不多，工人代表苏维埃政治上表现消极，事实上由临时政府委员依托执行委员会掌握地方权力。社会民主党和社会革命党的组织机构只在尼古拉耶夫斯克形成，一些布尔什维克进入俄国社会民主工党的联合组织中，但孟什维克依然占大多数，政治活动的领导权把持在孟什维克和社会革命党人手中。

1917年3月6日，在堪察加彼得罗巴甫洛夫斯克城市全体代表会议上，选举产生了社会安全委员会。3月12日，改为州委员会，政治观点更接近资产阶级政党，确定彼得罗巴甫洛夫斯克地区法院成员 К.

叶梅利亚诺夫为临时政府州委员。须特别指出的是，阿留申群岛的居民、工人和猎人进入了县委员会，这是属于北方小民族的第一个民族委员会。

### 三 临时政府在远东的经济政策

1917年3月8日，第四届国家杜马议员 A. H. 鲁萨诺夫被任命为远东临时政府边区委员。3月25日，他前往哈巴罗夫斯克开始履行自己的职责，临时政府正式管理远东。在解决中央和地方的经济问题及调整经济结构时，临时政府的出发点是一切服从于战争的需要，让"国家有计划地参与经济生活，调控国民经济的主要领域。个人主动性和私有制保持不动摇，但应该处于服从共同利益的从属地位"。临时政府没有为远东提出特殊的政策，认为它有海关和外汇的可靠收入，是军事物资的转运基地。临时政府对远东经济作出的决议，也具有偶然性和分散性特点，并未解决实质性问题。正如 A. H. 鲁萨诺夫所说，"在刻不容缓的生活中，飞逝的时间不给我们进行所有改革的可能性"。

当时，远东地区所处的特殊的社会政治形势，阻碍了临时政府经济政策的实施。但是，在苏维埃、社会安全委员会和工人—企业主三方协商下，新的劳资关系在远东开始形成。3月31日，从工人和企业主中选出的符拉迪沃斯托克运输企业代表会议协商决定，从4月1日起提高劳动工资，按照八小时工作制按月结算。只有在工人委员会特许的情况下，并且一昼夜支付1.5—2倍工资，才允许工人加班。5月11日，在社会安全委员会的参与下，渔业企业主和工人达成关于工人就业条件的协议。乌苏里斯克玻璃厂的工人决定实行八小时工作制，提高工资并建立纠纷委员会，同时惩罚了"独断专行、受地方委员会与联合会指责"的工长雅奇梅尼科夫。苏维埃苏昌执行委员会深入研究了煤矿自治局的临时规定，罢免了"最令人仇恨的行政机关代表"。德丘辛斯基矿山的工人废除了旧的管理体制，把矿山的管理权掌握在自己手中。符拉迪沃斯托克临时铁路工厂劳动委员会把"所有仇恨工人的工程师和职员"免职，由"广大工人阶级中那些享有名气的工人"代替工程师出来领导车间，但外行人领导企业，带来了混乱，并导致生产停滞。

社会安全委员会向临时政府递交请求书，提出要在阿穆尔边区建立自由港制度，而且，在一些地方他们已经批准了商品过境自由许可证。4月3日抵达哈巴罗夫斯克的财政大臣 М. И. 捷列先科在电报中称，社会安全委员会以"临时政府的名义"，许可经过远东国境线的进口货物免税，预计将给国库带来约1000万卢布的损失，这对于俄国的经济复苏是沉重的打击。

临时政府采取措施，鼓励在远东建立本国渔业加工企业。1917年，大多数海上捕鱼地段位于日本人承租的协约水域。在堪察加半岛上运营着12家鱼罐头加工厂，其中大多数是日本的。3月31日，确立了有600万卢布资本的"登比"东北股份公司章程，在此基础上，堪察加"登比"渔业加工企业形成。①

在铁路运输方面，战争开始前还规定1917年前铁路运价名义上保持不变，但卢布贬值持续加速，通货膨胀严重，卢布汇率的下降使货物寄发人事实上只支付给铁路实际支出的一小部分，这为国库增加了沉重负担。根据临时政府的决议，从6月10日起，除军事运输外，铁路运价都大幅度提高：旅客运输提高1.5倍，货物运输提高3倍，但这还是没有超过铁路的实际支出。到1917年11月，运费的实际水平仅仅是铁路支出总额的17%。

3月25日，临时政府作出把粮食转交给国家和地方粮食机构处理的决议，实行粮食专卖，创建粮食机关——全俄、省、县、城、乡的粮食委员会。6月15—16日，滨海边区粮食委员会召开会议，通过并公布了自己的活动纲领，计划查清州的粮食需求、商品性储备、粮食硬性采购和出厂价格等问题。粮食政策的实行取得了一定的效果。1917年，农业形势出现好转：阿穆尔州和滨海边区的耕地面积从1916年的63万俄亩增加到1917年的81.04万俄亩。1917年收成所得税与战前的1913年相比，谷物类从4100万普特提高到4240万普特，水稻从230万普特提高到520万普特，减少的只有马铃薯，从1010万普特降到870万普特，处于满足边区需求的范围。

8月末，在哈巴罗夫斯克召开了粮食委员会边区代表大会，分析

---

① Далекая окраина. 31 июня；ГАХК. Ф. 730. Оп. 9. Д. 118. Л. 47.

了居民粮食供应的形势和委员会的作用。在阿穆尔州，粮食收成既可以保障本州的需求，还能拨出剩余粮食用于输出。同时，滨海边区粮食储存也逐渐充足起来，但75%的谷类和面粉供应来自中国东北地区。

临时政府企图让农民对向国家交付粮食感兴趣。8月2日，粮食收购价格再次提高1倍，使逾期交付减少到应付的30%。粮食零售价格也随着这个措施有所提高，引起城市消费者激烈的反应。9月7日，布拉戈维申斯克的无产者大肆破坏涨价的粮铺和商店，哈巴罗夫斯克市民拒绝按新的价格购买面粉。在这种情况下，唯一的解决办法只有对食品进行定额拨出。9月14日，临时政府开始实行食糖专卖，并推广到远东其他地区。但直到10月，滨海边区食品管理局仍阻止在符拉迪沃斯托克实行糖专卖，命令糖按照以前的程序进货，这证明了临时政府威望的下降。此外，临时政府还尝试调整远东渔产品的配置和价格，如食品委员会对尼古拉耶夫斯克产的大马哈鱼和北鳟鱼确定了固定的供应价格。但是，地方行政机关没有成功建立食品收购与分配体系，以便利用居民的信任更有效地工作。食品危机在一定程度上也加剧了远东的政权危机。

临时政府鼓励和组织居民的集体经济活动。1917年3月20日，相应的法规出台，规定合作社和合作社组织联盟活动的权利基础。战前远东第一家消费合作公司出现，战争年代消费合作社的数量有所增加。根据符拉迪沃斯托克消费者协会的倡议，1917年2月19日召开了由来自合作社30名代表参加的成立大会，会上签署了"阿穆尔边疆合作组织联盟"协议。1917年5月，成立了阿穆尔边疆合作组织联盟，由社会革命党人 M. C. 曼德利科夫领导。除了在符拉迪沃斯托克，1917年联盟在尼科利斯克—乌苏里斯克、恰斯克、弗拉基米尔—亚历山德罗夫斯克、伊曼，1918年在哈巴罗夫斯克、格罗捷科沃、堪察加彼得罗巴甫洛夫斯克等地也成立分部。它不仅组织商业贸易活动，而且在1917年末制定了生产工作规划，但开始实行已经到了1918年。

### 四 二月革命到十月革命期间远东的政治生活

1917年4月4日，列宁在全俄工兵代表苏维埃会议上作了题为

《论无产阶级在这次革命中的任务》的报告,即《四月提纲》,确定了俄国革命由资产阶级民主革命转变为社会主义革命的方针。为了实现这一转变,列宁提出了"不给临时政府任何支持"和"全部政权归苏维埃"的口号。为此,布尔什维克党揭露了临时政府的资产阶级性质和战争的帝国主义本质,宣传、教育、组织群众摆脱资产阶级的蒙蔽,使他们认识到苏维埃是革命政府唯一可能的形式。扩大和增加布尔什维克党在苏维埃中的影响,剥夺孟什维克和社会革命党所窃取的权力,使苏维埃完全置于布尔什维克党的领导之下。

4月24—29日,在彼得格勒召开了俄国社会民主工党(布)第七次全国代表会议,即四月会议,这是布尔什维克党第一次公开的代表会议。列宁指出,社会革命党、孟什维克等在多数情况下是"革命的防御主义",支持代表资产阶级利益的临时政府。这些政党从小资产阶级的利益和观点出发制定政策,败坏了无产阶级联盟,他们认为改变政府的帝国主义政策是可能的,通过妥协创造自由"入侵"的机会,"控制"进入政府的各个部门。这一政策培育和加强了容易轻信的无意识民众同资本主义的关系。我们号召要粉碎地主和资产阶级等反革命力量,而这样的关系则成为革命进一步发展的主要障碍。会议宣称,要认识到同社会革命党、孟什维克等党派是不可能联合的,为了和我们社会党人中的小资产阶级政策彻底分裂,要同那些站在国际主义立场上的团体接近和联合。[①]

5—6月,远东的报纸上开始刊载俄国社会民主工党(布)第七次全俄会议的文件,并且围绕文件展开了辩论。对于布尔什维克的决议出现了拥护者和反对者,符拉迪沃斯托克的布尔什维克成为最积极的宣传者。1917年夏,在符拉迪沃斯托克社会民主工党联合组织里,布尔什维克处于优势。在哈巴罗夫斯克、布拉戈维申斯克和阿穆尔河畔尼古拉耶夫斯克的社会民主工党联合组织中,孟什维克还占优势。

在这样的力量对比下,7月1—4日,第一次俄国社会民主工党边区会议在哈巴罗夫斯克举行,11人参会,分别代表4个城市的社会民

---

① Russell E. Snow. The Bolsheviks in Siberia 1917-1918. Cranbury, NewYork: Associated University Presses, Inc., 1977, p.120.

主工党组织（符拉迪沃斯托克、哈巴罗夫斯克、尼科利斯克—乌苏里斯克和中国哈尔滨）、俄国社会民主工党阿穆尔州委员会和穆拉维约夫—阿穆尔镇组织，代表中只有3人是布尔什维克，其余全是孟什维克。根据会议报告，到1917年7月初，远东约有4000名俄国社会民主工党成员，其中阿穆尔州超过2000人、符拉迪沃斯托克约1000人、哈巴罗夫斯克约300人、中国哈尔滨约300人、穆拉维约夫—阿穆尔斯克67人。会议讨论了对待资产阶级临时政府的态度、对待战争的态度、俄国社会民主工党的边区组织和土地问题等，引起了尖锐的斗争。此次会议暴露出布尔什维克与孟什维克不可调和的矛盾。

第一次俄国社会民主工党边区会议后，在政治生活的重要问题上，党内展开了激烈的斗争。7月30日，边区社会民主工党成员全体会议上，在讨论7月3—5日彼得格勒革命事件时，А. Я. 涅伊布特"反对成立新的联合政府"的提议获得压倒性多数票，并推进了把一切政权转交给工人、士兵和农民代表苏维埃的要求。临时政府开始向其让步，从布尔什维克中选举出新的城市委员会成员，А. Я. 涅伊布特为委员会主席。

1917年夏，临时政府组织各地在全体、平等、公开和不记名投票的基础上重新进行地方自治机关的选举，希望以此来巩固自己在地方的地位。6月17日，临时政府通过了《关于把地方自治制度扩展到远东的决议》。6月末，成立了筹备远东地方自治局选举的专业委员会。

6月4日，临时政府把城市杜马的形式扩展到阿列克谢耶夫斯克市，并更名为自由城，随后又扩展到堪察加彼得罗巴甫洛夫斯克。7—8月，符拉迪沃斯托克、哈巴罗夫斯克、布拉戈维申斯克、阿穆尔河畔尼古拉耶夫斯克和尼科利斯克—乌苏里斯克进行了城市杜马的重新选举，包括孟什维克、社会革命党和布尔什维克党在内的"社会主义党"集团获得压倒性多数席位。在布拉戈维申斯克，占据了67个席位中的50个，而阿穆尔共和党人联盟只得到9个席位；在符拉迪沃斯托克，获得101个席位中的84个；哈巴罗夫斯克，56个席位中的43个；尼古拉耶夫斯克，31个席位中的22个；尼科利斯克—乌苏里斯克，40个席位中的 32 个。① 而温和的社会主义党人获得了"社会主义党"集团选票的大多数，这一结果保障了他们建立杜马和杜马的执行机关——城市参议会的可能性，并影响着杜马的活动。

在夏季的几个月里，远东进行了工兵代表苏维埃的改选，但并未使苏维埃内部力量对比发生实质性变化。尽管布尔什维克数量有了一些增加，但温和的社会主义党仍然保持着多数。8月3—12日，在哈巴罗夫斯克召开了第二次苏维埃边区代表大会，113名代表参加会议，代表中布尔什维克和温和的社会主义党人的数量几乎相等，结果导致很难一致通过决议。代表大会研究并讨论了苏维埃边区委员会的总结报告，对它的活动给予肯定的评价；在对临时政府态度问题上，社会革命党对支持临时政府的决议案刚过半数票，获得通过；在苏维埃的活动性质问题上，斗争更加尖锐、激烈起来。布尔什维克和它的拥护者坚持把苏维埃定性为无产阶级的政权机关，而温和的社会主义党人则要限制苏维埃继续扮演社会阶级组织的角色。代表大会选举出边区委员会的新成员，来自不同党团的代表进入委员会：11名社会民主工党党员，9名社会革命党人，布尔什维克获得了4个席位，孟什维克国际主义者 H. A. 瓦库林被选为边区委员会主席。

## 第二节　远东的十月革命

### 一　对彼得格勒武装起义的响应

1917年10月25日，彼得格勒爆发武装起义以及苏维埃掌握国家政权的消息，在起义当晚本可以以电报的形式传送到远东地区，但事实上并非如此。临时政府司法部长向全俄邮电系统发布通令，要求拦截号召推翻临时政府和抵制临时政府命令的电报。因而，关于革命的进展情况只是断断续续传到远东地区。直到11月3日，《红旗报》社论才宣布"革命胜利了！英勇的彼得格勒无产阶级和士兵胜利了，那些所有

---

① Голос Приморья. 1917. 18 авг. 转引自 Б. И. Мухачев. История Дальнего Востока Россиив период революций 1917 года и Гражданской Войны Владивосток. Владивосток Дальнаука. 2003.

要求与资产阶级反动派决裂的人们胜利了"。11月7日,该报刊发了第一篇报道苏维埃政府的文章《新政府万岁!列宁——人民委员会苏维埃主席!》。当天,《符拉迪沃斯托克苏维埃通报》刊登了参加全俄工兵苏维埃第二次代表大会的符拉迪沃斯托克苏维埃代表Ф.И.布加耶夫发回的关于彼得格勒武装起义胜利的电报。11月11日,该报又大量转载了终于到达当地的中央报纸和西伯利亚报纸上的文章,首都发生的历史事件才清晰地呈现出来。11月13日,Г.Ф.拉耶夫带回了印有《和平法令》《土地法令》等文件的中央报纸。11月14日,当地的报纸转载了这些文件。

哈巴罗夫斯克的革命形势较为严峻。在当地的苏维埃、城市自治机构中,温和社会主义党派仍占据主导地位。10月26日,获知彼得格勒起义的消息后,哈巴罗夫斯克工人士兵代表苏维埃执行委员会以多数票通过决议,谴责"苏维埃为夺取政权而发动的暴力武装起义"①。

在布拉戈维申斯克,收到彼得格勒开始起义的电报后,临时政府委员Н.Г.科热夫尼科夫向民众发布了呼吁书,号召民众"不要听信谣言,而要紧紧地团结在我们自己选举的自治机构周围"。10月26日,在有各党派、社会机构、行政机构代表参加的城市杜马扩大会议上,以及10月28日召开的市工人士兵代表苏维埃会议上也通过了类似的决议。当报道彼得格勒事件的中央报纸到达后,由布尔什维克领导,当地开始了争取承认苏维埃政府和权力转给苏维埃的斗争,在随后的工人士兵集会上,通过了支持彼得格勒革命的决议。阿穆尔州其他地区的情形也大致相同,结雅和斯沃博德内的市苏维埃、关达基和鲁赫洛沃等镇苏维埃、州农民苏维埃还处于社会革命党和孟什维克的控制下。

萨哈林州和堪察加州对待彼得格勒事件的态度与阿穆尔州相似。

总之,远东地区对十月革命的最初回应整体较为冷漠,边区苏维埃委员会未对彼得格勒事件进行讨论就作出决定:"走出当前局势的唯一出路是建立对广大民主阶层负责的统一革命政府。"因此,它建议所有苏维埃保持平静,坚决支持建立统一的革命政府,并在自己致彼得格勒苏维埃、苏维埃代表大会和临时政府的电报中表达了这种想法。建立民

---

① Приамурская жизнь. 1917, 10 ноября.

主联合政府的要求反映了多数远东民众的立场。城市苏维埃、自治机构、各地农民苏维埃、哥萨克上层的孟什维克—社会革命党领导者也都不承认苏维埃政府，或者只是承认到全俄立宪会议召开之前。当地的报纸——《阿穆尔真理报》《召唤报》《遥远的边区》《劳动之音》《人民的事业》等刻意隐瞒苏维埃政府的法令，不予报道。

到1917年11月中旬，远东居民基本上都知晓了首都发生的革命事件，了解了苏维埃政府的组成以及它颁布的第一批法令。这种情况极大地改变了远东的政治形势，并对苏维埃夺取政权的进程起了决定性的影响。远东建立苏维埃政权的斗争是由俄国社会民主工党（布）远东局领导的。滨海州在夺取权力的斗争中走在了整个远东的前列，为边区其他地方树立了榜样。

符拉迪沃斯托克苏维埃发挥了极其重要的作用。10月26日，俄国社会民主工党（布）远东边区委员会全体会议在符拉迪沃斯托克召开，号召群众支持全俄中央执行委员会和苏俄人民委员会。11月5日，改选符拉迪沃斯托克苏维埃执行委员会，进入新一届执委会的有18名布尔什维克、11名社会革命党人、8名无党派人士和3名孟什维克，А. Я. 涅伊布特当选为执委会主席。布尔什维克领导的新执委会成为带有无产阶级专政职能的苏维埃权力机构。11月8日，符拉迪沃斯托克苏维埃召开全体会议，通过了建立赤卫队的决议，认为这将是一支能够保证城市秩序、消除反革命势力的武装力量。11月11日，苏维埃全体大会确定了以А. Я. 涅伊布特为首的苏维埃执委会主席团。涅伊布特在大会上作报告，表达了对推翻临时政府的彼得格勒无产阶级的支持。12月1日，全体苏维埃代表会议通过了支持中央地区工人、士兵、农民苏维埃和实施苏维埃政权所有法令的决议，批准了召开第三届边区苏维埃代表大会的决定。① 这样，符拉迪沃斯托克正式宣布成立了苏维埃政权。随后，尼科利斯克—乌苏里斯克在11月11日、苏昌在11月16日相继建立了苏维埃政权。

在滨海各地，哈巴罗夫斯克的情况最为复杂。11月22日，哈巴罗夫斯克军械厂工人和职员全体会议决定将权力转交给苏维埃。11月25

---

① Известия Владивостокского Совета рабочих и солдатских депутатов. 1917, 4 декабря.

日，卫成部队在苏维埃办公大楼外举行武装示威，要求苏维埃接管权力。但哈巴罗夫斯克苏维埃的多数代表仍旧不承认苏维埃政府。布尔什维克党组织因此宣布退出苏维埃这个不能反映劳动者和士兵意愿的机构，左翼社会革命党人也跟随退出，哈巴罗夫斯克苏维埃开始分裂。11月29日，在人员部分更新的苏维埃代表全体会议上，选举出第三届远东苏维埃代表大会的参会代表，其中包括6名布尔什维克、1名孟什维克、3名社会革命党人和2名无党派人士。随后，根据布尔什维克党组织的建议，对苏维埃的所有代表进行了改选。在工人、士兵强烈要求下，哈巴罗夫斯克苏维埃的社会革命党人和孟什维克被迫放弃领导权。12月6日，新一届苏维埃第一届全体会议宣布毫无保留地承认苏维埃政府并准备实施苏维埃各项法令的决议，获得了82张赞成票、26张反对票、6张弃权票。这样，哈巴罗夫斯克苏维埃成为无产阶级专政机构。12月9日，成立了以布尔什维克 Л. Е. 格拉西莫夫为首的苏维埃临时执行委员会，并宣布建立苏维埃政权。[①]

在布拉戈维申斯克，布尔什维克在11月7日的全市会议上，完成了自己的组织建设，并选举成立了市布尔什维克委员会。从报纸上得知彼得格勒事件的详细信息后，当地的布尔什维克开始在城市的工人和士兵中进行宣传动员。11月10日，在卫成部队士兵会议上，通过了要求"将权力交到工人、士兵和农民代表苏维埃手中"的决议。11月12日，布拉戈维申斯克市运输工人大会支持将权力交给苏维埃；11月20日，水运工人和职员大会发布支持声明，之后制革、搬运、面包等行业工人联合会也声明支持。但是，当地自治委员会、工人代表苏维埃、孟什维克—社会革命党组织的领袖们不支持这一要求，而将希望寄托于地方自治会的成立上。州地方自治会议拒绝承认苏维埃政府，并声明自己是阿穆尔州的最高行政权力机关，剥夺州人民委员的行政权力。阿穆尔州地方自治会议的56个议员代表中有23名社会革命党人、9名孟什维克、2名人民社会党人、3名阿穆尔共和党人、1名布尔什维克，其余为无党派人士。地方自治会议成立了地方自治管理局，由前布拉戈维申斯克公共安全委员会主席孟什维克 И. Н. 希什洛夫担任领导。12月2日，

---

[①] 初祥：《远东共和国史》，黑龙江教育出版社2003年版，第43页。

州地方自治管理局宣布自己接管全州的事务，要求所有的行政机关和组织服从自己，完全漠视苏维埃。布尔什维克认为地方自治机构是反人民的，广泛地向群众宣传十月革命，党组织获得了巩固，成员也大量增加，到 11 月末已超过 150 人。12 月初，布拉戈维申斯克卫戍部队士兵代表苏维埃进行了改选，新当选的代表大多支持权力转给苏维埃。但布拉戈维申斯克的斗争环境仍然很复杂，反革命力量希望把这一地区变为反苏维埃政权的堡垒。

在萨哈林州，临时政府委员 В. М. 波尔瓦托夫在获知彼得格勒起义的消息后，立刻召集州苏维埃执委会、市杜马、各政党组织代表成员开会，通过了谴责彼得格勒无产阶级的决议。由孟什维克和社会革命党人领导的萨哈林州工兵代表苏维埃拒绝承认人民委员会。类似的情形还发生在北萨哈林岛。尼古拉耶夫斯克的布尔什维克党组织在群众中进行大量的动员工作，组织会议、集会和游行，号召必须将权力转移给苏维埃并承认苏维埃政府。11 月末，当地卫戍士兵发布声明，坚定支持布尔什维克的上述要求。尼古拉耶夫斯克士兵代表苏维埃更换了自己在州苏维埃中的代表，要求重新选举州苏维埃执行委员会成员。12 月 13 日，在州工人、士兵、农民代表苏维埃全体会议上，原执行委员会不得不放弃自己的权力，苏维埃政权的支持者进入新执委会。苏维埃宣布自己是中央苏维埃政权在当地的分支机构，但是仍面临着来自城市杜马、自治管理局和州委员波尔瓦托夫的阻挠。

在堪察加的彼得罗巴甫洛夫斯克，当地官员领导的州委员会拒绝承认苏维埃政府。11 月上旬，随着布尔什维克 А. С. 托波尔科夫和 И. Е. 拉林的归来，局势开始变得对苏维埃有利，苏维埃政权的支持者数量增加，在工人、士兵、知识分子代表中形成了一股支持苏维埃的积极力量。12 月 20—21 日，进行了彼得罗巴甫洛夫斯克市第一届工兵代表苏维埃的选举。12 月 23 日，召开了第一届苏维埃会议，И. Е. 拉林被选举为执委会主席，А. С. 托波尔科夫为副主席。城市苏维埃也号召劳动者团结在自己周围，宣传巩固工农联盟，实现在城市和全州范围内权力向苏维埃的转移。在这种革命形势下，州自治委员会的领导不得不承认苏维埃，但并不承认它是权力机构，而是"社会民主组织"。

## 二 远东苏维埃政权的建立

（一）第三届远东苏维埃代表大会

1917年12月12日，在符拉迪沃斯托克苏维埃和哈巴罗夫斯克苏维埃掌握政权的情况下，第三届远东边区工人和士兵代表苏维埃大会在哈巴罗夫斯克召开，阿穆尔州和滨海州农民苏维埃未出席。A. M. 克拉斯诺谢科夫被选举为大会主席。[①] 与会代表共计84人，代表远东15个城市和工人新村的苏维埃。在政党属性上，有46名布尔什维克、27名社会革命党人（多是左翼）、9名孟什维克和2名无党派人士，这种代表构成与第二届远东边区苏维埃大会的代表构成有极大的区别，上届代表中占据主导地位的是孟什维克和社会革命党人。

此次大会最重要的议题是政权问题。代表们进行了激烈的斗争。孟什维克代表 H. A. 瓦库林认为，"俄国被一些邪恶的事件带进了死胡同"，并希望大会"给新的边区委员会指出一条正确的前进道路"。克拉斯诺谢科夫反对这种观点，并对这一言论作出回应："我要说，当前是最为幸运的，或者说期盼已久的时刻，革命无产阶级的真实意志得以完全显现……我坚信，现在胜利已经站到了我们这一边。"

12月14日，大会以高票（69票赞成，4票反对，6票弃权）通过了《远东权力归苏维埃宣言》，承认人民委员会为"唯一的中央政权"，而地方苏维埃是中央苏维埃政权在远东地区的唯一合法代表。大会决定委托边区苏维埃委员会负责"毫不偏离地执行以人民委员会为首的工农政府的法令、决议，以自己手中掌握的一切资源和措施与反革命、粮荒、铁路中断、邮电破坏、金融崩溃作斗争，并依靠广大劳动人民建立稳固的政权"[②]。在随后的日程中，大会还讨论了军队民主化问题、边区经济发展问题、粮食供应问题、国民教育问题等。

1917年12月19日，是大会日程的最后一天。代表们讨论了左翼社会革命党和布尔什维克党团起草的决议，指出为了对俄国革命的任务

---

[①] John J. Stephan. The Russian Far East – A History. Stanford, California：Stanford University, 1994：115.

[②] Г. Б. Колбин. Дальсовнарком. 1917 – 1918 гг.：Сборник документов и материалов. Хабаровск Кн. Изд. 1969. С. 29.

继续进行深化和拓展，为了与资产阶级反革命作斗争，必须要求地方自治管理局和工人、士兵、农民代表苏维埃的联合并齐心工作。边区苏维埃委员会的官方名称变为远东边区工人、士兵和农民代表苏维埃与自治管理局委员会，23个席位是按照下列比例分配的：工人、士兵和农民代表苏维埃各6席，地方自治管理局5席。这种分配虽然保证了边区委员会在各种表决时苏维埃获取多数票，但也预示着苏维埃与地方自治管理局间将出现新的对抗。最后，大会选举产生了边区委员会新的成员，其中8名布尔什维克，4名左翼社会革命党人，主席是A. M. 克拉斯诺谢科夫。

第三届远东边区工人和士兵代表苏维埃大会的召开，成为远东政治生活的重要里程碑，它宣布苏维埃是中央苏维埃政权在地方唯一合法的权力机构，所有远东苏维埃接管行政权力，并保证执行苏维埃政府的所有指示、法令、法律和政策。此后，远东开始了建设苏维埃政权和推行革命变革的新阶段。

（二）远东苏维埃化的完成

第三届边区苏维埃代表大会过后，边区苏维埃与自治管理局委员会（以下简称"边区委员会"）成为最重要的组织中心。1918年初，委员会对其组织架构进行了搭建，分配了各成员的职务。边区委员会机关报是《远东消息报》。到1918年3月，边区委员会代表已经涵盖了远东劳动者的各个阶层，人数最多的是滨海州苏维埃的代表，但是多数自治管理局和阿穆尔州农民苏维埃并未直接派出自己的代表，也没有萨哈林州和堪察加州苏维埃的代表。之后，边区委员会在实际工作中，对其组织架构又作出一些改变：组建了外交委员会、司法委员会、医疗—卫生委员会，成立了赤卫军司令部和红军司令部。

自成立之日起，边区委员会即着手开展了一系列工作：领导各地方苏维埃，组织边区管理局行政—经济机关的工作；采取措施镇压反革命活动；反对官僚的暗中破坏活动；调整工人的监督，组织军人复原，组建红军；等等。总体上看，边区委员会致力于实现远东的革命性改革，保证远东的完全苏维埃化，巩固苏维埃机构，组织经济生活，重建国民教育、卫生、社会保障体系，加强法制和边区的防卫能力建设。

在边区委员会各种活动中，最主要的是保证边区苏维埃化的完成。这个计划中的首要任务是取缔布拉戈维申斯克的农村和城市自治局临时委员会。为了巩固自己的地位，临时委员会于 1918 年 1 月 10—13 日在布拉戈维申斯克召开边区自治组织代表大会，参加人员有 8 名阿穆尔州代表，9 名滨海州代表，阿穆尔哥萨克和乌苏里哥萨克各 1 名代表。边区委员会派 A. M. 克拉斯诺谢科夫为代表参加大会。经过 3 天激烈的讨论，根据克拉斯诺谢科夫的建议，大会决定："（一）12 月 11 日在哈巴罗夫斯克组建并在布拉戈维申斯克召开会议的边区农村和城市自治局临时委员会予以解散，并将其权力归还大会。（二）远东边区工人、士兵和农民代表苏维埃委员会是管理整个边区事务和与中央政权联系的唯一的边区临时政权机构。"① 根据这份决议，边区临时委员会将自己的所有文件转交给边区苏维埃委员会。由于苏维埃还不具备接管所有地方事务的能力，农村和城市自治管理局仍旧保留。

1917 年末至 1918 年初，滨海州除符拉迪沃斯托克、哈巴罗夫斯克外，尼科利斯克—乌苏里斯克、苏昌、伊曼等较大城市也基本上建立起苏维埃政权，并取得对当地自治机构的优势地位。滨海州的完全苏维埃化也面临着严重问题，在很大程度上取决于 3 项重要任务能否完成：第一，苏维埃必须要增强自身力量，具备掌握城市所有事务管理权的能力；第二，符拉迪沃斯托克苏维埃必须要控制州自治管理局的机构；第三，滨海州还存在一个具有反苏维埃倾向的机构——乌苏里哥萨克军管理局，它不承认权力归苏维埃。在明确下一步工作目标和任务之后，符拉迪沃斯托克苏维埃政权开始同各派力量进行坚持不懈的斗争，成效显著。到 1918 年 3 月至 4 月中旬，滨海州的苏维埃化已经大体完成，但是反对力量依然十分强大。在符拉迪沃斯托克和滨海州的部分地区实际上呈现出两个政权即苏维埃和自治管理局并存的局面。

在阿穆尔州，苏维埃夺取政权的斗争与滨海地区不同。1 月 4—5 日，布拉戈维申斯克举行苏维埃全体代表大会，市布尔什维克委员会主席 Я. Г. 沙菲尔被选举为第三届全俄苏维埃代表大会参会代表。1 月 13 日在 A. M. 克拉斯诺谢科夫出席的苏维埃例行代表会议上讨论了政权

---

① Голос труда. 1918. 29 января.

问题，经过激烈的讨论后通过了布尔什维克党团的提议：承认列宁领导的人民委员会为全国范围内唯一合法的权力机构，在远东边区，苏维埃委员会是唯一合法权力机构，在各地方则是工人、士兵和农民代表苏维埃。① 然而，布拉戈维申斯克苏维埃的活动还有很大局限性，市杜马和市管理局并不承认苏维埃的权力，很多城市事务还处在它们的管理之下。这里实际上也出现了两个政权并立的局面。与此同时，斯沃博德内和结雅城苏维埃也将权力夺到自己手中。

1918年2月16—26日，第二届全西伯利亚工、兵、农及哥萨克苏维埃代表大会在伊尔库茨克召开，远东各地代表也参加大会。② 这次会议布尔什维克占据多数，标志着苏维埃开始布尔什维克化。据统计，远东苏维埃政权管辖的地区人数为：边区委员会50万人，布拉戈维申斯克1.7万人，滨海州农民30万人。

1918年2月25日到3月4日，第四届阿穆尔州农民代表大会在布拉戈维申斯克召开。大会宣布阿穆尔州权力归苏维埃，批评了州农民苏维埃执行委员会的活动，决定撤销自治委员会，建议全面建设苏维埃以代替自治组织，并初步拟定了阿穆尔州社会主义改造全面规划。选举成立了州执行委员会，授权其管理全州事务。由Ф. Н. 穆辛担任执行委员会主席。③

1918年1月12日，萨哈林州苏维埃执行委员会进行了改选。新当选成员多是布尔什维克及其支持者。苏维埃决定夺取萨哈林州的权力，但是考虑到当地的政治局势，建议州执行委员会吸纳市杜马和州自治会议各5名代表，建立联合机构，保证得到州多数居民的支持。联合政权在萨哈林维持到1918年5月末，各地农村几乎都成立了苏维埃。

在堪察加州，根据第三届边区苏维埃代表大会关于在远东建立苏维埃政权的决议，彼得罗巴甫洛夫斯克市苏维埃决定1918年1月1日举行全体代表会议，提出在城市成立苏维埃政权的问题。大多数人投票支

---

① ГААО. Ф. Р. 81. Оп. 1. Д. 16. Л. 11. 转引自 Б. И. Мухачев. История Дальнего Востока Россиив период революций 1917 года и Гражданской Войны Владивосток: Дальнаука. 2003.

② Russell E. Snow. The Bolsheviks in Siberia 1917 – 1918. Cranbury, New Jersey: Associated University presses, Inc, 1977: 221.

③ ГААО. Ф. Р. 114. Оп. 1. Д. 6. Л. 8.

持这一提议，结果在彼得罗巴甫洛夫斯克形成了独特的两个政权（市苏维埃和州委员会）并立的局面。1918年3月6日，州苏维埃要求州委员会更名为苏维埃，并实施"中央、边区和州权力机关的法令和决议"。1918年4月7—8日，州苏维埃的部分成员进行了改选，И. Е. 拉林被选举为州苏维埃主席，彼得罗巴甫洛夫斯克苏维埃的活动进入正常轨道。随着开航期的到来，在科曼多尔群岛的阿留申人也建立了苏维埃，这是北方小民族苏维埃建设的初次尝试。远东小民族还参加了5月在哈巴罗夫斯克召开的阿穆尔渔民代表大会。① 据1918年5月18日堪察加州苏维埃答复苏俄内务人民委员会的文件显示，在东北地区共建立有18个少数民族苏维埃。

1918年4月8—14日，在哈巴罗夫斯克举行第四届远东边区苏维埃代表大会，会上总结了边区苏维埃化的成果，107个具有表决权代表和62个具有建议权的代表参加大会，代表远东地区的各个州，其中多数代表是工人、农民和哥萨克。

在会议开幕时，边区苏维埃委员会主席 А. М. 克拉斯诺谢科夫宣告："在我们边区未来的历史中，这个阶段将以劳动人民夺取远东的伟大成就而载于史册。"② 大会指出，在过去的几个月，苏维埃政权几乎在整个远东地区确立。在这个过程中，与自治组织的合作策略发挥了重要作用。这种策略拉近了苏维埃与农民大众的距离，促进了苏维埃政权在农村的建立。但是考虑到无法与自治局和城市自治管理局继续合作，决定撤销这些自治组织。同时，大会通过《关于远东边区组建农民、工人和哥萨克代表苏维埃的决议》，确定了苏维埃的体制设置、苏维埃的活动范围以及依靠苏维埃政府的法令开展工作等原则。

第四届边区苏维埃代表大会选举了以 А. М. 克拉斯诺谢科夫为首的边区苏维埃委员会的新成员。5月8日，边区苏维埃委员会改组为远东人民委员会。大会结束后，逐步撤销了自治局和城市自治管理局的工作。到1918年5月，在远东建立苏维埃政权的活动实际上已经完成了。

---

① 徐景学：《西伯利亚史》，黑龙江教育出版社1991年版，第447页。
② Протоколы Ⅳ съезда Совета рабочих, солдатских, крестьянских и казачьих депутатов. Хабаровск, 1918. С. 2.

### 三 远东苏维埃政权的革命措施

#### （一）建立武装力量

建立无产阶级的武装力量，是社会主义取得胜利的前提。"……真正把无产阶级同军队融为一体，真正做到武装无产阶级和解除资产阶级的武装，如果做不到这一步，社会主义的胜利是不可能的。"① 从早期的"依靠全民武装的赤卫队来代替常备军"，到革命胜利后解散旧俄军队、建设赤卫队和改造旧警察、组建红军，苏维埃政权关于建立武装力量的理论在实践中不断发展。

1. 建设赤卫队和改造旧警察

在俄国革命初期，列宁就指出："只有武装起来的人民才能成为人民自由的真正支柱。"② 二月革命后，建立一支真正的全民的、人人普遍参加的、受无产阶级领导的民警，成为苏维埃当时的主要任务和口号。1917年4月7日，在彼得格勒工人战斗队代表大会上，成立了赤卫队组建委员会。4月14日，俄国社会民主工党（布）莫斯科委员会通过了在莫斯科成立赤卫队的决定。到1917年夏，在欧俄各大城市和工业中心几乎都成立了赤卫队，它们为十月革命提供了强有力的武装保障。革命胜利之初，在军队建设问题上，苏俄领导人认为，已经建立起来的赤卫队应成为未来社会主义军队的核心，并执行无产阶级警察的功能。

远东赤卫队的建设在十月革命后才开始受到重视。在滨海地区，1917年11月8日，符拉迪沃斯托克召开市工人和士兵代表苏维埃紧急会议，成立赤卫队被列入议事日程。11月18日，确立了赤卫队章程。11月30日，设立赤卫队的领导机构——以布尔什维克H. K. 鲁坚科为首的赤卫队中央委员会。12月上旬，符拉迪沃斯托克商港组建了由300个工人和水手工匠组成的赤卫队。1918年1月1日，在军港组建了约2000人的赤卫队。1月9日，成立了赤卫队司令部。随后，尼科利斯克—乌苏里斯克和苏昌工人代表苏维埃开始组建赤卫队，滨海农村也成

---

① 《列宁选集》第3卷，人民出版社1995年版，第700页。
② 《列宁全集》第9卷，人民出版社1987年版，第187页。

立了赤卫队。

为了加强建设远东地区的赤卫队，2月16日边区苏维埃与自治局联合委员会决定成立由布尔什维克 К. Д. 库斯曼领导的边区赤卫队委员会。2月26日，在符拉迪沃斯托克成立了革命指挥部，负责领导当地的卫戍部队、赤卫队和西伯利亚舰队。①

1917年底至1918年初，在阿穆尔州的布拉戈维申斯克、斯沃博德内、结雅城已经组建了赤卫队。在土匪肆虐的矿区，赤卫队肩负起维护秩序的重任。结雅市苏维埃依靠赤卫队与金矿主进行争夺生产监督权的斗争，并借赤卫队的力量巩固政权。1918年3月6—13日，远东各地赤卫队联合参加了镇压反苏维埃的行动，这对赤卫队的战斗力是一次重大的检验。

赤卫队在保卫苏维埃政权的同时，也在履行工农警察的职能。1917年10月28日，内务人民委员部颁布《关于工人警察的决议》，解散中央地区临时政府的"人民警察"，把维护社会秩序和打击犯罪的任务交给新成立的赤卫队、工人警察等武装组织。在远东，很多地方早就已经开始执行这一决议，比如，在鄂霍次克、阿穆尔河畔尼古拉耶夫斯克、堪察加彼得罗巴甫洛夫斯克等地区，旧的警察机构被完全撤销，其职责由各赤卫队分队承担。② 而在"人民警察"与赤卫队并存的地方，像符拉迪沃斯托克、尼科利斯克—乌苏里斯克等地，情况比较复杂。维护公共秩序与打击刑事犯罪的职责由赤卫队和"人民警察"共同履行，布尔什维克领导的工人和农民代表苏维埃派遣赤卫队戴着红色袖标巡逻，城市杜马等组织则指示自己管辖的警察携带白色袖标维护治安。

1918年4月8—14日，第四届边区苏维埃代表大会在哈巴罗夫斯克召开，决定解散自治局和城市自治机构，所有的警察机构转由苏维埃管理。在整个边区范围内开始把"人民警察"改组为工农警察。远东旧警察改造工作是在极为严峻的情形下进行的，当时日本已经开始武装干涉，当地的反苏维埃活动也日趋活跃，新成立的工农警察分队既要承

---

① Л. И. Беликова. , С. А. Иванов（глав. ред.）и др. : Борьба за власть Советов в Приморье（1917 - 1922 гг.）. Владивосток: Примор. кн. изд - во. 1955. С. 25.

② А. П. Ходасевич. Милиция таежного края. Хабаровск: кн. изд - во. 1969. С. 17.

担警察责任，又要履行军队职能。实际上，早在1918年1月23日哈巴罗夫斯克解散市杜马之前，工人和士兵代表苏维埃执行委员会即命令所有的市、县警察机构直接转由苏维埃管理。3月，哈巴罗夫斯克执行委员会决定尽快完成警察的苏维埃化工作。市、县警察局的所有老职员均被解职，包括刑侦队领导岗位在内的整个警察系统的职务，多数被布尔什维克接替。在布拉戈维申斯克，1918年3月18日阿穆尔州工人和士兵代表苏维埃通过一项《关于成立赤卫队指挥部及赤卫队、警察扩建》的专门决议，它是阿穆尔州警察系统重建的法律基础，指定警察局为苏维埃的执行机构，规定警察局系统的设置及人员构成，任命 Г. И. 米京为警察局局长。在符拉迪沃斯托克，起初布尔什维克改组警察队伍的行动受到市杜马和管理局的强烈阻挠。1918年4月5日日军登陆后，市工人和士兵代表苏维埃召开紧急会议，提出了警察归苏维埃的问题。符拉迪沃斯托克苏维埃执委会主席 К. А. 苏哈诺夫被任命为滨海州内务人民委员，执委会成员 Д. 梅里尼科夫被任命为市警察局局长，刑侦大队则由 Л. 普罗明斯基领导。在远东边区北部的彼得罗巴甫洛夫斯克、阿列克萨德洛夫斯克、鄂霍次克等地，对警察的改组工作实际上根本未开展，因为在这些小城市里，赤卫队成立后立刻就代替了警察的职能。

2. 组建红军

随着苏俄军事政治局势的恶化，布尔什维克逐渐放弃自己军事纲领中的乌托邦倾向。斗争实践表明，非正规的赤卫队是无法与白卫势力和干涉者的正规军相抗衡的。1918年1月28日，列宁签署了人民委员会《关于组建工农红军的法令》。根据该法令，"任何愿意为保护十月革命成果、苏维埃政权和社会主义而准备奉献自己的力量、生命的人"都可以加入红军。这支军队应该只能自愿加入，不能强征。领导军队的最高机关是人民委员会，进行直接领导的是军事人民委员会及其下属机关——全俄红军建设委员会。

1918年2月，中央组建红军的指示传到远东，远东成立了红军建设指挥部。Г. С. 德罗戈舍夫斯基担任符拉迪沃斯托克卫成部队总指挥，兼任红军指挥部司令，从卫成部队中吸纳约300人组建了红军。2月25日至3月4日，召开第四届阿穆尔州农民代表大会，通过了成立红军的决议。3月28日，在哈巴罗夫斯克宣布了《红军阿穆尔河沿岸军区相关事宜决议》，规定了红军的目的、任务和组织结构，设立了红军的各个兵种——步兵、炮兵和机枪队。随后，布拉戈维申斯克、伊曼、尼科利斯克—乌苏里斯克等地均组建了红军，也有部分哥萨克加入红军。

1918年4月5日，日本和英国军队登陆符拉迪沃斯托克成为加速红军建设的助推力。西伯利亚苏维埃中央执行委员会雅柯夫列夫在《就日本方面的动向致卡拉汉》的电文中指出，"我们的立场归结如下：动员一切力量，对西伯利亚实行军事管制，加强红军的动员工作"。4月8日，列宁就防御工作和同意战备计划致电西伯利亚苏维埃执行委员会："……显然，现在对任何保证都不能相信，只有我们自己认真做好战备工作才是唯一可靠的保证。""雅柯夫列夫的报告收到，同意战备计划和动员计划……"① 但是，当时在苏维埃的军事力量中占据主要地位的依旧是赤卫队。第四届远东边区苏维埃代表大会作出决议，"要成立一支哪怕数量不多的红军，因为没有军队根本无法应对干涉者"。4月中旬，红军建设指挥部取代苏维埃与自治局委员会军事委员部成为远东最高的军事权力机关，其领导人B. B. 萨科维奇号召劳动者们加入红军和赤卫队。4月末，随着日军和英军从符拉迪沃斯托克的撤退，边区最高军事权力又重新集中到军事委员部手中。

在组建红军的同时，1918年2月11日苏俄人民委员会决定根据红军的建军原则，组建工农红海军。与红军一样，在红海军的建设中也吸纳了具有革命倾向的旧俄军人。然而不同的是，考虑到海军特殊的革命功勋及其岗位职责的特殊性，红海军的建设以沙俄海军为基础，只是按照契约合同制的原则，对前海军服役职责进行了一些改变。

5月4日，苏俄人民委员会决定设立新的军区。根据该项决定，在远东以及前阿穆尔河沿岸军区设立独立的东西伯利亚军区。② 同月，前乌苏里哥萨克军首领И. П. 卡尔梅科夫被撤职后，利用日本人的资金援助，发动反革命叛乱。面对危急万分的局势，6月5日远东人民委员会宣布整个阿穆尔边区进入战备状态，号召各苏维埃"立刻动员

---

① 沈志华主编：《苏联历史档案选编》第3卷，社会科学文献出版社2002年版，第23—24页。

② Институт марксизма - ленинизма при ЦК КПСС, Институт истории СССР АН СССР. Декреты советской власти. Москва Политиздат. 1959. Т. 2. С. 235 – 236.

城市和农村的赤卫队"。6月14日，远东人民委员会军事委员部更名为边区红军、赤卫队和海军指挥部，承担边区最高临时军事权力机构的职能。

随着帝国主义武装干涉的全面开始和国内战争的爆发，新兴的苏维埃政权面临着内忧外患的深刻危机，苏俄中央认识到志愿征兵制已经不能适应形势发展的需要，实行义务兵役制变得越来越迫切。1918年5月29日，全俄中央执行委员会通过了实施普遍义务兵役制的法令。6月12日，苏维埃政府发布第一次征兵令。在7月初举行的全俄苏维埃第五次代表大会上，把义务兵役制以法律形式确定下来。

(二) 社会经济政策

十月革命胜利后，苏维埃政府和布尔什维克党就着手对国民经济进行改造，实施工人监督生产、企业全面国有化、发行货币、农村土地分配改革等经济政策。这些重要举措体现了列宁关于国民经济社会主义改造的基本理念，确立了苏联社会主义国家所有制的基础。

1. 工人监督生产

1917年11月1日，全俄苏维埃中央执行委员会通过了《工人监督条例》，条例规定各企业工人成立监督委员会，在所有使用雇佣劳动的工业企业、商业企业、农业企业、银行、运输企业中实施工人监督，监督的范围包括产品和原料的生产、购买、分配、销售及财务。至1918年初，几乎所有工业企业都实行了工人监督。[①] 工人监督生产是走向社会主义的过渡措施，旨在为社会主义工业国有化做好准备。

为了响应布尔什维克党的总体要求，第三届远东苏维埃代表大会声明支持实施"对全俄所有工业和部门进行联合调控的监督"，为此需要所有苏维埃"立刻在当地组建监督委员会，并召集监督委员会代表大会以创建边区监督委员会"。在滨海地区，1917年末至1918年初，对私营和国营的煤矿、符拉迪沃斯托克商港、临时车厢装配厂、秋林商贸公司、乌苏里铁路、斯帕斯克水泥厂、野猪河矿场等完成了工人监督的体制建设。在布拉戈维申斯克，1918年3月21日18个工会的联合代表会议决定在各地实施对生产的监督，组建各经济部门的工厂委员会，对

---

① 周尚文等：《苏联兴亡史》，上海人民出版社2002年版，第57页。

宾馆、饭店、澡堂、面包铺和糖果点心店等实施国有化。3月26日，在布拉戈维申斯克各冶金工厂工人全体会议上，选举成立了7人管理委员会，以统一管理这些工厂。边区苏维埃执委会组织成立了远东水运人民委员部，用于管理水上交通运输，其领导人是阿穆尔国有化船队执委会主席 А. Н. 卡尔边科。① 3月14日，举行河运工人全体代表会议，决定对阿穆尔商船队、阿穆尔船队股份公司和当地其他所有轮船主的船只进行国有化。秋林、坤斯特、阿里别尔斯等大型商贸公司连同其"所有的建筑、财产和商品"均被征收为阿穆尔州国有财产。

各地在进行工人监督生产时，刻意驱赶企业主，并由工人夺取企业，工人监督逐渐转变为工人管理。但是由于"经营领域离工人一直很遥远，工人们没有任何这方面的经验"，后果显而易见。企业主对实施工人监督的抵制以及工人监督措施本身显现出来的低效率，迫使布尔什维克探寻新的经济管理方式。1918年3月10日，在符拉迪沃斯托克举行的协商会议上，讨论成立州国民经济委员会，各方就弱化工人监督达成初步协议。尼基福罗夫在会议上指出："这既是工业代表的希望，又是民主机构代表追求的目标。"然而，在3月23日举行的州自治局、市杜马、工贸业和工人士兵代表苏维埃联合会议上，商人代表不承认工人代表苏维埃作为一个政治机构派代表参加经济组织的合法性。4月14日，阿穆尔州苏维埃执行委员会成立了州国民经济委员会。4月16日，符拉迪沃斯托克苏维埃在工贸行业代表缺席的情况下，独立作出成立州国民经济委员会的决定。第四届远东边区苏维埃代表大会决定放弃建立工人监督的垂直机构体系，成立纯粹的国家机构——边区最高国民经济委员会，规定它是"边区主要的经济中枢，领导边区国民生产和分配的全部事务"，这标志着远东苏维埃与布尔什维克领导层承认工人管理的失败。

2. 企业全面国有化

十月革命刚刚胜利，布尔什维克就开始了大工业国有化的准备工作。1917年12月27日，最高国民经济委员会主席团会议提出《关于

---

① Н. А. Шиндялов. Октябрь на Амуре. Установление советской власти в Амурской области. Март 1917 – апрель 1918 г. Благовещенск: Хабар. кн. изд – во. 1973. С. 151 – 152.

实行银行国有化及其必要措施的法令草案》，其第一条即"宣布一切股份公司为国家财产"①。社会主义国有化的进程拉开帷幕。截至1918年5月底，除银行全部国有化外，国有化的工业企业已达512个，其中绝大多数为对国民经济具有重大意义的大型企业。这一重大举措为国民经济的社会主义改造创造了条件。

1918年5月，远东人民委员会决定对阿穆尔河区域内的所有小艇和汽船、哈巴罗夫斯克的拉扎列维奇肥皂厂实行国有化；6月，"阿斯科利德"矿厂国有化；7月，霍尔河畔的先科维奇制材厂和伊曼的斯吉杰里斯基制材厂国有化。"为了同破坏经济和生产的活动作坚决斗争，为了巩固工人阶级和贫农的专政"，6月28日，人民委员会通过了全国大工业国有化的历史性法令。根据该法令，在远东要实施国有化的是金矿、所有的煤矿、野猪河矿厂、冶金厂、玻璃厂、皮革厂、水泥厂和蒸汽面粉厂，但是由于国内战争开始以及苏维埃政权在远东的陷落，很多声称实行国有化的企业并未能成功地实行国家管理。8月，阿穆尔国民经济委员会承认"企业接收委员会在核算、分配和评估国有化的财产时十分混乱"。

当时，不仅是在生产领域，而且在分配领域，也实行了管理的集中化，以专门的管理机构代替失效的工人监督。苏维埃政权建立之前，管理日常消费品供应的机构是临时政府设立的州、市和县的食品管理局。1917年12月，由于中东铁路管理局将运价提高了6倍，导致中国东北运往滨海及阿穆尔的粮食价格大幅上涨，边区的食品供应面临严重危机。在这种情况下，在哈巴罗夫斯克举行的边区苏维埃代表大会通过了《关于食品分配和打击粮食投机活动的决议》，规定在苏维埃的监管下，动用边区所有的食品机构分配食品和日常消费品；实行凭票供应制度；确定当地生产商品的固定价格。同时，大会决定实施"国家对所有产品和日常必备品的专营制度"，希望能永远消灭饥饿和投机。这反映了布尔什维克党主张以国家调控来取代市场的思想，认为采用社会主义理想指导下的特别措施，就可以直接通向光明的不需要市场的共产主义社会。

---

① 张寿民：《俄罗斯法律发达史》，法律出版社2000年版，第117页。

3. 发行货币

十月革命后，面对金融市场的混乱局面，远东边区苏维埃委员会主席 А. М. 克拉斯诺谢科夫在第四届边区苏维埃代表大会上呼吁："……减少货币交易，直接使用以物易物。这样，我们就能消灭投机，并逐渐接近社会主义最终消灭货币的理想。"实际上，这只是一种空想的理论，因为当时的远东没有货币是根本行不通的。所以，大会致电全俄中央执行委员会主席 Я. М. 斯维尔德洛夫，请求放开贷款和尽快向远东边区划拨一些资金。然而，布尔什维克对银行实施国有化后，只是花费原有的资金，再没有新的进款，这种情况从莫斯科到符拉迪沃斯托克都是相似的。当苏维埃接管国家银行符拉迪沃斯托克分行时，其账户上共有 4000 万卢布，到 1918 年 5 月只剩下 20 万卢布。国家银行人民委员斯捷潘诺夫·布罗德斯基对这一状况解释说："中央不发行货币，并指示我们应该吸收当地民众的存款。但是没有人把钱存入银行，就连工人也担心缴纳存款税。"① 于是，既未能从居民也未能从莫斯科得到资金的远东苏维埃领导层决定自己发行货币，首先从各州开始。1917 年末，布拉戈维申斯克市自治局发行"市兑换券"，后来苏维埃执委会继续了这项活动。1918 年，阿穆尔州苏维埃执行委员会发行"阿穆尔州兑换券"以及在居民中更为熟知的"穆新卡"。市兑换券发行总额不多，只有 300 多万卢布，而穆新卡发行数量则多达 6860 万卢布。在哈巴罗夫斯克，当地的国家银行分行于 1917 年末发行贴在厚纸上的印花作为"兑换券"。此外，临时政府发行的机构和公司的承兑支票，也可以按票值在银行活期存款账户资金限度内流通使用。

1918 年 7 月 25 日，远东人民委员会决定发行边区临时货币——有价证券，面值为 10 卢布，发行总量为 1000 万卢布。8 月末，宣布阿穆尔州的有价证券也可以在全边区内流通。由于边区居民对发行量渐增的地方货币很不信任，经常拒绝用新型货币支付，远东人民委员会只好通过发布命令来维持已发行货币的权威，规定民众必须使用支票、印花、自由债券、阿穆尔州与边区有价证券支付。但是，这些货币在粮食来源

---

① Б. И. Мухачев. История Дальнего Востока Россиив период революций 1917 года и Гражданской Войны. Владивосток: Дальнаука. 2003. С. 202.

地的中国东北却完全没有流通，在那里被接受的是尼古拉耶夫金币和临时政府的克伦斯基票，这使边区金融机构很难用新发行的货币兑换民众手中持有的旧币，因而食品和贸易机构也很难用新币在国外进行采购。8月21日，远东各居民供给管理机构代表会议通过决议，要求所有商品和食品强制采用物物交换和凭票供应，这实际上承认了新发行纸币在边区内流通的彻底失败。可是，不久之后，远东苏维埃政权被颠覆，使这项决议无法实施。

4. 农村土地分配改革

十月革命胜利后苏维埃政府立即颁布了《土地法令》，宣布废除土地私有制，没收地主、皇族、寺院的土地，全部土地归国家所有并交给农民使用。根据该法令，1918年初又颁布了《土地社会化法令》，规定立即无偿地废除土地私有制，将所有土地都变成全民财产并交给耕地的劳动者使用。在欧俄地区，土地集中情况十分严重，3万户大地主与1050万户农民所拥有的土地一样多，阶级矛盾尖锐。实施土地国有化、进行农村土地分配改革是苏维埃巩固工农联盟、获得广大农民支持的重要举措。

在远东，却呈现出与欧俄地区不同的情形。由于特殊的移民政策和地广人稀的自然环境，这里逐渐形成了一个庞大的农民私有者阶层，他们在经营方式上比较接近农场主，农业生产具有较高的资本化水平，农产品商品化，广泛使用雇佣劳动和机器，租赁活动大量出现。实践证明，"资本主义发展水平与农民对无产阶级革命的支持程度之间，不存在直接的正向联系，而且可能存在反向关系"。"对于在阿穆尔地区生活了上百年的老住户而言，他们的农民私人所有制心理还很强大，不可能很快改变。"[①] 因而，当时远东并不充分具备实施土地国有化、进行农村土地分配改革的经济和社会条件。

1918年1月中旬，第三届滨海州农民代表大会举行，代表们听取了州农民委员会的工作报告和农民土地分配的筹备方案报告，建议乡土地委员会在讨论土地分配方案时要遵循《土地法令》和1917年12月4

---

① Э. М. Щагин. Октябрьская революция в деревне восточных окраин России（1917 - лето 1918 г.）. Москва：Наука. 1974. С. 298.

日土地人民委员制定的《土地委员会章程》。然而，滨海州土地委员会在2月23—27日召开的代表大会上，却决定将制宪会议颁布的《土地法》作为自己工作的法律基础，并表决通过《滨海州农业资源使用临时规程》。在这份文件里，强调了自治局提出的与苏维埃完全对立的土地分配原则。确立了"劳动分田"标准，滨海地区每个两口（不分男女）之家可以分得8—9俄亩耕地、1.5俄亩庄园、8—14俄亩休耕地、5—8俄亩草地，并按照拥有大型有角牲畜的数量分配牧场，每头牲畜可分得2—3俄亩。同时，确立平等的土地使用原则，取消哥萨克的土地特权，无偿没收大产业主的资产（不承认其领地为可耕地），没收大产业主超出前述"劳动分田"标准的过量建筑、牲畜和工具。《临时规程》的拟定者期望通过这些措施，尽量体现多数滨海农民阶层的利益。但是其中的很多规定与《土地社会化法令》《关于夏天开始的"农村中的社会主义革命"指令》的理念完全相反。

1918年4月，第五届阿穆尔州农民和哥萨克联合代表大会举行，代表们虽然表示欢迎《土地社会化法令》的颁布与实施，但建议当年仍实施滨海《临时规程》中规定的准则。同样，由于缺少必要的资料，第四届远东苏维埃代表大会也承认当时无法在整个边区范围内确定农民土地分配的劳动原则，而是决定听取乡和村土地委员会的意见，依据平等原则，在村庄登记居民中分配用于1918年播种的规整土地。分配后剩余的自由土地首先用于公用播种，其次提供给有能力耕种的当地非登记居民。在阿穆尔州，1918年春夏季，苏维埃和土地委员会只征收了私有土地的1/10、教会土地的1/20以及富农土地的很小一部分，总共把8177俄亩耕地和草地交给农民使用。而用于分配给无地农民的主要是空闲移民地和前公家与皇室的土地。

（三）文化教育政策

在1918年1月举行的第三届全俄苏维埃代表大会上，列宁描绘了布尔什维克的文化政策目标：以往所有的人类才智与才能只是为一部分人提供技术和文化福利，而剥夺另一部分人基本的教育和发展权利，现在所有的技术奇迹和文化成果都成为全体人民的财富。在此原则指导下，布尔什维克提出"对资本主义进行赤色进攻"的口号，推行了文化领域的首批民主式措施，直指传统的等级文化资源分配机制，其中民教育改革成为最先被关注的领域。

1. 国民教育改革

1917年11月12日,教育人民委员卢那察尔斯基发表了《告人民书》,提出苏维埃政权在教育方面的基本任务:通过实施免费的普及义务教育在最短期间内使全体居民识字,培养师资,组织统一的苏维埃学校,增加国民教育经费,广泛建立成人文化教育机构等。[1] 11月22日,国家教育委员会成立,领导全国国民教育工作。俄国国民教育体系的管理结构发生了重大变化,其中"统一劳动学校"制是苏维埃学校改革的基本原则,它代替了传统教育领域的等级制,希望把教育与生产结合起来,在增进学生智力发展的同时,促进其价值观和体质的发展。

1918年1月5日,远东教育人民委员部成立,开始贯彻新式的苏维埃学校理论。第四届远东苏维埃代表大会和第一届滨海州人民教师代表大会通过决议,确定了当地普通教育学校的统一类型。与中央地区的学校不同,远东地区的统一劳动学校不是分为两个阶段,而是三个阶段,即初等学校、高级初等学校和中等学校。远东教育人民委员部希望为每个教育阶段制订完整的课程计划,每个阶段的课程要与该阶段学生的年龄和理解力相符,并与其他阶段的课程有效衔接。为了保证教育的普及性,新政权试图推行免费教育,由国家预算支持教育事业。[2]

第四届远东苏维埃代表大会通过了苏维埃学校建设规划:加强教育设施建设,改变教育大纲,普及全民初等教育,并把东方学院改建为大学。这一规划的实施需要大量的资金投入,然而风云变幻的政治局势以及社会的混乱使国库空虚,教育人民委员部无力支配必要数额的资金。在这种情形下,远东人民委员会发布专门的命令,向拥有独立工资收入的民众征收10卢布的税收,用于国民教育支出。1918年5—6月,新政府的非常举措为清偿教师工资欠款和维修学校设施提供了可能。如在阿穆尔州,为开办120家高级初等学校创造了条件。

远东苏维埃政府也十分重视成人教育。在城市里,通过人民宫、

---

[1] 顾明远:《战后苏联教育研究》,江西教育出版社1991年版,第10页。

[2] М. С. Кузнецов и другие: Культурное строительство на Дальнем Востоке (1917 – 1941 гг.): Документы и материалы. Владивосток: Дальневост. кн. изд – во. 1982. C. 33 – 34.

图书馆、工人学校和新开办的国民大学对成年人进行教育。其中，外贝加尔地区的切尔诺夫斯基矿山工人学校和符拉迪沃斯托克的人民大学最为著名，在这种学校里除了教授最基本的常识，还提供较高层次的教育。

在北方小民族地区，原有的教区学校和传教士学校也都被改造为符合苏维埃标准的公共世俗学校。1918年4月，乌丹斯克地区的乌尔奇—那乃人教区学校完成了改造。5月，在堪察加人和定居的科里亚克人聚居区，莫洛舍奇诺耶、宾基诺、谢丹卡、科夫兰、沃亚姆波尔卡等村镇的教区学校也宣布完成改造。

2. 新闻出版审查

在进行教育体系改革的同时，远东布尔什维克开始贯彻人民委员会的《出版法令》《出版国家专营法令》和《设置革命法庭的决议》。新成立的远东边区书刊审查局扮演着官方检查员的角色，其职能是监督大众传媒，并且借助大众传媒打击苏维埃政权的反对者。与反革命在宣传领域的斗争被布尔什维克视为实现劳动大众最终解放的重要一步。

设立革命法庭。它的主要职责之一是查清报刊与资本的关系，审查报刊的资金来源。在布尔什维克看来，苏维埃政权尚未稳固，设立革命法庭是维护其权力的必要手段。革命法庭对反革命宣传的制裁措施包括征收罚金和查封。1918年2月至6月末，革命法庭查封了符拉迪沃斯托克的报刊《远东》《祖国之声》《滨海之声》《滨海生活》，哈巴罗夫斯克的《民族意志》《召唤》，布拉戈维申斯克的《阿穆尔回声》《公共安全委员会公报》《劳动之声》等，共计约20种报刊，占当时出版物总量的15%。[①]

获得优先支持的是布尔什维克控制的报刊网络，代表性刊物有当地所有城市苏维埃执委会的公报和党的出版物，主要有符拉迪沃斯托克的《红旗》(《布尔什维克党报》)、《农民和工人》(《滨海州农民代表苏维埃执行局与符拉迪沃斯托克工人和士兵代表苏维埃执行局的联合公报》)，哈巴罗夫斯克的《远东边区工人、士兵和农民代表苏维埃委员

---

① А. И. Крушанов. Победа Советской власти на Дальнем Востоке и в Забайкалье (1917 – апрель 1918 гг.). Владивосток: Дальневост. кн. изд-во, 1983. С. 187.

会公报》，布拉戈维申斯克的《布拉戈维申斯克工人和士兵代表苏维埃公报》、《星火》［阿穆尔州和布拉戈维申斯克市俄国社会民主工党（布）委员会机关报］、《共产党人》［阿穆尔州俄共（布）委员会机关报］、《我们的旗帜》［阿穆尔州俄国社会民主工党（布）委员会机关报］，堪察加的《彼得罗巴甫洛夫斯克市工人和士兵代表苏维埃公报》（自5月19日起改为州办报纸，更名为《堪察加公报》）。其中发行量最大的是《远东边区工人、士兵和农民代表苏维埃委员会公报》和《红旗》。共产主义刊物成为对工人和农民施加影响的重要媒介，也是苏维埃进行政治宣传和动员的主要工具。

3. 文化教育

为了加强对民众的意识形态影响，1918年1月远东人民委员会作出专门决议，免费向农村学校发放《远东边区工人、士兵和农民代表苏维埃委员会公报》，增加该报的发行量，缩短发行周期。人民宫、图书馆等文化教育机构都在共产主义传媒的监督下工作。在符拉迪沃斯托克，布尔什维克文化教育活动的实施主要依靠人民宫、金角剧院、果戈理人民图书馆。这些场所经常举办各种政治问题的辩论，举行讲座等一些教育活动。在哈巴罗夫斯克和布拉戈维申斯克，人民宫也成为当地培育新型无产阶级文化的中心。在苏昌、尼科利斯克—乌苏里斯克、斯帕斯克、野猪河矿场、布拉戈维申斯克、斯沃博德内、结雅以及阿穆尔和外贝加尔铁路沿线的大型居民点，苏维埃政府也开办了很多新的人民宫、图书馆和工人俱乐部。

自1918年春天开始，苏维埃政府对文化教育机构也开始进行国有化。4月阿穆尔州人民委员会决议，对所有的印刷厂、官办和私人图书馆都实施国有化。符拉迪沃斯托克和哈巴罗夫斯克也采取了类似举措。国有化也涉及艺术机构。根据当地苏维埃的决议，剧院、音乐厅、电影院等从私有财产转由远东人民委员会掌管，禁止私人经营。建设国家艺术机构网被视为工人和农民获取艺术知识的物质前提，也可以扩展共产主义思想在人民大众中的影响。

此外，在布尔什维克的领导下，新生的苏维埃政权开始向社会文化生活中传统、保守的仪式开刀，以崭新的苏维埃节日仪式对抗宗教的世界观和仪式，借以打击东正教在精神领域的统治地位。1918年初，哈巴罗夫斯克市苏维埃宣布谢肉节是工人的节日，废除谢肉节的庆祝活动。相反，却在二月革命纪念日和5月1日举行盛大的庆祝活动。尼古拉耶夫斯基广场更名为自由广场，在广场上举行了演讲和劳动者游行活动。修正节日仪式意味着新政权与民族历史文化传统的决裂，象征着新世界的来临。

远东苏维埃政权早期的革命措施是在苏俄中央直接指导下进行的，基本上与欧俄中心步伐一致，共同完成了社会主义改造的初期工作，取得了一定的成效，奠定了苏维埃武装力量、社会经济、文化教育等体制的基础。但由于远东地区自身的特殊情况，导致一些措施在实行过程中出现偏差，或者收效与预期不符。具体表现在：第一，十月革命胜利后，由于远东苏维埃政权力量薄弱，不得不与地方自治机构共同行使权力。这就直接造成当地货币政策的混乱，进而影响经济稳定。第二，远东农村土地争端不尖锐，资本主义发展程度较高，农民对私有制并不排斥。这使农村土地分配改革受到强烈抵抗，不能有效开展，成效甚微。1918年8月29日第五届边区劳动者代表大会闭幕时，远东人民委员会主席 A. M. 克拉斯诺谢科夫也承认了这一点："工人和农民完全不明白我们的事业，只是希望按照自己的方式生活。"[①] 第三，远东知识分子受革命思想影响较少，很多教授和大学生对布尔什维克持警惕态度，反对驱散立宪会议，不承认苏维埃政权，公开抵制苏俄推行的文化政策。比如，与中央失去联系的东方学院"一点都不依赖布尔什维克"，希望实现自治。第四，远东是帝国主义武装干涉和反革命势力最强大的地区，因而苏维埃政权在推进革命措施时，困难重重，受到的阻力也更大。

## 第三节　国内战争与帝国主义武装干涉远东

### 一　协约国联合干涉与国内战争的爆发

十月革命后，帝国主义就开始策划武装干涉苏俄。1917年11月，

---

① Мухачев Б. И. Дальний Восток России в период революций 1917 года и гражданской войны. Владивосток: Дальнаука, 2003. С. 205.

巴黎的盟国最高委员会会议制订了反对苏俄的军事干涉计划。12月，日本政府向美国等协约国政府提出照会，建议由日本出兵苏俄西伯利亚及远东地区来"维护秩序"，并保护协约国各国在该地区的利益。作为交换条件，协约国各国应准许日本在俄国远东地区获得矿山、森林和渔业的专有让与权，并且承认日本在中国的特殊地位。1917年11—12月，协约国代表划分了各国在苏俄的"行动地区"：英国为外高加索、中亚、北高加索和从摩尔曼斯克到乌拉尔的俄国北部地区；法国在乌克兰、比萨拉比亚和克里米亚；美、日在西伯利亚和远东。

1918年1月12日，日本巡洋舰"岩见号"擅自闯进符拉迪沃斯托克，宣称要保护当地的日本侨民；1月17日，"朝日号"又以同样的借口闯入该地区。英国巡洋舰"苏福克尔"号和美国巡洋舰"布鲁克林"号也先后抵达。为了掩盖侵略的目的，协约国干涉者打着"为了维持秩序"和保护外国侨民的"权利与安全"，"必须给予捷克人撤退以援助"等幌子。1918年2月27日，美、日、英、法等国领事在符拉迪沃斯托克向苏维埃提出抗议，反对苏维埃的政策、反对取缔资产阶级旧政权。

最初，外国干涉者还是主要指望德国去扼杀苏维埃俄国，但1918年3月3日，苏俄签订《布列斯特和约》，打破了帝国主义靠德国扼杀新生苏维埃政权的企图。1918年3月16日，帝国主义国家在北京举行会议，高尔察克、古奇科夫及日、中代表参加了会议。会议讨论并通过了占领远东、西伯利亚的计划：美国将占领乌苏里铁路，日本占领阿穆尔省、外贝加尔省直到伊尔库茨克的铁路。

1918年4月5日，日本海军陆战队533人首先在符拉迪沃斯托克登陆，英国海军陆战队也在同一天登陆，标志着协约国武装干涉苏俄的开始。苏维埃政府对此发表了正式通告，指出"帝国主义蓄谋已久的从东方的攻击开始了。日本帝国主义一心要扼杀苏维埃革命，截断俄国和太平洋之间的联系，侵占西伯利亚美丽而富饶的土地，奴役西伯利亚工人和农民"[①]。4月9日，远东边区第四届苏维埃代表大会通过决议，坚

---

[①] [苏]葛罗米柯：《外交史》第3卷，生活·读书·新知三联书店1982年版，第177页。

决要求外国军队迅速从符拉迪沃斯托克撤出。西伯利亚苏维埃中央执委会宣布西伯利亚处于战时状态,命令各省、县的苏维埃政权立即组建革命军事指挥部,承担组织防御外国干涉者的进攻和领导同国内反革命势力的斗争。

对于日本率先出兵苏俄,英国、法国、意大利三国不仅表示支持,而且还表示要共同出兵。美国一方面担心日本如果独占俄远东,会改变日美之间在太平洋地区的争霸局势;另一方面"关心如何处理俄国、俄国的一亿七千万居民及其取之不尽的粮食、燃料和矿藏资源"。鉴于日本出兵已成事实,7月7日,美国也表示要共同出兵。8月4日,日美两国发表共同出兵宣言,借口为实施"人道主义"援助捷克斯洛伐克人,同时规定各国出兵不得超过7000人。① 8月2日,日本舰艇到达阿穆尔河下游的尼古拉耶夫斯克,并占领该城。8月3日,英军900人从香港来到符拉迪沃斯托克,后来扩增到4000人。8月9日,法国军队1200人,意大利军队1000人;8月16日,美国远征兵团9000人也登陆该地区。8月12日,由大古大将率领的日本军队1200人在符拉迪沃斯托克登陆。接着日军又陆续增兵,一部分部队取道朝鲜、中国东北地区,经满洲里侵入,在赤塔设立大本营。到10月,日本军队已达72400人,人数远远超过日美协议的要求,占各国出兵总数的3/4。②

与此同时,中国北洋军阀政府也追随日本,派出军事力量干涉远东。1918年5月16日,由靳云鹏和斋藤代表中日双方在北京签订了《中日陆军共同防敌军事协定》。协定指出:中日两国陆军因敌国实力之日见蔓延于俄国境内,其结果将使远东全局之和平及安宁受侵迫之危险。为适应此项情势及实行两国参加此战争之义务起见,取共同防敌之行动。同时,允许日本政府假道中国东北出兵西伯利亚,从而使东北成为"军事行动区域"。8月22日,根据该协定,在征得美、英等国同意后,段祺瑞亲自签署并由国务院发布《出兵海参崴宣言》:"中国此次

---

① 李凡:《日苏关系史(1917—1991)》,人民出版社2005年版,第22页。
② [日]林三郎编著:《关东军与苏联远东军》,日本问题研究室译,吉林人民出版社1979年版,第7页。

出兵人数系1700人，夫役在外，拟分两期运送。"从20日起，中国赴西伯利亚各队就已经分别从奉天、北京出发，经哈尔滨赴海参崴。另外，根据"关于中日陆军共同防敌军事协定实施上必要之详细规定"，中国还派出一支小部队到库伦至后贝加尔地区，前后约两个月。1919年8月，还曾增派一个营的兵力去海参崴，同时派出"江亨"等4艘小舰组成吉黑江防舰队，从黑龙江口前往同江。但由于日军的阻挠，这支小舰队一直滞留尼古拉耶夫斯克，直到1920年春才驶抵松花江。

帝国主义者在公然出兵的同时，又策划了捷克斯洛伐克军团叛乱。捷克军团是十月革命前由当时奥匈帝国的战俘在俄国组建的，大约有5万人。俄国退出第一次世界大战后，苏俄政府允许军团中的士兵取道西伯利亚和远东回国。美、英、法等国抓住这个机会，从1917年底开始召开了几次会议，决定要利用捷克人反对苏维埃政权。1918年5月25日，捷克军团发动叛乱，国内战争爆发。叛乱前指挥员对士兵进行了蛊惑：俄国退出了战争，出卖了盟国，从而使捷克斯洛伐克的独立受到威胁。捷克军团凭借优势兵力很快就占领了西伯利亚铁路沿线的重要城市：6月7日占领鄂木斯克，6月18日占领克拉斯诺亚尔斯克，7月11日占领伊尔库茨克，9月1日占领赤塔，俄国东部地区完全与中部地区分隔开来。6月29日，符拉迪沃斯托克的捷克军团1.5万人在参谋长季捷里赫斯指挥下发动叛乱，推翻了苏维埃政权，几天后成立了以右翼社会革命党人杰尔贝尔为首的"西伯利亚自治临时政府"。

## 二 远东反革命叛乱

十月革命爆发后，沙皇余党、资产阶级、贵族地主和反动军官，极端仇视无产阶级革命，妄想将新生的红色政权扼杀。各地白卫军在帝国主义的支持下，开始向革命政权疯狂反扑。

远东十月革命爆发不久，哥萨克首领谢苗诺夫就在上乌丁斯克区别列佐夫卡车站策动白卫军同红军发生冲突，发誓"同布尔什维克无情斗争"。1917年12月8日，他勾结温琴，向赤塔等地发动进攻。12月中旬，他率白卫军在满洲里车站袭击了被中国军队解除武装、遣送到该地的布尔什维克和同情革命的俄国民兵，许多人被枪杀，制造了远东的第一起大规模流血事件。1918年初,在日、英、法等帝国主义支持和伊尔库茨克、哈尔滨白卫军援助下,他拼凑了"满洲特种军",先后向外贝加尔省发动三次较大规模的进攻。1918年1月16日,谢苗诺夫率600余人进攻并占领沙拉孙、达斡尔等重镇。布尔什维克党为了反击谢苗诺夫、保卫十月革命的成果,于1918年2月建立外贝加尔战线。西伯利亚苏维埃中央执委会领导这场斗争,专门派遣拉佐为战线司令。

1918年2月,谢苗诺夫再次发动进攻,占领了外贝加尔省的一些地方。赤塔临时革命军事参谋部发布征兵令,号召红军英勇奋战,至3月8日,收复了许多据点。谢苗诺夫余部逃往中国边境,在日、美等国支持下继续扩军备战。4月7日,为了配合日军登陆,谢苗诺夫第三次发动对外贝加尔地区的进攻,占领了从鲍尔佳到奥洛维扬纳亚铁路地区。① 4月28日,白卫军宣布成立"外贝加尔地区临时政府",赤塔、伊尔库茨克等地的地下白卫分子也配合了谢苗诺夫的行动。为了组织斗争,红军专门成立了革命军事参谋部,鄂木斯克组织了国际无产阶级游击队,陆续开往外贝加尔地区。外贝加尔战线的兵力不断得到补充,红军士气日益旺盛,连连挫败白卫军,收复了不少失地。5月12日,谢苗诺夫兵败,撤至阿戈。5月28日,红军在鄂嫩河地区战胜了谢苗诺夫,其残部撤退到中国境内磋岗至海拉尔的中东路沿线。

在阿穆尔省,反革命进攻的代表人物是社会革命党人加莫夫。他在1918年1月建立了以"国民队"为名的白卫军,吸收了从伊尔库茨克逃亡来的白卫军官兵,组织地主、商人子弟,成立"童子军"以及两个哥萨克团。3月初,国民队已达5000人,拥有各种新式武器。

2月25日,在布拉戈维申斯克召开第四届州农民代表大会,提出解散国民队、迅速组建苏维埃军队的主张。3月6日,加莫夫白卫军发动叛乱。4400人的白卫军封锁了苏维埃执委会大楼,逮捕了布拉戈维申斯克市党和苏维埃干部,其中包括远东苏维埃人民委员会主席克拉斯诺谢科夫和布拉戈维申斯克执委会主席穆辛。敌军先后占据了电报局、邮局、车站、银行及武器库。苏维埃执委会为了避免流血冲突,派代表同白卫军谈判。执委会轻信了加莫夫的许诺,解除武装,但白卫军不仅

---

① 徐景学:《西伯利亚史》,黑龙江教育出版社1991年版,第452页。

没有放下武器，相反趁机进行反革命报复。3月7日，整个布拉戈维申斯克城落入加莫夫白卫军手中。红军被迫退到城北的阿斯特拉汉诺夫卡村，组织防御，同时向符拉迪沃斯托克、赤塔、哈巴罗夫斯克及附近村镇求援。符拉迪沃斯托克派500名士兵，携4门炮、12挺机枪，支援布拉戈维申斯克赤卫队。仅三四天时间，阿斯特拉汉诺夫卡村就集中了1万余人。

苏维埃军队成立军事战役指挥部，向加莫夫提出停止叛乱、解除白卫军武装、承认苏维埃政权的建议，遭到加莫夫拒绝。3月12日，苏维埃军队向白卫军发起进攻，从阿斯特拉汉诺夫卡沿结雅河向白卫军主力部队出击。白卫军固守车站地区，双方展开激战。白卫军力不能支，沿黑龙江败退，遇到红军阻击，被打死200余人。经过城郊船坞之战，白卫军完全溃败，加莫夫掠夺了地方的国家银行3700万金卢布，逃往中国黑河。

布拉戈维申斯克苏维埃政权重新恢复，于4月初举行了第五届阿穆尔省劳动者代表大会。4月10日，劳动者代表大会和同时举行的哥萨克代表大会发布联合声明，宣布阿穆尔省为阿穆尔苏维埃社会主义自治共和国，作为苏维埃俄国的一个组成部分，选举了以穆辛为首的省苏维埃委员会。

滨海省的反革命势力也蠢蠢欲动。白卫军首领卡尔梅科夫从1918年2月就开始活动，企图拼凑乌苏里哥萨克白卫军，向阿穆尔地区和滨海省的苏维埃进攻。他命令格罗捷科沃、波尔塔夫卡、沃尔纳亚站等地居民加入他的白卫军队伍，但是广大群众、哥萨克不支持他。于是，卡尔梅科夫隐蔽在中国境内，在日本人援助下收罗反革命势力，组成了一支白卫军，初期只有500余人，其中步兵300人，骑兵200人。此外，在中俄边境的格罗捷科沃站有300名白卫军，由中校奥尔洛夫指挥，配合卡尔梅科夫的叛乱行动。

1918年5月，卡尔梅科夫叛军开始向格罗捷科沃方向进犯。当地的哥萨克舍甫琴柯率领70余人，同来犯之敌周旋。不久，外贝加尔战线派来第一远东社会主义部队增援舍甫琴柯，击败了白卫军。卡尔梅科夫、奥尔洛夫逃往中国，准备新的进犯，谢苗诺夫残部也会入卡尔梅科夫白卫军。

远东苏维埃人民委员会于 1918 年 6 月 5 日发出指示，号召人民同反革命进行斗争，各地方工人、贫农和下层哥萨克积极响应号召，纷纷参加红军，有些乡还建立了支队。各地火速增派援军，开赴格罗捷科沃前线。符拉迪沃斯托克有一个国际营，给尼科利斯克派去 350 人，给哈巴罗夫斯克派去 100 人。6 月，组建格罗杰科沃战线，下设两个支队，即由阿勃拉莫夫指挥下的格罗杰科沃大队和德拉戈舍夫斯基领导下的波尔塔夫卡大队。6 月 20 日前后，卡尔梅科夫白卫军再次发动进攻，被红军击溃后逃往中国，退守中俄交界的边境线。

在协约国武装干涉和国内反革命势力的联合进攻下，"沿西伯利亚大铁路直到乌拉尔的整个西伯利亚，驻守着一支大杂烩的盟国警卫部队。在这支部队里有俄国白卫分子、捷克人、英国海军和陆军、日本人、美国人以及少数法国人和意大利人"[①]。干涉军总数已达 10 多万人，使苏维埃军队在战场上陷于被动境地，逐渐失去军事优势。到 8 月，滨海省和阿穆尔省的苏维埃政权均被反革命势力摧毁。11 月 17 日，原俄国海军上将高尔察克在帝国主义的支持下，发动鄂木斯克政变，建立了军事独裁政权，对西伯利亚和远东地区进行反动统治。

### 三 反布尔什维克政权在远东的统治

从 1918 年 6 月 29 日捷克斯洛伐克军团在符拉迪沃斯托克发动叛乱到 1918 年秋，远东各地苏维埃政权纷纷沦陷，各反布尔什维克政权粉墨登场，开始了在远东的短暂统治。

（一）西伯利亚临时自治政府

西伯利亚临时自治政府是由右翼社会党人 П. Я. 杰尔别尔领导，最初政府成员包括 B. 彼得罗夫、A. 诺沃谢洛夫、A. 彼得罗夫、C. 库德里亚夫采夫、A. 克拉科维茨基、Г. 涅奥梅图洛夫、A. 特鲁特涅夫、B. 莫拉夫斯基、H. 热尔纳克夫、E. 扎哈罗夫等。7 月 8 日，该政府通过声明宣布"西伯利亚中央国家政权"启动运行。"西伯利亚临时自治政府"悬挂白—绿色旗帜，但仍强调必须建立由强大的中央政府和地方政权共同组成的俄罗斯联邦。号召召开西伯利亚州杜马会议，通过民

---

[①] 初祥：《远东共和国史》，黑龙江教育出版社 2003 年版，第 55 页。

主选举的形式恢复"制宪会议",并以此来巩固西伯利亚作为俄罗斯共和国组成部分的国家地位。解散了苏维埃政权的组织机构,取消了苏维埃颁布的各项法令,并宣布1917年10月24日之前即"临时政府"作出的法规有效。地方自治机构及其作出的决议、命令得到恢复,宣布支持合作社与个人的创造性。

在对外政策方面,西伯利亚临时自治政府声明不承认"人民委员会"签订的各项国际协议,尤其是《布列斯特—利托夫斯克和约》。与此同时,政府希望外国承认其举措符合"新成立国家政权的所有国际公法要求"①。强调依靠志愿队建设新俄罗斯军队的必要性,主张解除支持苏维埃政权的奥—德战俘的武装,并将他们投入集中营。

在社会经济政策上,西伯利亚临时自治政府与伏尔加河流域的立宪会议委员会及其他民主反革命政府相似。由于它没有资金和自己的地方分支机构,7月23日,不得不将滨海边区境内的政权临时转移给地方自治局,将城市中的政权移转给城市杜马。协约国认为之前是布尔什维克篡夺了政权,因此,暂时承认了地方自治局和城市杜马控制的政权。②

政府重新发还原来收归国有的银行、商行和小工厂;设立了预算委员会,主要承担审查各部和管理局的预算、编制预算计划、评估法规等职责;成立了内务部,其总务处负责出版刊发《西伯利亚临时自治政府公报》和宣传册、传单,政治情报处负责反间谍、组建情报搜集网络、管理警察局工作和保卫政府工作人员。准备征召10岁以上的人员及其他人员参军。地方自治局政权组建了自己的武装力量,计划召开第四届乌苏里哥萨克军事会议,撤销其首领卡尔梅科夫的职务,因其曾承诺承认西伯利亚临时自治政府而未予以承认。西伯利亚临时自治政府和地方自治局一方面大力宣扬自己的"民主性",另一方面与干涉军联合追捕共产党人和那些对苏维埃政权持同情态度的民众。

西伯利亚临时自治政府和滨海地方自治局实行的是右翼社会党主张

---

① Б. И. Мухачев., М. И. Светачев. Подготовка и начало интервенции на Дальнем Востоке России: Док. и материалы. Владивосток: Наука. 1997. С. 221–225.

② М. И. Светачев. Интервенты и сибирская контрреволюция //Вопр. Истории Дальнего Востока. Хабаровск, 1973. Вып. 3. С. 41.

的资产阶级民主制度。其政策特点主要体现为：倾向于西伯利亚独立，试图在保持工会、私人贸易和工业自由活动的基础上协调劳资关系，严密监控和打击投机活动与反国家行径。

西伯利亚临时自治政府的活动遭到左右两翼势力的极力反对。7月28日，符拉迪沃斯托克市杜马进行了改选，其中布尔什维克和左翼社会党人获得了101个总席位中的53席，孟什维克获得22席，右翼社会党人、资产派和国家派仅获得剩余的26席。选举结果给"西伯利亚临时自治政府"和右翼社会党人造成沉重的打击。选举被宣布无效，并推迟到3个月后重新进行。①

（二）全俄临时政府

1918年7月9日，霍尔瓦特在格罗捷科沃车站成立全俄临时政府，宣扬"困难时期需要强有力的统一政权"，并宣称自己为临时执政，是得到盟友国家承认的临时政府的唯一合法专员。其政府成员包括：前临时政府粮食供应委员、立宪民主派 С. В. 沃斯特洛京，前临时政府驻外贝加尔委员、立宪民主派 С. А. 塔斯金，立宪民主派 А. 奥克洛科夫，右翼社会革命党人 М. 库尔斯基，前临时政府道路交通部副部长、中立人士 Л. А. 乌斯特卢戈夫，俄亚银行董事会主席 А. 普季洛夫，志愿军特使 В. Е. 弗鲁格将军和 В. А. 格鲁哈列夫中校。日本当时非常担心西伯利亚临时自治政府和1918年6月23日 П. В. 沃罗格特斯基在鄂木斯克成立的西伯利亚临时政府威胁到其建立远东亲日自治区的计划，因此，极力支持霍尔瓦特领导的全俄临时政府。②

在《临时执政霍尔瓦特告人民书》中阐述了全俄临时政府的纲领，具有浓厚的立宪民主色彩：取消布尔什维克颁布的所有法令，恢复司法机关和市政机关与地方自治机构，保障公民自由和政治自由；遵守与盟国缔结的协约，组建军队，执行与苏维埃相反的政策；恢复私人所有权，恢复工业和交通线，"取消企业的社会化、国有化和无政府工团化"；通过制宪会议解决土地问题；主张在保证俄罗斯统一的情形下赋

---

① Д. И. Бойко - Павлов., Е. П. Сидорчук. Так было на Дальнем Востоке. Москва: Мысль. 1964. С. 311–312.

② М. И. Светачев. Интервенты и сибирская контрреволюция // Вопр. Истории Дальнего Востока. Хабаровск, 1973. Вып. 3. С. 42.

予西伯利亚自治权。此外，在自己的管辖区域内，霍尔瓦特积极支持谢苗诺夫阿塔曼及其部队的活动。

霍尔瓦特不承认西伯利亚临时自治政府，认为"其带有社会主义色彩"，几近于布尔什维克。反过来，西伯利亚临时自治政府也不承认全俄临时政府，并要求其自行解散。在 M. K. 季捷里赫斯的支持下，8月3日，"全俄临时政府"迁移到了符拉迪沃斯托克。

（三）高尔察克政府

1918年11月18日夜间，以立宪民主党中央委员会成员 B. H. 别别利亚耶夫为首的高层军官在鄂木斯克发动政变，宣布高尔察克担任"俄罗斯最高执政"。高尔察克在《告人民书》中宣布，"无论是反动道路，还是党派道路"都不会成功。他提出"建设有战斗力的军队，战胜布尔什维克""建设法律和法制秩序"的目标，向人民许诺"将会选择一个人民满意的政体"。[1] 在对未来政权的特点阐述了自己的个人看法后，高尔察克宣称，俄罗斯"只能采取民主制度"而"不能恢复到1917年2月之前的体制"[2]。尽管高尔察克表明了自己的超阶级和超党派立场，但实际上他执行的是"民族自由党"（立宪民主党）的主张，主要代表资产阶级和富裕阶层的利益。对支持社会主义政党的工人阶级，则持戒备态度。

高尔察克上台后，把各地反革命势力联合起来，在西伯利亚形成了进攻苏俄中心地区的策源地。以英美为首的帝国主义给了高尔察克政府大量的军事物资援助，旨在通过这一独裁政权控制白卫军。截至1919年3月中旬，仅英国就为其提供了11.2万支步枪、6000万发子弹、1亿套制服。另有1亿发子弹、43.2万颗手榴弹、84门火炮在运往西伯利亚的路途上；还有1000支机枪、1万支转轮手枪、7000万发枪弹和100万发转轮手枪弹、50万颗手榴弹、10万套制服、20万套床单被套、20万双鞋、10个无线电台、6个装甲车和50架飞机正准备运往西伯利

---

[1] К. А. Богданов. Адмирал Колчак：Биографическая повесть - хроника. СПб：Судостроение. 1993. С. 175.

[2] В. В. Рыбников. , В. П. Слободин. Белое движение в годы гражданской войны в России：Сущность，эволюция и некоторые итоги. Москва：Терра. 1993. С. 55 – 56.

亚。① 法国财政部也为供养大量西伯利亚反革命军队留足了预算。根据后来披露的数据，法国每月花费在高尔察克军队上的资金为 1800 万法郎。除此之外，白卫军还从法国获得了 900 架机枪、126 架飞机、422 门炮、70 辆汽车及其他军事装备。算上供养捷克斯洛伐克军团和本国派遣军队的费用，1919 年上半年，法国进行武装干涉的月均费用为 5000 万法郎。② 在帝国主义强大的军事支持下，1918 年末至 1919 年初，高尔察克多次发布征兵令，截至 1919 年春天，共征兵近 40 万人，其中 14 万被派往前线。

### 四 远东苏维埃政权的重建

1918 年秋，远东几乎所有的苏维埃政权全部被颠覆，大部分武装力量被摧垮，保存下来的红色近卫军也转入地下，或者分散各地。面对着外国干涉军和白卫政权的反动统治，在布尔什维克的领导下，远东人民进行了艰苦卓绝的革命斗争。从 11 月起，工人和贫苦农民开始组织武装游击队，到 1919 年初，在滨海、阿穆尔、外贝加尔的几十个村庄，几乎所有的成年男性居民都加入了游击队。③ 最初，游击队均属于地区性的和自发性的武装力量，相互之间也缺乏联系，每个省区内也未形成集中的统一领导。1918 年末，相继形成了三个省级的地下党领导核心，即符拉迪沃斯托克、哈巴罗夫斯克和布拉戈维申斯克。

为了加强对游击运动的领导，1919 年 3 月 20—21 日，在鄂木斯克召开了第三届全西伯利亚省级地下党的代表大会，远东党组织的代表参加了会议。此次会议指出，在目前军事独裁的白色恐怖下，革命斗争方式必须相应改变。会议提出了六项主要斗争策略：第一，组织工人、农民、士兵的武装起义，其目的是在广大地区重建苏维埃政权；第二，全面支持已开展起来的自发的群众起义，将这些起义引导到有组织的轨道上来；第三，游击战争吸引了群众，使大部分白卫军不愿意同游击队作

---

① АВПРИ. Ф.《Посольство в Париже》. Д. 3541. Л. 24.

② АВПРИ. Ф.《Канцелярия советника МИД Омского правительства на Дальнем Востоке》. Д. 61. Л. 15.

③ 沈莉华：《从对抗到承认：1917—1933 年的俄美关系》，黑龙江大学出版社 2009 年版，第 84 页。

战，削弱了敌人的力量；第四，在各省的经济活动中组织怠工，使白卫军丧失战斗力，行动陷于瘫痪；第五，在群众中加强宣传鼓动，在前线和后方组织力量进行斗争；第六，在西伯利亚的外国军队中从事宣传工作。

大会还通过《对革命游击队和起义队伍的指示》，具体提出了五项战斗任务：第一，在守卫薄弱的城市占领铁路线，夺取武器库；第二，夺取资金；第三，破坏敌人交通运输线，炸毁桥梁、铁路、轮船、工厂、电话线、矿山等，切断敌人的供应线；第四，动员农民拿起武器，消灭小股白卫军；第五，援助附近的游击队，联合起来完成更大的战斗任务。[①] 由此可见，此次大会遵循中央的指示，提出了西伯利亚和远东在国内战争时期的总任务、总目标，提出了组织与领导武装斗争，特别是开展游击运动的具体方针与方法。大会以后，各地布尔什维克党员及党组织，按照会议部署，全力开展工作，鄂木斯克会议成为西伯利亚和远东游击运动的新起点。在会议精神的鼓舞下，远东游击战争不断发展，队伍不断扩大，到1920年初，整个远东地区的游击运动规模已相当可观，游击队人数达3.5万多人。

除开展游击战争外，布尔什维克领导下的工人罢工运动也使干涉者和白卫军的后方陷入混乱状态。1919年3月31日，符拉迪沃斯托克工人开始罢工，罢工工人拒绝完成白卫军的订货，要求增加工资。1919年5月，为了配合滨海地区游击队开始的大规模行动，在布尔什维克党委员会的领导下，苏昌煤矿工人罢工，提出了"干涉者滚出去""不给高尔察克一吨煤"的口号。[②] 此次罢工极大地促进了群众性反干涉斗争的开展，很多罢工工人还加入了游击队。随后，滨海爆发了一系列罢工。6月，符拉迪沃斯托克和乌苏里铁路机务段的工人罢工，得到了军港工人的支持；7月11日，志愿舰队的水手们罢工；7月13日，中东铁路工人罢工。高尔察克政权宣布远东州处于紧急状态。罢工对瓦解白卫军后方、组织反干涉力量起到了重要作用。

---

① 初祥：《远东共和国史》，黑龙江教育出版社2003年版，第64页。
② Мухачев Б. И. Дальний Восток России в период революций 1917 года и гражданской войны. Владивосток: Дальнаука, 2003. С. 325.

游击队的英勇战斗和工人罢工运动的开展，牵制了敌军力量，扰乱了敌人后方，配合了红军的正面作战。1919年4月末，红军开始反攻，进入反高尔察克的决定性阶段。从7月起，红军先后解放了车里雅宾斯克、彼得罗巴甫洛夫斯克、伊希姆、鄂木斯克、新尼古拉耶夫斯克、阿钦斯克等大城市。高尔察克全军覆灭后仓皇东逃。1920年1月4日，高尔察克在下乌丁斯克宣布下台，把最高执政称号交给邓尼金，并给予谢苗诺夫掌管俄国东部地区军事、民政及建立国家管理机关的全权。①国内战争使美、英、意、法等国不得不重新研究对苏俄的政策。1919年12月16日，盟国五国会议决定停止支持反布尔什维克的俄国政府。1920年1月5日，美国政府被迫宣布撤回在远东的军队。1月16日，协约国最高委员会会议通过了解除对苏俄的封锁和将军队撤出西伯利亚的决定。1月30日，干涉国的军政要人在符拉迪沃斯托克召开密会，决定美、英、法、捷等军队撤出远东，委托日本保护它们在远东的利益。

远东布尔什维克党组织决定利用这种形势，准备武装起义。1919年12月，在符拉迪沃斯托克举行地下党会议，选举以拉佐为首的滨海省军事革命指挥部，制订起义计划。为防止外国干涉者介入，会议决定不提苏维埃的口号，而提将政权交给地方自治局的口号。1920年1月31日，符拉迪沃斯托克爆发人民起义，获得胜利，建立了具有革命性质的政权机关——滨海省自治管理局。符拉迪沃斯托克白卫政权的垮台，推动了各地游击战争的高涨。2月中旬，阿穆尔地区的游击队包围了哈巴罗夫斯克，卡尔梅科夫携带细软，仓皇逃往中国。2月16日，游击队占领哈巴罗夫斯克，新组建的城市自治管理局接管了政权。2月29日，游击队占领尼古拉耶夫斯克，选举了市苏维埃。在阿穆尔省，1919年11月12日，在罗穆纳村召开第七次阿穆尔省苏维埃代表大会，提出将省的军事、民政权力转到省执委会手中。会后把游击队改编为一个军，达2万人。罗穆纳会议表明游击运动向新的高度发展。1920年1月末，白卫军只据守几个大的城镇和铁路车站。游击队包围了布拉戈维申斯克，2月4日，赶跑了盘踞该城的库兹涅佐夫及原省长普利舍宾

---

① 徐景学主编：《西伯利亚史》，黑龙江教育出版社1991年版，第459页。

科，由组建的民主联盟掌握权力，两天后，又成立了工、农、兵、哥萨克临时执委会，代替了民主联盟，恢复了苏维埃政权。日本干涉军看到形势不妙，于2月23日被迫开始从阿穆尔省撤军。

## 第四节　远东共和国

### 一　远东共和国的建立

高尔察克政权垮台之时，西部以波兰和弗兰格尔匪军为主力的帝国主义正在筹划第三次联合进攻苏俄，南部有邓尼金顽固的残余势力，远东地区盘踞在赤塔一带的谢苗诺夫白卫军和日本军队把西外贝加尔与东外贝加尔隔开，形成所谓"赤塔塞子"。① 当时的苏俄国内经济崩溃、物资匮乏、饥荒蔓延，已无力应对东西战线的共同夹击。为了保证西线的胜利，列宁和党中央决定避免在东线与日本干涉军正面冲突，创造性地提出在苏俄与日军之间建立缓冲国的想法。"问题就是这样摆着的：远东、堪察加和西伯利亚的一部分现在事实上为日本所占有，因为那里是受日本的军事力量支配的，因为正如你们所知道的，环境迫使我们建立了缓冲国——远东共和国，我们知道得很清楚，由于日本帝国主义的压迫！西伯利亚的农民忍受着怎样令人难以置信的灾难，日本人在西伯利亚干了多少罄竹难书的暴行。……但是，我们不能同日本打仗，我们不仅应该尽力设法推迟对日战争。如果可能的话，还要避免这场战争，因为根据大家都知道的情况来看，我们现在无力进行战争。"②

1920年3月3日，党中央指示俄共（布）中央西伯利亚局成立远东局，领导缓冲国的建立和未来的活动。3月5日，在上乌丁斯克召开了各党派和社会组织代表联席会议，共产党、孟什维克、社会革命党人、沿贝加尔湖苏维埃中央执行委员会、工会、农民的代表参加了会议，宣布成立沿贝加尔湖临时地方自治局政权，这是后来缓冲国的雏形。3月28日至4月8日，召开沿贝加尔湖劳动人民代表大会，这是建立远东共和国道路上最重要的一步，时局和政权组建是大会的主要议

---

① 初祥：《远东共和国史》，黑龙江教育出版社2003年版，第136页。
② 《列宁全集》第31卷，人民出版社1957年版，第422页。

题。克拉斯诺谢科夫在会上详细阐述了建立缓冲国的缘由："苏维埃第八次代表大会宣布希望自己与所有国家和平共处。我们应该寻找新的和平道路，借助它能够从西伯利亚驱逐日本人、美国人和捷克人。为此，我们建立缓冲国，它应站在苏维埃红军和日本帝国主义之间。"[①] 4月3日，大会选举出以克拉斯诺谢科夫为首的沿贝加尔湖政府——人民革命政权的主席团。4月6日，大会向世界宣布远东共和国成立，从色楞格河到太平洋岸边全部土地均为其领土。5月14日，苏俄政府正式承认远东共和国。

远东共和国的《成立宣言》明确宣布：远东共和国是与苏俄并存的独立的民主共和国。对内实行资产阶级民主、共和，不建立苏维埃政权；对外"愿与各国建立友好之邦交，尤以与我毗邻者为最"，呼吁"请各国政府派遣全权代表，与本国新立政府缔建邦交"。[②] 显而易见，这个国家成立后的首要任务是积极开展外交，争取国际上的承认，继而履行其特殊的历史使命。作为俄国无产阶级为战胜帝国主义武装干涉而采取的一项重大策略措施，远东共和国肩负两项重要任务：一是以其特殊的中立、民主地位堵住日本干涉苏维埃的借口，从而遏制日本干涉军对西伯利亚的进攻，避免苏日直接冲突；二是努力打开通往外界的渠道，帮助苏俄摆脱外交和经济的孤立。

10月中旬，以埃赫为司令员的人民革命军三打赤塔，拔除"赤塔塞子"，谢苗诺夫匪军残部逃往中国。这样，远东共和国的政权从最初的仅治有西外贝加尔地区扩展到阿穆尔省。随后，经过激烈的斗争，在外国干涉军最多、反动派和妥协分子势力比较强大的滨海省，当地的自治局政府也承认远东共和国政府为全远东的政权。1920年10月28日至11月10日，在赤塔召开了各省联席会议，决定撤销现有省政府，建立远东共和国的省一级管理机关。1921年2月12日至4月27日，召开远东共和国立宪会议，通过布尔什维克提出的宪法草案，选举最高立法

---

[①] Цибиков Б. Д., Семина Г. М. Партизанское движение в Бурятии: Сборник документов. Улан - Удэ: Бурят. кн. изд - во, 1965. С. 78 – 79.

[②] 北洋政府外交部档案. 1920年5月16日远东共和国外交总长致中华民国外交总长电之附件，《中俄关系史料·一般交涉》(1920)，俄对华外交试探篇，台湾1968年版，第41—42页。

机关——人民议会。大会依照宪法，选举以克拉斯诺谢科夫为主席的政府，成立以尼基福罗夫为主席的部长会议。至此，远东共和国完成了建国的法律程序。

## 二 远东共和国的经济政策

（一）经济政策的基本方针

外国武装干涉和国内战争使远东经济遭受了严重破坏。数以千计的村庄被焚毁，大量工厂、矿井停产。据不完全统计，1918—1922年远东经济损失高达6.03亿金卢布。①

在这样的环境下，远东共和国从经济实际出发，结合民主国家的政治特点，遵照俄共（布）党中央的指示，制定了经济工作的基本方针和基本政策：坚持国家对经济生活的领导，重要工业、邮电部门和铁路归国家所有；整顿货币流通，在保持贸易自由的同时不允许资产阶级占统治地位；调整土地使用状况，支持集体农庄发展等。

1921年，远东共和国建立金属货币流通体制，使家财政逐步稳定，实行间接税、直接税和农业税，贫穷农户税率比富农低约5/6。1922年，远东共和国税收超过1500万金卢布，国家财政预算基本达到平衡。②

在1921年7月之前，远东共和国在政府机关和工矿企业实行实物原则，即口粮制。7月，政府通过决议，开始从"定量配给"转向按照"劳动数量和质量"分配工资，从而有效提高了工人生产积极性和劳动生产率。

远东共和国的经济恢复工作得到了苏俄政府的大力支持。1920—1921年，苏俄为远东共和国拨款80亿卢布；1921—1922年，远东共和国得到苏俄贷款约1400万卢布。与此同时，远东共和国实行了租让制政策、货币政策以及土地政策，加强了对外经济联系。

（二）租让政策

1921年5月，远东共和国在新经济政策基础上制订经济法令和财

---

① 初祥：《远东共和国史》，黑龙江教育出版社2003年版，第260页。
② Никифоров П. М. Записки премьера ДВР. М: Госполитиздат, 1963. С. 186.

政经济计划，其中租让政策是新经济政策的重要组成部分。同月，共和国和美国商人温特签订租让奥利达河沿岸金矿床的合同。远东共和国政府高度评价温特的活动，称其是冲破帝国主义经济封锁的第一位外国企业家。在远东，租让政策还成为利用帝国主义之间矛盾的手段，优待美英公司，而对日本公司则以撤军为租让的先决条件。远东共和国外交部坚定不移地宣布，日本三菱公司的租让权取决于日军从全远东领土撤出，包括从北萨哈林撤军。10月17日，远东共和国政府规定，一切涉外租让谈判都集中到外交部，租让项目必须由中央和地方矿务局主管人员和专家作出鉴定。

政府制定了租让矿山和森林的基本条例，规定勘探项目合同期限为5年，开发项目合同期限不超过36年，政府取得不超过利润10%的矿产品或加工品；对违反开发规则的承租者予以罚款，直至废止合同；为防止投机行为，承租者必须缴纳保证金，合同期满后由远东共和国政府返还；政府有权提供工人，承租者也可自行雇佣工人；政府有权优先购得矿产品，允许有严格数量限制的矿产品出口。森林租让条例原则上与矿产租让条件相同。森林租让合同有效期不超过36年，承租人必须组建合股公司，远东共和国政府有权得到25%的股份；合同期满后承租者财产无偿移交给国家。

总的来说，远东共和国在其存在的短暂时期，与外国公司签订的租让合同很少，实际上真正执行的就更少，产生的经济效益非常有限，但租让政策实施的政治意义不可小觑。它通过与美国企业家的谈判和签约加剧了美日之间的矛盾，也扩大了外国实业界对远东的了解。[①] 这是共产党在远东对外开放、引进外资的最早尝试。

（三）货币政策

远东共和国成立后，整顿货币流通是恢复国民经济的关键一环。1920年4—10月为第一阶段，远东各省执行相对独立的财政货币政策，尚未实行统一的货币政策；1920年11月至1921年5月中旬为第二阶段，远东共和国政府以行政命令方式统一纸币流通；1921年5月16日至1922年11月16日，远东共和国颁布金属货币流通法令。

---

[①] 初祥：《远东共和国史》，黑龙江教育出版社2003年版，第290页。

第一阶段，远东金融处于混乱无序状态，市场上流通的货币有：沿贝加尔自治局的纸币、1917 年苏俄发行的国内公债券、1918 年苏俄发行的纸币、"罗曼诺夫"纸币、"克伦斯基"纸币、"自由"债券、国家有息国库券、美国制造的面额 50 戈比的兑换券，还有远东共和国政府发行的"缓冲券"，各种货币混合使用，兑换比值不一，严重影响了商业和贸易的健康发展。① 政府颁布的《关于金银回笼》的法令变成了一纸空文，无法实施。农民拒不交售粮食给国家，而是卖给投机商以获得硬通货。中国商人也拒绝接受贬值的纸币。

1920 年 6 月 5 日，滨海政府通过决议，发行国家货币和将目前流通的各种支付符号统一兑换新币。据统计，提交兑换和登记的支付符号一共有 48 亿多卢布。由于卢布汇率不断下跌，直接使用金银币交易不可避免，纸币实际上逐渐退出流通，政府被迫投放银币，总计投入银币达 1519.8 万卢布，这表明滨海政府的货币改革失败了。

第二阶段，远东共和国以行政命令方式统一纸币流通。1920 年 11 月，远东共和国统一远东各省，缓冲券发行中心转到赤塔后，继续发行投入市场。11 月 15 日，远东共和国通过《关于在远东共和国境内货币流通的法令》，整顿货币流通，规定四种合法的流通纸币。法令遭到滨海省和哈巴罗夫斯克及外国侨民的抵制。12 月，政府规定实行劳动报酬实物化和标准额。1921 年 1 月 24 日，政府颁布《关于停止金币流通的法令》。但是，小额银币继续在商品市场流通，缓冲券兑换比率不断下降。从 7 月起，缓冲券在货币市场的流通实际上已经停止。为了获取粮食，政府使用警察队和拦截队，采用强制手段向农民征收粮食。远东共和国统一纸币的货币政策的失败，以及迫不得已采取"战时共产主义"方式管制经济，原因在于远东经济落后，生产生活资料匮乏，严重依赖于国外市场，而国外贸易主要媒介一直是硬通货。

第三阶段，1921 年 5 月 16 日，远东共和国通过调整货币流通的法令。这是在新经济政策指引下实行新的财政货币政策的第一步，国家规

---

① А. И. Погребецкий. Денежное обращение и денежные знаки Дальнего Востока за период войны и революции（1914 – 1924）. Харбин：О – во изучения Маньчжур. края；Чита：Дальневост. – сибир. о – во "Книж. дело"，1924. С. 282 – 284.

定纸币和银辅币的统一汇率；7月中旬，俄共（布）远东第三次代表会议在赤塔召开，决定有计划地放弃无保障货币，采用稳固的货币单位，将货币资源集中到唯一的国家银行金库；9月26日，政府颁布关于黄金自由流通的法令，12月20日固定金卢布和辅币兑换的比价。上述这些法令为远东生产的恢复和发展奠定了基础，最终实现了货币流通的统一。

为巩固和保障金属货币流通，政府还精简机构减少支出，减少进口扩大出口，实现无赤字预算，以及向苏俄政府请求紧急财政援助等。1922年3月7日，政府批准建立远东银行，也为巩固金属货币流通发挥了重要作用。到1922年末，远东共和国政府金属货币储备增加了，流通货币稳定，政府预算达到平衡，同时也改善了国际收支。

（四）土地政策

远东共和国建立后，首要任务之一是调整土地关系。1920年3月，政府以苏俄《土地法令》为基础，制定并通过了具体的《调整土地利用的规则》。4月16日，远东共和国农业部设立土地局，下设土地整理处和土地关系调整处，并相继在上乌丁斯克县、巴尔古津县、特罗伊茨克萨夫斯克县和霍林斯克盟、奇科伊盟等地设立土地局。不过由于许多农民参军、富农阻挠平均分配和同相邻民族相比耕地资源不均衡等原因，各地政府并没有大规模向农民平均分配土地，所以各地大都保留着旧的土地使用制度。

从1921年1月起，远东共和国开始着手制定《土地法》。在赤塔召开了农业部省局代表大会，讨论了苏俄的《土地社会化法令》，以此为基础并结合远东具体条件，决定消除阶层、集团土地特权，在平等劳动基础上使用土地，因此《土地法》草案得到与会代表赞同，鉴于远东复杂的社会现实情况，决定逐步地、非常审慎地实行。大会通过并暂时实行《关于调整土地关系的临时措施》，决定"在过渡时期允许土地出租和使用雇佣劳动"。显而易见，这种土地政策的让步，除了扩大粮食生产的经济目的，也具有政治动机。在阿穆尔、滨海和西伯利亚，除富农外，许多中等农户因劳动力缺乏也广泛使用雇佣劳动，为了建立最广大的工农联盟，抵消反革命势力在土地问题上的负面宣传，远东共和国在土地政策上作出一定让步。

1921年12月，远东共和国将《土地法》提交人民会议审议，并获得通过。这样，远东共产党人创造性地解决了当地错综复杂的土地问题，使《土地法》既适应缓冲国的基本法律，又适应远东特殊的历史条件。譬如，《土地法》第15条规定：国家闲置的土地可以出租给个人、团体和组织，用于工业或其他目的；在规定条件下有权使用雇佣劳动等。远东共和国政府制定了有步骤地改造农村居民各阶层土地利用的方针，展开没收教会土地，没收哥萨克村社多余土地的行动。当然，这些举措遭到富农的激烈反对。此外，由于国内战争和武装干涉尚未结束，政府没有能力大规模改变各地现存的土地关系，还没有创造出土地使利用的新形式，所以很多居民依然像从前一样使用土地。

不过，远东共和国在改革土地关系过程中出现了集体使用土地形式的萌芽，建立了一些简单的集体农庄。农村基层党组织是第一批集体农庄的倡议者。1920年，在沿贝加尔出现两个集体农庄——劳动者农庄和耐力农庄。9月，阿穆尔省普吉诺村农民全体会议一致通过"立即组建劳动组合"决议；《阿穆尔真理报》还报道了其他村子组建农村公社的消息。1920—1921年，远东集体农庄数量增长较快，据统计有142个集体农庄，人口数量7850人，耕种土地2838俄亩，参加者主要是贫苦农民。国家大力扶持集体农庄和农业公社、劳动组合等集体农业组织，以现金、机器、布匹等形式资助扶持，还建立省集体农庄联盟。

由于国家只能提供有限的物质和财政支持，加之大多数成员没有经验、农业技术知识不足等原因，许多集体农庄夭折。到1923年底，在外贝加尔、阿穆尔和滨海省只剩下57个集体农庄。[①]

（五）对外经济联系

对外保持经济联系也是远东共和国的一项基本经济政策。远东共和国宪法确认了保护私有制，与外国广泛通商，实行对外经济租让制等举措以发展和恢复国家工农业生产。优林使团在北京同各国驻华外交使团频繁接触，有的代表甚至表示，如能恢复同英国的贸易关系，可以考虑承认前政府签订的条约有效；美国商人也对同远东共和国建立经济贸易关系非常感兴趣。正是在此背景下，美英德等国商行代表前往赤塔，实

---

[①] 初祥：《远东共和国的土地政策》，《西伯利亚研究》2003年第2期。

地考察投资环境。美国温特商行、奥盖梅尔·克辛格公司、英国彼得威尔·库普兰德公司等纷纷与远东共和国政府签订合同，开发金矿床、购买锯木木料等原材料。

在1921年12月至1922年2月6日的华盛顿会议期间，远东共和国贸易代表团虽未与会，但在会外展开了积极的外交活动，揭露日本的侵略罪行，介绍远东共和国的自然资源和经济政策。这些活动使美国舆论界和实业界以及政界都加深了对远东共和国的了解和认识。

正是在这样的背景下，1922年7月，美国成立了远东资源开发公司，表现出对远东金矿开采、森林资源开发等的浓厚兴趣。远东共和国与美国、日本等资本主义国家逐步建立了贸易关系，主要在符拉迪沃斯托克港和满洲里站两地进行对外贸易活动。1921年至1922年上半年，远东共和国从中国、日本进口价值为322.2万卢布的布匹、148.1万卢布的面粉、77.67万卢布的谷物和118.2万卢布的其他商品；与此同时，远东共和国出口各种原材料，如出口日本价值为730万卢布的木材、毛皮、制革等原料，次年还向日本出口100万普特鲱鱼。1920—1921年，远东共和国向美国出口灰鼠皮15万张，1921—1922年向美国出口价值600万金卢布的毛皮。①

总之，远东共和国通过开展积极的对外经济联系，不仅改善了自己的经济紧张状况，而且还作为中介，使得苏维埃俄国同一些国家建立了贸易关系，在一定程度上打破了帝国主义对苏俄的经济封锁，对苏俄战胜帝国主义武装干涉和取得国内战争最终胜利发挥了重要作用。

### 三 远东共和国的外交政策

（一）远东共和国与日本的外交谈判

1920年4月19日，日军在萨哈林岛北部登陆。4月20日，远东共和国人民革命军向白卫军盘踞的赤塔发动进攻，但由于日军参战，未能解放赤塔。远东共和国政府为避免与日军发生冲突，5月24日，派国防部长彼得罗夫与日本代表在赤塔附近的贡戈塔车站举行谈判。经过三个回合的谈判，7月17日，远东共和国与日本签订了协定，规定不准

---

① 初祥：《远东共和国史》，黑龙江教育出版社2003年版，第281页。

苏俄红军开入远东共和国境内，日本从外贝加尔地区撤兵。日本虽然妄图使远东共和国脱离苏俄的领导与支援并由其控制，但通过协定，日本毕竟承认了远东共和国。贡戈塔谈判是远东共和国早期外交的第一个实际成果，保障了远东短时间的"喘息"。

1920 年底，协约国第三次进攻苏俄计划失败，外国武装干涉与国内战争基本结束，苏俄政权得到了巩固。1921 年初，日本在符拉迪沃斯托克又大力扶持白卫军头目梅尔库洛夫兄弟，6 月 8 日，日本与谢苗诺夫签订了联合进攻远东共和国的秘密协定，而当时的形势发展已经十分不利于日本的侵略计划。1921 年 3 月，英国与苏俄经过长期谈判，终于缔结了通商贸易暂行协定，随后其他西方国家也开始与苏维埃政府进行通商贸易谈判。同时，由于出兵西伯利亚耗费巨额军费，造成了日本财政困难，又遭到了其他列强特别是美国的反对，因此，日本统治集团内部对出兵西伯利亚的政策也产生了严重的意见分歧。在日本占领区内，人民群众的反日斗争也日益扩大。4 月，远东共和国先后两次照会日本政府，要求日本撤军，并建议举行缔结通商贸易协定的谈判。

日本政府迫于国内外的压力，不得不同意接受远东共和国政府的谈判建议。远东共和国政府代表和日本政府的代表在哈尔滨举行了 40 多天的非正式会谈后，1921 年 8 月 26 日在大连举行正式谈判。远东共和国代表团于 9 月 6 日提出协定草案，同意给日本人在经济上以某些特惠和提供居留地，但日军必须在协定正式签订后一个月全部撤走。日本政府代表却于 9 月 26 日向远东共和国提出 17 点要求，充分暴露了侵略野心。由于日本毫无撤兵诚意，大连谈判于 11 月陷入僵局。1922 年初，远东共和国人民革命军粉碎了梅尔库洛夫白卫军的进攻，2 月解放哈巴罗夫斯克后，沿乌苏里江向符拉迪沃斯托克一带挺进。3 月，远东共和国与日本除撤兵问题和向日本提供利权问题外，就两国相互权利和通商问题达成了 16 条协议。4 月初，远东共和国政府提请日军不要妨碍远东共和国人民革命军进入符拉迪沃斯托克，遭日军强烈反对。4 月 16 日，大连会议破裂，但日本出兵西伯利亚造成了本国政府财政的沉重负担，国内要求撤兵的呼声日益高涨。国际上，由于各列强与苏俄的经济关系不断发展，1922 年 4 月，在日内瓦召开了讨论苏俄和帝国主义各国经济交流的会议。在国际形势、军事形势非常有利的情形下，远东共和国政府于 6 月 12 日向日本政府提议恢复谈判，条件是同意苏俄政府参加谈判和日本政府必须明确从西伯利亚撤兵的日期。日本政府鉴于国内经济困难、国际上日益陷于孤立、远东干涉军的失败已无可挽救的形势，不得不重新考虑远东共和国的提议。日本加藤友三郎内阁判断形势说："鉴于内外形势，西伯利亚撤兵势难拖延；尤其一旦外国提议强逼撤兵，帝国政府之处境将愈加困窘。"① 在这种情况下，日本政府决定将全部干涉军于 10 月底撤退完毕，同时接受远东共和国政府恢复谈判的提议，同意苏俄代表参加谈判。至此，远东共和国与日本的单独谈判结束。

（二）远东共和国与中国的外交谈判

中国是远东共和国积极外交的另一个重点。1920 年 5 月 16 日，远东共和国主席兼外交部部长克拉斯诺谢科夫首次致电中国北京政府外交总长，详细阐述了远东共和国所处的地位、立场与政策，并附以独立宣言书，表示希望尽快与中国建立相互友好关系。远东共和国使华代表团于 5 月底组成。它是远东共和国第一个外交代表团，也是俄国十月革命后第一个使华代表团。代表团由 5 人组成，团长为远东共和国国防部副部长伊格纳季·利沃维奇·优林。代表团的使华目的在于"寻求建立永久的外交关系，在北京设置领事事务代表，同时接受中国的代表常驻远东共和国，争取与中国在完全平等的基础上公开谈判各种问题"②。代表团肩负的具体任务为两项：一是与中国进行谈判，以期获得承认，并缔结有关经济协定和政治协定；二是通过与驻京的各国外交人士的交流活动，扩大远东共和国的影响，争取与各国建立广泛的外交联系。代表团于 1920 年 8 月 26 日到达北京，到 1922 年 11 月 18 日，宣布撤销驻华机构，两年又三个月的时间里，首席代表三易其人：优林、阿格辽夫、巴谷勤，积极开展了与中国的全面外交活动。

1921 年 1 月 9 日，中东路督办宋小濂与远东共和国交通部长沙托夫在哈尔滨签订了《中东路与俄国贝加尔路临时交通办法》，共 6 项。

---

① ［日］信夫清三郎：《日本外交史》下册，天津社会科学院日本问题研究所译，商务印书馆 1980 年版，第 490 页。

② 黄纪莲：《远东共和国与中国》，《世界历史》1988 年第 3 期。

这是中国政府应远东共和国使华代表之请，与远东共和国政府达成的第一项协议。随后，黑龙江地方官员又与远东共和国代表就边界交通问题进行磋商。3月7日，督办呼伦贝尔善后事宜兼外交部交涉员钟毓与远东共和国交通部副部长瓦连勤·弗拉基米洛维奇·里亚宾科夫在满洲里签署了《黑龙江省与远东政府开通边界章程》和《会订东赤两路开通车辆条件》，分别为13条和12条，这是中国黑龙江省与远东共和国签订的局部协定。10月3日，由中国外交部俄事委员会会长刘镜人与远东共和国代理代表阿格辽夫在北京签订了《中赤解决扣留行李协定》，这是远东共和国代表在其使华期间与中国外交部签订的唯一协定。

1922年是远东共和国与中国交涉逐渐深入的一年。远东共和国阿穆尔省国家水道转运局局长与中国黑河道尹几经商议后，各派代表于5月27日和7月21日先后在瑷珲签订了《黑龙江航行地方临时协议》和议定了《黑龙江临时协议细则十六条》，规定了征收江捐及共同修理航路工程的章程及细则，6月中旬开始实行。这是十月革命后中俄关于黑龙江航行的第一个协议。这一年，中俄双方由黑河口岸进出口的轮船总次数达612次，拖船为168次，由轮船输入进口货物总数为300万普特，由轮船运入进口客人总数为3.1万人。

1922年秋，中东路护路军总司令朱庆澜又与远东共和国驻哈尔滨代表签订了《绥崴临时通车条件》，这是远东共和国与中国订立的最后一项协议。这一协议的订立，消除了绥芬河至符拉迪沃斯托克（海参崴）通车的障碍，使中国东北的粮米货物顺利地经由中东铁路运往俄国远东的乌苏里地区，有力地支援了俄国远东军民抗击日本干涉者的最后斗争。

在远东共和国与中国发生外交接触的两年多时间里，两国间不但订立了上述7项协议，还由使华代表团与北京政府进行了包含中俄之间的所有重要问题——邦交、商约、侨务、中东路、松黑航行和外蒙古等的双边事务谈判。远东共和国代表与北京政府的谈判，虽由于种种原因，双方在许多问题上未能达成协议，但仍然取得了一定的成果，北京政府停止了旧俄驻华使领待遇，两国进一步增进了了解，通商贸易得以恢复，两国关系得到了发展，这对远东共和国国际地位的提高、经济的恢复和国家的巩固都是很重要的，使远东共和国在与日本的外交斗争中增强了实力。

（三）远东共和国代表团在华盛顿

第一次世界大战后，为了对战后远东和太平洋地区殖民势力范围重新分割，帝国主义国家在美国召开了华盛顿会议，但苏维埃俄国和远东共和国没有被邀请参加会议。1921年9月21日，美国驻符拉迪沃斯托克领馆公布了美国国务院声明，声称俄国利益由会议全体参加者负责，此举遭到苏俄政府的强烈抗议。远东共和国决定利用美日的深刻矛盾，争取参加会议。

1921年9月末，美国驻中国大使馆通知远东共和国在北京的使团，仅同意后者派贸易代表团赴美。12月3日，以经济学家 A. A. 亚济科夫为团长的远东共和国代表团经中国赴美，到达华盛顿。同期抵达的还有以科列斯尼科夫、奥库里奇为首的远东白卫政权"沿阿穆尔政府"代表团。12月7日至月末，美国国务院俄国司司长普尔、国务卿休斯、远东司司长马克—缪里、副国务卿迪林、贸易部长胡佛、参议院外交委员会主席洛奇等人先后会见远东共和国代表团，但美日等与会代表企图回避俄国远东问题。

在这种情况下，远东共和国代表团于1922年1月初公布了一批秘密文件，揭露法、日等国与白卫傀儡政府签订秘密协定，内容有法国同意日本占领西伯利亚、日本在西伯利亚有行动自由、被解放地区受日本保护、日本在远东获得统治地位并有权在战略要地驻军以及优先考虑法国的经济利益等。这些文件像一颗重磅炸弹震惊了世界舆论，"将西伯利亚问题"提到了全世界面前。

1922年1月23日，美英主导的华盛顿会议被迫讨论西伯利亚问题，日本代表币原狡辩远东存在"对其领土和公民安全的严重威胁"，遭到远东共和国代表驳斥，被迫承诺从远东撤军。美国为了遏制日本在远东的政治经济扩张，坚决认为"按照两国当初出兵时所作的公开承诺，日本应该完全从俄国领土撤军"[①]。会议没有通过关于远东形势的专门协定，但将美日代表声明载入会议记录。华盛顿会议还讨论了涉及远东共和国和苏俄利益的中东铁路问题，美国提出了"国际化"方案，

---

① 初祥：《远东共和国史》，黑龙江教育出版社2003年版，第215页。

妄图将铁路据为己有，遭到远东共和国代表团长亚济科夫的坚决反对，反对对中东路进行"国际监督"。美国的意图没有得逞。

总的来说，代表团成功地揭露了日本在远东的扩张野心，引起美英等国的关注与警觉，为迫使日本从远东撤军打下了基础。除外交上的成果外，远东共和国代表团还取得了一系列经济成果。代表团成员与美国实业界接触，与花旗银行、保险托拉斯等谈判，介绍远东共和国的经济环境与租让政策，为远东共和国的经济恢复及对外开放打开了一扇窗口。

### 四 远东共和国的历史地位

1922年9月4日，远东共和国、苏俄与日本的三方会谈在长春开始，因日本从北库页岛撤兵期限问题受阻，谈判于9月25日破裂。但日本自8月15日开始的从西伯利亚撤兵仍继续进行。1922年10月25日，远东共和国人民革命军开进符拉迪沃斯托克，滨海解放。[①] 至此，远东共和国已经完成了"缓冲国"的历史使命。1922年10月30日，俄共（布）中央远东局向中央报告，提出取消"缓冲国"及在远东建立苏维埃政权的方案。1922年11月13日，远东共和国召开人民会议，并于次日通过决议，宣布撤销远东共和国，建立苏维埃政权，请求合并于苏维埃俄国。11月15日，苏俄政府接受了远东共和国人民会议的请求，重新合并了俄国远东地区。11月16日，原远东共和国人民革命军改为红军。

远东共和国的建立，使苏俄避免了与日本的直接武装冲突，能够集中力量迅速击溃西部波兰白军与弗兰格尔白匪的进攻，至1920年底基本上结束了历时两年多的国内战争，保卫住了俄国十月革命的成果，并且使苏俄政府有可能着手进行国内经济的恢复工作，使新生政权迅速获得巩固。

远东共和国政府在俄共（布）中央的指导下，同日本进行了坚决而又灵活的外交斗争，最后迫使日本从俄国远东地区撤退了干涉军。与此同时，远东共和国人民革命军彻底消灭了日本支持下的白卫军，解放

---

[①] 李凡：《远东共和国始末》，《历史教学》1998年第1期。

了整个俄国远东地区。苏共中央、苏联最高苏维埃主席团和苏联部长会议给远东劳动人民、远东军人和红旗太平洋舰队水兵的致敬信中说："1922年10月从远东边区赶走外国武装干涉者和白卫军的业绩，在苏联人民保卫十月革命成果，为祖国的自由和独立而斗争的编年史上写下了光辉的一页。苏联人民永远不会忘记把苏维埃旗帜插到太平洋岸边的人民革命军和游击队战士的不朽功勋。"[1]

---

[1] 李嘉谷：《远东共和国的历史使命》，《世界历史》1987年第5期。

# 主要参考文献

## 一 中文文献

北洋政府外交部档案，1920年5月16日远东共和国外交总长致中华民国外交总长电之附件，《中俄关系史料·一般交涉》（1920），俄对华外交试探篇，台湾1968年版。

步平等编著：《东北国际约章汇释》，黑龙江人民出版社1987年版。

步平主编：《黑龙江通史简编》，黑龙江人民出版社2017年版。

陈秋杰：《十月革命前朝鲜人向俄国远东地区迁移述评》，《西伯利亚研究》2005年第1期。

初祥：《远东共和国史》，黑龙江教育出版社2003年版。

戴鞍钢、黄苇：《中国地方志经济资料汇编》，汉语大词典出版社1999年版。

富育光、孟慧英：《满族萨满教研究》，北京大学出版社1991年版。

干志耿、孙秀仁：《黑龙江古代民族史纲》，黑龙江人民出版社1987年版。

高凯军：《通古斯族系的兴起》，中华书局2012年版。

顾明远：《战后苏联教育研究》，江西教育出版社1991年版。

何秋涛：《朔方备乘》，光绪七年（1991年）刊本。

候育成：《西伯利亚民族简史》，黑龙江省社会科学院西伯利亚研究所，1987年。

黄定天：《东北亚国际关系史》，黑龙江教育出版社1999年版。

蒋廷黻：《中国近代史》，上海古籍出版社2006年版。

李秉衡：《李忠节公遗集》第10卷，民国十九年排印本。

李凡：《日苏关系史（1917—1991）》，人民出版社 2005 年版。

李济棠：《中东铁路——沙俄侵华的工具》，黑龙江人民出版社 1979 年版。

李义芳：《论沙俄在北美殖民的失败及影响》，《长江大学学报》（社会科学版）2008 年第 1 期。

刘爽：《西伯利亚移民运动与俄国的资本主义化进程》，《学习与探索》1995 年第 2 期。

孟宪章：《中苏经济贸易史》，黑龙江人民出版社 1992 年版。

宓汝成编：《中国近代铁路史资料（1863—1911）》，中华书局 1963 年版。

沈莉华：《从对抗到承认：1917—1933 年的俄美关系》，黑龙江大学出版社 2009 年版。

苏武：《俄罗斯的朝鲜移民》，《历史月刊》（中国台湾）2000 年第 10 期。

孙进己、冯永谦总纂：《东北历史地理》（上、下），黑龙江人民出版社 2013 年版。

佟冬主编：《沙俄与东北》，吉林文史出版社 1985 年版。

王晶：《旅俄华工与俄属远东地区的经济开发》，《西伯利亚研究》1996 年第 4 期。

王晓菊：《俄国东部移民开发问题研究》，中国社会科学出版社 2003 年版。

王彦威纂辑：《清季外交史料》第 121 卷，书目文献出版社 1987 年版。

王钺：《俄美公司与日本》，《学习与探索》1988 年第 3 期。

咸丰朝《筹办夷务始末》第 8 卷，第 15 卷，第 25 卷。

修伟：《十月革命前俄国移民政策刍议》，《东北史地》2013 年第 6 期。

徐景学主编：《西伯利亚史》，黑龙江教育出版社 1991 年版。

许景澄：《许文肃公遗稿》第 10 卷，外交部图书处 1918 年版。

殷剑平：《早期的西伯利亚对外经济联系》，黑龙江人民出版社 1998 年版。

张蓉初：《红档杂志有关中国交涉史料选译》，生活·读书·新知三联书店 1957 年版。

张寿民：《俄罗斯法律发达史》，法律出版社2000年版。

郑长春：《中东铁路历史编年》，黑龙江人民出版社1987年版。

中国第一历史档案馆：《清代中俄关系档案史料选编》（第一编），中华书局1981年版。

周尚文等：《苏联兴亡史》，上海人民出版社2002年版。

## 二 汉译外文文献

[苏] 谢·宾·奥孔：《俄美公司》，俞启骧等译，商务印书馆1982年版。

[俄] 巴尔苏科夫：《穆拉维约夫——阿穆尔斯基伯爵》第1卷，商务印书馆1973年版。

[苏] 鲍里斯·罗曼诺夫：《俄国在满洲（1892—1906）》，陶文钊译，商务印书馆1980年版。

俄国古文献委员会编：《历史文献补编》（Дополнения к актам историческим），侯育成、赵立枝译，黑龙江省出版局（83）黑出管字第244号登记备案，1982年。

[苏] 卡巴诺夫：《黑龙江问题》，赵延祚译，黑龙江人民出版社1983年版。

[俄] Г. И. 涅维尔斯科伊：《俄国海军军官在俄国远东的功勋》，郝建恒、高文风译，商务印书馆1978年版。

[俄] А. П. 瓦西里耶夫：《外贝加尔的哥萨克（史纲）》第1卷，徐滨等译，商务印书馆1977年版。

[俄] А. П. 瓦西里耶夫：《外贝加尔的哥萨克（史纲）》第3卷，徐滨等译，商务印书馆1979年版。

[俄] 维特、[美] 亚尔莫林斯基：《维特伯爵回忆录》，傅正译，商务印书馆1976年版。

[俄] П. Ф. 翁特别尔格：《滨海省》（1856—1898年），黑龙江大学俄语系研究室译，商务印书馆1980年版。

[俄] П. Ф. 翁特尔别格：《滨海省（1856—1898）》，黑龙江大学俄语系研究室译，商务印书馆1980年版。

[俄] 伊凡·纳达罗夫：《北乌苏里边区现状概要（及其他）》（中译

本），复旦大学历史系世界史组和上海人民出版社编译室俄文组译，上海人民出版社 1975 年版。

［苏］А. И. 克鲁沙诺夫：《苏联远东史（从远古到 17 世纪）》，成于众译，哈尔滨出版社 1993 年版。

［美］安德鲁·马洛泽莫夫：《俄国的远东政策（1881—1904 年）》，商务印书馆 1977 年版。

［美］弗·阿·戈尔德：《俄国在太平洋的扩张》（1641—1850 年），陈铭康、严四光译，商务印书馆 1981 年版。

［美］乔治·亚历山大·伦森编：《俄国向东方的扩张》，杨诗浩译，商务印书馆 1978 年版。

［苏］涅维尔斯科伊：《俄国海军军官在俄国远东的功勋》，郝建恒、高文风译，商务印书馆 1978 年版。

［美］乔治·亚历山大·伦森：《俄国向东方的扩张》，杨诗浩译，商务印书馆 1978 年版。

［日］林三郎编著：《关东军与苏联远东军》，日本问题研究室译，吉林人民出版社 1979 年版。

［日］信夫清三郎：《日本外交史》下册，天津社会科学院日本问题研究所译，商务印书馆 1980 年版。

沈志华主编：《苏联历史档案选编》第 3 卷，社会科学文献出版社 2002 年版。

［苏］葛罗米柯：《外交史》第 3 卷，生活·读书·新知三联书店 1982 年版。

［苏］П. И. 卡巴诺夫：《黑龙江问题》，姜延祚译，黑龙江人民出版社 1983 年版。

［苏］列·米·戈留什金：《19 世纪下半叶—20 世纪初西伯利亚农业发展中的共性与特性》，《西伯利亚研究》2004 年第 2 期。

［苏］苏联科学院远东研究所编：《十七世纪俄中关系》，黑龙江大学俄语系、黑龙江省哲学社会科学研究所第三室合译，商务印书馆 1975 年版。

［英］拉夫斯坦：《俄国人在黑龙江》，陈霞飞译，商务印书馆 1974 年版。

## 三 外文文献

Агапова Т. И. Первые страницы истории цветной металлургии России // Ученые записки Кабардино - Балкарского университета. Нальчик，1960. Сер. ист. филол. вып. 7.

Азатьян А. А.，Белов М. И.，Гвоздецкий Н. А.，Каманин Л. Г.，Мурзаев Э. М.，Югай Р. Л. История открытия и исследования Советской Азии. М. : Мысль，1969.

Алексеев А. И. Охотск - колыбель русского Тихоокеанского флота. Хабаровск，1958.

Алексеев А. И. Освоение русскими людьми Дальнего Востока и Русской Америки. М. : Наука，1982.

Алексеев А. И.，Морозов Б. Н. Освоение русского Дальнего Востока. конец 19в. - 1917г. М. 1989.

Андриевич В. К. История Сибири. Ч. 1. СПб. 1889.

Асалханов И. А. Социально - экономического развития юго - восточной Сибири во второй половине 19 в. Улан - Удэ，1963.

Асалханов И. А. Сельское хозяйство Сибири конца 19 - начала 20 в. Новосибирск，1975.

Бахрушин С. В. Казаки на Амур. Л. ，1925.

Бахрушин С. В. Очерки по истории колонизации Сибири в XVI и XVII вв. ，М. ，1927.

Беликова Л. И.，Иванов С. А.（глав. ред. ）и др. Борьба за власть Советов в Приморье（1917 - 1922 гг. ）. Владивосток : Примор. кн. изд - во，1955.

Берг Л. С. Открытие Камчатки и экспедиции Беринга. М. : Л. ，1946.

Бешта И. Л. Капиталистическое предпринимательство в дальневосточном рыболовстве в конце XIX - начале XX вв. // Народы советского Дальнего Востока в дооктябрьский период истории СССР. Владивосток，1968.

Богданов К. А. Адмирал Колчак : Биографическая повесть - хроника.

СПб：Судостроение，1993.

Бойко – Павлов Д. И.，Сидорчук Е. П.，Так было на Дальнем Востоке. М.：Мысль，1964.

Борзунов В. Ф. Влияние Транссибирской магистрали на развитие сельского хозяйства Сибири и Дальнего Востока в начале 20 в. (1900 – 1914 гг.) // Особенности аграрного строя России в период имриализма. М.，1962.

Буганов В. И.，Преображенский А. А.，Тихонов Ю. А. Эволюция феодализма в России：Социально – экономические проблемы. М.：Мысль，1980.

Галлямова Л. И. Очерки истории формирования рабочего класса на Дальнем Востоке России（1860 – февраль 1917 г.）. Владивосток，1984.

Гонсович Е. В. История Амурсково край. Благовещенск，1917.

Гольденберг Л. А. Михаил Спиридонович Гвоздев（начало XVIII в. – после 1759 г.）. М.：Наука，1985.

Граве В. В. Китайцы，корейцы и японцы в Приамурье. СПб.，1912.

Греков В. И. Очерки из истории русских географических исследований в 1725 – 1765 гг. М.，1960.

Дружинин Н. М. Русская деревня на переломе 1861 – 1880 гг. М.，1978.

Иваницкий Н. С. Нужды народного образования в Приамурском крае. Хабаровск，1914.

Кабузан В. М. Дальневостоный край в XVII – начале XX вв.（1640 – 1917）. М.：Наука，1985.

Карпенко З. Г. Горная и металлургическая промышленность Западной Сибири в 1700 – 1860 годах. Новосибирск，1963.

Кашик О. И. Основание первого в России сереброплавильного завода // Ученые записки Иркутского государственного педагогического института. вып. 11. 1955.

Ким К. В. Крестьянская кооперация Дальнего Востока（1908 – февраль

1917 гг.）：Автореф. дис. канд. ист. наук. Горький，1988.

Кожухов Ю. В. Русские крестьяне Восточной Сибири в первой половине XIX в. （1800 – 1861）. Л.：Издательство ЛГУ，1967.

Колбин Г. Б. Дальсовнарком. 1917 – 1918 гг.：Сборник документов и материалов. Хабаровск：кн. Изд，1969.

Крушанов А. И. Октябрь на Дальнем Востоке. Владивосток，1968. Ч. 1.

Крушанов А. И. Победа Советской власти на Дальнем Востоке и в Забайкалье（1917 – апрель 1918 г.）. Владивосток：Дальневост. кн. изд – во，1983.

Крушанов А. И. （Ответственный редактор）. История Дальнего Востока СССР с древнейших времен до XVII века. М.：Издательство Наука，1989.

Крушанов А. И. Крестьянство Дальнего Востока СССР XIX – XX вв.：Очерки истории. Владивосток，1991.

Крюков Н. А. Опыт описания землепользования у крестья – переселенцев Амурской и Приморской областей. М.，1896.

Крюков Н. А. Опыт описания землепользования у крестья – переселенцев Амурской и Приморской областей // Записки Приамурского отдела РГО. М.，1896. Т. 2. вып. 2.

Кузнецов М. С. и другие. Культурное строительство на Дальнем Востоке（1917 – 1941 гг.）：Документы и материалы. Владивосток：Дальневост. кн. изд – во，1982.

Кутаков Л. Н. Россия и Япония. М.，1988.

Куцый Г. С. Борьба профсоюзов за установление власти Советов в Приморье（март – ноябрь 1917 г.）. Владивосток：Примор. кн. изд – во，1963.

Лежнин П. Д. Богатство Приамурья и Забайкалья. Чита，1922.

Лынша О. Б. История образования на Дальнем Востоке России. 1860 – 1917 гг. Автореф. дис. на соиск. учен. степ. к. ист. н. Уссурийск，2000.

Магидович И. П.，Магидович В. И. Очерки по истории географических открытий. М. , 1983.

Макарова Р. В. Экспедиции русских промышленных людей в Тихом океане в XVIII в. // Вопросы географии. 1950. № 17.

Макарова Р. В. Русские на Тихом океане во второй половине XVIII в. М. : Наука, 1968.

Митинский А. Н. Материалы о положении и нуждах торговли и промышленности на Дальнем Востоке. СПб. , 1911.

Мухачев Б. И. , Светачев М. И. Подготовка и начало интервенции на Дальнем Востоке России: док. и материалы. Владивосток: Наука, 1997.

Мухачев Б. И. История Дальнего Востока России в период революций 1917 Года и Гражданской Войны. Владивосток: Дальнаука, 2003.

Муров Г. Т. По русскому Дальнему Востоку. М. , 1909. Т. 1.

Миллер Г. Ф. История Сибири, Т. 1. М. , Л. 1937.

Насекин Н. А. Корейцы Приамурского края: Краткий исторический очерк. Хабаровск, 1896.

Никифоров П. М. Записки премьера ДВР. М: Госполитиздат, 1963.

Нилус Е. Х. Исторический обзор Китайской Восточной железной дороги. Том 1. Харбин. 1923 г.

Оглобин Н. Н. Две "скаски" Владимира Атласова об открытии Камчатки // Чтения в ОИДР. М. , 1891.

Огородников В. И. Очерк истории Сибири до начала XIX стол. Ч. 1. Введение. История дорусской Сибири. Иркутск, 1920.

Окладников А. П. , Шунков В. И. История Сибири. Т. 3. Ленинград. 1968.

Пак Б. Б. Вопрос о направлении восточной ветки Сибирской железной дороги во внешней политике России в конце 19 – начале 20 века // Россия и политика держав в странах Востока. Иркутск, 1991.

Пак Б. Д. Россия и Корея. М. , 1979.

Петров А. И. Корейская иммиграция на Дальний Восток России в 1860 – 1917 гг. Вестник Дальневосточного отделения Российской

Академии наук. Владивосток, 1998. № 5.

Погребецкий А. И. Денежное обращение и денежные знаки Дальнего Востока за период войны и революции（1914 – 1924）. Харбин: О – во изучения Маньчжур. края; Чита: Дальневост. – Сибир. о – во "Книж. дело", 1924.

Рабинович Г. Х. Крупная буржуазия и монополистический капитал в экономике Сибири конца 19 – начала 20 в. Томск, 1975.

Рашин А. Г. Население России за 100 лет. М., 1956.

Рыбников В. В., Слободин В. П. Белое движение в годы гражданской войны в России: Сущность, эволюция и некоторые итоги. Москва: Терра, 1993.

Сафронов Ф. Г. Росские на Северо – Востоке Азии в XVII – середине XIX в. М.: Наука, 1978.

Сафронов Ф. Г. Русские промыслы и торги на Северо – Востоке Азии в XVIII – середине XIX в. М.: Наука, 1980.

Сафронов Ф. Г. Тихоокеанские окна России: Из истории освоения русскими людьми Охотского и Берингова морей, Сахалина и Курил. Хабаровск: Хабаровское книжное издательство, 1988.

Светачев М. И. Интервенты и сибирская контрреволюция // Вопр. Истории Дальнего Востока. Хабаровск, 1973. вып. 3.

Серебренников Б. А., Сидоровнин Г. П. Жизнь и смерть Петра Столыпина. Саратов, 1991.

Серебренников И. И. Сибирские вопросы. 1907. № 17.

Семевский В. И. Рабочие на сибирских золотых промыслах. СПб., 1898. Т. 1.

Соловьев Ф. В. Китайское отходничество на Дальнем Востоке России в эпоху капитализма（1861 – 1917 гг.）. М., 1989.

Сопоцко А. А. История плавания В. Беринга на боте "Св. Гавриил" в Северный Ледовитый океан. М.: Наука, 1983.

Сорокина Т. Н. Хозяйственная деятельность китайских подданных на Дальнем Востоке России и политика администрации Приамурского края (конец 19 – начало 20 вв.). Омск, 1999.

Станкевич А. П. Первая революция на Дальнем Востоке: Хроника революционных событий 1903. Хабаровск, 1934.

Старков М. И. Амурское крестьянство накануне Октября. Благовещенск, 1962.

Стрюченко И. Г. Периодическая печать Дальнего Востока и Забайкалья эпохи капитализма (1861 – 1917 гг.). Владивосток, 1983.

Стрюченко И. Г. Печать Дальнего Востока между двумя буржуазными революциями (в конце 1907 г. – февраль 1917 г.). Владивосток, 1984. И. И. Огрызко. Открытие Курильских островов // Ученые записки ЛГУ. 1953. № 157.

Ступников В. М. К вопросу об экспансии иностранного капитала в дальневосточную золотопромышленность (конец 19 – начало 20 в.) // Народы советского Дальнего Востока в дооктябрьский период истории СССР. Владивосток, 1968.

Унтербергер П. Ф. Приамурский край. 1906 – 1910 гг. СПб. 1912.

Федорова С. Г. Русское население Аляски и Калифорнии: Конец XVIII в. – 1867 г. М.: Наука, 1971.

Ходасевич А. П. Милиция таежного края. Хабаровск: кн. изд – во, 1969.

Целищев М. И. Экономическе очерки Дальнего Востока. Владивосток, 1925.

Цибиков Б. Д., Семина Г. М. Партизанское движение в Бурятии: Сборник документов. Улан – Удэ: Бурят. кн. изд – во, 1965.

Шиндялов Н. А. Октябрь на Амуре. Установление советской власти в Амурской области. Март 1917 – апрель 1918 г. Благовещенск: Хабар. кн. изд – во, 1973.

Шунков В. И. Очерки по истории колонизации Сибири в XVII в. – начале XVIII в., М. Л., 1946.

Щсагин Э. М. Октябрьская революция в деревне восточных окраин России (1917 – лето 1918 г.). Москва: Наука, 1974.

АВПРИ. Ф. Канцелярия советника МИД Омского правительства на Дальнем Востоке. Д. 61. Л. 15.

АВПРИ. Ф. Посольство в Париже. Д. 3541. Л. 24.

Азиатская Россия. Т. 1. СПб., 1914.

Вестник Азии. Харбин, 1911. № 9.

Вестник министерства путей сообщения. СПб., 1904. № 4.

Голос труда. 1918. 29 января.

Горное дело в Приамурском крае. Хабаровск, 1916.

Дальневосточное морское пароходство. 1880 – 1890. Владивосток, 1980.

Декреты советской власти. Москва: Политиздат. 1959. т. 2.

Железнодорожная жизнь на Дальнем Востоке. Харбин, 1915. № 19.

Железнодорожная жизнь на Дальнем Востоке, Харбин, 1915. № 33.

Железнодорожная жизнь на Дальнем Востоке, Харбин, 1916. № 22.

Записи гидрографического департамента Морского ведомства. СПб., 1851.

Записка Русского географического общества по отделению этнографии. СПб., 1871.

Известия Владивостокского Совета рабочих и солдатских депутатов. 1917, 4 декабря.

Институт марксизма – ленинизма при ЦК КПСС, Институт истории СССР АН СССР.

История Дальнего Востока СССР в эпоху феодализма и капитализма (17в. – февраль 1917 г.), М., 1991.

Краткая история Приамурского отдела Императорского Русского географического общества за 20 лет. 1893 – 1903. Хабаровск, 1913.

Краткие сведения о горной промышленности в Приамурском крае. Хабаровск, 1915.

Крестьянство Сибири в эпоху феодализма. Новосибирск, 1982.

Крестьянство Сибири в эпоху капитализма. Новосибирск, 1983.

Материалы, относящиеся до земельного и экономического

положения Амурского и Уссурийского казачьих войск. СПб. , 1902. вып. 2.

Материалы по изучению рабочего вопроса в Приамурье. СПб. , 1911. вып. 1.

Международные отношения на Дальнем Востоке. Ки. 1.

Народное хозяйство СССР в 1962 г. М. , 1963.

Обзор земельдельческой колонизации Амурской области. Благовещенск, 1913.

Обзор Приморской области за 1899 год. Владивосто, 1900.

Очерки истории дальневосточных организаций КПСС (1900 – 1917). Хабаровск, 1928.

Очерки истории СССР: Период феодализма. Россия в первой четверти XVIII века. М. , 1954.

Приморье, его природа и хозяйство. Владивосток, 1923.

Производительные силы Дальнего Востока. Владивосток, 1928. вып. 5.

Протоколы IV съезда Совета рабочих, солдатских, крестьянских и казачьих депутатов. Хабаровск, 1918.

Путеводитель по Великой Сибирской железной дороге. СПб. , 1900.

Сибирская советская энциклопедия. т. 2. М. , 1931.

Сибирские вопросы. СПб, 1909. № 8; № 4.

Памятники Сибирской истории XVIII в. СПб. , 1885.

Статистический справочник ДВО. Хабаровск, 1925.

Экономическая жизнь Дальнего Востока. Чита. 1924. № 6 (10).

Этнография русского населения Сибири и Средней Азии. М. : Наука, 1969.

John J. Stephan. The Russian Far East – A History. Stanford, California: Stanford University, 1994.

Russell E. Snow. The Bolsheviks in Siberia 1917 – 1918. Cranbury, New York: Associated University Presses, Inc. , 1977.